BRUCK-MÖLLER

Kommentar zum

Versicherungsvertragsgesetz

und zu den

Allgemeinen Versicherungsbedingungen

unter Einschluß des

Versicherungsvermittlerrechtes

8. Auflage

Band II, Lieferung 2a und 2c

2a: §§ 53—55
von Prof. Dr. jur. HANS MÖLLER

2c: § 67
von Prof. Dr. jur. KARL SIEG

Berlin 1970

WALTER DE GRUYTER & CO.

vormals G. J. Göschen'sche Verlagshandlung · J. Guttentag, Verlagsbuchhandlung
Georg Reimer · Karl J. Trübner · Veit & Comp.

Vorbemerkung

Leider kann die 2. Lieferung des Bandes II des Kommentars zum Versicherungsvertragsgesetz erst jetzt erscheinen: Lehrtätigkeit, Mitwirkung in der Universitätsselbstverwaltung, vielerlei andere Aufgaben, aber auch eine längere Krankheit haben die Arbeit am Kommentar zurücktreten lassen.

Da überdies auch der zu bewältigende Stoff immer mehr anschwillt, erweist sich die Zusammenarbeit mit anderen Fachkennern als unumgänglich. Ich bin dem Kollegen Prof. Dr. Karl Sieg, Berlin, sehr dankbar dafür, daß er die Erläuterung des wichtigen § 67 VVG übernommen hat, der so zahlreiche schwierige Probleme auftauchen läßt. Sein Kommentar ist dieser Lieferung schon beigefügt. Die Erläuterungen zu den §§ 56—66, 68—80 VVG sollen in der 3. und evtl. 4. Lieferung zum Abschluß des Bandes II nachfolgen.

Die einzelnen Versicherungszweige werden von anderen Bearbeitern in den folgenden Bänden kommentiert. Rechtsanwalt Dr. Ralf Johannsen, Hamburg, hat sein stattliches Werk zur allgemeinen Haftpflichtversicherung bereits abgeschlossen, es kommt als Band IV demnächst heraus.

Hamburg, im Dezember 1969

HANS MÖLLER

Lieferung 2 a

§§ 53—55

S. 245—317

bearbeitet von:

Prof. Dr. jur. HANS MÖLLER

zusätzliche Gewinnv keine Bedenken obwalten, auch kann eine Sachv mit einer Gewinnv verbunden werden („gemeinschaftliche Güter- und Gewinnv"; § 101 ADS). — Eine Tierv zu Durchschnittswerten (§§ 2 II, 5 II ATierB) könnte zwar theoretisch im Einzelfall zu einer Bereicherung des Vmers führen, ist aber bei Rindern, Schweinen, Schafen und Ziegen so zweckmäßig und kraft Herkommens verbreitet, daß nach Gewohnheitsrecht das Bereicherungsverbot nicht bemüht werden darf. Entsprechendes gilt für eine V von Rindvieh mit festen Entschädigungsbeträgen (§§ 2 Ziff. 5, 5 Ziff. 2a AVB für Rindviehven: VA 1963 S. 2—6). — Dagegen kann nicht rechtswirksam vereinbart werden, der Vswert solle sich in der Tierv nach einem Prozentsatz der Vssumme bestimmen (Kisch VersR 1951 S. 229—230, Prölss VersR 1951 S. 219—220 gegen OLG Oldenburg 9. VII. 1951 VersR 1951 S. 228—229).

Über die Bedeutung von Fest- und Höchstpreisen vgl. Anm. 41.

§ 53

Die Versicherung umfaßt den durch den Eintritt des Versicherungsfalls entgehenden Gewinn nur, soweit dies besonders vereinbart ist.

Gewinnversicherung.

Gliederung:

[1] Entstehung:

§ 53 ist unverändert geblieben. — Begr. I S. 62.

[2] Schrifttum:

Balzer ZfV 1963 S. 822—825, Bon ZVersWiss 1913 S. 186—233, 383—408, 509—535, Fleischfresser ZVersWiss 1920 S. 236—238, Gestefeld, Die Rechtsnatur der Mehrwertv, ungedruckte Hamburger Diss. 1948, Grandke ZVersWiss 1912 S. 287—298, Hagen I S. 476—482, Hochfeld, Theorie der Chômagev, Münchener Diss. 1932, ZVersWiss 1932 S. 137—149, 1934 S. 332—339, Hochgräber JRPV 1925 S. 153—155, 185—187, Hoppe ZVersWiss 1913 S. 749—772, 1914 S. 177—203, Kisch III S. 114—119, Lamotte, Gewinn- und Mehrwertv im Rahmen der gebundenen Preise, ungedruckte Hamburger Diss. 1942, Manes, Mietverlust-V, Berlin 1908, Möller JRPV 1930 S. 43—48, Summen- und Einzelschaden, Hamburg 1937, S. 111—134, in: Farny, Wirtschaft und Recht der V, Paul Braess zum 66. Geburtstag, Karlsruhe 1969, S. 185—197, Offenberg MittÖffFeuerVsAnstalten 1923 S. 118—120, Rakely WuRdVers 1913 S. 149—162, Riska ZVersWiss 1964 S. 451—470, Ritter-Abraham Anm. 39—65 zu § 1, S. 85—102, Selmer ZVersWiss 1964 S. 471—488, Sonderegger, Die Gewinnv und die Betriebsverlustv, Bern 1935, Weber, V von Häusern gegen Mietverlust, Berlin 1912, Warkallo MatZweiterWeltkongreß II S. 17—20, 25—32, 34 (und dazu Landesreferate, Sonderbeiträge sowie Diskussion: MatZweiterWeltkongreß II S. 39—267 passim), Winkler, Die Gewinnv, Hamburg 1930. Speziell zur modernen Betriebsunterbrechungsv vgl. Anm. 19, zur Hagelv vgl. Anm. 16, zur V imaginären Gewinnes vgl. Anm. 12.

[3] I. Begriff des entgehenden Gewinns.

1. Im allgemeinen Zivilrecht.

Während es im römischen Recht noch problematisch war, ob der Schadensersatzpflichtige neben sonstigem Schaden (damnum emergens) auch entgehenden Gewinn ersetzen mußte (Below, Die Haftung für lucrum cessans im römischen Recht, München 1934), bestimmt heute § 252 ^{1}BGB: „Der zu ersetzende Schaden umfaßt auch den entgangenen Gewinn." Diese umfasende Ersatzpflicht beruht auf dem Summenschadensprinzip, welches das allgemeine Zivilrecht beherrscht (Anm. 4 vor §§ 49—80).

In welchem Umfang entgangener Gewinn zu ersetzen sei, ist umstritten: Die herrschende Beweiserleichterungstheorie (z. B. Soergel-Siebert-Schmidt II Anm. 41—44 zu §§ 249—253, S. 170—171) fügt in § 252^2 BGB das Wort „auch" ein, sodaß z. B. ein nachweislich entgangener Lotteriegewinn auch dann zu ersetzen ist, wenn er keineswegs „mit Wahrscheinlichkeit erwartet werden konnte", d. h. nicht mit einer Chance von 51% oder mehr. Die „materiell-rechtliche Theorie", zu der sich Staudinger-Werner II 1 c Anm. 6—19 zu § 252, S. 107—113 (auch Möller Summen- und Einzelschaden S. 114—118) bekennen, fügt in § 252^2 BGB das Wort „nur" ein und berücksichtigt lediglich Gewinnaussichten, deren Realisierung (im Zeitpunkt der Schadenszufügung) mit Wahrscheinlichkeit erwartet werden konnte, diese allerdings mit ihrem vollen Realisationswert, nicht nur mit dem Chancenwert.

[4] 2. Im speziellen Versicherungsrecht.

Dem Vsvertragsrecht liegt nicht das Summen-, sondern das Einzelschadensprinzip zugrunde: Der Ver muß übersehen können, welche einzelnen Schäden er bei einer Gefahrverwirklichung zu ersetzen hat. Der besseren prognostischen Erfassung dient die Lehre vom vten Interesse (Anm. 36 zu § 49), und so ist es angezeigt, neben die Sachinteressen usw. die Gewinninteressen zu stellen, welche dadurch gekennzeichnet sind, daß hier die Wertbeziehung des Vmers an eine Gewinnaussicht, Anwartschaft anknüpft, also an ein Gut nicht des „seienden", konsolidierten Aktivvermögens, sondern an ein Gut des „werdenden" Aktivvermögens, das Übergangscharakter besitzt und dem regelmäßig ein gewisses Ungewißheitsmoment innewohnt (Möller Summen- und Einzelschaden S. 113—114), welches von einer ganz entfernten Möglichkeit ansteigen kann (über die Wahrscheinlichkeit) bis zur an die Gewißheit grenzenden Wahrscheinlichkeit. Vgl. über Gewinninteressen schon Anm. 16 vor §§ 49—80, Anm. 71 zu § 49.

Vsrechtlich ist der Schaden die Negation des vten Interesses; in der Gewinnv — die zur Schadensv gehört — ist der entgehende Gewinn die Negation eines Gewinnintersses, und ein solcher Schaden ist nur vert, wenn das Gewinninteresse versichert ist (§ 53). Insbesondere umfaßt die V eines Sachinteresses nicht die V eines Gewinninteresses (§ 52).

Der Begriff des entgehenden Gewinns ist in § 53 nicht besonders definiert. Bruck 7. Aufl. Anm. 5 zu § 53, S. 207 stellte deshalb auf die Begriffsbestimmung ab, die § 252 BGB nach der materiell-rechtlichen Theorie enthält (Anm. 3), ebenso Ritter-Abraham Anm. 40 zu § 1, S. 85—86, während Winkler a. a. O. S. 24—25 die Beweiserleichterungstheorie anwendet. Es ist jedenfalls möglich, durch Vereinbarung den vsrechtlichen Begriff des entgehenden Gewinns anders, insbesondere weiter zu umreißen, also z. B. nicht die Wahrscheinlichkeit der Gewinnerzielung zu fordern, sondern eine bloße Möglichkeit ausreichen zu lassen. Es ist auch angängig, nicht auf die Erwartungen im Zeitpunkt des Vsfalls abzuheben, sondern auf die Erwartungen zur Zeit des Vertragsabschlusses. Die Wörter entgehender und entgangener Gewinn bezeichnen den gleichen Gegenstand, wobei der entgehende Gewinn mehr prospektiv betrachtet wird, der entgangene Gewinn wird retrospektiv festgestellt.

Die bloße Möglichkeit der Gewinnerzielung im Zeitpunkt des Vertragsabschlusses reicht stets aus bei der V imaginären Gewinns in der Seev (§ 100 II ADS: Gewinn, der „bei der Schließung des Vertrags nach kaufmännischer Berechnung möglicherweise zu erwarten war") (dazu Ritter-Abraham Anm. 41 zu § 1, S. 86—88). Der Begriff des imaginären Gewinns ist verfestigt zu einem seevsrechtlichen Spezialbegriff.

Der Gewinn kann als Brutto- oder Nettogewinn vert werden, aber es gibt auch sonstige Berechnungsweisen (Anm. 29—30).

Während nach allgemeinem Zivilrecht der Gewinn durchweg infolge eines schädigenden Verhaltens des Ersatzpflichtigen entgeht, kommt es im Vsrecht darauf an, ob die vte Gefahr den Gewinnentgang verursacht, z. B. kann ein Brand letztlich Gewinnentgang zur Folge haben.

Über die Gefahren in der Gewinnv: Anm. 25—28.

[5] II. Abgrenzung des Gewinninteresses.

1. Abgrenzung vom Sachinteresse.

a) Dingliche Anwartschaft.

Der Begriff der Anwartschaft wird in verschiedener Bedeutung gebraucht.

Man spricht einem Käufer, der eine Sache unter Eigentumsvorbehalt des Verkäufers gekauft hat, eine dingliche, sachenrechtliche Anwartschaft zu, die ein dem Vollrecht (Eigentum) ähnliches Recht begründet (BGH 22. II. 1956 BGHZ Bd 20 S. 99). Das Anwartschaftsrecht sei im Vergleich zum Eigentum kein aliud, sondern ein wesensgleiches minus (BGH 10. IV. 1961 BGHZ Bd 35 S. 89). Da dies Anwartschaftsrecht übertragen und gepfändet werden kann, und da es u. a. als sonstiges Recht i. S. des § 823 Abs. 1 BGB Schutz genießt, wird es bereits als Gut des „seienden" Vermögens (Anm. 4) behandelt und verschafft dem Vorbehaltskäufer ein wirtschaftliches Eigentümerinteresse, ein Sachinteresse (Anm. 91 zu § 49), also nicht ein bloßes Gewinninteresse.

Bei der Gewinnv handelt es sich um die V des Interesses an Anwartschaften im wirtschaftlichen Sinn, Gewinnaussichten, die sich noch nicht zu subjektiven Rechten verdichtet haben (Kisch III S. 118), wie das beim Anwartschaftsrecht des Vorbehaltskäufers der Fall ist.

[6] b) Verkaufspreisklausel.

Der Vswert kann — in bestimmtem Wertrahmen — verschieden umschrieben werden, und zwar auch im Hinblick auf Weiterveräußerungsvorgänge (Anm. 32 zu § 52). Da bei einem Kaufmann im Verkaufspreis der erhoffte Gewinn steckt, kommt es für die Abgrenzung von Sach- und Gewinninteresse darauf an, ob der Verkauf bereits erfolgt, ein Kaufvertrag bereits abgeschlossen ist.

Um eine Sachv handelt es sich, wenn bei vom Vmer selbst hergestellten, lieferungsfertigen Erzeugnissen, die fest verkauft, dem Käufer aber noch nicht übergeben sind, der vereinbarte Verkaufspreis als Ersatzwert vereinbart wird. Näheres Klauseln 14, 2.05 Klauseln der Feuerv, Klauseln 17, 17a, 18 ED-Klauselheft. In solchen Fällen ist der Gewinn nicht mehr nur erhofft, sondern durch den Verkauf bereits realisiert und damit dem Sachwert beim Verkäufer zugewachsen. Beim Spezieskauf wird der Verkäufer vor der Übergabe durchweg die Vergütungsgefahr tragen (§ 446 I 1 BGB). Beim Gattungskauf wird der Verkäufer „noch einmal" leisten können und müssen, sofern die Konkretisierung noch nicht erfolgt ist (vgl. § 243 II BGB). Hier führt die Verkaufspreisklausel dazu, daß der Verkäufer erstens für die (verbrannte oder gestohlene) primär zur Lieferung vorgesehene Ware den vollen Verkaufspreis erhält und dann zweitens noch einmal liefert und damit den Gewinn noch einmal erzielt (vgl. auch Berndt, Der Ersatzwert in der Feuerv, Weißenburg 1951, S. 206—208, auch RAA VA 1914 S. 49—50).

Wird eine Ware, ohne schon verkauft zu sein, in Höhe des vorgesehenen Verkaufspreises vert, so handelt es sich in Wahrheit nicht um eine reine Sachv, sondern um eine kombinierte Sach- und Gewinnv. Sie kann besonders bei solchen Gütern gerechtfertigt werden, welche begehrt sind und sicher erzielbare, z. B. preisrechtlich fixierte Verkaufspreise haben. Sachen in Automaten werden mit hoher Sicherheit verkauft, und es kann deshalb auch hier auf den Verkaufspreis als Vswert abgehoben werden (§ 6 II Allgemeine Bedingungen für die V von Automaten: VA 1965 S. 229—233).

Um bereits realisierten Gewinn handelt es sich, wenn ein Erzeuger von Rohöl letzteres gefördert hat, hier ist (insoweit) „der Unternehmergewinn bereits gezogen" (RG 28. X. 1919 RGZ Bd 97 S. 47; Anm. 10 zu § 52). Vgl. auch OLG Hamburg 19. II. 1932 VA 1932 S. 323—325 Nr. 2502 = HansRGZ 1933 A Sp. 475—481 (verbrannte Pappfabrikate).

[7] c) Nach- und Mehrwertversicherung.

Der Vswert eines Sachinteresses kann während der Vsdauer steigen, sodaß eine Unterv entsteht. Dabei kommt es nicht darauf an, ob eine Infaltion den Geldwert mindert oder ob der Wert einer Sache ansteigt z. B. bei einem Kunstwerk oder Grundstück.

Das Gesetz sieht eine Beseitigung der entstandenen Unterv nicht vor (anders bei der Überv: § 51 I). Es kann aber durch Vereinbarung eine Erhöhrung der Vssumme vorgenommen werden, und die Vereinbarung kann antizipiert sein (z. B. bei Wertzuschlagsklauseln) oder nachträglich erfolgen im Wege einer **Nachversicherung** (Anm. 52, 51 zu § 52). In diesen Fällen handelt es sich nicht etwa um eine Gewinnv; denn die Gewinnaussicht ist bereits realisiert und der Sachwert, das „seiende" Vermögen hat sich erhöht (Oertmann WuRdVers 1918 S. 82).

Tritt solche Werterhöhung des Sachinteresses in der Transport- und Seev ein, so gerät sie in Konflikt mit der Fiktion des gleichbleibenden Vswertes (§§ 140 II, 141 I 2; §§ 70 II, 90 II ADS), wonach der Anfangswert auch bei dem Eintritt des Vsfalles als Vswert gilt (Anm. 25 zu § 52). Trotzdem hat auch die Transport- und Seev einen Weg gefunden, eine Nachv vorzunehmen; man nennt in diesem Bereich die Nachv eine **Mehrwertversicherung**. Sie deckt partiell das nachgewachsene Sachinteresse, kein Gewinninteresse; denn der Gewinn ist bereits realisiert, zugewachsen. Friedmann, Das vsrechtliche Nebeninteresse, Hamburger Diss. 1933, S. 37—40, spricht von einem „uneigentlichen Nebeninteresse", das er als Substanzinteresse = Sachinteresse qualifiziert. Ebenso: RG 8. VI. 1928 JW 1928 S. 3175—3176 (mit Anm. Gottschalk) = VA 1928 S. 259—260 Nr. 1913, Vorinstanz: OLG Hamburg 2. XI. 1927 HansRGZ 1928 A Sp. 162—166. Ebenso auch schon RG 15. XI. 1911 RGZ Bd 77 S. 305—306, später unentschieden RG 28. VIII. 1942 RGZ Bd 169 S. 372—373. Bedenklich KG 10. XII. 1927 JRPV 1928 S. 44.

Beim Cifgeschäft vert der Verkäufer für Rechnung wen es angeht erstens das Güterinteresse in Höhe des Cifpreises und zweitens imaginären Gewinn. Kommt die V dem Käufer zugute, z. B. weil er die Dokumente aufgenommen (bezahlt) hat, so wird mit Recht sein Eigentümer- und sein Gewinninteresse geschützt; denn er hätte die Güter im Importlande möglicherweise mit Gewinn verkaufen können. Kommt die V ausnahmsweise dem Cifverkäufer zugute, etwa weil der Käufer die Dokumente nicht auf genommen hat, so erhält der Verkäufer mit Recht nach einem Güterverlust den vollen Cifpreis; denn dies war der vom Verkäufer schon realisierte Betrag. Auch der vte imaginäre Gewinn wird solchenfalls dem Verkäufer ausgezahlt, da man sagen kann: Möglicherweise hätte der Verkäufer die Ware günstiger verkaufen können, wenn von vornherein festgestanden hätte, daß der erste Käufer den Kaufvertrag nicht erfüllen würde. Hat nun ein Cifkäufer die eingekaufte, aber noch nicht angekommene Ware günstig weiterverkauft, so hat sich für ihn ein Gewinn realisiert, der über den Cifwert hinausgewachsen ist. Hierfür kann der Käufer auf eigene Kosten eine Mehrwertv nehmen, die dann nur sein eigenes Interesse zu decken braucht (Möller, Cifgeschäft und V, Mannheim-Berlin-Leipzig 1932, S. 132). Daneben bleibt die Gewinnv bestehen. Über eine vom Cifkäufer genommene Gewinnv: RG 25. I. 1919 RGZ Bd 94 S. 302—303, auch Möller a. a. O. S. 132.

Im einzelnen ist die Abgrenzung von Mehrwertv und V imaginären Gewinns schwierig und umstritten. Vgl. dazu Gestefeld a. a. O. S. 67—71, Ritter-Abraham Anm. 42 zu § 1, S. 88—89, Anm. 26 zu § 90, S. 1090—1091, auch Hochgräber JRPV 1925 S. 153—155, 185—187, RG 28. VIII. 1942 RGZ Bd 169 S. 368—376, Vorinstanzen: OLG Hamburg 17. XII. 1941 JRPV 1942 S. 57—58 = HansRGZ 1942 B Sp. 169—172, LG Hamburg 25. VII. 1941 JRPV 1941 S. 217—219 = HansRGZ 1941 B Sp. 393—399. Mit dem Begriff „Mehrwert des imaginären Gewinns" arbeitet RG 25. I. 1919 RGZ Bd 94 S. 303—304. In der Praxis können Schwierigkeiten besonders vermieden werden durch eine gemeinschaftliche V von Mehrwert und/oder imaginärem Gewinn.

Oertmann WuRdVers 1918 S. 73 braucht den Ausdruck Mehrwertv in untechnischem Sinn, wenn er jene Nachven bespricht, die während des Ersten Weltkrieges und später wegen der Werterhöhung — besonders bei Gebäuden — notwendig wurden.

[8] 2. Abgrenzung vom Forderungsinteresse.

Die Gewinninteressen müssen auch von Forderungsinteressen abgegrenzt werden. Hat ein Hauseigentümer sein Haus vermietet, ein Reeder sein Schiff verchartert, so bestehen Forderungen aus Miet- oder Frachtverträgen, die durch einen Brand oder Schiffsuntergang beinträchtigt werden. Besteht hier eine Mietverlust- oder Frachtv, so handelt es sich nicht um eine Gewinn-, sondern um eine Forderungsv (Anm. 69, 95, 106 zu § 49).

Aber im Zusammenhang mit unvermieteten Mietsachen, mit Schiffen, für die noch keine Frachtverträge — z. B. für künftige Reisen — abgeschlossen sind, bestehen Gewinninteressen, welche gleichfalls vert werden können, theoretisch für lange Zeit im voraus, praktisch nach der Übung der Ver nur für beschränkte Zeiträume (vgl. Argyriadis, Die Frachtv, Hamburg 1961, S. 58, 63—65, Möller JRPV 1930 S. 45, ITV-Mitt 1937 S. 86).

Auch bei eigengenutzten Sachen, z. B. einer Wohnung im Eigenheim, besteht ein Gewinninteresse, dessen Vwert dem Mietwert entspricht. Infolge einer „Kostenlosen Erweiterung" des Feuervsschutzes übernimmt bei einer Wohngebäudev der Ver die V des Mietverlustes, aber nicht für bislang unvermietete Wohnungen. Eine Gewinnv wird jedoch hinsichtlich der vom Vmer selbst bewohnten Wohnung gewährt, allerdings längstens bis zum Ablauf von 6 Monaten nach dem Eintritt des Schadenfalles (vgl. Ziff. 2a Kostenlose Erweiterung des Feuervsschutzes: VA 1939 S. 118—119). Solcher V entspricht es, wenn ein Reeder eigene Güter zu befördern beabsichtigt und die „Reedersfracht" vert (vgl. Anm. 13).

Wird eine bislang unvermietete Sache vermietet, so wandelt sich das Gewinninteresse, die Anwartschaft des Eigentümers in ein Forderungsinteresse um, und es ist kein Raum mehr für eine Gewinnv.

[9] 3. Abgrenzung von Passivenversicherungen.

Gewinnaussichten müssen oft mit Aufwendungen „erkauft" werden, und notwendige Aufwendungen gehören zu den Passiven, gegen deren Entstehung man sich vern kann, z. B. in der Krankheitskostenv (Anm. 20 vor §§ 49—80, Anm. 78 zu § 49). Wenn Aufwendungen bereits gemacht sind, und sie erweisen sich als nutzlos, z. B. weil die erkaufte Anwartschaft zunichte wird, etwa weil ein Kraftwagen, für den Steuern,

Vsprämien und Garagenmieten aufgewendet sind, bei einer Kollision unbrauchbar wird, so kann die Schädigung nicht nachträglich zurückverlegt werden auf den Zeitpunkt der später „frustrierten" Aufwendungen, sondern sie muß gesehen werden in der Beeinträchtigung des Anwartschaftsinteresses, das durch die vorangegangenen Aufwendungen nur leichter feststellbar und bewertbar geworden ist (dazu Anm. 71 zu § 49, unten Anm. 30, Detlefsen, Schadensersatz für entgangene Gebrauchsvorteile, Karlsruhe 1969, S. 16—50, der auf entgangene Gebrauchsvorteile als Vermögensschaden abhebt, Möller in: Ausblick und Rückblick, Erich R. Prölss zum 60. Geburtstag, München 1967, S. 245).

In eigenartiger Weise sind mit vielen Sachen gesondert bewertbare Nutzungsaussichten einerseits verbunden, andererseits aber doch von ihnen abgetrennt zu denken. Das Eigentum umfaßt zwar die Nutzungsmöglichkeit, aber neben dem Sachgut ist oft eine Nutzungsanwartschaft konstruierbar, deren Wert mit dem Sachwert nicht erfaßt ist (zu diesem Problem generell Ehrenberg ZVersWiss 1906 S. 372—373, Offenberg MittÖffFeuerVsAnstalten 1923 S. 118—120, auch Anm. 35 zu § 52). Deshalb kann der geschädigte Autohalter nach der neueren Rechtsprechung neben dem Kaskoschaden Nutzungsverlust liquidieren. Die Judikatur schwankt noch in der Umgrenzung des Schadensumfanges oder positiv ausgedrückt: in der Umreißung der Anwartschaft des Autohalters und ihrer Bewertung (Detlefsen a. a. O. S. 51—97, BGH 30. IX. 1963 BGHZ Bd 40 S. 345—355, 15. IV. 1966 BGHZ Bd 45 S. 212—221).

Die Reisewetterv läßt sich rechtfertigen als V des Interesses an einer erkauften Anwartschaft, die den Niederschlägen zum Opfer fällt. Der Wert des Anwartschaftsinteresses entspricht den vergeblich aufgewandten Reise- und Aufenthaltskosten (§ 1 AVB für die Reisewetterv und dazu Möller VersR 1953 S. 217—218). Somit ist die Reisewetterv eine Form der Gewinnv, keine V gegen Aufwandsschäden.

[10] III. Arten der Gewinnversicherung.

Die Anwartschaften, welche eine Gewinnerzielung erhoffen lassen, sind oft eng verknüpft mit Sachen (Sachgewinn: Anm. 11—17). Immer stärkere Bedeutung gewinnt aber für das Vswesen die Tatsache, daß sich aus einem Unternehmen, einem Inbegriff von Sachen, Rechten, anderen Aktiva und Passiva, wenn es lukrativ betrieben wird, Gewinne erwarten lassen, gegen deren Verlust man sich vern kann (Betriebsgewinn: Anm. 18—20). Damit sind aber nicht alle Möglichkeiten erschöpft: Zuweilen läßt schon eine einzelne Veranstaltung, z. B. ein Tennisturnier Gewinn erhoffen (Veranstaltungsgewinn: Anm. 21). Von der körperlichen Integrität eines Menschen kann es abhängen, ob Gewinn zu erwarten ist (Gewinnentgang durch Personenschäden: Anm. 22). Auch sonstige Tatbestände von Gewinnven kommen vor (Restfälle: Anm. 23).

[11] 1. Sachgewinn.

Oft ist in der Gewinnv die Gewinnanwartschaft angelehnt an eine Sache, man kann von sachbezogenen Anwartschaften sprechen. Aus einer Ware, einem Schiff, einem Haus kann Gewinn gezogen werden. Verwirklicht sich nun eine Sachgefahr, so kann auch zugleich das Gewinninteresse beeinträchtigt sein; mit der Ware und dem Schiff versinkt eine Gewinnanwartschaft, der Gebäudebrand verhindert die Nutzung. Deshalb ist in diesen Fällen das Gewinninteresse „mittelbar" von denselben Gefahren bedroht, die dem Sachinteresse drohen. Anwartschaften schwimmen zwar nicht auf See, können nicht brennen, aber Seegefahren und Brand beeinträchtigen zugleich, in zweiter Potenz auch die Gewinnaussichten (Anm. 25). Diesen Gewinninteressen drohen aber neben der mittelbaren Sachgefahr auch sonstige Gefahren (Anm. 27).

[12] a) Versicherung imaginären Gewinns.

Der älteste Fall einer Sachgewinnv ist die V imaginären Gewinns in der Gütertransport- und Seegüterv (Anm. 4, 7; §§ 100—103 ADS, § 6 II b ADB 1963). Interesseträger ist der Träger des Eigentümerinteresses (Ritter-Abraham Anm. 52 zu § 1, S. 96—97, Anm. 2 zu § 100, S. 1208, zweifelnd Hesse VersR 1963 S. 215, der aber immerhin meint, der Gewinnvte müsse „auch ein Substanzinteresse" haben, und ein Unterschied zwischen Eigentümer- und Substanzinteresse ist nicht ersichtlich).

Die vte Anwartschaft braucht nur eine entfernte Erwartung beim Abschluß des Vsvertrages zu sein (vgl. § 100 II ADS: „bei der Schließung des Vertrags ... möglicherweise zu erwarten"). Es kommt also nicht auf die Chance der Gewinnerzielung noch im Zeitpunkt des Vsfalles an (RG 19. IX. 1885 RGZ Bd 15 S. 91–92); und möglich ist auch bei Berücksichtigung „kaufmännischer Berechnung" ausnahmsweise ein außergewöhnlich hoher Gewinn.

Wenn der Wortlaut des § 1 II ADS abstellt auf den „von der Ankunft der Güter am Bestimmungsort erwarteten Gewinn", so schließt doch diese Formulierung die Leistungspflicht des Gewinnvers nicht aus, falls die Güter ankommen, aber beschädigt (vgl. § 103 III ADS).

Sonderschrifttum zur V imaginären Gewinns: Bolze ZHR Bd 42 S. 36–38, Ernst VersR 1963 S. 1004–1005, Fricke ITVMitt 1931 S. 139–143, Grillo, Der imaginäre Gewinn in der Seetransportv, Kölner Diss. 1969, Hesse VersR 1963 S. 215–217, Kühn NeumannsZ 1928 S. 362–363.

[13] b) Schiffsgewinnversicherung.

Während die V imaginären Gewinns an transportierte Güter anknüpft, ist die Schiffsgewinnv durchweg mit dem Kaskointeresse des Reeders verbunden. Zu denken ist nicht nur an Gewinn aus der Verwendung des Schiffes, sondern auch aus einem geplanten Verkauf. Über Gewinne aus abzuschließenden Frachtverträgen vgl. schon Anm. 8; Beispiel für eine Ausfallv auf Flußkasko RFH 7. V. 1929 VA 1929 S. 286–288 Nr. 2044 = HansRGZ 1929 B Sp. 771–774 = HansRGZ 1929 A Sp. 607–610 und dazu Möller JRPV 1930 S. 43–48. Auch die sogen. Reedersfracht (Beförderung eigener Güter im eigenen Schiff) läßt sich im Wege einer Gewinnv vern (Argyriadis, Die Frachtv, Hamburg 1961, S. 62–63, 95–96, 176, vgl. § 107 I ADS). Interesseträger einer Schiffsgewinnv kann nicht nur der Reeder sein (so aber Ritter-Abraham Anm. 55 zu § 1, S. 98), sondern im Falle der Vercharterung eines Schiffes auch der Charterer, der Unterfracht verdienen möchte (Argyriadis a. a. O. S. 34–35). Was die vte Anwartschaft anlangt, so wollen Ritter-Abraham Anm. 54 zu § 1, S. 98 nicht den großzügigen Maßstab des § 100 II ADS, sondern § 252 BGB anwenden (vgl. Anm. 4).

[14] c) Provisionsversicherung.

Vert werden kann auch die „im Falle der Ankunft des Schiffes oder der Güter am Bestimmungsort zu verdienende Provision" (§ 1 II ADS, vgl. auch § 104 ADS). Man denke an Gewinnanwartschaften von Schiffsmaklern, Schiffsagenten, oder bei Gütern an Kommissionäre, Spediteure und wiederum Makler und Handelsvertreter, oder bei Schiffen und Gütern an Hafenbetriebe (Grillo a. a. O. S. 13–17). Hier steht fest, daß das Gewinninteresse zwar sachverknüpft ist, aber nicht dem Träger des Eigentümerinteresses, sondern einem Dritten zusteht. Ritter-Abraham Anm. 63 zu § 1, S. 101 wollen auch hier § 252 BGB anwenden (vgl. Anm. 4).

Über eine Provisionsverlustv in Verbindung mit der Feuergefahr für Warenmakler und -agenten im Binnenhandel: Bossert MittÖffFeuerVsAnstalten 1914 S. 42–44.

[15] d) Mietverlustversicherung.

Während die in Anm. 12–14 behandelten Formen der Gewinnv zwar auch in der Binnentransportv, aber doch vorwiegend in der Seev eine Rolle spielen, gehört die Mietverlustv eindeutig der Binnenv an. Soweit es um den Verlust der Miete aus bestehenden Mietverträgen geht, handelt es sich um Forderungen (Anm. 8). Ist aber die Mietsache in Eigengebrauch oder wird der Abschluß von Mietverträgen erst erwartet, so hat der Grundeigentümer eine Anwartschaft (Näheres Anm. 71, 95 zu § 49).

In der Kostenlosen Erweiterung des Feuervsschutzes (Nachtrag zu § 1 AFB: VA 1938 S. 118–119) ist nur für Wohngebäudeven längstens bis zum Ablauf von 6 Monaten nach dem Eintritt des Brandes usw. eine Mietverlustv des Grundeigentümers vorgesehen, und zwar außer für vermietete Wohnungen für die vom Vmer selbst bewohnte Wohnung bei ganzer oder teilweiser Unbenutzbarkeit in Höhe des gesetzlichen oder ortsüblichen Mietzinses und bei Teilschäden nur, falls nicht dem Vmer die Beschränkung auf den benutzbar gebliebenen Teil der Wohnung zugemutet werden kann. Über einen Fall, in dem die Baupolizei die Bewohnung durch den Vmer verboten hatte: KG 5. III. 1953 VA 1953 S. 135—138 = VersR 1953 S. 276—277.

Eine gesonderte Mietverlustv regeln die Bedingungen für die V gegen Mietverlust infolge von Brand, Blitzschlag oder Explosion (VA 1931 S. 146—147, dazu Prange NeumannsZ 1936 S. 19—20), welche gleichfalls Gebäude und Räume im eigenen Gebrauch einbeziehen (§ 2), ferner gewisse Fälle, in denen nach Beendigung des beim Brande bestehenden Mietverhältnisses und Wiederherstellung eine Neuvermietung trotz aller Sorgfalt nicht erfolgen konnte (4 Abs. 1).

Eine von einem vorgängigen Sachschaden unabhängige Mietverlustv haben erörtert: Grandtke ZVersWiss 1912 S. 287—298, Manes, Mietverlust-V, Berlin 1908, S. 77—126, Weber, V von Häusern gegen Mietverlust, Berlin 1912; vgl. auch RAA VA 1910 S. 79, 1911 S. 108.

[16] e) **Hagelversicherung.**

Die in den §§ 108—115a sowie in den Allgemeinen Hagelvsbedingungen (AHagelB: VA 1954 S. 36—41, 1966 S. 159 mit Einführung Renker VA 1954 S. 46—47) geregelte Hagelv betrifft die „an den vten Bodenerzeugnissen" durch Hagelschlag entstandenen Schäden. Es handelt sich aber nicht etwa nur um eine Sachv des bisher Gewachsenen, sondern um eine V „des zu erwartenden mengenmäßigen Ertrages" (§ 1 II, auch § 19 I b) AHagelB) nach Maßgabe „des zu erwartenden Erntewerts" (§ 11 I AHagelB). Knoll, Hagelv, Wiesbaden 1964, S. 11—12 spricht deshalb von einer „Ertragsausfallv (gegen Minderung des Bruttoertrages durch Hagelschaden") und hebt hervor, daß nicht von dem Wert der Bodenerzeugnisse bei Eintritt des Schadenereignisses auszugehen sei. Die Annahme, die Hagelv sei eine Kombination von Sach- und Gewinnv (Anm. 23 zu § 52; Eichler S. 130, Winkler a. a. O. S. 16—19) lehnt Knoll a. a. O. S. 13 ab mit der Begründung, bei einer reinen Körnerv sei möglicherweise bis zum Hagelschlag noch nichts gewachsen (dann liegt in der Tat eine reine Gewinnv vor), und außerdem komme es auf den erhofften Brutto-(Roh-)ertrag, nicht auf den Reinertrag an, nur letzterer könne als Gewinn angesehen werden (hier wird der Gewinnbegriff zu eng ausgelegt: Anm. 29). Die Hagelv kann nicht nur vom Grundeigentümer, sondern z. B. auch vom Pächter oder Nießbraucher genommen werden oder vom Eigentümer auf ihn übergehen (§ 115).

Näheres zur Hagelv Anm. zu §§ 108—115a.

Schrifttum bei Knoll a. a. O. S. 61—62, juristisch insbesondere Büchner WuRdVers 1937 Nr. 1 S. 45—74, Knoll VW 1954 S. 201—204, Rohrbeck, Der Hagelvsvertrag, Leipzig 1909, Die Hagelv in der Welt, Berlin 1937.

Über andere Erscheinungsformen der Ernteertragsv Rommel in: Finke, Handwörterbuch des Vswesens, Bd 1, Darmstadt 1958, Sp. 561—567 m. w. N.

[17] f) **Restfälle.**

Sachbezogene Gewinninteressen kommen auch bei anderen als den bisher genannten Sachen in Betracht, sofern sich Gebrauchs- oder Verwertungsvorteile, also Gewinn-(Ertrags-)erwartungen an sie knüpfen. Man denke an Luftfahrzeuge, Kraftwagen (Anm. 9; Anm. 71 zu § 49).

Werden unverkaufte Sachen zum Verkaufspreis vert, so handelt es sich neben der Sachv um eine V unrealisierter Gewinnerwartungen, also um eine kombinierte Sach- und Gewinnv (Anm. 6).

Ferner soll eine Gewinnv vorliegen bei den Sonder-Zusatzbedingungen für Zuckerfabriken und Zuckerhandel, nämlich den Zusatz-Bedingungen für die V gegen Minderverwertbarkeit von Rohzucker der Raffinerien, den Besonderen Bedingungen für die V des Preisunterschiedes bei der Rübenverwertung und den Bedingungen für die V von Preisdifferenzen im Zuckerhandel (Klauseln 7.01, 7.03, 7.05 Klauseln der Feuerv), vgl. Hagen II S. 23—24, Raiser Anm. 54 zu § 1, S. 92 (vgl. auch S. 528—537), Winkler a. a. O. S. 28.

Mit einer Tierv kann eine Gewinnv verbunden werden nach der Zusatzbedingung zu den AVB für Rindviehversicherungen und für Tierlebensv über den Ersatz des entgehenden Gewinns (VA 1967 S. 280).

Nicht als Gewinnv ist die Waldv nach Maßgabe der ABV für Waldven (VA 1932 S. 180—185) ausgestaltet, denn der Ver ersetzt bei „stehenden, wachsenden Waldbeständen" im Brandfalle nicht den entgangenen Gewinn (§ 1 VI), sondern den „Bestandeskostenwert", der allerdings den Holzwert übersteigen kann (Näheres: § 3 II).

[18] 2. Betriebsgewinn.

Oft ergibt sich eine Gewinnanwartschaft nicht schon in Anlehnung an bestimmte Sachen, sondern aus dem Betrieb eines Unternehmens. Die Grenzen zwischen Sach- und Betriebsgewinn sind allerdings flüssig, z. B. könnte man bei dem Schiffsgewinn (Anm. 13) auch den Reedereibetrieb in den Vordergrund rücken, bei der Hagelv (Anm. 16) den landwirtschaftlichen Betrieb.

Die größte Bedeutung hat als Betriebsgewinn die Betriebsunterbrechungsv (Anm. 19), aber es gibt auch andere hierher gehörige Vszweige (Anm. 20).

[19] a) Betriebsunterbrechungsversicherung.

Schrifttum zur modernen Betriebsunterbrechungsv: Blanck in: Vswirtschaftliches Studienwerk F IV 2 S. 1—54, Birck, Die Betriebsunterbrechungsv, 2. Aufl., Berlin 1938, Bischoff VA 1955 S. 176—179, Fusshoeller-John, Feuer-Betriebsunterbrechungs-V, Wiesbaden 1957, Hax, Grundlagen der Betriebsunterbrechungsv, 2. Aufl., Köln-Opladen 1965 (S. 234—238 m. w. N.), Kraemer, Die Betriebsunterbrechungs-V, Köln 1949, Lüttgen, Die Betriebsunterbrechungsv, Kölner Diss. 1957, Magnusson, Rechtsfragen zur Betriebsunterbrechungsv, Hamburg 1955, Zimmermann, Der Betriebs-Unterbrechungs-Schaden, 2. Aufl., Karlsruhe 1968. Älteres Schrifttum: Anm. 2.

Maßgebend sind die Allgemeinen Feuer-Betriebsunterbrechungs-Vsbedingungen (FBUB) (VA 1955 S. 153—156), ein besonders gut gearbeitetes Bedingungswerk. Wird der Betrieb des Vmers infolge eines Sachschadens unterbrochen, so ersetzt der Ver den dadurch entstehenden Unterbrechungsschaden (§ 1 FBUB). Sachschaden ist besonders die Zerstörung, die Beschädigung oder das Abhandenkommen einer dem Betrieb dienenden Sache infolge von Brand, Explosion oder Blitzschlag (§ 2 I a) FBUB). Unterbrechungsschaden ist der entgehende Geschäftsgewinn und der Aufwand an fortlaufenden Geschäftskosten in dem vten Betriebe, sofern sich der Sachschaden auf einem Grundstück ereignet hat, das in der Vsurkunde als Betriebsstelle bezeichnet ist (§ 3 I FBUB). Erforderlich ist also eine lange Kausalreihe: Brand/Sachschaden/Betriebsunterbrechung/Unterbrechungsschaden, letzterer aufgegliedert in entgehenden Geschäftsgewinn und Aufwand an fortlaufenden Geschäftskosten.

Primär ist also ein Sachschaden durch Brand usw. vorauszusetzen. Die Sache muß dem Betriebe dienen, braucht aber nicht dem Vmer zu gehören (Fusshoeller-John a. a. O. Anm. 3 zu § 2, S. 41). Einschließbar sind auch sogen. Rückwirkungsschäden, bei denen der Sachschaden bei einer Zulieferfirma eintritt (Klausel für die Mitv von Rückwirkungsschäden in der Feuer-Betriebsunterbrechungs-V: VA 1964 S. 118—119).

Der Begriff der Betriebsunterbrechung ist mit Fusshoeller-John a. a. O. Anm. 2 zu § 1, S. 35 weit auszulegen und umfaßt nicht nur eine Unterbrechung des ganzen Betriebes, sondern auch den Ausfall von Betriebsteilen sowie sogar „eine Minderung von Leistung oder Ertrag, ohne daß es zu einer Unterbrechung der Produktion kommt".

Ersatzpflichtig ist der Unterbrechungsschaden, welcher in §§ 3 I, 4 FBUB dualistisch betrachtet wird, nämlich einerseits als entgehender Geschäftsgewinn, andererseits als Aufwand an fortlaufenden Geschäftskosten. Diese Aufgliederung legte eine dualistische Konstruktion der Betriebsunterbrechungsv nahe, wonach diese einerseits Gewinnv, andererseits V gegen notwendige Aufwendungen (Anm. 20 vor §§ 49—80, Anm. 78 zu § 49) ist (so z. B. Möller in: Verein für Vswissenschaft und Praxis in Hessen, Jahrbuch 1950, Frankfurt a. M. 1950, S. 37, ferner die bei Magnusson a. a. O. S. 29—30 Zitierten). Da aber Geschäftsgewinn und Geschäftskosten in einer Gruppe (Position) vert sind (§ 4 IV FBUB), erscheint es richtiger, von einem einheitlichen Gewinninteresse des Vmers auszugehen, das dann allerdings ein Bruttoertragsinteresse ist (Magnusson a. a. O. S. 30—46, 129—130). „Zu ersetzen sind der Geschäftsgewinn und die Geschäftskosten, die der Vmer infolge der Betriebsunterbrechung im Bewertungszeitraum nicht erwirtschaften konnte" (§ 6 I FBUB). Von einer einheitlichen Bruttoertragsv geht auch aus Hax a. a. O. S. 113—118, der Sache nach ebenso Fusshoeller-John a. a. O. Anm. 1 zu § 1, S. 34—35.

Die Betriebsunterbrechungsv ist hiernach primär betriebsbezogen, stellt auf den Betriebsbruttoertrag ab. Es handelt sich also um eine Betriebsgewinn-, nicht um eine Sachgewinnv. Der Sachschaden hat hier nur die Funktion, die Betriebsunterbrechung auszulösen.

Eine Nebenform der Betriebsunterbrechungsv ist die Klein-Betriebsunterbrechungsv, sie kann in den Feuervsvertrag einbezogen werden und ist für mittlere und kleinere Betriebe vorgesehen laut Sonderbedingungen für die einfache Betriebsunterbrechungsv (Klein-BU-V): VA 1956 S. 76—77. Hier wird besonders häufig der Sachschaden an Sachen eintreten, die nicht dem Vmer gehören, etwa weil er in gemieteten Räumen arbeitet. Eine Anknüpfung nicht nur an Feuerschäden, sondern auch an Einbruchdiebstahl-, Leitungswasser- und Sturmschäden sehen die Sonderbedingungen für die einfache Betriebsunterbrechungs-V (Klein-BU-V) (VA 1962 S. 3—4) vor (dazu Bischoff VA 1962 S. 20—21, Feldmann VA 1956 S. 91—92).

[20] b) Sonstige Fälle.

Es entwickeln sich immer weitere Fälle von Betriebsgewinnven.

Die Allgemeinen Maschinen-Betriebsunterbrechungs-Vsbedingungen (MBUB) (VA 1959 S. 166—171, 1966 S. 250) gehen davon aus, daß der Betrieb des Vmers infolge eines während der Vsdauer eingetretenen Sachschadens unterbrochen wird und daß dadurch ein Unterbrechungsschaden entsteht (§ 1 I MBUB). Sachschaden ist dabei die aus bestimmten Ursachen „unvorhergesehen und plötzlich eintretende Zerstörung oder Beschädigung einer in der Vsurkunde aufgeführten Maschine“ (§ 2 I MBUB). Zu den in Betracht kommenden Ursachen gehören Betriebsunfälle und insbesondere sind z. B. Ungeschicklichkeit, Fahrlässigkeit, Böswilligkeit, unmittelbare Wirkungen der elektrischen Energie, Konstruktionsfehler, Guß- und Materialfehler, Zerreißungen infolge von Zentrifugalkraft, Wassermangel in Dampfkesseln und Dampfgefäßen, Sturm, Frost und Eisgang aufgeführt (§ 3 I MBUB). Den Fall eines Zusammentreffens von Maschinen- und Feuerbetriebsunterbrechungsv regelt die Klausel 9 des Klauselwerkes der Feuer-Betriebsunterbrechungsv (VA 1957 S. 111). Schrifttum: Vandrey in: Vswirtschaftliches Studienwerk F V 5 S. 23—30.

Ferner sind die Allgemeinen Bedingungen für die V gegen Schaden durch Betriebsunterbrechung infolge des Ausfalls der öffentlichen Elektrizitätsversorgung (ABUB [E]) (VA 1956 S. 134—136) zu nennen. Hier kommt es auf einen auslösenden Sachschaden nicht an, es wird vielmehr sogar bestimmt, daß Betriebsunterbrechungen infolge eines Sachschadens innerhalb des Betriebes des Vmers nicht unter die Ersatzpflicht des Vers fallen (§ 1 III Abs. 2 ABUB [E]). Dazu Feldmann VA 1956 S. 149, 151. Diese Betriebsunterbrechungsv darf nicht verwechselt werden mit einer V für Verderbschäden infolge des Ausfalls der öffentlichen Elektrizitätsversorgung (VA 1960 S. 200); hier handelt es sich um eine reine Sachv.

Im Anschluß an das Bundesseuchengesetz sind die AVB für die V von Fleischerhandwerksbetrieben gegen Vermögenschäden durch Betriebsschließung infolge Seuchengefahr neu gefaßt worden (VA 1962 S. 124—126). Hier gewährt der Ver „Vsschutz für den Fall, daß der von dem Vmer im Antrag bezeichnete Fleischereibetrieb während der Vertragsdauer von der zuständigen Behörde deshalb geschlossen (Betriebsschließung) wird, weil die Verbreitung von meldepflichtigen Krankheiten ..... durch den Betrieb verursacht oder vermutet wird“ (§ 1). Dazu Feldmann VA 1956 S. 149—150.

Um landwirtschaftliche Betriebe geht es bei den AVB für die V von landwirtschaftlichen Betrieben gegen Vermögenschäden durch Produktionsausfall infolge Tierseuchen (VA 1969 S. 198—203). Der Ver tritt ein für Schaden, der dadurch entsteht, daß infolge amtstierärztlicher oder veterinärpolizeilicher Anordnungen wegen bestimmter Tierseuchen die Produktion aus der Haltung und Nutzung einer vten Tiergattung ausfällt oder trotz fortlaufender Kosten vorübergehend eingeschränkt wird (§ 1 I).

Für Betriebe aller Art kommen die AVB für die V von Betrieben gegen Vermögensschäden durch Betriebsschließung infolge Seuchengefahr in Betracht (VA

1962 S. 126—128). Hier ist besonders an den Fall zu denken, daß ein Betrieb von der zuständigen Behörde zur Verhinderung der Verbreitung von Seuchen geschlossen wird, wobei als Seuchen die in § 3 I, II Bundesseuchengesetz aufgeführten meldepflichtigen Krankheiten in Betracht kommen (§ 1). Dazu Feldmann VA 1956 S. 149—151.

Die Filmtheatereinheitsv beinhaltet auch eine Betriebsunterbrechungsv nach Maßgabe der §§ 24—32 Allgemeine Bedingungen für die Filmtheater-Einheitsv (VA 1956 S. 100—107), wobei ein Sachschaden vorausgesetzt wird.

Schließlich sei die Filmhersteller-Betriebsunterbrechungsv erwähnt (dazu Möller WuRdVers 1935 Nr. 3 S. 3—30 mit AVB als Beilage). Auch hier ist primär ein Sachschaden erforderlich.

[21] **3. Veranstaltungsgewinn.**

Neben dem Sach- und Betriebsgewinn (Anm. 11—20) läßt sich Veranstaltungsgewinn vern, wie er aus der Abhaltung von Veranstaltungen erhofft wird, möglicherweise als Bruttoertrag auch zur Deckung der Unkosten. Man denke an Fußballspiele, Tennisturniere, Pferderennen, Autorennen, Feuerwerke, Sommernachtsfeste, Freilichttheater, Festzüge, Jahrmärkte.

Hierher gehört die Regenversicherung nach Maßgabe der AVB für die Regenv (in: Rechtsgrundlagen der Individualv, Teil B, B I 41). „Die V gewährt . . . . . Vschutz gegen Vermögensschäden, die aus der Abhaltung von Veranstaltungen oder der Durchführung von Außenarbeiten als unmittelbare Folge von Regen, Hagel, Schnee oder Graupeln entstehen, wenn während der vten Zeit die Niederschlagsmenge die vereinbarte Höhe (in mm) erreicht oder überschritten hat". „Die V kann zu jeder Jahreszeit für Stunden, Tage, Wochen oder Monate abgeschlossen werden" (§ 1 I, II). Für Spezialfälle, z. B. Tennisveranstaltungen gibt es Besondere Zusatzbedingungen (vgl. Rechtsgrundlagen der Individualv, Teil B, B I 41). Schrifttum: Bischoff ZfV 1953 S. 161—162, Müller-Lutz in: Vswirtschaftliches Studienwerk F V 6 S. 1—10 (S. 10 m. w. N.).

[22] **4. Gewinnentgang durch Personenschäden.**

Es gibt auch Gewinnversicherungen, bei denen die Beeinträchtigung der Anwartschaft auf einen Personenschaden zurückzuführen ist.

Hier ist die Filmausfallversicherung nach Maßgabe der AVB für die Film-Ausfall-V (VA 1965 S. 74—80) zu nennen. „Die V umfaßt . . . . . Schäden, die der vten Firma durch zeitweiligen oder dauernden Ausfall von Regisseuren und/oder Künstlern und/oder anderen an der Herstellung des . . . . . Films aktiv beteiligten Personen, auf welche sich die V antragsgemäß bezieht, erwachsen." „Ein Vsfall liegt vor, wenn eine oder mehrere der im Antrag genannten Personen innerhalb der vten Zeit vorübergehend oder dauernd durch Unfall, Krankheit oder Tod ausscheiden, sofern hierdurch in der Herstellung des Films Störungen oder Unterbrechungen verursacht werden oder die Fertigstellung des Films gänzlich unmöglich gemacht wird und sofern der vten Firma aus einem dieser Ereignisse ein materieller Schaden erwächst" (§ 1 I, II). Es führt also ein Personenschaden, z. B. eines Hauptdarstellers, zu einer Störung oder Unterbrechung der Filmherstellung oder gar zu einer Unmöglichkeit der Fertigstellung des Films, wodurch dem Vmer, z. B. dem Filmhersteller ein Vermögensschaden entsteht. Wegen des vorauszusetzenden Personenschadens gehört diese V zugleich zur Personenv, aber den Vsschutz genießt nicht diese Gefahrsperson, sondern der Vmer, nach Prinzipien der Schadensv. Näheres Möller Archiv für Urheber-, Film- und Theaterrecht Bd 8 S. 219-240, Rehbinder, Die Filmv, Baden-Baden 1964, S. 65—74.

Erwähnt sei auch die Lizenzverlustversicherung von Luftfahrern gemäß den AVB für die Lizenzverlustv von Luftfahrern (VA 1966 S. 209—212). „Der Ver gewährt Vsschutz für den Fall, daß . . . . . die dem Vten erteilte amtliche Erlaubnis als Luftfahrer von der Erlaubnisbehörde widerrufen wird oder durch Ablauf erlischt, weil der Vte infolge Krankheit, Körperverletzung oder Kräfteverfalls fluguntauglich geworden ist und . . . . . in absehbarer Zeit nicht damit zu rechnen ist, daß die Erlaubnis wieder erteilt werden kann" (§ 1). Ein Luftfahrer hat die Anwartschaft, mindestens bis zur Vollendung des 55. Lebensjahres mit gutem Einkommen aktiv bleiben zu können. Wird er fluguntauglich, so entgeht ihm Einkommen, und die Lizenzverlustv sieht im

Wege einer Schadensv eine Kapitalzahlung vor. Das BAA VA 1966 S. 209—210 meint: „Da die Lizenzverlustv Elemente der Unfall- und Lebensv in sich vereint, ohne sich einem der genannten Zweige eindeutig zuordnen zu lassen, ist sie als Vermögenschadenv allgemeiner Art anzusehen.“ Wie die Filmausfallv muß auch die Lizenzverlustv zugleich als Personen- und als Gewinnv (Schadensv) qualifiziert werden. Durch Tarifvertrag haben die Luftfahrtgesellschaften die Verpflichtung übernommen, den Luftfahrern bei Entlassung wegen Lizenzentzugs durch eine Kapitalzahlung den Übergang zu einer anderen Beschäftigung zu erleichtern oder eine Überbrückung zum gesetzlich anerkannten Pensionsalter von 55 Jahren zu bieten. Die Luftfahrtgesellschaften hätten demnach eine (Vertrags-) Haftpflichtversicherung abschließen können, haben aber den Weg einer V für fremde Rechnung, also unmittelbar zugunsten der Luftfahrer gewählt. Die Luftfahrer sind Vte, die Luftfahrtgesellschaft ist Vmerin, und es bedeutet nur die Einziehung eines fremden Anspruchs, wenn § 11 AVB die Zahlung der Entschädigung an die Vmerin vorsieht.

Genereller zur Erwerbsverlustv: Eichler S. 130.

[23] 5. Restfälle.

Die bisherigen Gruppierungen (Anm. 11—22) erfassen nicht alle denkbaren Fälle von Gewinnven; Anwartschaften ergeben sich nicht nur in Anlehnung an Sachen, Betriebe und Veranstaltungen, es gibt auch isolierte Anwartschaften, und bei ihnen braucht ein Gewinnentgang nicht durch Personenschäden ausgelöst zu sein.

Zu diesen Restfällen zählt besonders der Fall der Reisewetterv nach Maßgabe der AVB für die Reisewetterv (VA 1957 S. 62—63, 1958 S. 57). „Urlaubsreisende erhalten ganz oder teilweise Ersatz ihrer Reisekosten und Aufwendungen für den Ferienaufenthalt, wenn an einer der jeweiligen Vsdauer entsprechenden Anzahl von Tagen die für den einzelnen Tag vereinbarte Mindestregenmenge erreicht worden ist (‚Regentage‘)“ (§ 1). Der Reisende hat sich vermöge der Aufwendung der Reisekosten und sonstiger Beträge die Anwartschaft „erkauft“, wettergünstige Urlaubs- und Erholungstage zu verleben. Diese Anwartschaft kann ihm „verregnen“. Die Reisewetterv läßt sich demzufolge als Anwartschafts-, d. h. als Gewinnv konstruieren (Möller VersR 1953 S. 217—219, zum Schrifttum vgl. auch Bischoff ZfV 1953 S. 162—163, Braun, Die Reisewetterv, Karlsruhe 1956, Feldmann VA 1957 S. 75—77, Müller-Lutz in: Vswirtschaftliches Studienwerk F V 6 S. 1—10, VersArch 1956 S. 129—138.

Keine Gewinnv, sondern eine V gegen notwendige Aufwendungen ist jene nach Maßgabe der AVB für die Reise-Ausfallkosten-V (VA 1964 S. 117—118), welche dagegen schützt, daß z. B. wegen einer ernsten Krankheit oder eines bedeutenden häuslichen Sachschadens der Vmer eine Reise nicht antritt oder nicht fortsetzt, so daß einem Reiseunternehmen Reiseausfallkosten geschuldet werden oder dem Vmer zusätzliche Rückreisekosten erwachsen oder bei Mietverträgen bei Ferienwohnungen dem Vermieter Ausfallkosten geschuldet werden (dazu Suppes VA 1964 S. 126 mit Hervorhebung der partiellen Nähe zur Personenv).

Im Zusammenhang mit Werkverträgen und erhofften Auftragsgewinnen lassen sich weitere Formen der Gewinnv entwickeln, desgleichen in Verbindung mit Beteiligungen; man denke an Gewinne aus Investmentverträgen. Sind solche Beteiligungen in Wertpapieren verbrieft, so ist auch an die V erwarteter Kursgewinne — theoretisch — zu denken. Über eine Werbeerfolgsv Koch VW 1963 S. 173—176.

[24.] IV. Vereinbarung der Gewinnversicherung.

§ 53 ist überflüssig, weil das Vsrecht vom Einzelschadensprinzip beherrscht wird, so daß jedes Interesse gesondert vert werden muß. Insbesondere deckt eine V des Substanzinteresses (Eigentümerinteresses) nicht zugleich das Gewinninteresse (§ 52, auch § 801 I HGB). Es bedarf also notwendigerweise einer besonderen Vereinbarung, wenn ein Gewinninteresse vert werden soll.

§ 53 geht von einer besonderen Vereinbarung aus, wonach eine V den entgehenden Gewinn „umfaßt“. Dabei ist anscheinend an die Vereinbarung kombinierter Sach- und Gewinnven gedacht, wie sie zustande kommen durch eine Verkaufspreisklausel bei unverkaufter Ware, z. B. in der Automatenv (Anm. 6). Werden in der Seev die Güter und der Gewinn gemeinschaftlich vert (etwa mit den Worten: „einschließlich imaginären Gewinn"), so sorgt § 101 ADS für eine klare Aufteilung der Interessen, Vswerte und Taxen: Es „gelten 10% des Vswerts der Güter als Vswert des Gewinns", und entsprechendes gilt für die Taxe. Diese Regelung läßt sich allerdings beiseite schieben durch die Klausel: „einschließlich imaginärem Gewinn, gleichviel wie hoch" (Beispiel: RG 9. XI. 1934 RGZ Bd 145 S. 387—388). Bei der Hagelv als kombinierter Sach- und Gewinnv (Anm. 16) ergibt es sich aus der Natur der Sache, daß im Laufe des Wachstums zunächst die Anwartschaft (Gewinnv) im Vordergrund steht, während später die Sachkomponente (Sachv) in der Kombination die größere Bedeutung gewinnt. In allen genannten Fällen handelt es sich um einen einheitlichen Vsvertrag.

Für das Zustandekommen einer Gewinnv bedarf es aber auch dann selbstverständlich einer besonderen Vereinbarung, wenn sie getrennt, isoliert abgeschlossen werden soll. Früher zeigte sich eine starke Neigung, Gewinnven mit Sachven zu bündeln, also z. B. die Feuerbetriebsunterbrechungsv mit der Feuerv. Bei einer Bündelung handelt es sich zwar um getrennte Vsverträge (Anm. 12 zu § 30), aber doch durchweg um den gleichen Ver. Die FBUB brachten die Verselbständigung der Betriebsunterbrechungsv (Fußhoeller-John a. a. O. S. 14—16). Auch in der Klein-Betriebsunterbrechungsv ist die ursprünglich vorgesehene Bündelung (VA 1956 S. 77) nicht mehr vorgeschrieben (VA 1962 S. 2 mit Bischoff VA 1962 S. 20).

An die „besondere" Vereinbarung der Gewinnv sind keine erhöhten Anforderungen zu stellen: Auch der Gewinnvsvertrag kann mündlich und fernmündlich zustandekommen. Es bedarf keiner ausdrücklichen Vereinbarung (Hagen I S. 477); möglicherweise ergibt sich der Abschluß aus den Umständen, besonders bei stillschweigenden oder konkludenten Willenserklärungen. Aber das Interesse muß richtig bezeichnet werden (vgl. § 1 III 1 ADS; RG 2. X. 1920 RGZ Bd 100 S. 90—95: Gewinn aus Briefmarken für Liberia).

[25] V. Gefahren in der Gewinnversicherung.

1. Mittelbare Sachgefahr.

Gewinnanwartschaften sind unkörperliche Gegenstände, sie können nicht brennen, nicht im Meer untergehen. Aber stets bei Sachgewinn und regelmäßig auch bei Betriebsgewinn kann die Beeinträchtigung einer Sachbeziehung, also ein Sachschaden zugleich den Entgang von Sachgewinn oder Betriebsgewinn zur Folge haben: Wenn die Fabrik brennt, entsteht nicht nur Sachschaden, sondern es entgeht zugleich Gewinn. Jenen Gefahren, die dem Gewinninteresse drohen, sind hier also die Sachgefahren immanent (aber daneben drohen dem Gewinninteresse auch andere Gefahren, z. B. die Gefahr des Konjunkturrückganges: Anm. 27). Man kann von einer mittelbaren Sachgefahr sprechen, von einer Sachgefahr zweiter Potenz, auch von einer Stufengefahr (Anm. 31 zu § 49—80).

So trägt in der Seev ein Gewinnver mittelbar die Totalität der Seegefahren (§ $28^{1,2}$ ADS; Ritter-Abraham Anm. 4 zu § 103, S. 1218). Bei der Hagelv verwirklicht sich die Sachgefahr (Hagelschlag) an den bislang gewachsenen Bodenerzeugnissen. In der Feuerbetriebsunterbrechungsv wird ein Sachschaden vorausgesetzt, der auf Brand, Explosion, Blitzschlag usw. beruht (§ 2 I—III FBUB). In der Maschinenbetriebsunterbrechungsv wird gleichfalls vorausgesetzt, daß primär ein Sachschaden an einer Maschine eintritt, aus ganz bestimmten Ursachen (Sachgefahren) (§ 2 MBUB).

Gefahrenausschlüsse können die gedeckten Sachgefahren einschränken und damit mittelbar auch die Gefahrtragung für die Gewinnv. Vgl. z. B. § 2 IV a) FBUB.

Während hiernach der Begriff der mittelbaren (Sach-) Gefahr ergiebig ist, erscheint es unzweckmäßig, bei entgangenem Gewinn den vieldeutigen Ausdruck „mittelbarer Schaden" zu benutzen (Anm. 42 vor §§ 49—80; Winkler a. a. O. S. 21—24).

[26] 2. Mittelbare Personengefahr.

In einigen Fällen knüpft eine Gewinnv mittelbar an Personenschäden an (Anm. 22): Ein Filmregisseur oder -künstler fällt durch Unfall, Krankheit oder Tod aus, und dadurch erwächst der vten Firma materieller Schaden, den die Filmausfallv deckt. Hier sind demnach Gefahrsperson und Vter nicht identisch. Identität liegt vor, wenn ein Luftfahrer infolge Krankheit, Körperverletzung oder Kräfteverfalls fluguntauglich geworden ist und ihm hierdurch ein Einkommensverlust entsteht, für den die Lizenzverlustv entschädigt. Durch die Abstellung auf den Widerruf oder den Ablauf der amtlichen Erlaubnis ist hier der Vsfall gut objektiviert.

Auch wenn die Personengefahr nur mittelbar eine Rolle spielt, wird dadurch die V zu einer Personenv (die in den genannten Fällen allerdings als Schadensv betrieben wird). Daraus kann sich z. B. die Anwendbarkeit der §§ 159 II, 179 III (Einwilligungserfordernis) ergeben.

Nicht nur bei Identität von Gefahrsperson und Vtem könnte auch der Weg einer Summenv beschritten werden. Ein Arbeitgeber, der im Krankheitsfall Lohn oder Gehalt fortzahlen muß, hatte die Anwartschaft, Arbeitsleistungen entgegenzunehmen. Gegen die Frustrierung der Aufwendungen kann er eine Krankentagegeldv nehmen (Summenv) oder eine Lohn- oder Gehaltsersatzv (Schadensv).

[27] 3. Sonstige Gefahren.

Anwartschaften sind auch vielen anderen Gefahren ausgesetzt, die oft schwer objektivierbar sind. Die Herausarbeitung eines eindeutigen Vsfalls ist erforderlich, auch zur Eindämmung des subjektiven Risikos.

Eindeutig sind z. B. folgende Gefahren umrissen (dazu Anm. 20, 21, 23): Ausfall der öffentlichen Elektrizitätsversorgung; Betriebsschließung durch die zuständige Behörde infolge Seuchengefahr; Untersagung der Tätigkeit einer im Betrieb beschäftigten Person wegen Seuchenerkrankung, Verdachts der Erkrankung oder Dauerausscheidung von Bakterien; Erreichung oder Überschreitung einer Niederschlagsmenge oder Mindestregenmenge (festgestellt nach den Messergebnissen einer amtlich anerkannten Regenmeßstelle).

Dagegen ist sehr problematisch eine von einem Sachschaden unabhängige Mietverlustv, eine „Konjunktur-Chomagev" (Manes a. a. O. S. 77—126, besonders S. 123—125), speziell in Zeiten einer Überproduktion von Mietwohnungen, ferner selbstverständlich die V von Gewinnerwartungen aus Investments, speziell Aktien; denn die Konjunktur ist auch mit modernen wirtschaftswissenschaftlichen Methoden nicht durch Prognosen sicher zu erfassen und bei einer Rezession würden alle Risiken zugleich betroffen.

Über das (subjektive) Konjunkturrisiko bei der V imaginären Gewinns: Bolze ZHR Bd 42 S. 39—43, Ritter-Abraham Anm. 41 zu § 1, S. 86—88. Hier wird nicht das Konjunkturrisiko schlechthin übernommen, sondern nur für den Fall, daß die Seegefahren das Sachinteresse beeinträchtigen (RG 23. III. 1881 RGZ Bd 4 S. 38—39, 19 IX. 1885 RGZ Bd 15 S. 91).

[28] 4. Gedehnter Versicherungsfall.

Da sich die Gefahr in der Gewinnv oft stufenweise verwirklicht, z. B. zunächst als Sach- oder Personengefahr (Anm. 25, 26) und da der Gewinnentgang sich durchweg über einen Zeitraum erstreckt, sind für die Gewinnv gedehnte Vsfälle (Anm. 34 vor §§ 49—80) kennzeichnend. Hingewiesen sei auf die Kausalreihe Brand/Sachschaden/Betriebsunterbrechung/Unterbrechungsschaden in der Feuerbetriebsunterbrechungsv, wobei der Ver für den Unterbrechungsschaden haftet, der innerhalb von 12 Monaten seit Eintritt des Sachschadens entsteht (Haftzeit) (§ 3 III 1 FBUB). Entsprechendes gilt für andere Betriebsgewinnven. Bei der Regenv kommt es immerhin darauf an, ob „während der vten Zeit die Niederschlagsmenge die vereinbarte Höhe (in mm) erreicht oder überschritten hat" (§ 1 I AVB für die Regenv). Bei der Reisewetterv hängt die Ersatzpflicht des Vers davon ab, ob „an einer der jeweiligen Vsdauer entsprechenden Anzahl von Tagen die für den einzelnen Tag vereinbarte Mindestregenmenge erreicht worden ist („Regentage")" (§ 1 AVB für die Reisewetterv).

Liegt ein gedehnter Vsfall vor, so ergeben sich daraus bestimmte Rechtsfolgen (Anm. 34 vor §§ 49—80): Der Vsfall darf nicht beginnen vor dem materiellen Vsbeginn. Während des gesamten Dehnungszeitraums ist z. B. die Abwendungs- und Minderungspflicht zu erfüllen (Anm. 38). Das Ende des Vsfalls hat nicht nur Bedeutung für die Leistungspflicht des Vers, sondern möglicherweise auch für Klagefrist und Verjährung.

Ausnahmen bestätigen die Regel: Besonders bei der Sachgewinnv kommt es vor, daß der Vsfall gleichsam ein punktueller ist, etwa im Zeitpunkt eines Schiffsuntergangs bei der V imaginären Gewinns, eines Hagelschlags bei der Hagelv.

[29] VI. Schäden in der Gewinnversicherung.

1. Brutto- und Nettogewinn.

In der Wirtschaftswissenschaft ist die Lehre von den Arten des Gewinnes — und damit auch von den möglichen Schäden — sehr sorgfältig entwickelt worden (vgl. z. B. Castan in: Handwörterbuch der Betriebswirtschaft, 3. Aufl., Bd II, Stuttgart 1958, Sp. 2327—2332, Eschner, Neuere Auffassungen zum Gewinnbegriff, Erlangen-Nürnberger Diss. 1966). Bei den Betriebswirten steht im Vordergrund der Betriebsgewinn (dazu Dusemund, Der betriebswirtschaftliche Gewinnbegriff, Frankfurt 1967), der zu unterscheiden ist von Gewinnen, die auf bestimmte Leistungen bezogen sind (Einzelgewinn). Diese Leistungen können nicht nur geplante Verkäufe sein (Stückgewinn, Partiegewinn), sondern auch abzuschließende Mietverträge oder Werkverträge (Auftragsgewinn).

Beim Betriebsgewinn sind Brutto- und Nettogewinn unterscheidbar. Für Zwecke der periodischen Erfolgsrechnung ergibt sich der Netto-(Rein-)gewinn aus dem Überschuß der Erträge über die Aufwendungen/Kosten (über die Gleichstellung von Aufwendungen und Kosten in diesem Zusammenhang: Hax Grundlagen a. a. O. S. 25—26). Zu den Kosten gehören auch die fixen Kosten (welche trotz Betriebsunterbrechung fortlaufen). So ergeben sich die Gleichungen Nettogewinn = Erträge ./. Aufwendungen (d. h. fixe und variable Kosten) oder Nettogewinn + fixe Kosten = Erträge ./. variable Kosten. Fallen bei einer Betriebsunterbrechung alle Erträge (Erlöse), aber auch die variablen Kosten fort, so entsteht ein Schaden in Höhe des entgehenden Nettogewinns zuzüglich fortlaufender fixer Kosten. Dieser Betrag sei als entgehender Bruttogewinn bezeichnet. § 5 I 1 FBUB spricht von dem entgehenden Geschäftsgewinn (Nettogewinn) und den fortlaufenden Geschäftskosten (fixen, nicht variablen Kosten), die der Vmer ohne Unterbrechung des Betriebes erwirtschaftet hätte. Auf die Bedeutung dieses Bruttogewinns hat besonders Magnusson a. a. O. S. 30—47 hingewiesen, der zu dem Ergebnis kommt, es sei in der Betriebsunterbrechungsv „die Beziehung zur Brutto-Betriebsertragsanwartschaft" vert (S. 41). Von Bruttoertrag oder Bruttogewinn ist der Bruttoerlös zu unterscheiden. Hax a. a. O. S. 241 führt aus: „Die Größe, deren Entwicklung die Höhe eines Unterbrechungsschadens bestimmt, ist also nicht der ... Brutto-Erlös, sondern nur derjenige Teil des Erlöses, der nach Abzug der rein proportionalen Kosten vom Brutto-Erlös verbleibt. Man bezeichnet diese Größe betriebswirtschaftlich gewöhnlich als Rohertrag; in neuerer Zeit hat sich von der Kostenrechnung her die Bezeichnung ‚Deckungsbeitrag' eingebürgert."

Die Feuerbetriebsunterbrechungsv ist hiernach eine Bruttogewinnv, welche die fortlaufenden Geschäftskosten umfaßt, die nur ersetzt werden, „soweit ihr Weiteraufwand rechtlich notwendig oder wirtschaftlich begründet ist und soweit sie ohne die Unterbrechung erwirtschaftet worden wären" (§ 6 II FBUB).

Andere Arten der Gewinnv, insbesondere der Sachgewinnv decken nur den Nettogewinn. So wird für die V imaginären Gewinns darauf hingewiesen, es handele sich nur um den Nettogewinn (Ritter-Abraham Anm. 3 zu § 100, S. 1208).

Die Hagelv ist V des Brutto-(Roh-)ertrags der bevorstehenden Ernte (Knoll a. a. O. S. 12); denn die Entschädigung richtet sich nach dem zu erwartenden Erntewert (§ 11 I Abs. 1 AHagelB), „genauer: nach dem Wert des Ertrages ..., den die Bodenerzeugnisse dem Vmer nach der Aberntung erbringen, falls sie bis dahin keinen Hagelschaden erleiden" (Knoll a. a. O. S. 12).

In der Frachtv läßt sich sowohl Brutto- als auch Nettofracht vern (dazu Argyriadis a. a. O. S. 31—32, 63—65, 122—124), und nach der Regel des § 107 ADS ist sogar im Zweifel eine V der Bruttofracht anzunehmen. Die Vorschrift dürfte auch auf die Frachtgewinnv anzuwenden sein.

Generell zur Frage, ob eine Bruttogewinnv, eine Bruttoertragsv als V eines einheitlichen Interesses möglich sei: Kisch III S. 119, Winkler a. a. O. S. 14—16.

[30] 2. Sonstige Berechnungsweisen.

Es kann durch Vereinbarung bestimmt werden, ob es für die Gewinnerwartungen des Vmers auf den Zeitpunkt des formellen oder materiellen Vsbeginns oder auf jenen des Vsfalls oder gar der Schadensliquidation ankommen soll (über diese Zeitpunkte Ritter-Abraham Anm. 40 zu § 1, S. 86). Bei der V imaginären Gewinns entscheidet z. B. der Zeitpunkt der Schließung des Vsvertrags, also des formellen Vsbeginns (§ 100 II ADS). Legt man in der Binnenv im Zweifel § 252 BGB zugrunde, so ist als entgangen der Gewinn zu ersetzen, „der zur Zeit der Entstehung des Schadens, genau zur Zeit der Erstattung des Schadens oder, im Falle gerichtlicher Feststellung, zur Zeit des Urteils (genauer der letzten mündlichen Verhandlung) mit Wahrscheinlichkeit zu erwarten war" (Ritter-Abraham Anm. 40 zu § 1, S. 85).

Für die Berechnung der Schadenshöhe ist es überdies von Bedeutung, ob Gewinnentgang als sicher eingetreten dargetan werden muß, oder ob es ausreicht, wenn der Vmer den Gewinn mit Wahrscheinlichkeit (§ 252^2 BGB) oder gar nur möglicherweise erwarten konnte (§ 100 II ADS). Auch hier kann der Vsvertrag den Kreis der zu berücksichtigenden Gewinnanwartschaften genauer umschreiben.

§ 252^2 BGB hebt überdies darauf ab, ob ein Gewinn „nach dem gewöhnlichen Laufe der Dinge oder nach den besonderen Umständen, insbesondere nach den getroffenen Anstalten und Vorkehrungen, mit Wahrscheinlichkeit erwartet werden konnte." § 100 II ADS fordert, daß ein Gewinn „nach kaufmännischer Berechnung möglicherweise zu erwarten war." Diese Formeln versuchen eine Objektivierung der Wahrscheinlichkeits- oder Möglichkeitsbeurteilung, so daß individuelle Fehlschätzungen des Vmers nicht zu berücksichtigen sind. Vgl. dazu Ritter-Abraham Anm. 43 zu § 1, S. 89. Der gewöhnliche Lauf der Dinge und die kaufmännische Berechnung legen abstrakte Berechnungsmaßstäbe zugrunde, während die besonderen Umstände, insbesondere die getroffenen Anstalten und Vorkehrungen eine konkretere Berechnung ermöglichen (Ritter-Abraham Anm. 44 zu § 1, S. 89—90).

Werden Gewinnanwartschaften vert, deren Realisierung nur möglich oder wahrscheinlich, aber nicht sicher ist, so wird doch (im Falle eines Totalschadens) nicht etwa der Chancen-, sondern der volle Realisationswert vom Ver vergütet.

Andererseits kommt es aber bei der Gewinnv auch vor, daß der Vsvertrag dem Geschädigten nur den Ersatz frustrierter Aufwendungen (Anm. 9) zubilligt, also nicht den vollen entgangenen Gewinn (Kisch III S. 119).

Im übrigen lassen sich auch bei der Gewinnv Total- und Teilschäden unterscheiden, wobei erstere bei völliger Vernichtung des Anwartschaftsinteresses vorliegen, letztere bei teilweiser Beeinträchtigung. Über Totalschäden bei der V imaginären Gewinns vgl. auch § 856 HGB, § 103 I ADS mit RG 12. I. 1927 RGZ Bd 115 S. 399, über Teilschäden bei der V imaginären Gewinns, z. B. bei bloßer Beschädigung der Güter: § 879 HGB, § 103 III ADS; Grillo a.a.O. S. 66—74, Hesse VersR 1963 S. 216—217, Ritter-Abraham Anm. 21 zu § 103, S. 1223, OLG Hamburg 20. V. 1925 HansRZ 1925 Sp. 556—558.

Nach § 89 II 1 können **Bestimmungen über die Berechnung des entgehenden Gewinns** mit Genehmigung der Aufsichtsbehörde **in den Versicherungsbedingungen** getroffen werden (dazu Begr. I S. 96). Diese für die Feuerv vorgesehene Bestimmung muß auch außerhalb der Feuerv angewendet werden, damit die Berechnung des eingetretenen Schadens erleichtert wird. Das RAA sowie das BAA haben solche besonderen Berechnungsweisen mehrfach genehmigt, wobei nach Bruck 7. Aufl. Anm. 4 zu § 89, S. 311 die Genehmigung rechtsbegründende Kraft hat.

So wird z. B. in der Regenv maximierend abgehoben auf die voraussichtlichen Unkosten oder Einnahmen (§ 2^1 AVB für die Regenv). Besondere Zusatzbedingungen für die Sa-Police lassen im Schadenfall den Betrag entscheiden, „um welchen die Brutto-Einnahmen des Veranstalters . . . unter der vereinbarten Vssumme bleiben." Für mehrtägige Veranstaltungen ist nach der Sd-Police „die Haftung des Vers beschränkt auf den Unterschiedsbetrag zwischen der Gesamt-Brutto-Einnahme aller vten Tage und der für diese Tage insgesamt vereinbarten Vssumme."

In der Filmausfallv entscheiden bei Unmöglichkeit der Fertigstellung des Films „die bis zur Feststellung der Unmöglichkeit nachweislich aufgewendeten oder auf Grund von Verträgen noch aufzuwendenden Gesamtherstellungskosten ..." (§ 1 III AVB für die Film-Ausfall-V). Der Nettogewinn wird also auch hier nicht berücksichtigt, nur auf die frustrierten Aufwendungen wird abgestellt.

Sehr kühn ist die Bestimmung der Ersatzleistung nach § 3 I Ziff. 1 AVB für die V von Fleischereihandwerksbetrieben gegen Vermögensschäden durch Betriebsschließung infolge Seuchengefahr: Maßgebend sind „die doppelte Wochenumsatzsumme und die Dauer der Betriebsschließung", z. B. wird bei einer Betriebsschließung von 3—7 Tagen Dauer 100% einer doppelten Wochenumsatzsumme gewährt, und für jeden weiteren Tag der Betriebsschließung bis zu insgesamt 30 Tagen erhöht sich die Ersatzleistung um 10% der doppelten Wochenumsatzsumme bis höchstens insgesamt 330% der doppelten Wochenumsatzsumme (§ 3 I Ziff. 1 a. a. O.). Das ist eine sehr abstrakte Berechnungsweise, bei der neben dem entgangenen Bruttogewinn auch Sachschaden „durch angeordnete Vernichtung, Zuführung zur Freibank oder unschädliche Beseitigung von Waren" (§ 2 I a. a. O.) mit abgegolten werden soll.

Ähnlich abstrakt ist die „vereinbarte ‚Tagesentschädigung' für jeden Tag der Betriebsschließung bis zur Dauer von 30 Tagen" gemäß § 2 I AVB für die V von Betrieben gegen Vermögensschäden durch Betriebsschließung infolge Seuchengefahr, wobei die Tagesentschädigung von der Wochenumsatzsumme aus zu errechnen ist.

Bei der V von landwirtschaftlichen Betrieben gegen Vermögensschäden durch Produktionsausfall infolge Tierseuchen wird von einem Jahresproduktionswert ausgegangen und „Jahresproduktionswert ist unter Berücksichtigung von Futterkostenanteilen der Rohertrag, errechnet aus Großvieheinheiten der zu versichernden Tiergattung und deren Nutzung" (§ 5 I 3 AVB).

In der Reisewetterv setzt der Vmer im Benehmen mit dem Ver die „ihm voraussichtlich in seinem Urlaubsort entstehenden, seinen Lebensverhältnissen entsprechenden Aufwendungen" fest (§ 4 AVB für die Reisewetterv) mit Wochenbeträgen zwischen 100,— DM und 500,— DM. Winter, Konkrete und abstrakte Bedarfsdeckung in der Sachv, Göttingen 1962, S. 110—111 spricht hier von einer V mit abstrakter Bedarfsdeckung, also von einer Summenv (außerhalb der Personenv), die jedoch unzulässig wäre (Anm. 45 vor §§ 49—80, Möller VersR 1953 S. 217).

Bischoff VersR 1958 S. 1—2 beobachtet „eine recht interessante Auseinandersetzung mit dem elementaren Grundsatz des VVG, wonach in der Schadensv nur der konkrete Schaden zu ersetzen ist", es sei „zu erkennen, daß der Grundsatz des konkreten Schadenersatzes kein starrer, unbeugsamer sein kann, sondern nach den Bedürfnissen des Lebens an seinen Grenzen eine gewisse Beweglichkeit haben muß."

[31] 3. Kausalität, Beweis.

Der Gewinnver braucht nur den Schaden zu ersetzen, der infolge der vten Gefahr als Negation des Gewinninteresses entstanden ist. Es muß also die vte Gefahr den Gewinnentgang adäquat verursacht haben. Der Gewinnver braucht also nicht zu leisten, wenn der Gewinn dennoch erzielt worden ist (Bruck 7. Aufl. Anm. 5 zu § 53, S. 207). Legt man bei § 252 BGB die materiell-rechtliche Theorie zugrunde (Anm. 3) und geht man davon aus, daß diese Vorschrift bei einem Gewinnvszweig der Binnenv anzuwenden sei, so braucht der Ver nicht zu leisten, „wenn feststeht, daß dieser mit Wahrscheinlichkeit zu erwartende Gewinn aus irgendwelchen Gründen in Wirklichkeit nicht erzielt sein würde, die Wahrscheinlichkeit getrogen hat" (Bruck 7. Aufl. Anm. 4 zu § 53, S. 207, Ritter-Abraham Anm. 40 zu § 1, S. 85). Nach der herrschenden Beweiserleichterungstheorie bleibt der Ver leistungspflichtig.

Oft handelt es sich bei der Betriebsgewinnv um komplizierte Kausalitätsketten, speziell bei Komplexgefahren, Stufengefahren (Anm. 131 zu § 49). Bei einer Feuerbetriebsunterbrechungsv muß der Brand einen Sachschaden, der Sachschaden eine Betriebsunterbrechung, die Betriebsunterbrechung einen Unterbrechungsschaden verursacht haben. Besonders auf der letzten Kausalstufe können tatsächliche Zweifel auftauchen. Deshalb sagt § 3 II FBUB klarstellend: „Der Ver haftet nicht, soweit der Unterbrechungsschaden erheblich vergrößert wird a) durch außergewöhnliche, während der Unterbrechung eintretende Ereignisse, b) durch behördlich angeordnete Wiederaufbau- oder Betriebsbeschränkungen, c) dadurch, daß dem Vmer zur Wiederherstellung oder

Wiederbeschaffung ... nicht rechtzeitig genügend Kapital zur Verfügung steht." Nach § 3 IV FBUB haftet der Ver nicht für nicht erhebliche Unterbrechungen, deren Folgen sich im Betriebe ohne wesentliche Aufwendungen wieder einholen lassen (eine besondere 48-Stunden-Klausel verdeutlicht: „Für Unterbrechungen des Betriebes von weniger als 48 Stunden wird keine Entschädigung geleistet"). Die Kausalitätsfrage wird auch berührt durch § 6 IV FBUB: „Bei der Feststellung des Unterbrechungsschadens sind alle Umstände zu berücksichtigen, die den Gang und das Ergebnis des Betriebes während des Bewertungszeitraums günstig oder ungünstig beeinflußt haben würden, wenn die Unterbrechung nicht eingetreten wäre." Hier werden vertraglich Reservensachen für relevant erklärt (Anm. 155 zu § 49, dazu allerdings Zimmermann a. a. O. S. 46—50).

Der Vmer hat sein vtes Interesse, die Gefahrverwirklichung und den Schadenseintritt zu beweisen. Jedoch ist bei der Gewinnv zu beachten, daß es oft ausreicht, wenn der Gewinn zu einem bestimmten Zeitpunkt wahrscheinlich oder möglicherweise zu erwarten war (Anm. 30). Es ist sodann von der Hypothese auszugehen, daß die Anwartschaft sich realisiert hätte: „Als entgangen gilt der Gewinn ..." (§ 252² BGB). In der Praxis sind also die Beweisanforderungen sehr gering. Erfolgt die Berechnung des entgehenden Gewinns nach Maßgabe genehmigter Vsbedingungen, so obliegt der Beweis, daß das Ergebnis der Berechnung den wirklichen Schaden übersteige, dem Ver, und diesen Beweis wird der Ver niemals führen können" (Prölss[17] Anm. 1 zu § 89, S. 369).

Zuweilen begnügen sich AVB mit einer bloßen Glaubhaftmachung. So § 4³ AVB für die Reisewetterv (wo es übrigens einer Schadenanzeige durch den Vmer nicht bedarf und die Schadensermittlung Sache des Vers ist: § 8 I a. a. O.). So auch nach § 2² AVB für die Regenv.

Der Beweiserleichterung dient das Veränderungsverbot in der Hagelv (§ 111), wonach der Vmer an den von dem Hagelschlage betroffenen Bodenerzeugnissen bis zur Feststellung des Schadens grundsätzlich keine Änderungen vornehmen darf. Die Obliegenheit ist konkretisiert in § 17 AHagelB.

Nicht selten werden in das Beweisverfahren bei der Gewinnv unabhängige Dritte eingeschaltet. So sieht das Sachverständigenverfahren des § 13 FBUB die Erarbeitung von Gewinn- und Verlustrechnungen vor, aus denen sich z. B. ergibt, wie sich einerseits das Geschäft während des Bewertungszeitraums ohne Unterbrechung des Betriebes gestaltet hätte (hypothetische Rechnung) und andererseits, wie sich das Geschäft während des Bewertungszeitraums infolge der Unterbrechung gestaltet hat (faktische Rechnung). Dabei ist herauszustellen, „ob und in welcher Weise Umstände, welche die Entschädigungspflicht des Vers beeinflussen, bei Feststellung des Unterbrechungsschadens berücksichtigt worden sind". Einen Ärzteausschuß kennt § 10 AVB für die Lizenzverlustv von Luftfahrern. Bei der Reisewetterv sind für die Schadensberechnung ausschließlich die dem Ver von den Wetterämtern amtlich mitgeteilten Meßergebnisse der zuständigen Regenmeßstelle maßgebend (§ 8 II 1 AVB für die Reisewetterv). Bei der Regenv kommen bei besonderer Vereinbarung auch Sondermessungen durch einen Beamten oder Beauftragten des Deutschen Wetterdienstes in Betracht (§ 4 AVB für die Regenv), und bei Tennisveranstaltungen fällt dem von der Turnierleitung eingesetzten Oberschiedsrichter bedingungsgemäß die Aufgabe zu, schriftlich zu bestätigen, daß eine Spielverzögerung oder ein Speilabbruch erfolgt ist (Besondere Zusatzbedingungen für die Sd-Police).

[32] VII. Rechtsbehandlung der Gewinnversicherung.

1. Schadensversicherung.

Die Gewinnv ist regelmäßig Nichtpersonenv; man denke an Sach-, Betriebs- oder Veranstaltungsgewinn (Anm. 11—21). Eine Nichtpersonenv muß als Schadensv betrieben werden, und es gilt unabdingbar das vsrechtliche Bereicherungsverbot (Anm. 3 vor §§ 49—80).

Das Bereicherungsverbot wird besonders herausgestellt in § 6 V 1 FBUB, und es gilt auch in den Fällen des § 89 II bei der Anwendung der aufsichtsbehördlich genehmigten Bestimmungen über die Berechnung des entgehenden Gewinns (Anm. 30); denn: „Übersteigt das Ergebnis der Berechnung den der wirklichen Sachlage entsprechenden

Betrag, so hat der Ver nur diesen Betrag zu ersetzen." Gegen die V „extraimaginären Gewinns" in der Seev wenden sich Ritter-Abraham Anm. 46 zu § 1, S. 92.

Und doch gelten in der Gewinnv gewisse Einschränkungen, Durchbrechungen des strengen vsrechtlichen Bereicherungsverbots: Die Möglichkeit oder Wahrscheinlichkeit der Gewinnerwartung reicht aus und wird einer Sicherheit der Gewinnerzielung gleichgeachtet, so daß im Vsfall nicht der Chancenwert, sondern der Realisationswert der Chance erstattet wird (Anm. 30). Ist bei der Beurteilung der Existenz der Gewinnanwartschaft auf einen bestimmten Zeitpunkt, z. B. den der Schließung des Vsvertrages, abzustellen, so verschlägt es nichts, wenn seitdem die Gewinnerwartung zunichte geworden ist (RG 19. IX. 1885 RGZ Bd 15 S. 91—92). Im oben erwähnten Falle des § 89 II wird man — analog § 57² — eine erhebliche Diskrepanz zwischen Ergebnis der Berechnung und wirklicher Sachlage voraussetzen müssen (Anm. 34). Ritter-Abraham Anm. 39 zu § 1, S. 85 meinen, die V imaginären Gewinns habe sich „im Laufe der Zeit, am weitesten vom Wesen der Schadensv als einer auf Ersatz von Schaden . . . gerichteten V entfernt" (vgl. auch Ritter-Abraham Anm. 46 zu § 1, S. 91—92). Generell stellt Warkallo Mat-Zweiter Weltkongreß II S. 19—22, 27—34 heraus, man könne von einem „präsumierten" Gewinn sprechen; immerhin handle es sich — trotz einiger Gefahren der Gewinnv — bei der Gewinnv nicht um eine Untergrabung des Entschädigungsprinzips, vielmehr um „Ausnahmen, die die Regel bestätigen und die als Ausnahmevorkehrungen mit Vorsicht und strikt zu handhaben sind".

Ausnahmsweise kann eine Gewinnv Personenv sein, sofern es sich nämlich um einen Gewinnentgang durch Personenschäden handelt (Anm. 22). Hier wäre theoretisch die Möglichkeit gegeben, die V als Summenv zu betreiben, aber in der Praxis sind die Filmausfallv und die Lizenzverlustv den Schadensvsregeln unterworfen (Anm. 26, 30).

[33] 2. Aktivenversicherung.

Da bei der Gewinnv das Interesse an einer Gewinnanwartschaft, also die Wertbeziehung zu einem Gute, zu einem Aktivum vert ist, gehört die Gewinnv im Rahmen der Schadensv zur Aktivenv (Anm. 16 vor §§ 49—80, Anm. 71 zu § 49). Bei solcher Aktivenv gibt es einen Vswert, der allerdings bei der Gewinnv manchmal schwer zu ermitteln ist (Anm. 9 zu § 51, Anm. 21 zu § 52). Vgl. über die Gewinnv als Interessev auch Hesse VersR 1963 S. 215—217, Ritter-Abraham Anm. 40 zu § 1, S. 85—86.

Die Gewinnv ist also keine V gegen die Entstehung von Passiven (oder nach einer Einteilung von Braess VW 1969 S. 300—302: keine V gegen planwidrige Ausgaben, vielmehr eine Bruttoeinnahmev). Wenn ein Haftpflichtver dem Haftpflichtigen den Haftpflichtschaden ersetzen muß, so kann der Haftpflichtschaden selbstverständlich auch entgangenen Gewinn umfassen (gleichgültig, ob es sich um eine Personen-, Sach- oder Vermögensschadenhaftpflichtv handelt, Anm. 41 vor §§ 49—80). Dadurch wird aber die Haftpflichtv (Passivenv) nicht zu einer Gewinnv (Aktivenv), und § 53 findet auf die Haftpflichtv keine Anwendung (OLG Hamburg 23. X. 1918 VA 1920 Anh. S. 13—14 Nr. 1124 = HansRZ 1919 Sp. 196—197).

Auch die Krankheitskostenv ist eine Passivenv. Wenn ein kranker Apotheker aus der eigenen Apotheke zum Eigenverbrauch Arzneimittel entnimmt, so kann er von seinem Krankenver nur die Selbstkosten ersetzt verlangen, nicht aber entgangenen Gewinn (LG Bayreuth 28. X. 1964 VersR 1965 S. 77—78 unter Hinweis auf § 53).

[34] 3. Versicherungswert, Taxe.

Über den Vswert bei der V von Gewinninteressen vgl. schon Anm. 21 zu § 52, mit Beispielen, etwa zum Ersatzwert in der Feuerbetriebsunterbrechungsv. Weitere Beispiele Anm. 30.

Die Vssumme sollte dem Vswert möglichst genau entsprechen, sonst entsteht eine Unter- oder Überv (Anm. 35).

Zu Zwecken der Beweiserleichterung fingiert § 100 I ADS bei der V imaginären Gewinns die Vereinbarung einer Taxe; es „gilt die Vssumme als Taxe". „Untaxierte Gewinnpolicen wären eine Quelle von Streitigkeiten" (Ritter-Abraham Anm. 11 zu § 100, S. 1210). Bei einer gemeinschaftlichen V der Güter und des Gewinns „gelten 10% der Taxe als Taxe des Gewinns" (§ 101² ADS). Gerade umgekehrt verbietet § 89 I für die Feuerv eine Taxe, aus Gründen des durch eine Taxe angeblich erhöhten subjektiven Risikos (Begr. I S. 96). Bei der laufenden V gelten die im Gesetz vorgesehenen Beschränkungen der Vertragsfreiheit nicht (§ 187 II). Da aber § 89 I als absolut zwingende Bestimmung angesehen werden muß, kann sie auch in einer laufenden V nicht wegbedungen werden (Anm. 42, 46 Einl., a. A. RG 8. VI. 1928 JRPV 1928 S. 198 = VersPrax 1928 S. 91—92; Vorinstanz: KG 10. XII. 1927 JRPV 1928 S. 44, unentschieden Prölss[17] Anm. 2 zu § 89, S. 369).

Eine Herabsetzung der Taxe kann nach allgemeinen Grundsätzen bei erheblicher Übersetzung erfolgen (§ 57[2]). Das Wort „erheblich" ist in § 100 II ADS wohl nur infolge eines Redaktionsversehens fortgelassen worden (Ritter-Abraham Anm. 12 zu § 100, S. 1211).

Auch das Ergebnis der Berechnung des entgehenden Gewinns nach Maßgabe der aufsichtsbehördlich genehmigten Vsbedingungen kann gemäß § 89 II 2 der wirklichen Sachlage angepaßt werden. Eine gewisse Schwankungsbreite entspricht der Intention der Berechnungsbestimmungen. Auch hier ist demnach eine erhebliche Differenz zwischen Berechnung und Realität vorauszusetzen. Prölss[17] Anm. 1 zu § 89, S. 369 meint, die Berechnungsgrundlage werde gerade vereinbart, weil eine exakte Schadensberechnung unmöglich sei und deshalb werde der Ver den Beweis niemals führen können, daß das Ergebnis der Berechnung den wirklichen Schaden übersteige. Ganz so aussichtslos dürfte die Beweislage für den Ver aber nicht sein.

[35] 4. Unter-, Überversicherung.

Gewinnerwartungen sind schwer bezifferbar und schwanken. Bei Gewinnven kommt es deshalb leicht zu einer Unter- oder Überv, sei es bei Vertragsabschluß, sei es später.

Am eingehendsten befassen sich mit dem Problemkreis die §§ 5, 9, 11 III FBUB. Danach wird bei der Unterv die Proportionalitätsregel des § 56 voll angewendet, was dadurch ermöglicht wird, daß der Ersatzwert ganz klar definiert ist. Für den Vmer empfiehlt sich eine vorsichtige, d. h. großzügige Bemessung der Vssumme, da der Ver in gewissen Grenzen eine volle Prämienrückgewähr zugesteht (Fusshoeller-John a. a. O. Anm. 1 zu § 9, S. 98).

Die §§ 4, 6 II, III AVB für die Film-Ausfall-V sehen im Zusammenhang mit der Hauptv eine Vorsorgev vor, die bei der Beurteilung, ob eine Unterv vorliege, mit zu berücksichtigen ist, während bei einer Überv „die gezahlte Prämie auf den nicht im Risiko gewesenen Teil der Vorsorge-V zurückgezahlt" wird und im übrigen § 51 gilt.

Bei den Ven gegen Betriebsschließung infolge Seuchengefahr ist dem Vmer eine echte Rechtspflicht (keine bloße Obliegenheit) auferlegt worden, bestimmte Änderungen der Wochenumsatzsumme anzuzeigen und den Vsvertrag zu „berichtigen": § 8 AVB für die V von Fleischerhandwerksbetrieben gegen Vermögenschäden durch Betriebsschließung infolge Seuchengefahr, § 6 AVB für die V von Betrieben gegen Vermögenschäden durch Betriebsschließung infolge Seuchengefahr.

Bei der Mietverlustv, die mit der Feuerv verbunden ist, wirkt sich eine Unterv hinsichtlich der vten Sachen entsprechend auf die Mietverlustv aus (Wussow AFB Anm. 43 zu § 1, S. 180—181). Die selbständige Mietverlustv kennt eine Unterv, falls die Vssumme niedriger ist als der Betrag des Jahresmietzinses (§ 5 Bedingungen für die V gegen Mietverlust infolge von Brand, Blitzschlag oder Explosion).

Dagegen ist der Einwand der Unterv in einigen Gewinnvszweigen ausgeschlossen. Es handelt sich z. B. um eine V auf erstes Risiko gemäß § 4 I 2 Sonderbedingungen für die einfache Betriebsunterbrechungs-V (Klein BU-V) und § 5 I 2 AVB für die Reisewetterv.

Über die Behandlung der Überv in der Hagelv § 11 III AHagelB, wonach für Überven kein Ersatz geleistet wird; aber eine Überv besteht nur, wenn die Vssumme eines Feldstücks den zu erwartenden Erntewert um mehr als 25% übersteigt. Ein „großzügig bemessener Spielraum", „weil es unmöglich ist, den zu erwartenden Ernteertrag mit voller Genauigkeit vorauszubestimmen" (Knoll a. a. O. S. 21).

[36] 5. Mehrfache, Doppelversicherung.

Treffen eine Sach- und eine Gewinnv zusammen, so handelt es sich nicht um eine mehrfache V (§ 58), und auch eine Doppelv (§ 59 I) kann nicht vorliegen, weil das Sachinteresse und das Gewinninteresse streng zu unterscheiden sind. Dennoch normiert § 90 für den Bereich der Feuerv eine Mitteilungsobliegenheit sowohl gegenüber dem Sach- als auch dem Gewinnver. Solche Offenlegung der Verhältnisse könnte wegen des subjektiven Risikos erwünscht sein, das sich jedenfalls für den Sachver bei gleichzeitigem Bestehen einer Gewinnv erhöht. Bei kombinierten und gebündelten Sach- und Gewinnven (Anm. 24) entfällt die Mitteilungspflicht, da der Ver den Sachverhalt bereits kennt. Da § 90 keine Sanktion vorsieht, normiert für die Sachv § 9 I AFB die Verwirkungsfolgen, während für die Feuerbetriebsunterbrechungsv § 90 ein Schwert mit stumpfer Klinge bleibt (Prölss[17] Anm. 1 zu § 90, S. 369).

Eine echte mehrfache V und Doppelv können vorliegen, wenn zwei Gewinnven zusammentreffen. Hat sich eine Gewinnanwartschaft erhöht, so muß im zweiten Vsvertrag erkennbar gemacht werden, daß der über den schon vten Gewinn hinausreichende Gewinn vert werden soll (Ritter-Abraham Anm. 9 zu § 100, S. 1210 mit Hinweis auf RG 19. IX. 1885 RGZ Bd 15 S. 84).

[37] 6. Herbeiführung des Versicherungsfalles.

Bei einem gedehnten Vsfall (Anm. 28) läßt sich § 61 auf verschiedenen Stufen der Gefahrverwirklichung anwenden: So kann in der Feuerbetriebsunterbrechungsv der Vmer entweder „den Sachschaden oder den Unterbrechungsschaden vorsätzlich oder grobfahrlässig" herbeiführen (§ 14 FBUB).

Bei der Lizenzverlustv ist nur eine solche Fluguntauglichkeit aus der V ausgeschlossen, die verursacht ist durch „absichtliche Herbeiführung von Krankheit oder Kräfteverfall, absichtliche Selbstverletzung oder verursachte Selbsttötung" (§ 2 I b) AVB für die Lizenzverlustv von Luftfahrern).

Bei der Betriebsschließung infolge Seuchengefahr haftet der Ver nicht, wenn die Verbreitung von Krankheiten durch wissentliches Abweichen des Vmers von den Vorschriften des Bundesseuchengesetzes und des Fleischbeschaugesetzes sowie der dazu erlassenen Durchführungsverordnungen verursacht ist (§ 5 AVB für die V von Fleischerhandwerksbetrieben gegen Vermögenschäden durch Betriebsschließung infolge Seuchengefahr; vgl. auch § 4 I AVB für die V von Betrieben gegen Vermögenschäden durch Betriebsschließung infolge Seuchengefahr).

[38] 7. Rettungspflicht, Aufwendungen.

Die Obliegenheit, nach Möglichkeit für die Abwendung und Minderung des Schadens zu sorgen, ist bei gedehnten Vsfällen laufend zu erfüllen, so daß bei einer Feuerbetriebsunterbrechungsv der Vmer nicht nur einen Brand und damit einen Sachschaden abzuwenden und zu mindern hat, sondern auch einen Unterbrechungsschaden abwenden und mindern muß (§ 10 II a) FBUB). Die Rettungsmaßnahmen können sich auf die ganze Unterbrechungsdauer erstrecken (Fusshoeller-John a. a. O. Anm. 1 zu § 11, S. 108).

Was den Aufwendungsersatz anlangt, so spricht § 11 I FBUB nur von solchen zur Abwendung oder Minderung „des Unterbrechungsschadens". Wird aber ein Sachschaden abgewendet, der eine Unterbrechung zur Folge gehabt hätte, so erscheint es unbillig, die Aufwendungen nur dem Sachver, nicht aber auch dem Gewinnver aufzuerlegen. (A. M. Ritter-Abraham Anm. 6 zu § 100, S. 1209 für den Fall der Abwendung eines Güterschadens, wenn dadurch zugleich auch imaginärer Gewinn gerettet wird.)

[39] 8. Ausgleichung von Vorteilen.

Da die Gewinnv Schadensv ist, gelten die Grundsätze der vsrechtlichen Vorteilsausgleichung (Anm. 51—54 vor §§ 49—80). Da oft Sachschaden und Gewinnentgang zusammentreffen, aber bei verschiedenen Vern gedeckt sind, stellt sich die Aufgabe, die mit dem Gewinnentgang korrespondierenden Vorteile abzutrennen. Das wird relativ einfach sein bei dem Übergang von Ersatzansprüchen gemäß § 67 I 1; denn hier kommt es darauf an, ob der Dritte speziell auch verpflichtet ist, den entgangenen Gewinn zu ersetzen.

In Erweiterung des § 67 I 1 sollen in der V durch Betriebsschließung infolge Seuchengefahr auch behördlich gewährte Entschädigungen (§ 3 II AVB für die V von

Fleischerhandwerksbetrieben gegen Vermögenschäden durch Betriebsschließung infolge Seuchengefahr) oder „Amtshaftungs-, Aufopferungsansprüche oder Ansprüche aus dem Bundesseuchengesetz" (§ 4 II, III AVB für die V von Betrieben gegen Vermögensschäden durch Betriebsschließung infolge Seuchengefahr) auf die Leistungen des Vers „angerechnet" werden, wobei zum Teil vorgesehen ist, daß der Ver in Höhe dieser Ansprüche dem Vmer zunächst ein Darlehen zur Verfügung stellt.

§ 6 V 2 FBUB leitet aus dem Bereicherungsverbot ab: „Wirtschaftliche Vorteile, die sich nach Ablauf des Bewertungszeitraumes als Folge der Unterbrechung innerhalb der Haftzeit ergeben, sind in billiger Weise zu berücksichtigen." Hier werden also zeitlich recht spät auftauchende Vorteile noch berücksichtigt. Fusshoeller-John a. a. O. Anm. 5 zu § 6, S. 90 setzen voraus, daß es sich um erhebliche wirtschaftliche Vorteile handeln müsse; zu denken sei an Produktions- und Absatzsteigerungen bis zum Ende der Haftzeit, das längere Zeit hinter dem Ende des Bewertungszeitraums (des Unterbrechungsschadens) liegen könne.

Den Übergang von Sachvorteilen sieht § 11 II AVB für die Film-Ausfall-V vor, z. B. können vor Bezahlung eines Schadens auszuliefern sein „alle Filmstreifen und Kopien . . ., Requisiten und Kostüme . . ., Manuskripte und Musik", wobei aber Filmstreifen und Kopien von den Vern zu vernichten sind. Der Vszweig kennt auch eine eigenartige Regreßnahme gegen Künstlerinnen, welche bei der Antragstellung den Vern, der vten Firma und dem Vertrauensarzt gegenüber ihre Schwangerschaft verschwiegen haben (§ 2 II a. a. O.).

Zur Vorteilsausgleichung bei der V imaginären Gewinns vgl. § 103 II ADS, bei der Hagelv vgl. § 19 III Abs. 1 AHagelB.

[40] 9. Veräußerung versicherter „Sache".

Die Vorschriften über die „Veräußerung der vten Sache" (§§ 69—73) können auf Gewinnven nicht unmittelbar angewendet werden; denn die Gewinnv ist nie eine Sachv.

Für die Hagelv schreiben jedoch die §§ 114—115 eine modifizierte Anwendung der Veräußerungsbestimmungen vor, und ein Übergang des Vsverhältnisses kommt nicht nur bei Eigentumswechsel in Betracht, sondern auch bei Begründung eines Nießbrauchs, eines Pachtvertrages oder eines ähnlichen Verhältnisses. Näheres zum Übergang des Vsverhältnisses bei Besitzwechsel in der Hagelv Knoll a. a. O. S. 46—50.

In den übrigen Fällen einer Sachgewinnv (Anm. 11—15, 17) erscheint es möglich und angezeigt, bei Veräußerung der Sache auch das Gewinnvsverhältnis auf den Erwerber übergehen zu lassen, wenn der Erwerber mit der Sache auch die Gewinnanwartschaft erlangt. Hier sind die §§ 69—73 analog anzuwenden.

Kühner schon wäre die analoge Anwendung, falls ein Betrieb veräußert wird, sodaß zugleich die Betriebsgewinnanwartschaft ihren Träger wechselt. Zum Streitstand generell Lenski, Zur Veräußerung der vten Sache, Karlsruhe 1965, S. 65—67, der sich gegen die Analogie wendet. Unentschieden Fusshoeller-John a. a. O. S. 125—126. Berücksichtigt man § 151 II, wonach sogar bei einer Passivenv, nämlich bei einer Betriebshaftpflichtv die Veräußerungsbestimmungen entsprechend angewendet werden sollen, so sprechen doch überwiegende Gründe auch hier für die Analogie (so auch Magnusson a. a. O. S. 109—128, 143).

Dagegen ist bei einer V von Veranstaltungsgewinn oder gegen Gewinnentgang durch Personenschäden kein Raum für eine entsprechende Anwendung der §§ 69—73.

[41] VIII. Abdingbarkeit des § 53.

§ 53 ist nicht (absolut oder relativ) zwingend. Die Vorschrift besagt nur, daß es zur V eines Gewinninteresses einer besonderen Vereinbarung bedarf. Für solche Vereinbarung besteht Vertragsfreiheit, die allerdings eingeschränkt ist durch das allgemeine schadensvsrechtliche Bereicherungsverbot (Anm. 32) und einige spezielle Vorschriften, z. B. für die Feuerv § 89 I, II 2 (Anm. 34).

Die Vertragsfreiheit läßt einen erheblichen Spielraum bei der Umschreibung der vten Gewinnanwartschaften, z. B. hinsichtlich des erforderlichen Erwartungsgrades und des Beurteilungszeitpunktes (Anm. 30). Der Gewinnv ist noch eine vielfältige Entfaltung zu prophezeien.

§ 54

Ist die Versicherung für einen Inbegriff von Sachen genommen, so umfaßt sie die jeweils zu dem Inbegriffe gehörigen Sachen.

Inbegriffsversicherung.

Gliederung:

[1] **Entstehung:** § 54 ist unverändert geblieben. — Begr. I S. 62.

[2] **Schrifttum:** Berndt, Der Ersatzwert in der Feuerv, Weissenburg 1951, Blanck VW 1961 S. 197—198, Entschädigungsberechnung in der Sachv, 2. Aufl., Karlsruhe 1963, Bolte, Die Feuerv von Hausrat, Göttinger Diss. 1936, Düby, Die rechtliche Natur der Kollektivv, Bern 1930, Keunecke, Das Recht der Einbruchdiebstahlv unter Berücksichtigung der Hausratv, Hamburger Diss. 1965, Keup MittÖffFeuerVsAnstalten 1912 S. 228—230, Kisch III S. 147—155, Lenski, Die Veräußerung der vten Sache, Karlsruhe 1965, Ottow, Interessen- und Gefahrenwegfall, Hamburger Diss. 1965, Prölss Einbruchdiebstahlv[3] S. 103—107, Roelli-Jaeger II Anm. 1—13 zu Art. 66, S. 455—460, Weiland, Die Feuerv im Dienste der Landwirtschaft, Düsseldorf (1911), Wussow AFB Anm. 12—16 zu § 3 AFB, S. 218—221.

[3] I. Zweck der Vorschrift.

Der Ver muß wissen, welche Interessen er vert, welche Schäden er zu ersetzen haben wird; denn sonst kann er das Risiko nicht beurteilen. Das vte Interesse ist durch die vte Person und das vte Gut gekennzeichnet; die vten Güter, insbesondere die vten Sachen müssen im Vsvertrage genau bezeichnet werden (Anm. 122 zu § 49), damit im Schadensfall feststeht, welcher Einzelschaden vom Ver zu ersetzen ist. Kisch III S. 147 spricht von der Individualisierung der vten Sachen.

Es wäre nun aber mühevoll und kaum praktikabel, beim Abschluß eines Vsvertrages z. B. jene unzähligen Sachen etwa in Listen zu erfassen, die zu einem Hausstand gehören. Überdies besteht oft eine ständige Fluktuation durch Zu- und Abgänge. Deshalb erscheint es rationell, mit Inbegriffen Gruppen von Sachen zusammengefaßt zu vern und dabei auch die Veränderungen einzubeziehen. Praktisches Bedürfnis und mutmaßlicher Parteiwille haben deshalb zur Vorschrift des § 54 hingeführt (Begr. I S. 62), wonach alle jeweils zu dem Inbegriff gehörenden Sachen vert sind.

Bestünde § 54 nicht, so wären wohl nur die zur Zeit des Vertragsabschlusses oder des materiellen Vsbeginns, also zu einem gewissen Zeitpunkt vorhandenen Sachen vert, und das vte Interesse würde wegfallen (§ 68 II), falls allmählich alle Sachen aus dem Inbegriff, z. B. aus einem Warenbestand, ausscheiden (Kisch III S. 153; das OLG Colmar 14. V. 1912 VA 1914 Anh. S. 26—27 Nr. 796 nahm allerdings an, der Rechtsgedanke des § 54 habe auch schon im vorgesetzlichen Recht Geltung beansprucht, dazu in der Tat: OAG Lübeck 29. XI. 1862 SeuffArch Bd 19 S. 282—284 Nr. 177, Endemann ZHR Bd 10 S. 254—255). § 54 stellt klar, daß es auf den jeweiligen Bestand ankommt, so daß ein Wegfall des vten Interesses nur in Betracht kommt, wenn (endgültig) der Bestand durch Abgänge erschöpft ist und Zugänge nicht zu verzeichnen sind (dazu vgl. Anm. 33). Da § 54 nicht zwingend ist, kann jedoch — abweichend von dieser Norm — vereinbart werden, es solle nur der Bestand eines bestimmten Zeitpunktes vert werden.

Im Falle von § 54 kann man von einer Inbegriffsv sprechen, Kisch III S. 152 redet von einer Gesamtv. In der Schweiz verwendet man den Ausdruck Kollektivv (Düby a. a. O. S. 82—83, Koenig[3] S. 315, Roelli-Jaeger II Anm. 3 zu Art. 66, S. 457) auch für eine Inbegriffsv, während in Deutschland dieser Ausdruck heute (für die Vergangenheit: Ehrenberg S. 287—288) der V einer Mehrheit von Personen vorbehalten zu werden pflegt, speziell der Gruppenv (Anm. 87 zu § 1).

[4] II. Anwendungsbereich der Vorschrift.

1. Unmittelbar: Sachversicherung.

§ 54 steht zwar unter den Vorschriften für die gesamte Schadensv, gilt aber nach seinem Wortlaut nur für die Sachv. Die Begr. I S. 62 nennt als Beispiele die Feuer-, Diebstahls- und Viehv von Inbegriffen und erwähnt, „daß in den Fällen, in denen die V für einen nur der Gattung nach bezeichneten Viehbestand genommen ist, die neugeborenen Tiere von selbst in die V einbezogen sind". Einer Sondernorm bedurfte es insoweit nicht.

Über die genannten Vszweige hinaus kommen Inbegrifsven in praktisch allen Sachvszweigen vor. Schon in der Benennung des Vszweiges tritt ein Inbegriff hervor bei der V des Hausrats.

Zu der Frage, ob die zum Inbegriff gehörenden Sachen dem gleichen Eigentümer gehören müssen, vgl. Anm. 9.

[5] 2. Analog: Aktivenversicherung.

Es steht nichts im Wege, auch außerhalb der Sachv Inbegriffsven zu vereinbaren und sodann § 54 analog anzuwenden. Zur Stützung dieser Auffassung kann auch auf § 30 verwiesen werden, der die V einer Mehrheit von „Gegenständen" voraussetzt, und diese Mehrheit kann auch durch einen Inbegriff umschrieben werden (dazu Düby a. a. O. S. 48—52; Anm. 6 zu § 30).

Die Analogie zu § 54 liegt auf der Hand, wenn Sachgewinninteressen vert werden, womöglich sogar kombiniert oder gebündelt mit Sachinteressen (Anm. 11—17, 24 zu § 53). Aber auch andere Anwartschaften könnten durch einen Inbegriff gekennzeichnet werden. Für den Betriebsgewinn faßt § 4 IV FBUB die Inbegriffe Geschäftsgewinn und Geschäftskosten für den Regelfall zusammen (Bruttoertrag).

Für die inbegriffsweise V von Forderungsinteressen bietet die Kreditv manches Beispiel, man denke an die Warenkreditv, wo der Begriff der „Forderungen aus Warenlieferungen" gegen die in die V eingeschlossenen Kunden eine Rolle spielt und wo alle jeweiligen derartigen Forderungen vert sind. Oder man denke an die Teilzahlungskreditv, wo die Abstellung auf die eingeschlossenen Kunden entfällt und es nur darauf ankommt, ob im Vsschein festgelegte Kaufgegenstände gegen Teilzahlung verkauft worden sind, v. Halem, Kreditv, Wiesbaden 1964, S. 41—43 = Vswirtschaftliches Studienwerk F V 9 S. 26—29 weist darauf hin, eine gesunde Risikenmischung könne schon beim einzelnen Vmer dadurch erreicht werden, daß ein Warenkreditvsvertrag den gesamten Kreditumsatz des Vmers umfaßt oder „zum mindesten den Kreditumsatz mit allen Kunden des Vmers, denen Warenkredite über einen gewissen Betrag hinaus eingeräumt werden". Dementsprechend werden Pauschaldelkrederev und Mantelv (von der gefährlichen Einzelv) unterschieden, und schon die Bezeichnungen lassen ersehen, daß alle unter die generelle Pauschal- oder Mantelregelung fallenden Forderungen inbegriffsmäßig vert sind. Vgl. auch Weipert, Teilzahlungsgeschäft und V, Karlsruhe 1966, S. 8—10, der bei der Mantelkreditv eine laufende V als gegeben ansieht. Zur Abgrenzung Anm. 13.

[6] 3. Analog: Passivenversicherung.

Auch die Passivenv kann nicht darauf verzichten, manche Passiven, gegen deren Entstehung Vsschutz gewährt wird, zusammenfassend zu umschreiben.

In der Haftpflichtversicherung erfolgt die primäre gegenständliche Begrenzung des Vsschutzes in doppelter Weise, nämlich einmal durch § 1 I AHB, wonach der Vmer nur vert ist für den Fall, daß bestimmte Schadensersatzansprüche gegen ihn erhoben werden. Schon die Kennzeichnung dieser Schadensersatzansprüche erfolgt abstrakt-generell, und man könnte von einem Inbegriff bestimmter Passiven sprechen. Näheres Bruck-Möller-Johannsen Anm. G 57—82. Aber ein Haftpflichtver muß seine Gefahrtragung primär noch genauer eingrenzen, und das geschieht vermittelst des Instituts des vten „Risikos" (im spezifisch haftpflichtvsrechtlichen Sinn). Im Vsschein oder seinen Nachträgen werden die vten „Eigenschaften, Rechtsverhältnisse oder Tätigkeiten des Vmers" angegeben, und der Vsschutz erstreckt sich nur auf die gesetzliche Haftpflicht aus diesem Risiko (§ 1 IIa) AHB), ferner allerdings auf Erhöhungen oder Erweiterungen des vten Risikos (§ 1 IIb) AHB) und — im Wege der Vorsorge-V — auf neu entstehende Risiken (§§ 1 II c), 2 AHB). Diese primären Begrenzungen führen zu einer Spezialisierung der vten Gefahr (Bruck-Möller-Johannsen Anm. G 83), aber doch nur in dem Sinne, daß der Vmer bei der Entstehung von bestimmten Schadensersatzansprüchen, die zu einem Inbegriffe gehören, gedeckt ist, z. B. als Privatmann, Haus- und Grundbesitzer, Hundehalter, Jäger, aus betrieblicher oder beruflicher Tätigkeit, etwa als Fleischer, Friseur, Architekt. Die Abgrenzung dieser Sphären, bei welcher der Prämientarif herangezogen werden kann, ist schwierig, aber notwendig (Einzelheiten zu §§ 1 II, 2 AHB bei Bruck-Möller-Johannsen Anm. G 83—144).

Auch die Krankheitskostenv vert gegen Inbegriffe von Passiven, nämlich verschiedene notwendige Aufwendungen, die im Tarif und den Tarifbedingungen genauer umschrieben werden (§ 4 I MB/KK). So kann es z. B. notwendig werden, die Begriffe der Arzneien, Heil- und Hilfsmittel möglichst klar zu bestimmen (dazu Ohrt, Die AVB der Privaten Krankenv, Karlsruhe 1961, S. 151—155).

Wenn der Feuerver Aufräumungs-, Abbruchs- und Feuerlöschkosten ersetzt (vgl. Anm. 18 a. E.) so handelt es sich gleichfalls um Inbegriffe von Passiven.

[7] 4. Analog: Summenversicherung.

Bei der Summenv, die notwendigerweise Personenv ist, kann man nur in einem sehr erweiterten Sinne von einer Inbegriffsv sprechen. Ein „Personeninbegriff" kann eine Rolle insbesondere spielen bei einer Gruppenv. Millauer, Rechtsgrundsätze der Gruppenv, 2. Aufl., Karlsruhe 1966, S. 16 bezeichnet es als Idealfall der Gruppenv, wenn „die Risiken der Gruppe in deren jeweiligem, wechselnden Bestande, also in jedem denkbaren Zeitpunkt zu 100%" erfaßt werden. Solche „automatische V" macht eine sehr präzise Umschreibung der Gruppe erforderlich, zumal dann, wenn die V ohne Namensnennung erfolgt; aber auch in allen anderen Fällen der Gruppenv ist die Umschreibung des in Betracht kommenden Personenkreises nötig, auch für die Bestimmung des Zugangs und Abgangs und damit des Kreises der jeweils vten Gefahrspersonen. Mit der Bestimmung der „Gruppe“, welche dem Inbegriffe entspricht, befaßt sich Millauer a. a. O. S. 6—14; es handelt sich hier um Begriffe wie Arbeitnehmer, Veranstaltungsteilnehmer, Vereinsmitglieder. Vgl. auch Ehrenzweig VersR 1955 S. 197 (Inbegriff von Personen), Koenig[3] S. 219.

[8] **III. Wesen des Inbegriffs.**

1. Im allgemeinen Zivilrecht.

Außerhalb des Vsrechts taucht das Wort „Inbegriff“ in verschiedenen Bestimmungen auf, z. B. den §§ 92 II, 260 I, 1035[1] BGB. Die Bedeutung ist — je nach dem Sinne der einzelnen Vorschrift — nicht ganz einheitlich; denn zuweilen stellt man die durch den Inbegriff zusammengefaßten Objekte in den Vordergrund, zuweilen aber auch das die Objekte zusammenhaltende Band.

Was zunächst die zusammengefaßten Objekte anlangt, so spricht das Gesetz manchmal von Sachinbegriffen (§§ 92 II, 1035[1] BGB), also von einer Gesamtheit von Sachen i. S. von § 90 BGB, manchmal aber auch von Gegenstandsinbegriffen (§ 260 Abs. 1 BGB), also einer Gesamtheit von Sachen, Rechten und anderen Gütern. Schon hier erklärt sich der jeweilige Gehalt des „Inbegriffs“ aus dem zu ordnenden Sachverhalt: In § 92 BGB etwa geht es um die Definition verbrauchbarer Sachen und in § 260 BGB um ein Verzeichnis, das die Funktion hat, vollständigen Aufschluß zu geben, woraus die Notwendigkeit resultiert, in dem Verzeichnis nicht nur Sachen, sondern auch andere Aktiva aufzuführen. Es lassen sich aber auch Passiva in Inbegriffen zusammenfassen, z. B. Geschäftsschulden oder enger: Lieferantenschulden, Bankschulden. Ein Vermögen und ein Sondervermögen, z. B. ein Unternehmen, läßt sich vom Objekt her kennzeichnen als ein Inbegriff von Aktiva und Passiva (vgl. Soergel-Baur Anm. 9—17 vor § 90, S. 364—366).

Das die Objekte zusammenfassende Band kann wirtschaftlich-faktischer Natur sein und besonders auf einem bestimmten gemeinsamen — meist ökonomischen — Zweck beruhen, welcher die Sachen etwa einem bestimmten Geschäftsbetrieb oder Haushalt widmet, man denke an Inventar oder Hausrat oder daran, daß nach § 1035 BGB ein Nießbrauch an einem Inbegriff von Sachen bestellt wird. Das Band kann aber auch ein solches rechtlicher Natur sein, wobei darauf abgehoben wird, daß bestimmte Aktiva und Passiva einer bestimmten Person zugeordnet sind. Hier ist auf § 260 BGB zu verweisen: „Unter einem Inbegriff von Gegenständen im Sinne dieses Paragraphen ist jede Mehrheit von Vermögensgegenständen, Sachen wie Rechten oder Forderungen zu verstehen, bei der der Berechtigte nach dem obwaltenden Verpflichtungsgrunde nicht in der Lage ist, die einzelnen Vermögensgegenstände zu bezeichnen, und bei der die Einheitlichkeit dieses Rechtsgrundes, der zur Herausgabe oder Auskunftserteilung verpflichtet, das Band bildet, welches jene Mehrheit zum Inbegriff vereinigt“ (RG 4. IV. 1917 RGZ Bd 90 S. 139 hinsichtlich gezogener Nutzungen).

Zusammenfassend läßt sich der Inbegriff von Sachen oder Gegenständen (im Anschluß an Oertmann ArchZivPrax Bd 136 S. 88—104 und — ihm folgend — Soergel-Baur Anm. 6 vor § 90, S. 364) definieren als eine Mehrheit selbständiger Sachen, die wegen ihres gemeinsamen Zwecks zu einer wirtschaftlichen Einheit verbunden sind, ohne zueinander im rechtlichen Verhältnis der Über- und Unterordnung zu stehen.

Während die einzelnen in einem Inbegriff zusammengefaßten Sachen körperlicher Natur sind (§ 90 BGB), ist der Inbegriff selbst etwas Unkörperliches (Lehmann-Hübner, Allgemeiner Teil des Bürgerlichen Gesetzbuches, 16. Aufl., Berlin 1966, S. 374).

Bei der rechtlichen Behandlung der Sachinbegriffe bleibt im Sachenrecht der Spezialitätsgrundsatz zu beachten, so daß z. B. eine Verpfändung eines Holzlagers als Sachinbegriff rechtlich unmöglich ist; möglich ist nur die Verpfändung der zu der Sachgesamtheit gehörigen Einzelsachen (RG 23. XII. 1902 RGZ Bd 53 S. 218—221). Bei der Sicherungsübereignung von Warenlagern stellt sich die Aufgabe, auch künftige Waren im Lager mit wechselndem Bestand einzubeziehen, wofür Nachschub- oder

Ersatzklauseln erforderlich sind, mit antizipierter Einigung und antizipiertem Besitzkonstitut (dazu Serick, Eigentumsvorbehalt und Sicherungsübertragung, Bd II, Heidelberg 1965, S. 163—176, mit Hinweis auf Mantelsicherungsübereignungsverträge; BGH 13. VI. 1956 BGHZ Bd 21 S. 52—59). Zuweilen wird das Einigungsprinzip gerade bei Inbegriffen durch das Surrogationsprinzip ersetzt (vgl. z. B. §§ 718 II, 2019, 2041, 2111, 2374 BGB).

Bei der Gestaltung schuldrechtlicher Beziehungen kann — anders als im Sachenrecht — durchaus an Sachinbegriffe angeknüpft werden, z. B. bei der Verpflichtung zur Vorlegung eines Verzeichnisses (§ 260 BGB) oder beim Verkauf oder der Vermietung oder Verpachtung eines Sachinbegriffs, etwa eines Landgutes mit Inventar und landwirtschaftlichen Erzeugnissen (§§ 586—594 BGB). Deshalb kann sich auch ein Vsvertrag auf einen Sachinbegriff beziehen.

[9] 2. Im Versicherungsvertragsrecht.

a) Definition.

Aus Gründen der Rationalisierung werden sehr häufig Sachinbegriffe vert; das sachenrechtliche Bestimmtheitsprinzip gilt hier nicht (Anm. 8). Der Grundsatz, wonach der Ver nur Einzelschäden ersetzt (Anm. 4 vor §§ 49—80), schließt doch nicht aus, daß Sachinbegriffe vert werden, zumal wenn die Risikolage bei den zur Sachgesamtheit zählenden Sachen einheitlich ist.

Im übrigen sorgt der Interessebegriff dafür, daß der Kreis der Vten feststeht. Im Zweifel ist nur das Eigentümerinteresse des Vmers vert (§ 80 I; Anm. 55 zu § 52). Es entsteht eine V für fremde Rechnung, wenn für die Feuerv § 85^1 bestimmt, eine für einen Inbegriff von Sachen genommene V erstrecke „sich auf die Sachen der zur Familie des Vmers gehörenden sowie der in einem Dienstverhältnis zu ihm stehenden Personen, sofern diese Personen in häuslicher Gemeinschaft mit dem Vmer leben oder an dem Orte, für den die V gilt, ihren Beruf ausüben." Hiernach gibt es überpersonale, mehrpersonale Inbegriffe (irrig aber die generelle Trennung der „Ordnungsreihen" Eigentum und Inbegriff bei Blanck VW 1961 S. 197—198, irrig auch OLG Celle 15. VII. 1953 VersR 1953 S. 388, OLG Köln 30. XI. 1933 HansRGZ 1934 A Sp. 174, wonach es bei Inbegriffsven gemäß § 2 I 1 AFB stets auf den Interesseträger ankommen soll, bei der V von Einzelsachen dagegen nicht). Bruck S. 421 Anm. 81, S. 605 Anm. 33 will § 85^1 auch außerhalb der Feuerv anwenden und beruft sich auf KG 3. X. 1905 VA 1905 Anh. S. 111 Nr. 171. Für die Haftpflichtv „aus einem geschäftlichen Betriebe des Vmers" bestimmt § 151 I 1, die V erstrecke „sich auf die Haftpflicht der Vertreter des Vmers sowie auf die Haftpflicht solcher Personen, welche er zur Leitung oder Beaufsichtigung des Betriebs oder eines Teiles des Betriebs bestellt hat."

Neben dem personellen trägt auch der räumliche Zusammenhang, der Vsort (Anm. 39 zu § 32) bei zur genügenden Kennzeichnung des vten Sachinbegriffs (vgl. Kisch III S. 149—151). Eine Regelung des Vsorts gilt auch für vte Inbegriffe (Raiser Anm. 2 zu § 4 AFB, S. 150). Vgl. auch Anm. 24, 28.

Diese Eingrenzungen erleichtern die Umschreibung vter Sachinbegriffe, bei denen sonach das die Mehrheit der Sachen zusammenhaltende Band so gekennzeichnet werden muß, daß Zweifel über den Kreis der vten Sachen möglichst ausgeschlossen erscheinen. Dabei ist auf die Gemeinsamkeit des Zweckes, der durchweg ein wirtschaftlicher ist, abzuheben.

Demzufolge definiert Prölss[17] Anm. 1 zu § 54, S. 263 den Inbegriff als „eine Mehrheit von Sachen, die wegen ihrer Zweckverbundenheit — es mögen dauernde oder vorübergehende Zwecke sein — im Verkehr als Einheit betrachtet werden, z. B. Hausrat, Arbeitsgerät". Ähnlich Bolte a. a. O. S. 5, Hagen I S. 390, Kisch III S. 151—152, Raiser Anm. 4 zu § 2 AFB, S. 99. Kisch II S. 151—152 erwähnt neben den wirtschaftlichen Zwecken auch wissenschaftliche (Bibliothek), künstlerische (Gemäldesammlung), didaktische (Lehrmittel einer Schule), religiöse (Kircheninventar), sportliche (Sportgeräte) und solche des häuslichen Gebrauchs (Mobiliar) oder des Konsums (Weinkeller). Vorübergehende Zwecke werden z. B. bei Ausstellungen verfolgt (Ausstellungsgegenstände). Handelt es sich um einen gemischten Zweck, wird z. B. ein Schreibtisch sowohl für häusliche als auch für Bürozwecke benutzt, so genügt es z. B. für die Zurechnung zum Hausrat, daß der Schreibtisch auch häuslicher Arbeit dient.

Genau genommen ist nicht das Interesse am Inbegriff, sondern jenes an den jeweils dazugehörenden Einzelsachen vert (Bolte a. a. O. S. 5). Der Vmer kann keinen Schadensersatzanspruch daraus herleiten, daß durch die Zerstörung von Einzelsachen der gesamte Inbegriff an Wert eingebüßt habe; vielmehr ist die Frage, wieweit die Ersatzpflicht des Vers gehe, isoliert im Hinblick auf die zerstörten Einzelsachen zu entscheiden (Keup MittÖffFeuerVsAnstalten 1912 S. 229—230). Geht solche Einzelsache unter, so handelt es sich um einen Totalverlust (Ehrenberg S. 451—452, a. M. Bruck S. 432), trotz der Zugehörigkeit zum Inbegriff (vgl. aber auch Anm. 22 zu § 55). Vgl. allerdings im Blick auf zum Inbegriff gehörige Komplementärsachen: Anm. 16, und im Blick auf die Anwendbarkeit des § 69 I: Anm. 32. Domizlaff-Liebig-Berliner Anm. 5 zu § 2 AFB, S. 57—58 halten eine Vereinbarung für möglich, wonach der Inbegriff als solcher vert ist.

Handelt es sich um einen einheitlichen Inbegriff, so steht es entgegen der Annahme des KG 4. X. 1933 JRPV 1934 S. 57 nicht „im Belieben des Vmers, seine Habe, auch soweit sie einen Inbegriff darstellt, zu teilen und gewisse Gegenstände bei der einen und andere Gegenstände bei der zweiten Vsgesellschaft zu vern".

Da die V von Sachen, Forderungen, sonstigen Rechten usw. sowie gegen Passiven streng getrennt genommen werden muß, kommt die gesamtheitliche V von Gegenstands- und Vermögensinbegriffen praktisch nicht vor, sondern vert werden z. B. in der Feuerv Sachinbegriffe, in der Kreditv Forderungsinbegriffe, in der Haftpflichtv Inbegriffe von Passiven.

[10] b) Abgrenzungen.

aa) Inbegriff und Verzeichnisse.

Wenn mehrere oder viele Gegenstände (sei es nun mit oder ohne Sammelbezeichnung) vert werden sollen, wird zum Zwecke ihrer Kennzeichnung häufig ein Verzeichnis, ein Katalog, ein Inventar erstellt und dem Vsschein beigefügt. Im Grundsatz deutet eine solche Einzelaufführung darauf hin, daß eine Inbegriffsv nicht gewollt ist (dazu Anonym MittÖffFeuerVsAnstalten 1920 S. 51). Indessen kann trotz der Anlegung des Verzeichnisses eine Inbegriffsv bestehen; möglicherweise ist das Verzeichnis nur aufgestellt, um zu Beginn der V einen Überblick über den Bestand und Vswert eines Inbegriffs zu gewinnen. Solche „Spezifikationen" schließen also nicht aus, daß der gesamte Inbegriff vert ist, obgleich Sachen unberücksichtigt geblieben sind (Berndt a. a. O. S. 124—125). Auch in der Tierv gibt es solche Aufstellungen (Weiland a. a. O. S. 33).

Es kommt auf den Parteiwillen, wie er auch außerhalb des Verzeichnisses im Vsvertrag zum Ausdruck kommt, an. Ist z. B. eine Anzeige bei Zu- und Abgängen vorgesehen, bei Zugängen womöglich ein Zusatzantrag, so spricht das gegen eine Inbegriffsv, da diese ohne weiteres die zu dem Inbegriffe gehörigen Sachen umfaßt. So liegt keine Inbegriffsv vor gemäß § 2 III ATierB, weil sämtliche Tiere einer Gattung nach Einzelbeschreibung vert werden; der Vmer ist verpflichtet, „jeden Wechsel und Neuzugang in seinem Tierbestand ..... dem Ver schriftlich anzuzeigen und, soweit die Tiere vsfähig sind, die Nachv zu beantragen" (§ 6 I 1 ATierB, auch § 2 III ATierB).

Über eine Obliegenheit, Verzeichnisse zu führen und gesondert aufzubewahren: Anm. 25.

[11] bb) Inbegriff und Positionen.

Möglicherweise ist in einem Vsvertrag nur ein Sachinbegriff vert, z. B. der Hausrat (§ 3 I 1 VHB). Es bedarf dann nur einer Vssumme, und der Hausrat hat einen einheitlichen Vswert.

Oft aber wird besonders die Feuerv aufgeteilt in Positionen, Gruppen, z. B. in der industriellen und landwirtschaftlichen V (Berndt a. a. O. S. 86—89): Dann kann jede dieser Positionen (besonders aufgeführte Sachen und/oder) einen oder mehrere Sachinbegriffe umfassen, z. B. „Vorräte" oder „Technische und kaufmännische Betriebseinrichtung". Nach § 3 IV 3 AFB gelten „Hausrat und Arbeitsgerät ..... mangels anderer Vereinbarung als in einer Gruppe vert." Nach § 4 IV FBUB sind Geschäftsgewinn und Geschäftskosten gleichfalls „in einer Gruppe (Position) vert, soweit für sie die gleiche Haftzeit gilt".

Über die in der Industriefeuerv üblichen 12 Positionen vgl. Berndt a. a. O. S. 87—88, Blanck Entschädigungsberechnung a. a. O. S. 45—46, ferner unten Anm. 18. Über die Positionen in der landwirtschaftlichen V vgl. Berndt a. a. O. S. 88 und dazu Weiland a. a. O. S. 23—56.

Für jede Position gibt es (mindestens) eine Vssumme und einen Vswert, im gleichen Vsvertrag kann eine Position untervert, eine andere übervert sein. Wenn mehrere Sachinbegriffe zusammen in einer Position vert sind, so wird meistens eine gesamtheitliche Vssumme vereinbart. Zuweilen werden aber getrennte Vssummen ausgeworfen, z. B. eine Vssumme für die technische, eine andere für die kaufmännische Betriebseinrichtung.

Es ist auch denkbar, daß innerhalb eines Inbegriffs, z. B. des Mobiliars noch besondere Untergruppen gebildet werden, z. B. Wäsche, Silber, Porzellan, Möbelstücke, Bilder. Hier fragt es sich, ob Mobiliarstücke, welche sich keiner der Untergruppen zuordnen lassen, z. B. eine Nähmaschine, ein Fernsehapparat, von der V nicht erfaßt werden. Es kommt auf den Parteiwillen an. Kisch III S. 155 nimmt im Prinzip die Nichterfassung an, bei „ungeschickter oder unvollständiger Bezeichnung der Gattungen" rechnet er aber das Objekt der Gruppe zu, mit deren Bestandteilen es die größte Ähnlichkeit und wirtschaftliche Verwandtschaft aufweise. Wichtig dürfte es hier sein, ob es Vssummen nur bei den Untergruppen gibt oder auch eine Gesamtvssumme, die womöglich über die Summe der Vssummen der Untergruppen hinausgeht. Eine Restsammelgruppe wird empfohlen. — Über den verwandten Fall der V in getrennten Komplexen: Anm. 24.

In den Positionen fluktuiert oft der Bestand. Die Deckung der jeweils zur Position gehörenden Sachen beruht aber auf § 54, ist also eine Folge der Inbegriffsv, nicht der V nach Positionen. Werden mehrere oder viele Gegenstände in einer Position mit einer Vssumme vert, so handelt es sich nicht immer um eine Inbegriffsv; denn die einzelnen Sachen können im Vsvertrage aufgezählt sein, ohne daß ein Inbegriff verwendet wird; dann ist § 54 unanwendbar. Blanck VW 1961 S. 197 identifiziert zu Unrecht Inbegriff und Position.

[12] cc) Inbegriff und summarische Versicherung.

Es liegt im Wesen des Inbegriffs, daß er mit einer einheitlichen Vssumme vert wird. Von einer summarischen Vssumme sollte man erst reden, wenn für mehrere Sachinbegriffe (Anm. 10) oder für einen Sachinbegriff zusammen mit anderen (Einzel-) Sachen eine einzige Vssumme ausgeworfen wird.

Blanck Entschädigungsberechnung a. a. O. S. 64 will von einer summarischen V nur sprechen, wenn mehrere Positionen in eine einzige Position mit einer Vssumme zusammengezogen werden, z. B. Gebäude mit technischer und kaufmännischer Betriebseinrichtung und Rohstoffen. Durchweg wird solche summarische V nur bei Positionen mit gleichem Prämiensatz gewährt.

Schließlich könnten sämtliche Sachen eines Industriebetriebes, von den Gebäuden bis zu den letzten beweglichen Sachen mit einer Vssumme, in einem „Feuerblock", gleichsam in einem Super-Inbegriff vert werden, ganz summarisch. Gegen diese von seiten eines Vsmaklers propagierte Feuerblockpolice sind vstechnische und aufsichtsbehördliche Bedenken erhoben worden (VA 1949 S. 106—107, Höhne BetrBer 1956 Beilage zu Heft 34 S. 5, 7).

Von der summarischen V ist der Summenausgleich (die Kompensation) zu unterscheiden, welche nur eine Verrechnung gestattet, wenn eine Position über-, eine andere untervert ist (Blanck Entschädigungsberechnung a. a. O. S. 64—67).

Begrifflich haben die summarische V i. e. S. und der Summenausgleich nichts mit der Inbegriffsv zu tun: Inbegriffsvssummen können ebenso wie Vssummen für Einzelsachen mit anderen bei einer summarischen Vssumme zusammengezogen werden, ein Summenausgleich ist möglich ohne Rücksicht darauf, ob die einzubeziehenden Vssummen solche für Inbegriffe oder für Einzelsachen sind. Kennzeichnend für die Inbegriffsv ist nur die Zusammenfassung mehrerer Sachen zu einer wirtschaftlichen Einheit, innerhalb derer eine Fluktuation möglich ist.

[13] dd) Inbegriff und laufende Versicherung.

Die laufende V ist eine „Schadensv, die in der Weise genommen wird, daß die vten Interessen bei der Schließung des Vertrags nur der Gattung nach bezeichnet und erst nach ihrer Entstehung dem Ver einzeln aufgegeben werden" (§ 187 II). Die gattungsmäßige Bezeichnung rückt die laufende V in die Nähe der Inbegriffsv, z. B. können Güter aller Art oder Güter bestimmter Art laufend seevert werden (§ 97 I 1 ADS). Die wesentliche Differenz zwischen beiden Institutionen liegt aber darin, daß bei der Inbegriffsv durch den einheitlichen Vsvertrag mit fester Vssumme und Prämie der fluktuierende jeweilige Bestand des Inbegriffs vert ist, während die laufende V nur einen Rahmenvertrag darstellt, in den (obligatorisch oder fakultativ) Einzelvsverhältnisse mit speziellen Vssummen und Vsprämien eingefügt werden, wobei die Deklarationen (Aufgaben) sowie Einzelpolizen eine bedeutende Rolle spielen. Bei einer Inbegriffsv entfällt die Deklarationspflicht, und es werden keine Einzelpolizen ausgestellt.

Wenn übrigens in § 187 II von einer gattungsmäßigen Bezeichnung der vten Interessen die Rede ist, so entspricht diese Terminologie dem Art. 66 schweizerisches VVG: „Ist die vte Sache der Gattung nach bestimmt, so fallen alle zur Zeit des Eintrittes des befürchteten Ereignisses zur Gattung gehörenden Gegenstände unter die V." Der Begirff Gattung dürfte enger sein als jener des Inbegriffs; denn es können z. B. zum Hausrat oder zu einer Betriebseinrichtung so verschiedenartige Sachen gehören, daß man schwerlich noch von Gattungssachen reden kann. Auch Roelli- Jaeger II Anm. 6 zu Art. 66, S. 458 betonen den Unterschied zwischen Sachgesamtheit und Gattung.

[14] IV. Umschreibung des Inbegriffs.

1. Vertragliche Vereinbarung.

Der Inbegriff wird im Vsvertrag bezeichnet, mit einem engen oder weiten Begriff. Der Begriff muß klar sein, damit keine Zweifel hinsichtlich des Kreises der vten Objekte bestehen. Sind die Zweifel nicht klärbar, so fehlt es an einer ausreichenden Einigung und ein Vertrag ist nicht geschlossen (§ 154 I 1 BGB; Roelli-Jaeger II Anm. 1 zu Art. 66, S. 455).

Nicht selten wird der Inhalt des Inbegriffs erläutert. Legaldefinitionen sind allerdings selten, so enthält z. B. die VO über die Behandlung der Ehewohnung und des Hausrats nach der Scheidung vom 21. X. 1944 (RGBl. I S. 256), die sogen. HausratsVO keine Definition des Hausrats (vgl. §§ 8—10 a. a. O.). Aber die AVB bringen gelegentlich solche Begriffsbestimmungen oder doch -erläuterungen, z. B. § 3 II VHB zum Hausratsbegriff (Anm. 20). Der Vsschein kann gleichfalls Vereinbarungen enthalten, möglicherweise durch Bezugnahme auf den Antragsschein, der nicht selten Erläuterungen bringt, deren bindender Charakter allerdings von Fall zu Fall geprüft werden muß (dazu VA 1930 S. 152). Dem Vsschein wird in der industriellen Feuerv oft eine Gruppenerläuterung beigefügt (Anm. 18), auf die sich der Vmer zu seinen Gunsten, also positiv berufen kann, während bei negativen Aussagen der Gruppenerläuterung von Fall zu Fall untersucht werden muß, ob sie Vertragsinhalt geworden sind. Legt der Ver dem Vskandidaten ein Formular, eine „Spezifikation" vor, mit welchem er die Vssumme für seinen Hausrat errechnen soll (Anm. 10), so darf der Vmer davon ausgehen, daß die darin genannten einzelnen Objekte wirklich zum Hausrat gehören. Auch die Richtlinien für Vorschätzungen (bei Berndt a. a. O. S. XXI—XXVI) geben einen Anhaltspunkt für den positiven Inhalt der Inbegriffe Gebäude und Maschinen (Berndt a. a. O. S. 131, 149).

Möglicherweise weicht infolge differierender Vereinbarungen die Definition der gleichen Begriffsbezeichnung in verschiedenen Vsverträgen voneinander ab, so z. B. der Hausratsbegriff (Anm. 20) in der Feuer- und in der Hausratsv (AFB und VHB) (nach Wussow AFB Anm. 12 zu § 3 AFB, S. 218—219.

[15] 2. Sonstige Hilfsmittel.

Bei der Auslegung von Inbegriffen ist selbstverständlich der allgemeine Sprachgebrauch zugrunde zulegen, bei speziellen Sachen, z. B. Chemikalien, Kunststoffen der Sprachgebrauch der Branche, bei Maschinen der technische Sprachgebrauch.

Betriebswirtschaftliche, buchungstechnische, steuerrechtliche Gesichtspunkte können bei der Abgrenzung eine Rolle spielen, vor allem aber vstechnische Gesichtspunkte der Gefahreneinschätzung und Prämienbemessung, wobei die Tarife des Vers Anhaltspunkte bieten.

Wenn ein Vsvertreter den Vmer bei Abschluß einer Inbegriffsv berät, so kann eine dem Ver zuzurechnende culpa in contrahendo darin liegen, daß der Vsvertreter den Vmer über die Bedeutung eines Inbegriffs nicht oder unrichtig aufklärt (Anm. 41—43 zu § 44); als Rechtsfolge ergibt sich eine Schadensersatzpflicht des Vers (Anm. 51 zu § 44). Beispiel: Eine Haftpflichtv ist durch Agentenverschulden nicht auf das Risiko der „Personenbeförderung" erstreckt (RG 31. I. 1941 DR 1941 S. 1212 = JRPV 1941 S. 60). Kein Agentenverschulden lag vor bei einer V von Materialien in verschiedenen Komplexen mit getrennten Vssummen (RG 3. XI. 1914 MittÖffFeuerVsAnstalten 1915 S. 41—42) und bei der V eines Hausrats mit wertvoller Briefmarkensammlung (OLG Köln 11. IV. 1967 VersR 1967 S. 13—15).

Infolge der Vertrauensstellung, die ein Vsvertreter innehat, kann kraft Gewohnheitsrecht der Vmer auf Auskünfte und Belehrungen so vertrauen, als ob der Ver selbst sie erteilt hätte, mit der Rechtsfolge, daß der Vsvertrag im Sinne der Auskunft oder Belehrung zustande kommt (Anm. 54—72 zu § 44). Beispiele: Bei einer Geschäftseinrichtung verwendet der Agent ein Formular für eine Haushaltv, so daß die Sachen fälschlich den Haushaltsgegenständen zugeordnet werden (OLG Köln 21. XII. 1923 VA 1924 S. 108—109 Nr. 1404, auch LG Hamburg 26. X. 1950 VersR 1951 S. 172—174 und die alte Entscheidung HAG Nürnberg 10. XII. 1869 SeuffArch Bd 27 S. 109—113 Nr. 62); zur Haftpflichtv vgl. Anm. 55 zu § 44 (vtes Risiko).

Im Falle **BGH** 28. X. 1963 VersR 1964 S. 36—38 wurden die Gesichtspunkte der culpa in contrahendo und des Gewohnheitsrechtsatzes nebeneinander angewendet: Ein Vmer hatte für sein Sägewerk- und Holzbearbeitungsunternehmen die technische und kaufmännische Betriebseinrichtung vert. Ein Vsvertreter regte an, das Vsverhältnis im Blick auf eine etwaige Unterv zu überprüfen. In Verkennung des § 54 hat der Vsvertreter vorgeschlagen und bewirkt, daß nicht etwa eine Nachv für die technische und kaufmännische Betriebseinrichtung genommen wurde, sondern lediglich eine besondere zusätzliche V für eine anscheinend nachträglich angeschaffte Gasanlage. „Das eigentliche Ziel, die Unterv der bisher nur mit insgesamt 20 000,— DM vten Betriebseinrichtung zu beseitigen, wurde damit nur unzulänglich erreicht. Denn die Gasanlage gehörte für den" Ver „nach wie vor zur technischen Betriebseinrichtung und bestimmte deren Ersatzwert mit, so daß die Unterv im alten Ausmaß fortbestand". Nach einem Schadensfall mußte der Ver wegen des Verhaltens des Vsvertreters den Vmer so stellen, wie wenn die Inbegriffsv ordnungsgemäß durch eine Nachv gesamtheitlich erhöht worden wäre.

Zum Wesen der Inbegriffsv hat der BGH (a. a. O. S. 37) ausgeführt: „Ohne Sachkunde könnte man ... annehmen, daß alle Maschinen versichert seien, die zur Zeit des Abschlusses oder des Beginns der V vorhanden sind, alle später hinzugekommenen Maschinen also neu zu versichern seien.... Die Annahme ist aber falsch. Der Vmer muß hier von einem Vsfachmann darüber aufgeklärt werden, daß in der Industrie-Feuerv ... Sachinbegriffe vert werden. Zu diesem Zweck werden verschiedene Gruppen oder Positionen gebildet, wie z. B. die der technischen und kaufmännischen Betriebseinrichtung, zu denen dann alle in der Gruppenerläuterung aufgeführten Maschinen, Anlagen und Einrichtungen gehören ... Die Regelung hat nach § 54 zur Folge, daß die V alle Sachen umfaßt, die jeweils zu dem vten Inbegriff, d. h. zu der einzelnen Gruppe, gehören ... Die Kenntnis dieser für die Industrie-Feuerv typischen Regelung ist unerläßlich, um eine etwaige Unterv und ihren Umfang erkennen zu könnnen, und ist ebenso unentbehrlich, um eine festgestellte Unterv beheben zu können. Hierfür kommt eine Nachv in der Weise in Betracht, daß die einschlägige Position ... mit einer zusätzlichen Vssumme im Umfang der vorhandenen Unterv nachvert wird. Anstelle der danach gebotenen Nachv hat" die Vmerin auf Veranlassung des Vsagenten nur die V der Gasanlage beantragt. Das war „ebenso ungewöhnlich wie verfehlt".

[16] 3. Verhältnis zum Sachenrecht.

Der Inbegriff faßt verschiedene selbständige Sachen wegen ihrer Zweckverbundenheit zu einer Sachgesamtheit zusammen (Anm. 9), aber die Rechtsordnung behandelt die Sachgesamtheit nicht wie eine Sacheinheit (de lege ferenda: Wieacker ArchZivPrax Bd 148 S. 77—81).

Zu einem Inbegriff können alle Arten von Sachen gehören: Grundstücke und bewegliche Sachen, teilbare und unteilbare, vertretbare und unvertretbare, verbrauchbare und unverbrauchbare Sachen (dazu § 92 II BGB). So gehört z. B. zum Hausrat auch alles, was „zum Verbrauch dient" (§ 3 I 2 VHB).

Es ist im Zweifel davon auszugehen, daß Inbegriffe wesentliche Bestandteile nicht auseinanderreißen. Deshalb gehören Gebäudebestandteile nicht zu einer Mobiliarv, z. B. nicht zu einer Hausratv (§ 3 I 3 VHB). Aber die sachenrechtliche Zuordnung ist für das Vsrecht nicht stets entscheidend (Wussow AFB Anm. 15 zu § 3 AFB, S. 220). So erstreckt sich z. B. die Leitungswasserv eines Mieters auch auf Fußböden, Verputz, Anstrich und Tapeten der gemieteten Wohnung (§ 3 C II VHB), obgleich dies wesentliche Bestandteile des Gebäudes sind (§ 94 II BGB), ferner z. B. auf Badewannen, Badeöfen, Waschbecken und sonstige wasserführende Installationen mit den Zu- und Ableitungsrohren, wenn der Vmer die Anlagen als Mieter auf seine Kosten beschafft hat und für sie die Gefahr trägt (§ 3 C III VHB). Allerdings vermeiden die Bedingungen verbal die Zurechnung dieser Dinge zum Hausrat, und im letztgenannten Fall dringt ein Haftpflichtmoment in die Sachv ein.

Hauptsache und Zubehör (§ 97, 98 BGB) gehören zwar wirtschaftlich zusammen, aber vsrechtlich können sich auch ihre Wege trennen: Gebäude einerseits und Maschinen, Gerätschaften andererseits (§ 98 Ziff. 1 BGB), Landgut einerseits und Gerät, Vieh, Erzeugnisse, Dünger andererseits (§ 98 Ziff. 2 BGB) sind oft getrennt in verschiedenen Positionen oder gar Vsverhältnissen vert (auch hier Wussow AFB Anm. 15 zu § 3 AFB, S. 220).

Die gesonderte Behandlung von Bestandteilen oder Zubehör beruht u. a. auf den vstechnischen Besonderheiten der Gebäudev, zum Teil auch auf Zwangs- und Monopolven für Gebäude (Anm. 19).

Nicht um einen Inbegriff, sondern um eine Sacheinheit handelt es sich bei Komplementärsachen (Prölss[17] Anm. 1 zu § 54, S. 263), z. B. bei einem Paar Schuhe, einem Kartenspiel, den Entscheidungen des Bundesgerichtshofes in Zivilsachen und gemäß LG Lübeck 1. II. 1910 VA 1911 Anh. S. 78—79 Nr. 610 bei einer Möbelgarnitur, die aus einem Sofa und vier Stühlen besteht: Wenn das Sofa teilweise verbrennt, der Möbelstoff nicht mehr beschafft werden kann und demzufolge die ganze Garnitur neu überzogen werden muß, so haftet hierfür der Feuerver, und Entsprechendes gilt bei mehreren Vorhängen eines Zimmers. Weitere Beispiele bei Hoppe, Vswert und Schadenersatz in der Feuerv, Leipzig 1939, S. 16—18, Keup MittÖffFeuerVsAnstalten 1912 S. 228—230, vgl. auch Berndt a. a. O. S. 66—67, Bruck S. 432.

[17] 4. Ein- und Ausschlüsse.

Bei einer Inbegriffsv kann es erwünscht sein, aus dem Inbegriff gewisse dazugehörige Sachen im Wege von Ausschlüssen (Anm. 11 vor §§ 49—80) herauszunehmen, etwa wegen der besonderen Größe des Risikos, das auch ein subjketives sein kann, oder wegen der Deckung durch Spezialven (z. B. für Glas, Juwelen, Kraftfahrzeuge). Zuweilen ist der Umfang eines Inbegriffs auch zweifelhaft, und man läßt offen, ob es sich um eine bloße Klarstellung oder um einen Ausschluß handelt, wenn man z. B. sagt: „Nicht zum Hausrat gehören" (abgesehen von Falt-, Schlauch-, Kunststoffbooten und Kanus), „sonstige Wasserfahrzeuge, Kraftfahrzeuge aller Art und deren Anhänger, Gebäudebestandteile, ungefaßte Edelsteine und ungefaßte Perlen" (§ 2 I 2 AHB).

Neben einem Inbegriff können natürlich andere Sachen vert werden; von einem Einschluß könnte man erst reden, wenn z. B. hinsichtlich der Vssumme eine Zusammenfassung erfolgt. Auch hier ist die Grenze zu Klarstellungen flüssig, z. B.

wenn es für die Hausratv heißt: „Zum Hausrat gehören alle Sachen, die in einem Haushalt zur Einrichtung, zum Gebrauch oder zum Verbrauch dienen, außerdem Bargeld, Goldmünzen, Barrengold, Urkunden einschließlich Wertpapiere, Sammlungen und Campingausrüstungen, in der Wohnung befindliches Kraftfahrzeugzubehör, Falt-, Schlauch-, Kunststoffboote und Kanus" (§ 2 I 2 AHB). „Mitversichert sind: a) Badewannen, Badeöfen, Waschbecken . . ., b) Arbeitsgeräte und Einrichtungsgegenstände, die dem Beruf oder dem Gewerbe dienen, c) Kleinvieh, Futter- und Streuvorräte . . ." (§ 2 I 4 VHB).

Manchmal werden aus einem Inbegriff einzelne Sachen, z. B. Bargeld, Goldmünzen, Barrengold, Briefmarken- und Münzensammlungen, Schmucksachen herausgenommen, und es wird für sie besonders bestimmt, daß sie nur vert seien bis zu einem bestimmten Maximum oder nur an einem bestimmten Vsort (z. B. nur in verschlossenen Behältnissen) oder bei Erfüllung bestimmter Obliegenheiten (vgl. § 2 III, IV VHB). Wird ein Maximum vereinbart, so kann bei der Bemessung der Vssumme und bei der Feststellung, ob eine Unterv vorliege, der das Maximum überschreitende Betrag und Wert außer Ansatz bleiben (Anm. zu § 56). Über die Frage der Mitv einer Briefmarkensammlung mit Maximum im Rahmen einer Hausratv: OLG Köln 11. IV. 1967 VA 1968 S. 11—13.

[18] **5. Praktische Beispiele.**

a) Industriefeuerversicherung.

aa) Gruppenerläuterung.

Die schon in Anm. 14 erwähnte wichtige Gruppenerläuterung lautet:

Feuerversicherung von Fabriken und gewerblichen Anlagen

Gruppenerläuterung

Vorbemerkung: Soweit im Versicherungsvertrag nichts anderes vereinbart ist, gelten sämtliche auf dem Versicherungsgrundstück befindlichen und zu den versicherten Positionen gehörenden Sachen als in die Versicherung eingeschlossen.

Gruppe A. Gebäude

Pos. 1 **Als Gebäude werden versichert:**

Alle Bauwerke, die zur Aufnahme von Menschen, Tieren oder Sachen geeignet sind, einschl. Verbindungsbrücken, Rampen, Vordächer, Einfriedungen, Hof- und Gehsteigbefestigungen,

ferner Schornsteine (auch freistehende), Wasserhochbehälter, freistehende Silos und sonstige Behälter, sofern sie in Mauerwerk oder Beton ausgeführt sind.

Ausnahmen: Baubuden, Zelte, Traglufthallen und ähnliche zu vorübergehenden Zwecken erstellte Räume gelten nicht als Gebäude.

Die Versicherung eines Gebäudes umfaßt die für den Bestand und die Herstellung des Gebäudes eingefügten Bauteile, ferner die damit in bleibende Verbindung gebrachten und im Eigentum des Gebäudeeigentümers stehenden Einrichtungen, die der Benutzung des Gebäudes dauernd zu dienen bestimmt sind, letztere aber nur, soweit diese Sachen nicht Betriebseinrichtungen nach Pos. 2 sind. Insbesondere sind mit dem Gebäude versichert

die Einrichtungen für

Raumbeleuchtung, jedoch ohne Beleuchtungskörper.

Raumbeheizung (Herde, Einzel- und Sammelheizungen einschließlich der zugehörigen Rohrleitungen, Brennstoffbehälter, Kessel-, Pumpen- und dgl. Anlagen),

Hauswasserversorgung einschließlich der gesundheitlichen Anlagen, wie Ausgüsse, Waschbecken, Badewannen und Spülaborte, sowie der zugehörigen Warmwasserbereitungsanlagen, Pumpen und dgl.

Raumbelüftung und Klimatisierung,

Personenaufzüge, Speiseaufzüge,

unter Putz verlegte Leitungen für Fernsprech-, Klingel-, Ruf- und Rundfunkanlagen,

Silos, Bunker sowie auch andere Behälter, ferner Aufzugschächte, Einbauschränke und sonstige feste Einbauten, die nach ihrer baulichen Ausführung und ihrem Zusammenhang mit dem Gebäude als dessen Bestandteil anzusehen sind,

gemauerte Gruben, Brunnenanlagen und Fußbodenkanäle einschließlich Abdeckungen,

Blitzableiter, Fahnenstangen.

Ausnahmen: Folgende Gegenstände werden als Betriebseinrichtungen unter Pos. 2 versichert:

Elektrische Leitungen und Verteilungsanlagen, die gleichzeitig der Licht- und Kraftstromversorgung, jedoch überwiegend letzterer dienen,

Kessel, Rohrleitungen und Zubehör, die neben der Raumbeheizung oder Hauswasserversorgung überwiegend der Kraft-, Wärme- oder Wasserversorgung von Betriebseinrichtungen dienen,

maschinelle Lüftungs-, Klima- und Absauganlagen, die Betriebszwecken dienen.

Sofern nicht ausdrücklich ausgeschlossen, umfaßt die Versicherung eines Gebäudes auch die Fundamente, Grund- und Kellermauern, nicht jedoch die Maschinenfundamente.

Unter Fundamenten oder Grundmauern wird der gesamte allseitig vom Erdreich berührte Bauteil verstanden, der bei unterkellerten Gebäuden unter der Unterfläche Kellerboden liegt und bei nicht unterkellerten Gebäuden bis Unterfläche Erdgeschoßfußboden, höchstens jedoch bis zur Erdoberfläche, reicht.

Unter Kellermauern (Kellerwänden) sind die Umfassungswände zu verstehen, die zwischen der Unterfläche des Kellerbodens und der Erdoberfläche liegen.

Bei Ausschluß von Fundamenten oder Grundmauern und von Kellermauern (Kellerwänden) sind versichert: alle über der Erdoberfläche liegenden Mauerteile sowie freistehende Innenmauern (Wände) im Kellergeschoß, äußerer und innerer Putz aller, auch der nicht versicherten Kellermauern, ferner Kellerfußboden und Kellerdecken, Türen, Fenster sowie sonstige Einbauten.

Gruppe B. Gegenstände in Gebäuden und im Freien

Pos. 2 Technische und kaufmännische Betriebseinrichtungen

Die Versicherung erstreckt sich auf die festeingebauten und ortsveränderlichen Einrichtungen aller Art einschl. der dazugehörigen Fundamente und Einmauerungen

z. B. Anlagen zur Energieerzeugung, -umformung und -verteilung, wie Dampfkraftanlagen, Verbrennungskraftmaschinen, Wasserkraftanlagen, Gaserzeugungsanlagen, Elektromotoren, Transformatoren, elektrische Schalt- und Verteilungsanlagen, Kühltürme, Rohrleitungen, Kabel,

Einrichtungen für Betriebszwecke aller Art, wie Arbeitsmaschinen, chemische Apparaturen, Rohrleitungen, Pumpen, Gebläse, Trocken- und Darranlagen, Ofenanlagen zum Brennen, Glühen, Schmelzen, Backen und dgl., Kältemaschinen, Versorgungsanlagen für Betriebswasser,

Antriebe, wie Getriebe, Transmissionen einschl. Riemen, Seilen, Ketten,
Förderanlagen, wie Kräne, Lastenaufzüge mit Schachttüren, Elevatoren, pneumatische Einrichtungen, Förderbänder, Gleisanlagen mit zugehörigen Fahrzeugen und Lokomotiven,
Fuhrpark, wie Hubstapler, Kraftkarren, nicht zulassungspflichtige Kraftfahrzeuge, Kraftfahrzeuganhänger und Zugmaschinen, (zulassungspflichtige Kraftfahrzeuge, Kraftfahrzeuganhänger und Zugmaschinen nach Pos. 3), Zugtiere, Geschirre, Decken, Planen, Zubehör, Stallgeräte (Futter- und Streuvorräte nach Pos. 5),
Behälter und Gefäße aller Art für Lagerung und Transport, wie Tanks, Kessel, Fässer, Flaschen, Kanister, Kisten, Säcke, Paletten (kurzlebige Gegenstände dieser Art wie Verpackungsmittel nach Pos. 5),
Bedienungsbühnen, Treppen, soweit sie nicht Bestandteil der Gebäude sind,
Lagereinrichtungen und -gestelle,
Leuchten und Beleuchtungskörper aller Art einschließlich beweglicher Anschlußleitungen, Werbebeleuchtung, Firmenschilder,
Werkzeuge, auch Meßwerkzeuge, für Hand- und Maschinengebrauch, soweit sie nicht Modellcharakter haben (diese nach Pos. 4),
Handmaschinen, Gerätschaften aller Art, Baugerüste, Schriften in Druckereien,
Ersatzteile aller Art für Gebäude und Betriebseinrichtungen, auch für Kraftfahrzeuge.
Feuerlöscheinrichtungen und -meldeanlagen wie Handfeuerlöscher, Löschfahrzeuge, Ausrüstung, Löschmittel, Sprinkleranlagen, CO_2-Anlagen, Feuer- und Rauchmelder,
Fernmeldeanlagen, wie Fernsprech-, Fernschreib-, Rohrpost-, Ruf-, Uhren-, Rundfunk- und Fernsehanlagen (Leitungen unter Putz nach Pos. 1),
Büroeinrichtungen, wie Büromaschinen und -geräte aller Art, Datenverarbeitungsanlagen, Datenträger, Mobiliar, versetzbare Zwischenwände, Geldschränke, Einrichtungen von Lichtbildstellen, Lehr- und Werbefilme, Diapositive, Druck- und Werbesachen, Büchereien, ferner, soweit nicht nach Pos. 8 versichert, Geschäftsbücher, Karteien, Akten, Patentschriften, Bau- und Einrichtungspläne, Luftschutz-, Sanitäts-, Werkschutz-, Sporteinrichtungen, Dienstausrüstungen, Fahnen, Außenvorhänge (Markisen), soweit nicht Gebäudebestandteil,
Einrichtungen von Gemeinschafts-, Unterkunfts- und Gasträumen (soweit nicht Gebäudebestandteil), Werkbüchereien.

Ausnahmen: Für fremdes Eigentum ist die Mitversicherung nach den Fremdversicherungsklauseln zu regeln.

Pos. 3 **Zulassungspflichtige Kraftfahrzeuge, Kraftfahrzeuganhänger und Zugmaschinen** (Ersatzteile sowie nicht zulassungspflichtige Kraftfahrzeuge, Kraftfahrzeuganhänger und Zugmaschinen nach Pos. 2).

Pos. 4 **Modelle, Zeichnungen, Formen, Muster**

Hierzu gehören Modelle und Formen jeder Art, Matrizen, Klischees, Druckplatten und -walzen, Stehsätze, Stempel, Farbmuster und Farbstämme der chemischen Industrie, Web- und Jacquard-Karten, Schablonen und dgl., ferner, soweit sie für die laufende Serienfertigung nicht mehr benötigt werden (sonst zu Pos. 2 gehörig), auch: Schnitte, Stanzen, Präge-, Zieh- und Drückwerkzeuge, ebenso Fertigungsvorrichtungen, Sonderwerkzeuge, Sondermeßgeräte.
Zeichnungen (Unterlagen über die Herstellung der Erzeugnisse).

Pos. 5 **Vorräte**

Hierzu gehören Rohstoffe für Fertigung, in Arbeit befindliche und vollendete Erzeugnisse, Handelsware, verwertbare Abfälle, Bau-, Betriebs- und

Hilfsstoffe, wie Schmiermittel, Brennstoffe, Lösungs-, Reinigungs-, Verpackungs-, Nahrungs- und Futtermittel (Katalysatoren nach Pos. 2).

Pos. 6 **Bargeld und Wertpapiere**

Hierzu gehören auch im Verkehr gültige Brief-, Stempel- und Versicherungsmarken; Wertpapiere und im Verkehr als solche gebräuchliche Urkunden wie Sparkassenbücher, Hypothekenbriefe und dgl.

Pos. 7a) **Gebrauchsgegenstände der Betriebsangehörigen**

Zu den Gebrauchsgegenständen gehören Bekleidungsstücke, Taschen, Werkzeuge, Fahrräder, Fachliteratur und dgl. im Eigentum der Betriebsangehörigen; dagegen sind ausgenommen: Kraftfahrzeuge, Bargeld und Wertpapiere sowie der in Wohnungen befindliche Hausrat.

Pos. 7b) **Kraftfahrzeuge der Betriebsangehörigen und von Besuchern**

nur in ruhendem Zustand, soweit sie auf dem Versicherungsgrundstück abgestellt sind und soweit für sie anderweit kein Versicherungsschutz besteht.

Pos. 8 **Sonstiges**

z. B. selbständige Außenversicherung,
Versicherung auf erste Gefahr von Geschäftsbüchern, Karteien, Datenträgern, Akten, Patentschriften, Bau- und Einrichtungsplänen u. dgl.
Versicherung von fremdem Eigentum, soweit nicht unter die übrigen Positionen fallend (vgl. auch „Ausnahmen" zu Pos. 2).

Gruppe C. Ergänzungen

Pos. 9 **Vorsorgeversicherung**

a) **für Wertsteigerung, für Um-, An- und Neubauten sowie Neuanschaffungen**
Die Vorsorgeversicherungssumme wird im Schadenfall auf die Versicherungssummen der Positionen aufgeteilt, für die sie beurkundet ist und bei denen eine Unterversicherung vorliegt. Die Verteilung richtet sich nach den Unterversicherungssummen bei den einzelnen Positionen.

b) **für Neubauten und Neuanschaffungen zur Pos. 1 nach Klausel 6.06**

c) **für Neubauten und Neuanschaffungen zur Pos. 2 nach Klausel 6.06**

Pos. 10 **Aufräumungskosten (auf erste Gefahr)**
Aufwendungen des Versicherungsnehmers für Aufräumen der Schadenstätte und Abfuhr des Schutts zur nächsten Ablagerungsstätte.

Pos. 11 **Abbruchkosten (auf erste Gefahr)**

Kosten für einen im Schadenfall nötig werdenden Abbruch stehengebliebener Teile und deren Abführung bis zur nächsten Ablagerungsstätte.

Pos. 12 **Feuerlöschkosten (auf erste Gefahr)**

Aufwendungen, die der Versicherungsnehmer zur Brandbekämpfung für geboten halten durfte. Sie sind ihm — unbeschadet seines Anspruches aus § 14 der Allgemeinen Feuerversicherungsbedingungen — zu ersetzen.

Die Gruppe C: Ergänzungen mit den Positionen 9—12 (Vorsorgev, Aufräumungs-, Abbruch-, Feuerlöschkosten) bringt keine Sachinbegriffe, behandelt allerdings zum Teil Passiveninbegriffe (Aufwendungen, Kosten) (Anm. 6).

[19] bb) Einzelprobleme.

Die Gruppenerläuterung befaßt sich primär in der Position 1 mit dem Inbegriff **Gebäude**. Gebäude werden allerdings regelmäßig im Vsvertrag einzeln aufgeführt (Blanck VW 1961 S. 197), aber ihre inbegriffsweise V ist möglich. Die sehr sorgfältige Aufzählung in der Gruppenerklärung paßt sich hinsichtlich der Grundstücksbestandteile den §§ 93—95 BGB an, z. B. hinsichtlich der zur „Herstellung des Gebäudes eingefügten

Bauteile" (vgl. § 94 II BGB). Die „zu vorübergehenden Zwecken erstellten Räume gelten nicht als Gebäude", z. B. Baubuden (vgl. § 95 I 1 BGB). Aber es ergeben sich auch manche Abweichungen gegenüber dem bürgerlich-rechtlichen Gebäudebegriff, insbesondere da viele wesentliche Bestandteile den Betriebseinrichtungen zugerechnet werden, also der Position 2: Das gilt für viele festeingebaute Einrichtungen aller Art einschließlich der Fundamente und Einmauerungen, wie Anlagen zur Energieerzeugung, Arbeitsmaschinen, Förderanlagen. Nur gelegentlich (bei Treppen, Markisen und Einrichtungen von Räumen) wird negativ darauf abgehoben, ob sie Gebäudebestandteil sind, dann sollen sie nicht der Position 2, sondern doch der Gebäudeposition 1 zugerechnet werden.

Die Gruppenerläuterung ist bei Wohngebäuden nicht ohne weiteres analog anwendbar. Hier heißt es z. B. in § 2 VGB: „Vert sind, soweit nicht anders vereinbart ist, die im Vsschein aufgeführten Gebäude mit ihren Bestandteilen, aber ohne Zubehör."

Die öffentlich-rechtliche Sachv arbeitet nach zersplittertem Landesrecht (§192 I, II). Die Rechtsquellen finden sich bei Schmidt-Sievers-Müller-Stüler, Das Recht der öffentlich-rechtlichen Sachv, 2. Aufl., Karlsruhe 1968. Sie ergeben auch für die Zwangs- und Monopolvseinrichtungen einen recht unterschiedlichen Gebäudebegriff, teils gehören die Bestandteile zum Gebäude, teils nicht, und es findet sich nicht selten auch eine antiquierte Kasuistik im Blick auf Kirchtürme, Glocken, Orgeln, Turmuhren, Windmühlen und ihre Einrichtungen. Mannigfaltig ist auch die V des Zubehörs (Zubehörden, Zugehörungen) geregelt. Fakultativ können zum Teil Bestandteile oder Zubehör in die Gebäudev eingeschlossen werden. Hier sei nur hingewiesen auf nachstehende Fundstellen a. a. O. für folgende Gebiete: Baden S. 5 § 8, S. 6 § 15, Hohenzollern S. 4 § 7, Württemberg S. 64—65 Art. 1, S. 80 § 2, Bayern S. 102 Art. 20, S. 117 §§ 7—9, Berlin S. 161 § 5, Bremen S. 174 § 15, Hamburg S. 183 § 10, S. 188 § 25, Hessen-Darmstadt S. 224—225 Art. 2, Hessen-Nassau S. 258—259 § 1, Braunschweig S. 275 § 7, Ostfriesland S. 345 § 3. Für die früher preußischen Gebiete hat noch das Gesetz betreffend die öffentlichen Feuervsanstalten vom 25. XII. 1910 (a. a. O. S. 427—441) Bedeutung, wonach sich die Vspflicht der Anstalt nicht auf das Zubehör eines Gebäudes erstreckt, auch nicht auf Maschinen und Werkeinrichtungen, mögen sie auch (wesentliche) Bestandteile des Gebäudes geworden sein (§ 10 II a. a. O.).

Es ist besonders Aufgabe der Vsvertreter, zwecks Vermeidung von Vslücken einerseits, Doppelven andererseits den Schutzumfang der öffentlich-rechtlichen V zu klären. Jedoch ist in einem badischen Fall bei einer als Lager dienenden Holzbaracke ein Verschulden des Vsvertreters bei Vertragsabschluß abgelehnt worden vom OLG Stuttgart 13. V. 1953 VersR 1953 S. 357—358.

Der Begriff der Gebäudev (dazu auch Berndt a. a. O. S. 142—150) spielt noch eine Rolle beim Vswert (§ 88), beim Prämienverzug (§ 91), beim Veränderungsverbot (§ 93), bei der Wiederherstellungspflicht (§§ 97—99 und besonders im Vshypothekenrecht (§§ 1127—1128 BGB, §§ 99—107). Nach Prölss[17] Anm. 1 zu § 88, S. 368 soll der Begriff des Gebäudes in diesen Vorschriften differieren, und es soll bei § 97 darauf ankommen, ob vstechnisch z. B. eine Maschine, die wesentlicher Bestandteil ist, über eine Gebäude- oder Inhaltsv oder -position vert wurde (Prölss[17] Anm. 1 zu § 97, S. 376). Diese Auffassung hat zum Nachteil der Hypotheken- und anderer Realgläubiger und im Interesse der Erleichterung des Geschäftsbetriebes der Ver die Rechtsprechung auch für das Hypothekenrecht vertreten (RG 21. X. 1908 RGZ Bd 69 S. 316—321, 26. XI. 1909 JW 1910 S. 71—72, 6. VII. 1910 RGZ Bd 74 S. 109 [in diesen Fällen lagen getrennte Gebäude- und Inhaltsverträge vor], RG 13. V. 1938 RGZ Bd 157 S. 316—317 [kombinierte V des Gebäudes und seines Inhalts, ohne positionsweise Trennung; hier werden die Maschinen als gebäudevert behandelt], OLG Celle 7. XII. 1937 HansRGZ 1938 A Sp. 452—454, LG Münster i. W. 3. XI. 1938 ÖffrechtlV 1938 S. 17—18 [getrennte Positionen; Maschinen außerhalb der Gebäudeposition]).

[20] b) Hausratversicherung.

Ein für das Vswesen wichtiger Inbegriff ist auch jener des Hausrates, der auch im Familienrecht eine Rolle spielt, besonders in der sog. HausratsVO vom 21. X. 1944 (RGBl. I S. 256); von Haushaltsgegenständen ist die Rede in §§ 1361 a, 1369 I, 1370 BGB, ferner im Erbrecht in § 1932 I BGB.

Im Vsrecht zählt die Hausratv zur Mobiliar- und Inhaltsv. Es gibt AVB, welche auf die Hausratv besonders zugeschnitten sind, voran für die sog. verbundene Hausratv die VHB in fünffacher oder dreifacher Kombination (Feuer, Einbruchdiebstahl und Beraubung, Leitungswasser; Sturm, Glasbruch) (VA 1966 S. 150—159), beide augestaltet als Neuwertv (dazu Knoerrich-Dreger VA 1966 S. 175—183). Überdies existieren Sonderbedingungen für die Neuwertv des Hausrats auf Lebenszeit (VA 1966 S. 207—209), und in Verbindung mit den AFB benutzt man die Sonderbedingungen für die Neuwertv des Hausrats VA 1958 S. 163—164, 1966 S. 250. Die AFB erwähnen den Hausrat bei den Ersatzwertvorschriften (§ 3 II a) AFB), während das Gesetz in § 86 von „Haushalts- und sonstigen Gebrauchsgegenständen" redet.

Zufolge des Einflusses der in den AFB zum Teil enthaltenen Ein- und Ausschlüsse sowie Klarstellungen ist der Begriff des Hausrats nicht für alle Vsbereiche einheitlich (Wussow AFB Anm. 12 zu § 3 AFB, S. 219).

Für den Hausratbegriff der VHB gilt:

„**§ 2 — Versicherte Sachen**

(1) Versichert ist der gesamte Hausrat. Zum Hausrat gehören alle Sachen, die in einem Haushalt zur Einrichtung, zum Gebrauch oder zum Verbrauch dienen, außerdem Bargeld, Goldmünzen, Barrengold, Urkunden einschließlich Wertpapiere, Sammlungen und Campingausrüstungen, in der Wohnung befindliches Kraftfahrzeugzubehör, Falt-, Schlauch-, Kunststoffboote und Kanus. Nicht zum Hausrat gehören sonstige Wasserfahrzeuge, Kraftfahrzeuge aller Art und deren Anhänger, Gebäudebestandteile, ungefaßte Edelsteine und ungefaßte Perlen. Mitversichert sind:

a) Badewannen, Badeöfen, Waschbecken und sonstige wasserführende Installationen mit den Zu- und Ableitungsrohren, die der Versicherungsnehmer als Mieter auf seine Kosten beschafft hat und für die er die Gefahr trägt,
b) Arbeitsgeräte und Einrichtungsgegenstände, die dem Beruf oder dem Gewerbe dienen,
c) Kleinvieh, Futter- und Streuvorräte auf dem Versicherungsgrundstück — mit Ausnahme landwirtschaftlicher oder gewerblicher Kleinviehhaltung — bis zu 500 DM. Die Bestimmungen über Unterversicherung (§ 5 Abs. 2 Satz 2) finden keine Anwendung.

(2) Die in Absatz 1 genannten Sachen sind auch versichert, wenn sie fremdes Eigentum sind, ausgenommen Eigentum der Untermieter.

(3) Bargeld — inbegriffen Goldmünzen und Barrengold — ist versichert

a) bis 500 DM unverschlossen,
b) bis 1000 DM in verschlossenen Behältnissen, die eine erhöhte Sicherheit auch gegen die Wegnahme der Behältnisse selbst gewähren. Dieser Betrag erhöht sich bei Versicherungssummen von mehr als 50000 DM auf 2 vH der Versicherungssumme, höchstens auf 5000 DM. In dem Höchstbetrag ist die nach a) versicherte Summe enthalten,
c) ohne Summenbegrenzung unter Verschluß im Geldschrank oder eingemauerten Stahlwandschrank mit Geldschrankverschluß.

Auf die Versicherung des Bargeldes nach a) und b) finden die Bestimmungen über Unterversicherung . . . . . keine Anwendung.

(4) a) Urkunden, Sparbücher, Wertpapiere, Briefmarken- und Münzensammlungen, soweit der Versicherungswert sämtlicher Urkunden oder der einzelnen Sammlung 1000 DM übersteigt,
b) außer Gebrauch befindliche Schmuck-, Gold- und Silbersachen mit einem Versicherungswert über 1000 DM je Sache

sind nur in verschlossenen Behältnissen versichert, die eine erhöhte Sicherheit auch gegen die Wegnahme der Behältnisse selbst gewähren. Über Urkunden,

Wertpapiere und Sammlungen aller Art, deren Wert insgesamt 5000 DM übersteigt, hat der Versicherungsnehmer Verzeichnisse zu führen und gesondert unter Verschluß aufzubewahren.

(5) Die Beschränkungen der Ersatzleistung nach Absatz 3 und 4 gelten nicht für Beraubungsschäden.

(6) Versicherte Sachen in der Glasversicherung:

a) Gegen Glasbruch sind versichert alle Scheiben in Fenstern und Türen der Versicherungsräume, auch soweit sie Gebäudebestandteile sind, Schrank- und Bilderverglasungen, Stand-, Wand- und Schrankspiegel sowie Glasplatten jeder Art, wenn die einzelne Scheibe nicht größer als 3 Quadratmeter ist. Zu den Versicherungsräumen gehörende Wintergartenverglasungen sind mitversichert, auch soweit sie Gebäudebestandteile sind, wenn deren Gesamtfläche 3 Quadratmeter nicht übersteigt. Das gleiche gilt für Verandenverglasungen.

b) Nicht versichert sind Dachverglasungen, Mehrscheiben-Isolierverglasungen, Sicherheitsgläser jeder Art, Blei-, Messing- und Elektrolytverglasungen, alle künstlerisch bearbeiteten Gläser, optische Gläser, Aquarien, Hohlgläser, Beleuchtungskörper und Handspiegel."

Mit dem sich hiernach aus § 3 VHB ergebenden „erweiterten" Hausratbegriff befassen sich Knoerrich-Dreger VA 1966 S. 177—178, welche u. a. betonen, daß Grundstückszubehör stets zum Hausrat gerechnet werden könne, dagegen Gebäude nur in den aus § 3 VHB ersichtlichen Fällen (dazu auch Anm. 19). Vgl. ferner zu diesem Hausratbegriff Prölss[17] Zusatz II zu §§ 81—107c, S. 447, Einbruchdiebstahlv[3] S. 103—106, Keuneke a. a. O. S. 146. Zur V von Bargeld haben die Ver eine den Vmer begünstigende Erklärung abgegeben (VA 1953 S. 176), die noch gilt und dem Vmer einen Rechtsanspruch verleiht. Zur V einer Briefmarkensammlung bei unklarer Frage im Vsantrag OLG Köln 11. IV. 1967 VA 1968 S. 13—15. Zum Hausratbegriff der AFB: Berndt a. a. O. S. 122—127, Raiser Anm. 34 zu § 1 AFB, S. 79, Wussow AFB Anm. 12 zu § 3 AFB, S. 218—219. Speziell zum Begriff Arbeitsgerät: VA 1917 S. 114—115.

Zur Geschichte: VA 1910 S. 116, 1913 S. 112—113, 1917 S. 108—110, LG Mannheim 20. II. 1918 VA 1919 Anh S. 32—33 Nr. 1083, Hagen II S. 25.

Die Verkehrsauffassung, die in deutschen Landen nicht immer einheitlich ist (z. B. hinsichtlich der Öfen und Herde: Prange NeumannsZ 1933 S. 120—121, auch hinsichtlich verlegter Teppichböden) spielt eine erhebliche Rolle. Die technische Entwicklung läßt immer neue Probleme entstehen (Fernsehantennen, private Telefon- oder Warnanlagen). Die Abgrenzung zu den Verkehrsmitteln ist flüssig (Kraftfahrzeuge, Bestandteile, Zubehör, Ersatzteile; Wohnwagen; Wasserfahrzeuge; Fahrräder). Die Grenzen von Haus, Hof und Garten (Swimming-pool) werden auch sonst gesprengt (Campingausrüstung).

[21] c) Tierversicherung.

Tiere können einzeln, aber auch in Inbegriffen vert werden. Die Grenzziehung hängt von der Gestaltung des Vsvertrages ab. Nach § 2 II 1 ATierB erfolgt die V der Tiere regelmäßig nach Einzelbeschreibung und gemäß § 2 III ATierB müssen sämtliche Tiere einer Gattung angemeldet und, soweit aufnahmefähig, „zur V beantragt werden". Diese Formulierung läßt nicht automatisch den gesamten Bestand, die „Herde" als Inbegriff, vert sein, es bedarf vielmehr der Anmeldung und des Antrags und bei Neuzugängen der Anzeige und der Beantragung der Nachv (§ 6 I ATierB).

Aber Rinder, Schweine, Schafe und Ziegen können zu Durchschnittswerten vert werden (§ 2 II 2 ATierB), und hier gilt § 5 II ATierB:

„Werden Tiere zu Durchschnittswerten . . . . . vert, und sind zur Zeit des Schadenfalles mehr aufnahmefähige Tiere der gleichen Gattung vorhanden, als vert sind, mindert sich die Einzelvssumme entsprechend."

Eine Pflicht zur Anzeige und Beantragung der Nachv (§ 6 I ATierB) besteht hier nicht. Es sind also automatisch alle Tiere der Gattung vert, für die Neuzugänge gilt § 54.

Die sich am Anfang ergebende Gesamtvssumme (Zahl der aufgenommenen Tiere × Durchschnittswert) bleibt unverändert, aber die Einzelvssumme sinkt bei erhöhter Tierzahl ab. Fraglich ist es, ob sich bei einem Abgang von Tieren nach § 3 ATierB die Gesamtvssumme ermäßigt. Jedenfalls verdoppelt sich bei Ausscheiden der Hälfte der Tiere nicht etwa die Einzelvssumme (und der Durchschnittswert). Zu alledem vgl. Schmitt VersR 1953 S. 385—387, der die V eines Inbegriffs annimmt.

Allgemeinere Bedeutung haben auch die AVB für Rindviehven (VA 1963 S. 2—6): Die V bezieht sich auf sämtliche Tiere des Rindviehbestandes oder einer Untergruppe (z. B. Kühe), und man kennt (neben der V nach Einzelbeschreibung) Ven in pauschaler Form (§ 5 I, II a. a. O.). Bei letzteren „haben nach Vertragsabschluß eintretende Änderungen im Tierbestand keinen Einfluß auf die Höhe der Gesamtvssumme bzw. des Gesamtentschädigungsbetrages" (§ 5 II mit Hinweis auf § 8 a. a. O.).

Über andere Arten der Tierv in pauschaler Form und zu Durchschnittswerten, also als Inbegriff vgl. VA 1961 S. 218 (Reaktionstuberkulosev, Euterschadenv), VA 1965 S. 155—156 (Zuchttierv von Chinchillas). Vgl. auch Evers in: Vswirtschaftliches Studienwerk F V 8 S. 9—13.

[22] V. Rechtsbehandlung der Inbegriffsversicherung.

1. Anfangsbestand.

Ist eine Inbegriffsv vereinbart (Anm. 14), so umfaßt sie zunächst die beim materiellen Vsbeginn zum Inbegriff gehörigen Sachen. Sind solche Sachen nicht vorhanden, so fehlt es am vten Interesse (§ 68 I), aber oft wird gerade hier die V auch des künftigen Interesses gewollt sein, so wenn der künftige vorsorgliche Ehegatte bereits vor der Einrichtung der Ehewohnung eine Hausratsv abschließt. Schon bei Erwerb der ersten Inbegriffssache kann der Vsschutz einsetzen: Ein in die leere Wohnung gestellter Eisschrank ist zwar noch kein Inbegriff, gehört aber (künftig) dazu, und die Hausratv kann beginnen.

[23] 2. Zugang.

a) Wirkung.

Die wichtigste Rechtsfolge des § 54 besteht darin, daß Sachen, welche nach dem materiellen Vsbeginn zum Anfangsbestand des Inbegriffs hinzutreten, ohne weiteres mit unter die V fallen. Kisch III S. 154 spricht von einer nachträglichen Einverleibung in den Inbegriff und qualifiziert diese als faktischen Vorgang.

Rechtlich ist jedoch vorauszusetzen, daß die neue Sache im Eigentum einer vten Person, regelmäßig des Vmers steht oder in das Eigentum gelangt. Ist das sachenrechtliche Eigentumsinteresse vert, so muß also der Vmer oder sonstige Vte Eigentümer sein, zum Erwerb unter Eigentumsvorbehalt vgl. z. B. § 2 I 2 AFB. Großzügig verfährt § 2 II VHB, weil danach Hausrat auch vert ist, wenn die dazugehörigen Sachen fremdes Eigentum sind, ausgenommen Eigentum der Untermieter. Man muß danach annehmen, daß vom Vmer unter Eigentumsvorbehalt erworbene Hausratsachen nach der Judikatur des BGH für Rechnung des Verkäufers vert sind, sicherungsübereignete Sachen für Rechnung des Sicherungsnehmers (Anm. 55, 61, 63 zu § 49). Ist bei einem verpachteten Grundstück vom Pächter das Zubehör zu erhalten, so werden angeschaffte Stücke mit der Einverleibung in das Inventar Eigentum des Verpächters (§ 588 II 2 BGB), und dessen Inventarv kann wirksam werden, z. B. eine Tierv, sobald das neuangeschaffte Tier auf das Pachtgrundstück getrieben wird.

Neben der im Vsvertrag vorausgesetzten Eigentumslage muß für den Zugang zum Inbegriff die Zweckwidmung gefordert werden (Anm. 9): Eine Sache aus dem Textilladen des Vmers wird zum Hausratsgegenstand, wenn sie dem privaten Gebrauch zugeführt wird. Bolte a. a. O. S. 7, Kisch III S. 154 wollen eine lediglich vorübergehende Einverleibung nicht genügen lassen. Wenn aber in der Urlaubszeit der Nachbar Pflanzen und Papagei in Pflege nimmt (verwahrt) oder wenn dem Nachbarn der Fernsehapparat geliehen wird, so gehören die Sachen in der Urlaubszeit doch wohl zum Hausrat des Nachbarn. Die Frage hat auch Bedeutung für auf Zeit gemietete Sachen, z. B. Bücher aus einer Mietbücherei, einen gemieteten Frack. Bei einem Warenlager mit schnellem Umschlag sind stets sofort alle zugehenden Waren vert.

Auch solche Einzelsachen, die gesondert vert sind, können in einen Inbegriff einverleibt werden. Es entsteht sodann hinsichtlich der Einzelsache eine Doppelv (a. M. Bolte a. a. O. S. 9).

[24] b) Ortsfrage.

Bei vielen Sachven kommt es auf den Vsort an; dann gehört zur Einverleibung in den vten Inbegriff auch die Verbringung an den Vsort, z. B. in das Lagerhaus, in die Wohnung (Bolte a. a. O. S. 7, Kisch III S. 154). Sachen, die der Vmer schon zu Eigentum erworben, aber noch nicht an den Vsort verbracht hat, sind noch nicht nach § 54 vert.

Sind allerdings Sachen zunächst einmal örtlich dem Inbegriff einverleibt worden, so können sie kraft Vereinbarung in gewissem Umfang vert bleiben, sofern sie „sich vorübergehend außerhalb des Vsortes in Europa befinden" (vgl. § 4 III AFB) oder „vorübergehend außerhalb der Wohnung" (vgl. § 6 II VHB). Man spricht von Außenv.

„Freizügigkeit" bedeutet, daß der Ver keinen Vsort bezeichnet oder einen Wechsel des Vsortes im Vorwege zuläßt, z. B. einen Wohnungswechsel, womöglich einschließlich Umzug (so § 6 I 1 VHB; § 4 II 1 AFB für die Feuerv von Hausrat und Arbeitsgerät; beide mit Anzeigeobliegenheit).

Bei Großrisiken, z. B. in der industriellen Feuerv werden oft „Komplexe", „Feuerbereiche" gebildet, welche möglicherweise für die Prämienbemessung bedeutsam sind, innerhalb eines einheitlichen Vsvertrages. Befinden sich z. B. Warenlager in zwei verschiedenen Komplexen, so sollten sie mit getrennten Vssummen vert werden, was nicht ausschließt, daß der Vmer wählen kann, wo er Ware einlagert. Es kann sich dann aber ergeben, daß ein Komplex untervert ist (wie im Falle RG 3. XI. 1914 MittÖffFeuerVsAnstalten 1915 S. 41—42). Dazu Hellweg MittÖffFeuerVsAnstalten 1919 S. 240—242, welcher zugleich zeigt, daß für alle Komplexe zusammen oft eine (niedrigere) Gesamtvssumme gebildet wird. Hier „hat der Vmer die Möglichkeit, die einzelnen Komplexe nach Belieben bis zu der für sie festgesetzten Summe zu belegen, darf jedoch, um die Selbstv zu vermeiden, in alle Komplexe zusammen nicht größere Vswerte einbringen, als die Gesamtvssumme beträgt".

[25] c) Verlautbarung.

Anders als bei der laufenden V (§ 187 II) braucht der Vmer einer Inbegriffsv dem Ver die Neuzugänge nicht einzeln aufzugeben, es besteht weder eine Rechtspflicht (Deklarationspflicht) noch eine Obliegenheit (z. B. Anzeigeobliegenheit). Der Ver erfährt deshalb nichts über die Zugänge. Hierin unterscheidet sich die Inbegriffsv auch von einer solchen V von Einzelsachen, bei welcher der Vmer gehalten ist, bei Zugang neuer Einzelsachen eine Nachv zu beantragen, was in der Tierv häufig vorkommt. Es kann sich dann entweder um eine erzwingbare Rechtspflicht handeln (Nachversicherungszwang) oder um eine Obliegenheit im Rahmen des ursprünglichen Vsvertrages; der Ver kann den Antrag ablehnen. Vgl. z. B. §§ 2 III, V, 6 I, III ATierB.

Für Beweiszwecke im Schadensfalle kann es nützlich sein, wenn dem Vmer auferlegt wird, über den Bestand eines Inbegriffs Aufzeichnungen zu machen, z. B. über Warenlager. § 2 IV VHB sieht vor: „Über Urkunden, Wertpapiere, Sammlungen aller Art, deren Wert insgesamt 5000 DM übersteigt, hat der Vmer Verzeichnisse zu führen und gesondert unter Verschluß aufzubewahren." Hier handelt es sich um Obliegenheiten. Die Verzeichnisse haben keinen Einfluß auf den Kreis der vten Sachen, so daß auch nicht verzeichnete Zugänge vert sind. Eine Verletzung der Obliegenheit bleibt ohne Folge, da die VHB eine solche nicht vorsehen (Anm. 17 zu § 6).

[26] d) Gefahrerhöhung.

Es liegt keine Gefahrerhöhung i. S. des § 23 I vor, wenn der Vmer neue, zum Inbegriff gehörige Sachen anschafft; denn der Ver hat von vornherein den ganzen Inbegriff vert, und die Probleme des Verhältnisses der Vssumme zum jeweiligen Vswert des Inbegriffes werden mit Hilfe der Vorschriften zur Über- und Unterv gelöst (Anm. 31). So fehlt es an einer Gefahrerhöhung, wenn der Wert der vten Gegenstände sich erhöht (Anm. 6 zu § 23 m. w. N., Werber, Die Gefahrerhöhung, Karlsruhe 1967, S. 16).

Dennoch kann auch bei einer Inbegriffsv selbstverständlich eine Gefahrerhöhung eintreten und auch in der Zusammensetzung des Inbegriffs wurzeln: Ist ein Lager leicht brennbarer Materialien vert, so kann sich aus einer Überfüllung des Lagers nicht nur eine Erhöhung des Vswertes, sondern zugleich auch eine Steigerung der Brandgefahr ergeben (Werber a. a. O. S. 16). Vorstellbar ist auch, daß für einen Hausstand als Hausrat in ungewöhnlichem Umfang feuer- oder einbruchsgefährdete Sachen angeschafft werden. Gerade bei der Inbegriffsv ist aber eine gesamtheitliche Betrachtung, eine „Gefahrenaufrechnung" notwendig (Anm. 6 zu § 23).

[27] 3. Abgang.

a) Wirkung.

Da nach § 54 der fluktuierende jeweilige Bestand des Inbegriffs vert ist, hört der Vsschutz auf, wenn eine Sache aus dem Inbegriff ausscheidet. Solche Sache hört automatisch von selbst auf, vert zu sein (Bolte a. a. O. S. 7, Kisch III S. 154). Der Grund des Ausscheidens ist unerheblich.

Sind nur Sachen vert, die dem Vmer oder anderen Versicherten gehören, so endet der Vsschutz für diese Sachen, wenn sie an Dritte veräußert werden (Ausnahme bei Sicherungsübereignung nach § 2 I 2 AFB). Zu denken ist auch an Fälle des unfreiwilligen Eigentumsverlustes, z. B. durch Zwangsvollstreckung (Kisch III S. 154). Ein unfreiwilliger Besitzverlust, z. B. durch Diebstahl, steht dem Eigentumsverlust gleich.

Abgesehen von der Eigentumslage entscheidet die Zweckentwidmung, die unfreiwillig bei Diebstahl oder Untergang der Sache eintritt.

Hausboden und Keller gehören regelmäßig zum Vsort bei einer Feuer- und Hausratv (Prölss Einbruchdiebstahlv³ S. 150, Wussow AFB Anm. 10 zu § 4 AFB, S. 296 m. w. N.). Dort befindliche Sachen können also durchaus zum Hausrat gehören, z. B. Kohlen- oder Kartoffelvorräte, Fahrrad, Schlitten, Gartengeräte. Werden benutzte Möbelstücke oder Bücher dorthin gebracht, so wird man darauf abstellen müssen, ob diese Sachen nach dem Willen des Vmers oder Vten noch weiter gebraucht werden sollen oder ob sie demnächst der Müll- oder Sperrgutabfuhr zugeführt werden sollen. Nur im letzten Fall ist ein Ausscheiden aus dem Hausratinbegriff anzunehmen. Eine indizierende Bedeutung kommt dem Wert der Sachen zu. Sollen sie zwar nicht mehr gebraucht, aber verkauft werden, so wird man sie zunächst noch zum Hausrat zu rechnen haben.

Eine nur vorübergehende Entwidmung braucht die Zugehörigkeit zum Inbegriff noch nicht aufzuheben, z. B. wenn eine Sache verliehen, vermietet, zur Reparatur weggegeben wird (Bolte a. a. O. S. 7, Kisch III S. 155). So kann sich ergeben, daß ein kurzfristig verliehener Fernsehapparat sowohl beim Verleiher als auch beim Entleiher vert ist (Anm. 23).

Über das Ende einer Haftpflicht- und Fahrzeugv für Kraftfahrzeug-Handel und -Handwerk (Anm. 31): BGH 8. V. 1961 BGHZ Bd 35 S. 153—165.

[28] b) Ortsfrage.

Ist ein Vsort vereinbart, so spielt für die Zugehörigkeit zum vten Sachinbegriff ebenso wie die Verbringung an den Vsort (Anm. 24) auch die Entfernung aus dem Vsort eine Rolle (Raiser Anm. 4—5 zu § 4 AFB, S. 150—152 m. w. N.). Einerseits kann diese Entfernung ein Indiz dafür sein, daß die Sache nicht mehr zu einem Inbegriff, z. B. dem Hausrat gehört: Ein Schreibtisch wird aus der Wohnung in das Büro überführt. Andererseits kann die Zugehörigkeit zum Inbegriff an und für sich bestehenbleiben, aber vertraglich ist „der Ortsveränderung als solcher Einfluß auf den Bestand der V eingeräumt" worden (Kisch III S. 155): Ein Gemälde ist vorübergehend als Leihgabe nach Amerika geschickt (vgl. § 4 III 1 AFB: „Die V von Hausrat und Arbeitsgerät umfaßt auch Sachen, die sich vorübergehend außerhalb des Vsortes in Europa befinden"). Bei der Berechnung des Vswertes zwecks Ermittlung einer Unterv sind vorübergehend entfernte Sachen dennoch mitzurechnen (OLG Hamburg 4. I. 1922 HansRZ 1922 Sp. 277—278, Hagen I S. 391 und schon OAG Lübeck 29. XI. 1862 SeuffArch Bd 19 S. 282—284 Nr. 178).

[29] c) Verlautbarung.

Der Vmer ist nicht gehalten, dem Ver einen Abgang aus dem Inbegriffsbestand bekanntzugeben, ihn trifft nach § 54 weder eine Rechtspflicht noch eine Obliegenheit. Solche Verhaltensnorm könnte aber vertraglich geschaffen werden, z. B. können Bestandsverzeichnisse zu führen sein. Aber so wie zum Inbegriff gehörende Sachen automatisch vert sind, welche noch nicht in das Verzeichnis eingetragen sind (Anm. 25), muß umgekehrt angenommen werden, daß eine aus dem Inbegriff ausgeschiedene Sache auch dann nicht mehr vert bleibt, wenn sie im Bestandsverzeichnis noch nicht ausgetragen ist. Die Rechtsfolgen einer Verletzung der vertraglichen Verhaltensnorm, die regelmäßig eine Obliegenheit sein wird, setzen eine entsprechende Vereinbarung voraus, und § 6 I findet Anwendung.

[30] d) Gefahrminderung.

Ist ein womöglich starker Abgang von Sachen aus dem Inbegriff zu verzeichnen, so sinkt der Vswert, während die Vssumme bestehenbleibt. Obgleich dadurch das vom Ver getragene wirtschaftliche Risiko absinkt, liegt doch keine Gefahrminderung im technischen Sinne vor, sondern ein teilweiser Interessewegfall (Anm. 8 zu § 41 a), der nach den Vorschriften über die Überv zu behandeln ist (Anm. 31).

Eine echte Gefahrminderung kann bei einer Inbegriffsv dann vorliegen, wenn z. B. das vte Warenlager nicht mehr aus explosiven Stoffen besteht. War hier infolge der Lagerung der explosiven Stoffe eine höhere Prämie vereinbart, so kann nunmehr nach § 41 a I der Vmer Prämienherabsetzung verlangen.

[31] 4. Über- und Unterversicherung.

Sehr häufig wird eine Inbegriffsv dergestalt genommen, daß beim materiellen Vsbeginn die Vssumme den Vswert überschreitet, man denke an eine Hausratv junger Eheleute, die noch viele Anschaffungen planen, oder an die V eines ständig wachsenden Warenlagers (Anm. 14 zu § 51). Während der Vsdauer kann eine Überv besonders dann entstehen, wenn Sachen aus dem Inbegriff ausscheiden (Anm. 15 zu § 51). Es ist nicht unbestritten, unter welchen Voraussetzungen bei einer Inbegriffsv der Vmer eine Herabsetzung der Vssumme gemäß § 51 I verlangen kann (der Ver wird aus wirtschaftlichen Gründen von dem Herabsetzungsrecht nie Gebrauch machen). Ergibt sich eine dauernde Überv hinsichtlich eines Inbegriffs, so kann der Vmer die Herabsetzung fraglos verlangen. Handelt es sich jedoch um eine vorübergehende Überv, etwa weil nur zu einem gewissen Zeitpunkt ein Warenlager klein ist, so soll das Herabsetzungsrecht gemäß Begr. I S. 61—62, Bruck S. 530 (weitere Nachweise: Anm. 19 zu § 51) entfallen. Richtig dürfte die Auffassung sein, daß formal das Herabsetzungsrecht des Vmers auch hier besteht; er wird davon in der Praxis aber keinen Gebrauch machen.

Sehr häufig entsteht bei einer Inbegriffsv eine Unterv, z. B. bei einer mehrjährigen Hausratv durch Neuanschaffungen, bei einer Vorrätev durch unerwartetes Anwachsen der Vorräte. Aber auch schon beim materiellen Vsbeginn kann eine Unterv gegeben sein. Die Rechtsfolge ergibt sich aus § 56: Der Ver haftet nur proportional.

Bei einer Überv zahlt der Vmer eine übersetzte Prämie, bei einer Unterv ist der Vsschutz unvollständig. Helfen kann neben einer Vorsorgev (Anm. 6 zu § 50) eine Stichtagsversicherung für Vorräte gemäß Klausel 5.01 Klauseln der Feuerv:

> „(1) Die Vorräte sind in Höhe ihres jeweiligen Wertes vert, soweit dieser die Höchstsummen von . . . . . DM nicht überschreitet.
>
> (2) Der Vswert, den die vten Vorräte am . . . . . eines jeden Monats haben, ist dem Ver jeweils binnen zehn Tagen nach diesem Stichtage aufzugeben (Stichtagssumme). Wird diese Aufgabe für einen Stichtag unterlassen, so behält für diesen Stichtag die zuletzt gemeldete Stichtagssumme Gültigkeit. Ist der Vmer mit der ersten Stichtagsmeldung im Verzuge, so sind die Vorräte bis um Eingang der Meldung nur mit der Hälfte der Höchstvssumme vert.
>
> (3) Ergibt sich in einem Schadenfalle, daß die letztmals vor dem Schadenfalle gemeldete Stichtagssumme niedriger ist als der wirkliche Vswert an dem Stich-

tage, für den sie gilt, so wird der Schaden nur in dem Verhältnis vergütet, in dem die angegebene Stichtagssumme zu dem wirklichen Vswert an diesem Stichtag steht.

(4) Auf die Prämie ist eine Vorauszahlung für die Hälfte der Höchstvssumme für das ganze Vsjahr im voraus zu leisten. Die endgültige Prämie wird auf Grund der Stichtagsmeldungen mit einem Zwölftel der Jahresprämie für einen Monat berechnet und am Ende des Jahres abgerechnet. Ergibt sich während des Vsjahres, daß die Vorauszahlung auf die Prämie auf Grund der Stichtagsmeldungen verbraucht ist, so kann der Ver eine weitere angemessene Vorauszahlung, jedoch nicht mehr als die Hälfte der ursprünglichen Vorauszahlung verlangen."

Die Aufgabefrist kann bis zu einem Monat verlängert werden. Die Stichtagsklausel soll nur zugestanden werden bei einer Höchstvssumme von mindestens 300 000,— DM oder einer Vorauszahlung von mindestens 300,— DM. Für Speicher- und Speditionsfirmen ist eine besondere Klausel 5.02 Klauseln der Feuerv formuliert worden: Gleitende Vorratsversicherung mit nachträglicher Prämienverrechnung für Speditionsgüter. Solche Stichtagsklauseln, welche die Nachteile einer Über- oder Unterv weitgehend ausschließen, nähern die Inbegriffsv einer laufenden V zwar an, aber es besteht der Unterschied, daß im Rahmen der Höchstvssumme bei der Stichtagsv die Vorräte in ihrer Fluktuation automatisch vert sind. Die Stichtagsmeldung ist — anders als die Deklarationspflicht bei der laufenden V — keine echte Rechtspflicht, sondern allenfalls eine Obliegenheit, die sich auch nicht auf die zugegangenen und abgegangenen Vorräte bezieht, sondern lediglich auf den Gesamtversicherungswert am Stichtage. Zur Stichtagsv: Berndt a. a. O. S. 210.

Eine Nachzeichnung für Vorräte mit Verbindlichkeit für den Ver und Recht des Vmers, nachvte Summen jederzeit zu vermindern oder ganz zurückzuziehen, kennt die Klausel 5.03 Klauseln der Feuerv (dazu Berndt a. a. O. S. 210).

Um eine Art von Stichtagsv handelt es sich auch bei der Haftpflicht- und Fahrzeugv für Kraftfahrzeug-Handel und -Handwerk (VA 1965 S. 212—213, 1967 S. 4—5). Der BGH 8. V. 1961 BGHZ Bd 35 S. 155—156 stellt fest, es handele sich um „eine Sammelv, die auf den ständigen kurzfristigen Durchlauf von Kraftfahrzeugen beim Vmer zugeschnitten ist. Demgemäß ist bei ihr nicht jedes Fahrzeug einzeln für sich vert, sondern die Gesamtheit der im Vszeitraum beim Vmer hereinkommenden und gegebenenfalls auch wieder ausgehenden Fahrzeuge. Der Ver erhält von den einzelnen durchlaufenden Fahrzeugen keine Kenntnis, ihm wird vielmehr nur der Fahrzeugbestand an bestimmten Stichtagen aufgegeben."

[32] 5. Veräußerung versicherter Sachen.

Ein Übergang des Vsverhältnisses gemäß § 69 I tritt nicht ein, wenn bei einer Inbegriffsv eine einzelne, zum Inbegriff gehörende Sache von dem Vmer veräußert wird und infolgedessen aus dem Inbegriff ausscheidet. „Dies folgt daraus, daß bei der Inbegriffsv die einzelnen Sachen, die wegen ihrer Zweckverbundenheit im Verkehr als eine Einheit betrachtet werden, nicht als Einzelgegenstände, sondern als Gesamtheit unter Vsschutz gebracht sind. Die V erfaßt den Inbegriff als solchen, nicht die Einzelteile, aus denen er sich zusammensetzt. Mit dem Ausscheiden aus dem Inbegriff wird daher die einzelne Sache nicht mehr von dem Vsschutz erfaßt. Die V erlischt insoweit nach § 68" II (Lenski, Zur Veräußerung der vten Sache, Karlsruhe 1965, S. 95—96 mit umfassenden Schrifttumsnachweisen). Aus der Rechtsprechung vgl. OLG Bremen 23. VI. 1953 VersR 1953 S. 450 (Übereignung von Maschinen aus einer vten technischen Betriebseinrichtung). A. A. im Schrifttum Blanck VW 1961 S. 198. Wird ein Kraftfahrzeug veräußert, das bisher gedeckt war durch eine Haftpflicht- und Kraftfahrzeugv für Kraftfahrzeug-Handel und -Handwerk (Anm. 31), so kann das Vsverhältnis auf den Erwerber nicht übergehen, weil das Kraftfahrzeug aus einem Inbegriff ausscheidet (BGH 8. V. 1961 BGHZ Bd 35 S. 156, Vorinstanz: OLG Düsseldorf 13. X. 1959 VersR 1960 S. 122—124), überdies erfüllt der Erwerber, da er kein Händler oder Handwerker ist, seinerseits nicht die Voraussetzungen der Inbegriffsv. Zu diesem Fall auch Taube VersR 1957 S. 630—634 mit der Formulierung: „Soweit das Ausscheiden auf einer Veräußerung beruht, ist die

Bestimmung des § 54 VVG daher als lex specialis gegenüber § 69 VVG anzusehen." Die Veräußerung berührt den Vsschutz nicht, wenn sie an eine mitvte Person erfolgt und die Sache im (überpersonalen: Anm. 9) Inbegriff, z. B. im Hausrat verbleibt (eine Sache wird von den Eltern der im gleichen Haushalt lebenden Tochter geschenkt).

Anders ist die Rechtslage, wenn der gesamte Inbegriff veräußert wird; hier kommt § 69 I zur Anwendung (Lenski a. a. O. S. 96—97 m. w. N.). Wird also z. B. ein Unternehmen einschließlich Warenlager, technischer und kaufmännischer Betriebseinrichtung veräußert, so geht die V der letztgenannten Inbegriffe auf den Erwerber über.

Zweifelhaft ist der Übergang, wenn ein Teil der zum Inbegriff gehörenden Sachen veräußert wird, sofern sowohl der verbleibende als auch der veräußerte Teil als vte Inbegriffe qualifiziert werden können: Der verwitwete Vmer veräußert den größeren Teil des Hausrats an ein Ehepaar und zieht mit dem Rest in ein Altenheim. Hier soll nach Raiser Anm. 22 zu § 11 AFB, S. 297, Anm. 11 zu § 12 AFB, S. 304, wohl auch Lesser JRPV 1929 S. 213 das Vsverhältnis teilweise auf den Erwerber übergehen; es werden also aus einem einheitlichen Vsverhältnis zwei Vsverträge, während Bolte a. a. O. S. 8 „auf den Kern und auf das Wesentliche des Hausrats" abstellen will.

[33] 6. Wegfall des Interesses.

Auch bei einer Inbegriffsv kann das vte Interesse nach dem Beginn der V wegfallen (§ 68 II—IV). Das trifft zu, wenn alle zum Inbegriff gehörigen Sachen z. B. enteignet werden oder wenn sie einzeln veräußert werden: Ein Haushalt wird aufgelöst, und die Sachen werden einzeln verkauft; die zu einem Warenlager gehörigen Sachen werden einzeln zwangsversteigert. Über die Unanwendbarkeit des § 69 I vgl. Anm. 32. Die Abgrenzung zwischen dem Abgang aus dem Inbegriff (Anm. 27) und dem Interessewegfall kann Schwierigkeiten bereiten, wenn allmählich aus dem Inbegriff so viele Sachen abgehen, daß nur noch ein geringer Restbestand verbleibt. Entscheidend ist hier, ob schon eine „funktionelle Zerstörung" des Inbegriffs vorliegt (Ottow, Interessen- und Gefahrenwegfall, Hamburger Diss. 1965, S. 22). Wird ein Hausstand aufgelöst, so wird der Vsschutz zunächst fortbestehen, auch wenn dem Vmer nur noch sein Bett geblieben ist. Über einen Fall der Aufspaltung des Hausrats AG Berlin-Charlottenburg 12. VI. 1957 VersR 1957 S. 678. Für die Tierv schreibt § 3 II 3 ATierB vor, der Vertrag ende „nicht vorzeitig dadurch, daß der Vmer vorübergehend keine Tiere der vten Gattung hält."

Fällt nur ein Teil des vten Interesses weg, wird z. B. der Hausrat oder das Warenlager verkleinert, so gilt § 68 II—IV nicht; es greifen die Bestimmungen zur Überv (§ 51 I) ein (Begr. I S. 77—78, Ottow a. a. O. S. 93 m. w. N.).

[34] 7. Beweislast.

Der Vmer muß beweisen, was im Zeitpunkte des Eintritts des Vsfalls zum Inbegriffe gehörte, da es sich um eine anspruchsbegründende Tatsache handelt (Bruck 7. Aufl. Anm. 2 zu § 54, S. 208, Raiser Anm. 4 zu § 2 AFB, S. 99).

Behauptet der Ver, jemand habe den Inbegriff als ganzen oder zu einem wesentlichen Teil übernommen, so trifft ihn die Beweislast, sofern der Beklagte den Einwand erhebt, er habe nur wertlose Einzelteile mitgenommen (so für eine Hausratv AG Berlin-Charlottenburg 12. VI. 1957 VersR 1957 S. 678).

[35] VI. Abdingbarkeit des § 54.

§ 54 hat keinen zwingenden Charakter. Es kann also eine Inbegriffsv auch so genommen werden, daß sie nur den Anfangsbestand (Anonym MittÖffFeuerVsAnstalten 1919 S. 44) oder aber den Anfangsbestand und nur gewisse Zugänge umfaßt. Es ließe sich vereinbaren, daß Abgänge, sofern der Vmer oder Vte Interesseträger bleibt, künftig als Einzelsachen vert sein sollen. Wegen des halbzwingenden Charakters von § 69 (§ 72[1]) könnte nicht mit Wirkung gegen den Erwerber vereinbart werden, eine aus dem Inbegriff durch Veräußerung ausscheidende Einzelsache solle als solche beim Erwerber vert bleiben.

§ 55

Der Versicherer ist, auch wenn die Versicherungssumme höher ist als der Versicherungswert zur Zeit des Eintritts des Versicherungsfalls, nicht verpflichtet, dem Versicherungsnehmer mehr als den Betrag des Schadens zu ersetzen.

Schaden. Bereicherungsverbot.

Gliederung:

[1] **Entstehung:** § 55 ist unverändert geblieben. — Begr. I S. 62—64.

[2] **Schrifttum:**

Berndt, Der Ersatzwert in der Feuerv, Weißenburg 1951, Beyer, Der Folgeschaden in der Individualv, Bonner Diss. 1961, Bruck S. 431—443, Dobbert, Der Begriff des Vermögensschadens in der Privatv, Göttinger Diss. 1961, Drefahl, Die Beweislast und die Beweiswürdigung im Vsrecht, Hamburg 1939, Eberhard, Der Schadensnachweis in der V, Straßburger Diss. 1917, Ehrenberg S. 444—455, Ehrenzweig S. 282—285, Fick, Der Ersatzwert in der Feuerv nach dem schweizerischen VVG, Zürich 1918, Einige Grundbegriffe der Schadensv, Zürich 1918, Friedli, Feststellung und Beweis des Schadens in der Schadenv, insbesondere das Sachverständigenverfahren, Berner Diss. 1948, Fröhlich Vsarchiv 1931/32 Nr. 12 S. 12—17, Hagen I S. 573—581, 587—591 Kisch WuRdVers 1932 Nr. 1 S. 1—112, Koch, Die Ermittelung des Ersatz-Wertes in der Feuerv, Hamburger Diss.

1928, Lohmar, Rechtfertigung der Vorteilsausgleichung im Vsrecht, Karlsruhe 1968, Möller in: Ausblick und Rückblick, Erich R. Prölss zum 60. Geburtstag, München 1967, S. 241—249, Pfennigstorf VersR 1964 S. 360—363, Ritter ZVersWiss 1923 S. 269—275, Schärer, Über die Schadenersatzfunktion der V, speziell der Unfallv, Zürich 1932, Schiering, Abstrakte und konkrete Bedarfsdeckung im Vsrecht, Hamburger Diss. 1964, Stiefel-Wussow[7] Anm. 2 zu § 13 AKB, S. 465—468, Wilhelm, Die Beweislast bei Vsansprüchen, Erlanger Diss. 1933, Winter, Konkrete und abstrakte Bedarfsdeckung in der Sachv, Göttingen 1962, Wussow AFB Anm. 7—9 zu § 3, S. 215—217, Zimmermann, Der Betriebs-Unterbrechungs-Schaden, 2. Aufl., Karlsruhe 1968, speziell zum vsrechtlichen Bereicherungsverbot: Anm. 6, 7, zum allgemein-zivilrechtlichen Schadensbegriff: Anm. 14.

[3] I. Schadenshöhe als Leistungsbegrenzung.

1. Aufgabe des § 55.

Die Aufgabe der Bestimmung besteht darin, in der Schadensv die Leistung des Vers bei Eintritt eines Vsfalls auf die Ausgleichung des Schadens zu begrenzen, d. h. den Ver zur Leistung nur höchstens in demjenigen Umfang zu verpflichten, der in der Aktivenv dem Grad der Negation des vten Interesses entspricht und der in der Passivenv mit der Höhe des entstandenen Passivums (Unwertes) korrespondiert. § 55 stellt eine Ergänzung — oder eigentlich nur Verdeutlichung — des bereits in § 1 I 1 enthaltenen Satzes dar, daß der Ver bei der Schadensv „nach dem Eintritte des Vsfalls . . . den dadurch verursachten Vermögensschaden . . . zu ersetzen“ habe. § 55 verdeutlicht, daß dies auch dann gelten solle, wenn die Vssumme den Vswert bei Eintritt des Vsfalles (= Ersatzwert: Anm. 25 zu § 52) übersteigt, wenn also im Zeitpunkt des Vsfalles eine Überv vorliegt (Begr. I S. 62). Anders ausgedrückt: Auch durch eine überhöhte Prämienzahlung kann man sich im Bereich der Schadensv keinen Vsschutz erkaufen, der mehr als den Schaden deckt. Hier greift das vsrechtliche Bereicherungsverbot ein (dazu Anm. 6—9).

[4] 2. Systematische Stellung.

§ 55 gilt nur in der Schadensv, nicht aber für die Summenv. Dies ergibt sich aus dem Wortlaut zwar nicht so sehr des § 55 selbst, wohl aber aus dem des § 1 I 1 („Bei der Schadensv . . .“), zu dem die Bestimmung gedanklich in Beziehung zu setzen ist, ferner aus der systematischen Stellung des § 55 bei den „Vorschriften für die gesamte Schadensv“. Außerdem weist die nach § 55 gebotene Leistungsbegrenzung an Hand des Ersatzwertes auf das Prinzip der konkreten Bedarfsschätzung und -deckung und der genauen Schadensermittlung hin, das allein im Bereich der Schadensv gilt.

In der nach dem Prinzip der abstrakten Bedarfsschätzung und -deckung arbeitenden Summenv dagegen ist für die Abstellung auf einen konkreten Schaden (konkreten Bedarf) und folglich auch für die Verwendung des den konkreten Schaden letztlich bestimmenden Ersatzwertes kein Raum (Anm. 44 vor §§ 49—80, Anm. 14 zu § 52).

Weiterhin hat § 55 im Rahmen der Schadensv, obwohl er unter den für die gesamte Schadensv konzipierten Bestimmungen zu finden ist, jedenfalls hinsichtlich seines über die Aussage des § 1 I 1 hinausgehenden Inhaltes, nur für die Aktivenv Geltung (Anm. 6 vor §§ 49—80, Anm. 15 zu § 52): Soweit die Bestimmung besagt, der Ver habe stets nur den entstandenen Schaden zu ersetzen, trifft dies allerdings auch auf die Passivenv zu. Dagegen kann der eingeschobene Satz („auch wenn die Vssumme höher ist als der Vswert zur Zeit des Eintritts des Vsfalls“) naturgemäß nur die Aktivenv berühren. Dies ergibt sich wiederum aus der Abstellung auf den Begriff des Vswertes, also des Wertes der Beziehung eines Subjektes zu einem Aktivum (Sache, Recht, Anwartschaft). Eine solche Wertbeziehung aber gibt es in der Passivenv nicht. Hier kann man allenfalls von der — in diesem Zusammenhang nicht relevanten — Unwertbeziehung zu einem Ungut (Passivum) sprechen, — und übrigens auch dies, ohne daß sich an Hand eines solchen „Unwertes“ im allgemeinen (d. h. abgesehen von den relativ seltenen Fällen einer summenmäßig oder gegenständlich beschränkten Haftung des Vmers: Anm. 15 zu § 52) der dem Ver drohende Maximalschaden bestimmen ließe.

Da jede Nichtpersonenv als Schadensv betrieben werden muß (Anm. 3 vor §§ 49—80), gilt für sie § 55: Stets begrenzt hier der Schadensbetrag die Leistungshöhe des Vers. Im Bereich der Personenv kann man dieser Rechtsnorm ausweichen, indem man sie als Summenv, d. h. nach dem Prinzip der abstrakten Bedarfsschätzung und -deckung betreibt. Entscheidet man sich dafür, die Personenv als Schadensv zu betreiben, so wird unausweichlich § 55 anwendbar.

Die Sachv gehört zur Schadens-, und zwar zur Aktivenv. Es kann deshalb eine „Sachsummenv" nicht geben (anders Winter a. a. O. S. 99—116, auch schon Endemann ZHR Bd 10 S. 244—253). Es gibt allenfalls einige gesetzlich vorgesehene Durchbrechungen oder Abschwächungen des vsrechtlichen Bereicherungsverbotes (Anm. 45—50 vor §§ 49—80, Anm. 9—13).

[5] 3. Andere Leistungsbegrenzungen.

Es wurde schon in Anm. 44 vor §§ 49—80 dargetan, daß neben dem „Betrag des Schadens" (§ 55) auch die Vssumme (§ 50) und — bei der Aktivenv — der Vswert leistungsbegrenzende Faktoren sind. Der Vswert als Ersatzwert entspricht nicht nur dem höchstmöglichen Schaden, sondern infolge der Proportionalitätsregel des § 56 führt eine Unterschreitung des objektiven Ersatzwertes durch die gewählte Vssumme, also eine Unterv dazu, daß ein Schaden nicht voll ersetzt wird (Anm. zu § 56).

Will man das **Verhältnis** des § 55 zu Vorschriften mit ähnlicher leistungsbegrenzender Aufgabe (§§ 50, 51, 56) klären, so gilt:

In **§ 50** wird die Vssumme, in **§ 55** der Schaden (maximiert in der Aktivenv durch den Ersatzwert) als Leistungsgrenze für den Ver fixiert. Gemäß § 50 haftet der Ver nur bis zur Höhe der Vssumme. Ist aber die Vssumme höher als der Schaden, so wirkt sich die Höhe des Schadensbetrages — eben gemäß § 55 — schon vor der Vssumme leistungsbegrenzend aus: Letztere kommt dann nicht zur Wahrnehmung ihrer Funktion; § 55 rangiert also im Falle seiner Anwendbarkeit vor § 50. Diese gesetzestechnische Ausgestaltung bedeutet also, daß der Vmer von Vssumme und Schaden immer den niedrigeren Betrag bekommt (Möller JW 1938 S. 917).

Den §§ **51** und **55** kann insofern die gleiche tatsächliche Situation zugrunde liegen, als in beiden Fällen die Vssumme den Wert des vten Interesses übersteigt (Überv), bei § 55 möglicherweise, bei § 51 stets (bei § 51 I, II den jeweiligen Wert, bei § 51 III den Anfangswert, bei § 55 den Ersatzwert; zu diesen Begriffen: Anm. 10 zu § 51, Anm. 25 zu § 52), und zwar bei § 51 erheblich, was bei § 55 gleichfalls möglich, aber doch nicht erforderlich ist (Anm. 16 zu § 51). Der letztlich maßgebende Unterschied zwischen beiden Vorschriften liegt in der Verschiedenheit des Zeitpunktes, in dem die Überv entdeckt wird, nämlich in § 51 I, II vor dem Versicherungsfall, mit der Folge der möglichen Herabsetzung der Vssumme unter Minderung auch der Prämie, und in § 55 bei dem oder nach dem Vsfall mit der Folge der leistungsbegrenzenden Auswirkung der Schadenshöhe (trotz der Überv).

Den Unterschied schließlich zwischen den §§ **56** und **55** kennzeichnen die Begriffe der Unter- und Überv: Liegt einer Anwendbarkeit des § 55 — wie erwähnt — der Sache nach eine Überv zugrunde, so handelt es sich bei § 56 um den genau umgekehrten Fall der Unterv, d. h. eines Zurückbleibens der Vssumme hinter dem Ersatzwert des vten Interesses. Auch diese Sachlage gibt vermöge der Proportionalitätsregel zur Leistungsbegrenzung Anlaß (Näheres Anm. zu § 56).

[6] II. Ableitung des Bereicherungsverbots.

1. Rechtsquellen.

Besonders aus den §§ 1 I 1, 55 läßt sich der Rechtssatz ableiten, daß eine Schadensv nicht zur Bereicherung führen dürfe; aber auch die Regelungen der Überv (§ 51), der Doppelv (§ 59) und des Überganges von Ersatzansprüchen (§ 67 I 1) bestätigen das Entschädigungsprinzip (principle of indemnity).

Näheres auch zur Geschichte, zum Schrifttum, zur Rechtsprechung und zu den AVB: Anm. 45 vor §§ 49—80. Reiches internationales Material hat der Zweite Weltkongreß für Vsrecht, Hamburg 1966 zum Bereicherungsverbot erschlossen, vgl. das

Generalreferat Warkallo MatZweiterWeltkongreß II S. 3—38 (dazu Landesreferate, Sonderbeiträge und Diskussion: MatZweiterWeltkongreß II S. 39—267). Für das schweizerische Recht leugnet Koenig[3] S. 285—286, SchweizVersZ 1965/66 S. 321—344 das Bereicherungsverbot; die Leistung des Vers soll sich nur nach dem Äquivalenzprinzip, also der Prämienhöhe richten. Richtig Roelli-Jaeger II Anm. 4, 5 zu Art. 62, S. 338—339.

[7] **2. Geltungsbereich.**

Was für den Anwendungsbereich des § 55 gilt (Anm. 4), gilt zugleich für den Geltungsbereich des vsrechtlichen Bereicherungsverbots: Das Entschädigungsprinzip beherrscht die gesamte Schadensv, wobei es für die Nichtpersonenv unausweichlich ist, während eine Personenv auch im Wege der Summenv betrieben werden kann und oft betrieben wird. Wird aber eine Personenv als Schadensv betrieben, wird z. B. eine Krankheitskostenv oder Heilkostenersatz in der Unfallv gewährt, so gilt das Bereicherungsverbot und die §§ 51, 59, 67 I 1 sind anzuwenden (Böhm VersR 1956 S. 736—739, Möller JW 1938 S. 916—918, Prölss[17] Anm. 9 zu § 67, S. 320—321, Schiering a. a. O. S. 101—103; BGH 17. X. 1957 BGHZ Bd 25 S. 338—339; a. M. RG 8. V. 1930 SeuffArch Bd 84 S. 304, 10. I. 1935 RGZ Bd 146 S. 289, 12. III. 1936 JW 1936 S. 2793—2794, 4. I. 1937 RGZ Bd 153 S. 45). Für die Schweiz wie hier Koenig SchweizVersZ 1965/66 S. 334—337 m. w. N.

Dagegen gilt das vsrechtliche Bereicherungsverbot nicht für eine Personenv, die als Summenv betrieben wird. Hier wird die vom Ver bei Eintritt des Vsfalles zu erbringende Vsleistung frei vereinbart. Jedoch ist solche Summenv eben nur in der Personenv statthaft, und sie darf nicht etwa (zur Umgehung des Bereicherungsverbotes) auf die Nichtpersonenv übertragen werden.

Auf die Unternehmensform kommt es nicht an, auch die öffentlich-rechtliche Schadensv geht vom Bereicherungsverbot aus, was einige Landesgesetze hervorheben, z. B. § 32 III 1 G über die Braunschweigische Landesbrandvsanstalt, § 27 VI 1 Satzung der Nassauischen Brandvsanstalt.

In der deutschen Sozialv findet sich teils eine abstrakte, teils eine konkrete Bedarfsschätzung und -deckung. Dabei ist wichtig, daß auch die als Summenv betriebene Sozialv einen Übergang von Ersatzansprüchen nach § 1542 I 1 RVO kennt (Schiering a. a. O. S. 101).

[8] **3. Auswirkungen.**

Das Bereicherungsverbot ist nicht nur „Maxime" (Prölss[17] Anm. 1 zu § 55, S. 264 bis 265), sondern absolut zwingender Rechtssatz (Näheres schon: Anm. 45 vor §§ 49—80). Allerdings handelt es sich nicht um ein „gesetzliches Verbot" mit der Nichtigkeitssanktion des § 134 BGB. Insbesondere ist nicht jede Überv oder Doppelv (teilweise oder völlig) nichtig; solche Über- oder Doppelven können sogar wirtschaftlich höchst nützlich sein. Das Gesetz sieht vielmehr Nichtigkeit nur bei Vsnahme in betrügerischer Absicht vor (§§ 51 III, 59 III); im übrigen begnügt es sich mit Vorschriften, die dafür sorgen, daß der Vmer „nicht mehr als den Betrag des Schadens verlangen kann" (§ 59 I für die Doppelv; im Ergebnis für die Überv ebenso § 55). Wenn und soweit es an einem Schaden fehlt, entbehrt der Vsanspruch der causa: „Der Ver ist . . . nicht verpflichtet, dem Vmer mehr als den Betrag des Schadens zu ersetzen." Ein überzahlter Betrag kann nach § 812 I 1 BGB kondiziert werden, im übrigen aber liegen das vsrechtliche Bereicherungsverbot und das Institut der ungerechtfertigten Bereicherung auf ganz verschiedenen Ebenen (Koenig SchweizVersZ 1965/66 S. 323—324).

Ausdruck des Bereicherungsverbots ist — über § 67 I 1 hinaus — die vsrechtliche Vorteilsausgleichung, die dem Ver das Recht auf die Übertragung der Vorteile verschafft, wenn er ohne Rücksicht auf die vom Vmer erlangten Vorteile voll entschädigt. Dazu Anm. 51—54 vor §§ 49—80. Lohmar a. a. O. S. 33 bezeichnet § 55 als „Rechtsgrundlage der Vorteilsausgleichung".

[9] **4. Grenzfälle.**

Ausnahmen bestätigen die Regel. Aus ökonomischen Gründen, auch aus Gründen der Beweiserleichterung und der Rationalisierung der Schadensabwicklung kann es Fälle geben, in denen der Vmer eine Vsleistung erhält, welche seinen Schaden übersteigt.

Auf diese „Durchbrechungen" und Abschwächungen des Bereicherungsverbots ist bereits in Anm. 46—50 vor §§ 49—80 hingewiesen worden, wobei die Neuwertv als Scheinausnahme gekennzeichnet ist (unter Hinweis auf Anm. 26, 28 zu § 52). Eine Scheinausnahme behandelt auch § 116 I 2, wonach bei einer Tierlebensv der Wert unmittelbar vor Eintritt einer dem Tod etwa vorausgehenden Erkrankung oder vor einem Unfall des Tieres entschädigt wird; denn hier handelt es sich um einen gedehnten Vsfall, der schon mit Erkankung oder Unfall beginnt (verkannt von OLG Oldenburg 9. VII. 1951 VersR 1951 S. 229 mit zutreffender Anm. Kisch).

[10] a) Gleichbleibender Versicherungswert.

Die Fiktion des gleichbleibenden Vswertes in der Transport- und Seev (§§ 140 II, 141 I 2; §§ 70 II, 90 II ADS) kann bei starkem Absinken des Anfangswertes tatsächlich dazu führen, daß der Vmer infolge des fingierten überhöhten Ersatzwertes bereichert wird. Die Vsleistung erfolgt nicht ohne rechtlichen Grund. Das Gesetz sieht auch keinerlei Korrektur des übersetzten Vswertes vor. Näheres Anm. 25 zu § 52.

Aber die Sondernormen des Transportvsrechts können nicht auf andere Vszweige, z. B. die Tierv abgewendet werden: Wenn ein 1941 mit RM 1500,— bewerteter Wallach 1950 eingeht, so kann der Vmer nach diesen 9 Jahren nicht ohne weiteres DM 1500,— verlangen, mag auch die Vssumme ziffernmäßig unverändert geblieben sein (so aber OLG Oldenburg 9. VII. 1951 VersR 1951 S. 228—230, dagegen mit Recht Anm. Kisch und Prölss VersR 1951 S. 219—220).

[11] b) Vereinbarte Taxe.

Die Vereinbarung einer Taxe nach § 57[1,2] fixiert den Vswert zur Vermeidung von Bewertungsstreitigkeiten auf einen bestimmten Betrag, und zwar nicht nur als Anfangswert, sondern auch als Ersatzwert (Ausnahme: § 87 für die Mobiliarfeuerv). Ist die Taxe von vornherein zu hoch oder sinkt der richtig taxierte Anfangswert ab, so ist doch bei einem Totalschaden der volle Betrag der Taxe vom Ver zu leisten; den rechtlichen Grund liefert § 57[1,2]. Überschreitet allerdings der Taxbetrag erheblich den wirklichen Ersatzwert, so ist die Taxe „anfechtbar". Näheres Anm. zu § 57. Über die Tierv zu Durchschnittswerten und mit festen Entschädigungsbeträgen Anm. 12.

[12] c) Versicherung von Gewinn.

Bei der Gewinnv ergeben sich Bereicherungsmöglichkeiten für den Vmer daraus, daß ein nur mit Wahrscheinlichkeit oder gar nur möglicherweise zu erwartender Gewinn als gesichert behandelt wird, auch wenn er vielleicht nur beim Vertragsschluß, nicht mehr zur Zeit des Versicherungsfalls zu erwarten war. Der Ver kann solchenfalls nicht geltendmachen, dem Vmer sei in Wahrheit kein Schaden oder ein geringerer Schaden erwachsen. Näheres Anm. 4, 31 zu § 53.

Einen Sonderfall regelt § 89 II, wonach in der Feuerv für die Berechnung des entgehenden Gewinns mit aufsichtsbehördlicher Genehmigung in den Vsbedingungen Bestimmungen getroffen werden können (Anm. 30 zu § 53). Hier aber ist vorgesehen: „Übersteigt das Ergebnis der Berechnung den der wirklichen Sachlage entsprechenden Betrag, so hat der Ver nur diesen Betrag zu leisten." Die Beweislast für ein (erhebliches?) Übersteigen trifft den Ver (Bruck 7. Aufl. Anm. 4 zu § 89, S. 4).

Das BAA wendet § 89 II auch außerhalb der Feuerv an: Bei § 53 ist auf solche Berechnungsbestimmungen aus dem Bereich der Regenv, den Ven gegen Vermögensschäden wegen Betriebsschließung infolge Seuchengefahr und der V von landwirtschaftlichen Betrieben gegen Vermögensschäden durch Produktionsausfall infolge Tierseuchen hingewiesen worden (Anm. 30 zu § 53). Es mag hier durchaus vorkommen, daß der Vmer bereichert wird, ohne daß der Ver dies beweisen kann.

Das BAA zeigt eine Tendenz zur Genehmigung großzügiger Berechnungsbestimmungen auch über die Gewinnv hinaus, gleichsam in analoger Anwendung des § 89 II. Hingewiesen sie auf die Tierv zu Durchschnittswerten oder mit festen Entschädigungsbeträgen (Anm. 56 zu § 52 m. w. N., dazu noch VA 1960 S. 201—202, 1961 S. 219, 1965 S. 155—156).

Während bei der Gewinnv Feldmann VA 1956 S. 149 — ohne Bezugnahme auf § 89 II — von einer „pauschalen" Schadensfeststellung spricht, unter Zurückstellung der Bedenken aus § 55, betont genereller Bischoff VersR 1958 S. 2, „daß der Grundsatz des konkreten Schadensersatzes kein starrer, unbeugsamer sein kann, sondern nach den Bedürfnissen des Lebens an seinen Grenzen eine gewisse Beweglichkeit haben muß". Prölss[17] Anm. 4 zu § 55, S. 266 will in den pauschalierenden Vereinbarungen — möglicherweise anfechtbare — Taxen (§ 57[1,2]) erblicken (Anm. 11).

[13] d) Verbindliche Sachverständigenfeststellung.

Nach § 64 I 1 ist eine getroffene Sachverständigenfeststellung auch zur Höhe des Schadens in dubio verbindlich, es sei denn, daß im Falle einer übersetzten Feststellung der Schadenshöhe der Ver nachweist, die Feststellung weiche „offenbar von der wirklichen Sachlage erheblich" ab. Bei unerheblichen oder nicht offenbaren Abweichungen nimmt man eine Bereicherung des Vmers lieber in Kauf, als daß man das Sachverständigengutachten erschüttert.

[14] III. Begriff des Schadens.

1. im allgemeinen Zivilrecht.

Wenn § 55 auf den „Betrag des Schadens" abhebt, um die Vsleistung zu maximieren, so ist dabei an den vten Schaden zu denken, an den vsrechtlichen Schadensbegriff (Anm. 15), der vom allgemein-zivilrechtlichen Schadensbegriff zu unterscheiden ist.

Schrifttum zum zivilrechtlichen Schadensbegriff: Larenz VersR 1963 S. 1—8, Mertens, Der Begriff des Vermögensschadens im Bürgerlichen Recht, Stuttgart-Berlin-Köln-Mainz 1967, Möller, Summen- und Einzelschaden, Hamburg 1937 m. w. N., Neuner ArchZivProx Bd 133 S. 277—314, Neuwald, Der zivilrechtliche Schadensbegriff und seine Weiterentwicklung in der Rechtsprechung, Münchener Diss. 1968, Reinecke, Schaden und Interesseneinbuße, Beiträge zu einer Schadens- und Schadensersatzordnung, Berlin 1968, Selb, Schadensbegriff und Regreßmethoden, Heidelberg 1963, Steindorff ArchZivPrax Bd 158 S. 431—469, Wilburg, Die Elemente des Schadensrechts, Marburg 1941, Zeuner ArchZivPrax Bd 163 S. 380—400.

Läßt man den Nichtvermögensschaden beiseite und denkt man nur an Geldersatz eingetretenen Vermögensschadens, so geht § 249 BGB aus vom Summenschaden, ermittelt durch einen Vermögensvergleich (Vermögen ohne und mit Schädigung), so daß man spricht von einer Differenzhypothese, der Differenz(schaden)theorie, der Interessetheorie (hergeleitet de eo quod inter-est zwischen den beiden Vermögenslagen), der Saldotheorie (Neuwald a. a. O. S. 6 Anm. 5), die undifferenziert den gesamten „Schadensklumpen" erfaßt.

Dieser summarische Schadensbegriff (dazu schon Anm. 4 vor §§ 49—80) ist notwendigerweise subjektiv, weil es auf das Vermögen gerade des Geschädigten ankommt; er trägt keine normativen Züge, sondern ist ein „natürlicher" Begriff (Mertens a. a. O. S. 21—22), weil er allein darauf abhebt, ob der Schaden (adaequat) kausal auf das schädigende Ereignis, insbesondere auf das schädigende Verhalten zurückzuführen ist. Er ist ein wirtschaftlich determinierter Rechtsbegriff, weil es für die Bemessung der Vermögensdifferenz, also der Schadenshöhe auf die wirtschaftliche Bewertung der Position des Geschädigten ohne und mit Schädigung ankommt, wobei auch Gewinnerwartungen zu berücksichtigen sind, die nur wirtschaftliche Bedeutung haben (§ 252 BGB).

Neuerdings zeigen sich Tendenzen, den Summenschaden in Einzelschäden aufzugliedern, wobei aber die Summe der Einzelschäden dem Summenschaden gleichkommt (Möller Summen- und Einzelschaden a. a. O. S. 9—10). In Naturalersatzfällen muß dieser Weg notwendigerweise beschritten werden, da hier an die Stelle des Rechnens und Zahlens die effektiv-konkrete Schadensbeseitigung tritt. Unter den Einzelschäden treten die Sachschäden besonders hervor, deren Höhe auch objektiv bewertbar ist, so daß es möglich erscheint, primär den objektivierten Sachschaden als Mindestschaden zu ersetzen, daneben etwa eingetretene andere Schäden nach Maßgabe der Interessetheorie (aber unter Außerachtlassung des Sachschadens). Vgl. dazu Neuner ArchZivPrax Bd 133 S. 290—314 und speziell aus dem Frachtrecht § 430 HGB mit der Unterscheidung des Ersatzes entweder nur des gemeinen Handelswertes des Gutes oder ausnahmsweise des vollen Schadens.

Bei der Durchführung des Vermögensvergleichs wird neuerdings eine summative Wertung der einzelnen Aktiva und Passiva zum Teil abgelehnt, vielmehr wird das Vermögen als „gegenständliche ‚potentia' des Subjekts gedeutet", als „subjektives Potential" (Mertens a. a. O. S. 139, 143). Im Falle eines Sachschadens sei der Gesamtschaden „in die Minderung des Substanzinteresses oder . . . individuellen Sachwerts und den vermögensbezogenen Ausfallwert aufzugliedern" (Mertens a. a. O. S. 144), im Ausfallwert sei der Gewinn zu berücksichtigen, der mit Hilfe des zerstörten oder beschädigten Sachguts hätte erzielt werden können (Mertens a. a. O. S. 145). Man kann auf die Lehre vom Potential und vom Ausfallwert verzichten, wenn man erkennt, daß neben vielen Sachen Anwartschaften stehen, die zugleich mit einem Sachschaden beeinträchtigt werden. Bei Berücksichtigung dieser Anwartschaften erweist sich eine klare summative Wertung als möglich.

Weitere moderne Anschauungen entkleiden den Schadensbegriff seiner „natürlichen" Vorgegebenheit, indem sie normative Elemente in diesen Begriff hineinlegen. Mit Hilfe eines solchen normativen Schadensbegriffs spricht man dem Anspruchsberechtigten entweder einen geringeren Schadensersatz zu, als er dem adaequat verursachten Schaden entspricht (z. B. unter dem Gesichtspunkt des Schutzzweckes der haftungsbegründenden Norm), oder man konstruiert einen umfassenderen Schadensersatzanspruch, etwa unter dem Gesichtspunkt einer „repressiven Buße" (Steindorff ArchZivPrax Bd 158 S. 455) oder der Heranziehung des Verletzers zu einer Ausgleichsleistung in einem totalen Versorgungsstaat (Selb a. a. O. S. 49—50, 52). Trefflich die Übersicht bei Neuwald a. a. O. S. 1—33, dagegen weithin unverständlich Reinecke a. a. O. S. 1—228.

Die höchstrichterliche Rechtsprechung geht — im Anschluß an § 249 BGB — grundsätzlich von der „klassischen" Differenzhypothese, also vom Summenschadensbegriff aus (vgl. nur BGH 29. IV. 1958 BGHZ Bd 27 S. 183—184). Die Differenzhypothese habe „vorzugsweise die Funktion, durch den auf einen bestimmten Zeitpunkt bezogenen Vergleich des wirklichen Vermögensstandes mit dem das Schadensereignis ausklammernden hypothetischen Vermögensstand allgemeine Vermögensschäden zu erfassen und ihre geldmäßige Höhe mittels der Differenzrechnung zu bestimmen (BGH 15. IV. 1966 BGHZ Bd 45 S. 218).

Dagegen seien bei der konkreten Beeinträchtigung einzelner Vermögensgüter der „rechnerischen Differenzbetrachtung Grenzen gesetzt. Läßt sich das Maß der Beeinträchtigung eines Vermögensgutes nach objektiven Maßstäben geldlich bewerten, so ist die Berechtigung einer Ersatzforderung nicht stets davon abhängig, daß eine das Gesamtvermögen erfassenden Differenzrechnung eine ziffernmäßige Minderung dieses Vermögens im Zeitpunkt der letzten mündlichen Verhandlung ergibt" (BGH 15. IV. 1966 BGHZ Bd 45 S. 218). Es handelte sich um einen Fall des vorübergehenden Verlustes der Gebrauchsfähigkeit eines Kraftfahrzeugs, in dem sich der Geschädigte einen Ersatzwagen nicht beschafft hatte. Sieht man in diesem Falle jedoch den Schaden in der Beeinträchtigung einer „erkauften" Nutzungsmöglichkeit, also Anwartschaft (Anm. 71 zu § 49, Anm. 9 zu § 53), so könnte man den Wert dieser Anwartschaft auch in eine allgemeine rechnerische Differenzbetrachtung einsetzen, und es ist nicht richtig, daß man zu verschiedenen Ergebnissen hinsichtlich der Schadenshöhe gelangt, je nachdem ob man ausgeht vom Summenschaden, also von der Differenzhypothese, oder von einem gegliederten Schadensbegriff, also von Einzelschäden. Die Summe der Einzelschäden muß stets den Summenschaden ergeben. Die zergliedernde Betrachtungsweise macht es nur leichter erkennbar, welche Einzelschäden im Summenschaden enthalten sind.

Von einem normativen Schadensbegriff, der in der neueren Rechtsprechung entwickelt sei, und der sich von der reinen Differenzhypothese abkehre, spricht BGH 9. VII. 1968 BGHZ Bd 50 S. 304—306 (Großer Senat), wo der Ehefrau ein eigener Schadensersatzanspruch zugebilligt wird, wenn ein Schädiger bewirkte, daß sie den Haushalt nicht mehr führen kann, also ihre Arbeitsleistung ausfällt. Der Schadensersatzanspruch der Ehefrau habe „insbesondere eine Parallele in der eigenen Ersatzforderung wegen Arbeitsausfallschadens, die die Rechtsprechung dem verletzten Gesellschafter einer Personalgesellschaft auch bei Fortzahlung einer gesellschaftsvertraglich vorgesehenen Tätigkeitsvergütung zuerkennt." Es fragt sich, ob die Heranziehung des normativen Schadensbegriffes nicht überflüssig wird, wenn man erkennt, daß die Ehefrau eine in Geld bewertbare Erwartung hegen konnte und demzufolge die Anwartschaft besaß, ihre Arbeitskraft dem Haushalt zur Verfügung zu stellen. Diese Anwartschaft ist durch den Schädiger, z. B. durch eine Verkehrsverletzung beeinträchtigt worden.

Unter Berufung auf den normativen Schadensbegriff ist auch einem solchen Arbeitnehmer ein Schadensersatzanspruch gegen den eine Krankheit oder einen Unfall verursachenden Verletzer zugebilligt worden, dem trotz Krankheit oder Unfall Gehalt oder Lohn fortgezahlt wird. Dieser Schadensersatzanspruch kann dann im Wege der Vorteilsausgleichung auf den Arbeitgeber übergehen. Vgl. BGH 19. VI. 1952 BGHZ Bd 7 S. 48—51, 22. VI. 1956 BGHZ Bd 21 S. 112—122, 27. IV. 1965 BGHZ Bd 43 S. 378—384. Auch diese im Ergebnis sicherlich billigenswerte Rechtsprechung läßt sich aber mit der klassischen Differenzhypothese in Einklang bringen, wenn man die Erwartung des Arbeitnehmers, seine Arbeitskraft wie bisher auswerten zu können, als Vermögensgut (Anwartschaft) ansieht. Diese Anwartschaft hat einen Wert in Höhe des Lohnes oder Gehaltes. Wird dem Arbeitnehmer die Arbeit unmöglich, so entsteht trotz Lohn- oder Gehaltsfortzahlung dem Arbeitnehmer ein entsprechender Schaden. Der Arbeitgeber kann nach § 281 I BGB die Abtretung des Ersatzanspruches (des Arbeitnehmers gegen den Verletzer) verlangen.

Zum Verhältnis der Schadensbegriffe im Vsrecht und im sonstigen Zivilrecht Möller in: Ausblick und Rückblick, Erich R. Prölss zum 60. Geburtstag, München 1967, S. 241—249.

[15] **2. im Versicherungsvertragsrecht.**

Auch der Schadensver leistet Schadensersatz, wenn die vte Gefahr sich verwirklicht hat, also die Gefahrtragung in ein akutes Stadium tritt (Anm. 40—45 zu § 1). Der Schadensersatz, beruhend auf Rechtsgeschäft, ist beim Vsvertrag (primäre) Vertragserfüllung, während im allgemeinen Zivilrecht bei Rechtsgeschäften sekundäre Schadensersatzpflichten (nach Vertragsverletzungen) die größere Bedeutung besitzen.

Schadensersatz setzt Schaden voraus. Der vsrechtliche Schadensbegriff ist mit dem allgemein-zivilrechtlichen nicht identisch. Während im sonstigen Zivilrecht von der Differenzhypothese und dem Summenschaden auszugehen ist, erfordert die Vstechnik eine Zergliederung des Summenschadens in Einzelschäden, und ein Ver kann nur Einzelschadensersatz zusagen: Die Lehre vom vten Interesse (und den Passivbeziehungen, gegen deren Entstehung man sich vert) ermöglicht die Erfassung der verbaren Schäden schon vor ihrem Eintritt, und die infolge der Gefahrverwirklichung (also infolge des Vsfalles) eingetretenen Schäden werden nur insoweit ersetzt, als sie die Negation der vten Interessen sind (oder korrespondieren mit den vten Passivbeziehungen). Der vte und ersatzpflichtige Einzelschaden ist in Negation des vten Interesses infolge Verwirklichung der vten Gefahr (Vsfall).

Jeder ersatzpflichtige Einzelschaden ist subjektiv gebunden (Anm. 16), ist durch das beziehungsverknüpfte Objekt gekennzeichnet (Anm. 17) und stellt ein Negativum dar (Anm. 18), mit bestimmbarem Umfang (Schadenshöhe) (Anm. 19).

[16] a) Subjektivität der Einzelschäden.

Der Einzelschadensbegriff ist — wie der Summenschadensbegriff — subjektiv (Dobbert a. a. O. S. 15—18). Die Vsleistung steht nur demjenigen zu, der den Schaden erlitten hat, und zwar nur dann, wenn er im Vsvertrag Vmer oder Vter ist oder Erwerber der vten Sache (Kisch III S. 191—194). Im Zweifel ist nur ein Interesse des Vmers vert (§ 80 I). Vert X ein Haus, das Y gehört, ohne nähere Angaben und brennt das Haus nieder, so erhält X — obgleich Vmer — nichts, weil er nicht geschädigt ist, und Y nichts, weil er — obgleich geschädigt — nicht Vter ist. Das (subjektive) Risiko läßt sich nur beurteilen, wenn der Ver weiß, wer der Interesseträger ist. Man kann im Wege des Vertrags zugunsten Dritter auch fremde Interessen vern (V für fremde Rechnung, mit und ausnahmsweise ohne Benennung der Person des Vten: § 74 I), dann muß der Vte Interesseträger und Geschädigter sein und materiell steht ihm die Entschädigung zu (§ 75 I 1). Stellt sich bei solcher V für fremde Rechnung heraus, daß der Vmer Interesseträger ist, so erhält der Vmer keine Vsleistung, weil er nicht vert ist, der Vte erhält nichts, weil er keinen Schaden erleidet. Nur bei der V für Rechnung wen es angeht bleibt unbestimmt, wessen Interesse vert ist, und der im Zeitpunkt des Vsfalls geschädigte Träger des vten Interesses ist anspruchsberechtigt. Bei Veräußerung der vten Sache tritt der neue Interesseträger, der Erwerber an die Stelle des bisherigen. Er tritt an Stelle des Veräußerers in die während der Dauer seines Eigentums aus dem Vsverhältnisse sich ergebenden Rechte des Veräußerers (meistens des Vmers, evtl. des Vten) ein (§ 69 I).

Nicht selten werden durch einen Vsvertrag mehrere Personen vert, z. B. der Autohalter (meistens als Vmer), der Fahrer, der Beifahrer (als Vte), vgl. § 10 I, II AKB für die Autohaftpflichtv.

Wegen der Subjektivität des vsrechtlichen Schadensbegriffs muß das Gericht im Rechtsstreit primär prüfen, ob der Kläger Vmer, Vter oder Erwerber der vten Sache ist. Sodann muß geprüft werden, ob der Kläger den geltendgemachten Schaden erlitten hat.

Fremde Schäden kann der Kläger nur im eigenen Namen geltend machen auf Grund einer Ermächtigung oder Prozeßstandschaft (z. B. im Rahmen des § 76 als Vmer bei einer V für fremde Rechnung), auf Grund einer Zession, eines Pfandrechts, eines Pfändungspfandrechts, einer Order- oder echten Inhaberpolize. Bei der Pflichtv für Kraftfahrzeughalter hat der Drittgeschädigte (neben dem Haftpflichtigen) die action directe, die direkte Klage gegen den Haftpflichtver (§ 3 Nr. 1 PflVersG).

[17] b) Objektbezogenheit des Einzelschadens.

Vte Schäden sind nicht nur (subjektiv) durch die vte Person qualifiziert (Anm. 16), sondern auch durch die übrigen Merkmale der vten Beziehung, insbesondere des vten Interesses.

In der Aktivenv ist das vte Interesse die (Wert-)Beziehung einer Person zu einem Gute (Aktivum), das im Vsvertrage gekennzeichnet, individualisiert werden muß (Anm. 122 zu § 49). Wenn der Vmer ein Sachinteresse vert hat, ist sein Gewinninteresse nicht vert, und umgekehrt. Dementsprechend braucht der Sachver nur Sachschaden, der Gewinnver nur entgangenen Gewinn zu ersetzen, und die eine V umfaßt nicht die andere (§ 53). Ist eine Sache vert, so nimmt die höchstrichterliche Rechtsprechung an, daß das Eigentumsinteresse des formal-sachenrechtlichen Eigentümers vert sei (Anm. 60, 61 zu § 49). Stellt sich heraus, daß der Kläger (Vmer, Vte) nicht Träger des Eigentums ist, so wird seine Klage abgewiesen, mag er auch wirtschaftlich einen Schaden erlitten haben, z. B. als Vorbehaltskäufer. Wird allerdings das wirtschaftliche Eigentümerinteresse im Vsvertrage als solches gekennzeichnet, so ist auch dieses verbar (Anm. 55, 91 zu § 49) und der Vorbehaltskäufer ist entschädigungsberechtigt.

In der Passivenv schützt der Ver den Vmer oder Vten nur gegen die Entstehung von (Unwert-)Beziehungen zu Passiven, welche gleichfalls im Vsvertrage genau umrissen werden müssen. Solche Umschreibung erfolgt z. B. durch § 1 I AHaftpflB mit der Formel, der Vmer müsse „auf Grund gesetzlicher Haftpflichtbestimmungen privatrechtlichen Inhalts von einem Dritten auf Schadensersatz in Anspruch genommen" werden. Entsteht für die vte Person zwar ein Haftpflichtschaden, beruht er aber nicht auf Gesetz, sondern nur auf Vertrag, oder handelt es sich um eine Haftpflichtbestimmung öffentlich-rechtlichen, nicht privatrechtlichen Inhalts, so braucht der Haftpflichtver solchen Einzelschaden nicht zu ersetzen, da er nicht unter die Deckung fällt.

[18] c) Einzelschaden als Negation.

Im Vsrecht wird der Einzelschaden — jedenfalls in der Aktivenv — stets als Negation, als Spiegelbild, als Kehrseite des vor dem Vsfall vorhandenen und jetzt beeinträchtigten Interesses gesehen. Der Vsschaden ist die Negation des vten Interesses. Oder umgekehrt: Das Interesse ist die (positive) Kehrseite des (negativen) Schadens vor seinem Eintritt (Fick Grundbegriffe a. a. O. S. 25—26 m. w. N.). Vgl. auch Lohmar

a. a. O. S. 33—34. Vor dem Abschluß des Vsvertrages soll sich der Vmer prospektiv überlegen, welche Wertbeziehungen für ihn auf dem Spiele stehen. Die positive Feststellung der Interessen ermöglicht dem Ver die Risikobeurteilung und -übernahme. Der Ver kann fest damit rechnen, daß er — negativ — nur solche Schäden zu ersetzen braucht, die mit den vten Beziehungen korrespondieren.

Einen generellen Begriff des vten Schadens hat Beyer a. a. O. S. 58 entwickelt: „Schaden ist die qualitative oder quantitative Abnahme von vten Wert- oder Zunahme von vten Unwertbeziehungen infolge Verwirklichung der vten Gefahr". Vgl. auch Dobbert a. a. O. S. 35.

[19] d) Umfang des Einzelschadens.

Interesse und Einzelschaden können nicht nur dem Grunde nach festgestellt werden, sondern auch umfangsmäßig, der Höhe nach. Der Vswert ist in der Aktivenv der Wert des vten Interesses (Anm. 7 zu § 52), die Schadenshöhe steht mit dem Ersatzwert, d. h. dem Vswert zur Zeit des Eintritts des Vsfalls, insofern in einer Relation, als dieser Ersatzwert zugleich den Höchstschadenswert, den Schadensgrenzwert angibt (Anm. 9, 43 zu § 52). Auch bei einem Teilschaden ergibt sich eine Verbundenheit von Interessebeeinträchtigung und Schadenshöhe insofern, als der Grad der Beeinträchtigung den Umfang des Schadens bestimmt (vgl. Berndt a. a. O. S. 11, Kisch III S. 189—190). Diese Korrelation zwischen Ersatzwert und Betrag des Schadens klingt an in § 55, wenn dort bestimmt wird, daß eine den Ersatzwert übersteigende Vssumme unerheblich sei; der Ver ist nicht verpflichtet, mehr als den Betrag des Schadens zu ersetzen, wie er — maximal — dem Ersatzwert entspricht.

In der Passivenv ergibt sich die Höhe des Schadens aus dem Umfange des den Vmer belastenden Passivums, also aus dem „Unwert" des Passivums. Regelmäßig läßt sich nicht im vorhinein sagen, in welcher Höhe ein Passivum entstehen kann. Ausnahmen bilden die Fälle der beschränkten Haftung, in denen sich aus der summenmäßigen oder gegenständlichen Beschränkung ableiten läßt, wie hoch der Maximalschaden sein kann (dazu Anm. 15 zu § 52).

[20] IV. Arten des Schadens.

Es gibt verschiedene Erscheinungsformen des Schadens, insbesondere des Einzelschadens. Bei der Einteilung der Schäden kommt es nicht auf die Schadensursachen an, im Vsrecht nicht auf die vte Gefahr, welche sich verwirklicht hat (man spricht auch vom Schadensereignis, dazu Dobbert a. a. O. S. 21—30), sondern es ist der Schaden — als Ergebnis der Gefahrverwirklichung — zu betrachten und zu qualifizieren. Zuweilen allerdings verquickt der Sprachgebrauch Ursache und Folge, z. B. muß man bei dem Wort „Bruch" jeweils prüfen, ob die Bruchgefahr oder der Bruch als Schadenserscheinungsform gemeint ist (Ritter-Abraham Anm. 13 zu § 113, S. 1333). Als Erscheinungsform des Schadens kann der Bruch Zerstörung oder Beschädigung sein (Ritter ZVersWiss 1923 S. 273—275).

Die Unterscheidung der Erscheinungsformen des Schadens hat Bedeutung, weil zuweilen der Ver nicht alle durch die vte Gefahr verursachten Schäden deckt, sei es, indem er primär seine Haftung begrenzt (z. B. durch die Klausel „Nur für Totalverlust": § 123 ADS), sei es, indem er aus der Haftung bestimmte Schäden sekundär ausschließt (z. B. durch die Klausel „Frei von Beschädigung": § 113 ADS, wozu Ritter ZVersWiss 1923 S. 269—275). Überdies kann der Weg der Schadensliquidation und der Schadensberechnung verschieden geregelt sein, je nachdem ob es sich um einen Totalverlust oder um einen Teilschaden handelt (vgl. §§ 71, 74 ADS für die Seekaskov).

Es können unterschieden werden Aktiven- und Passivenschaden (Anm. 21), Total- und Teilschaden (Anm. 22), bei Sachschäden: Substanz- und Entziehungsschaden (Anm. 23). Ferner sei auf die Begriffspaare unmittelbarer und mittelbarer Schaden (Anm. 24) sowie Vsschaden i. e. S. und i. w. S. (Anm. 25) eingegangen. Zu alledem schon Anm. 38—43 vor §§ 49—80.

[21] 1. Aktiven- und Passivenschaden.

Grundlegend muß unterschieden werden, ob die Beziehung des Vmers zu einem Aktivum (Interesse) beeinträchtigt ist oder ob für ihn die Beziehung zu einem Passivum neu entstanden ist (ausnahmsweise kommt das Unwertvollerwerden, also die Vergrößerung eines Passivums in Betracht). Dabei sind die verschiedenen Arten von Aktiven und Passiven sowie die korrespondierenden Schäden zu unterscheiden (Übersicht schon Anm. 11—21 vor §§ 49—80): Auf der Aktivseite kommen z. B. Sachschäden, Forderungsschäden, entgangener Gewinn in Betracht, auf der Passivseite z. B. Haftpflicht- und Aufwandsschäden.

Wenn der Transport- und Seever sogen. mittelbaren Kollisionsschaden ersetzt (§ 129 II 2; § 78 ADS), so konnten Zweifel entstehen, ob es sich um einen Sachschaden, also um einen Aktivenschaden handelt, weil der Reeder mit dem Schiff für diesen mittelbaren Kollisionsschaden einzustehen hat (dingliche Belastung des Schiffes mit einem Schiffsgläubigerrecht), oder ob eine Kollisionshaftpflichtv (Passivenv) mit der Kaskov verbunden ist. Für den Sachvscharakter ist eingetreten Hochgräber NeumannsZ 1930 S. 483, 858, 1931 S. 110, während die h. M. eine „Adhäsionshaftpflichtv" annimmt (Möller JRPV 1930 S. 161—164, Ritter-Abraham Anm. 15 zu § 78, S. 1004 bis 1005). Genereller formuliert taucht die Frage auf, ob bei dinglicher Belastung von Sachinteressen, z. B. mit Pfandrechten, ein Sachschaden oder — im Blick auf die gesicherte Forderung — ein Haftpflicht-, also ein Passivenschaden anzunehmen ist. § 36 ADS läßt den Kasko- und Güterver haften „für den durch gerichtliche Verfügungen und ihre Vollstreckung entstehenden Schaden . . . . . , wenn er dem Vmer zu ersetzen hat, was dieser zur Befriedigung des der Verfügung zugrunde liegenden Anspruchs leisten muß." Dazu auch RG 9. I. 1901 RGZ Bd 47 S. 178—179.

Trifft bei der Gattungsschuld oder beim Werkvertrag den Schuldner die Gefahr, „noch einmal leisten zu müssen" (Leistungsgefahr, Garantiemoment beim Werkvertrag), so kann entweder das Sachinteresse am ursprünglich vorgesehenen Leistungsobjekt vert sein, oder es kann eine V genommen werden gegen das Passivum des Nocheinmalleistenmüssens (Anm. 75, 104, 105 zu § 49).

In der Passivenv ist speziell bei der Haftpflichtv regelmäßig noch zu prüfen, ob der Vmer in Anspruch genommen wird wegen eines Sach-, Personen- oder Vermögensschadens, den der Drittgeschädigte erlitten hat. Oft sind reine Vermögensschäden nicht gedeckt, für Sach- und Personenschäden bestehen durchweg differierende Vssummen. Die drei Begriffe werden im Bereiche des Haftpflichtvsrechtes durchaus eigenständig gebraucht, z. B. umfaßt der Sachschadensbegriff hier nicht nur die Negation eines Sachinteresses, sondern auch Schäden, die sich aus einem Sachschaden i. e. S. herleiten, etwa entgangenen Gewinn. Vgl. Näheres Anm. 41 vor §§ 49—80 m. w. N.; sowie Bruck-Möller-Johannsen Anm. G 71—82.

Bei der Krankheitskostenv als V gegen notwendige Aufwendungen werden im Tarif mit Tarifbedingungen die zahlreichen Einzelschäden bezeichnet, für die in bestimmter Höhe Vsleistungen erbracht werden (§ 4 I MB/KK). Die Aufwandsschäden sind sehr verschiedenartig und bei den einzelnen Krankenvern sehr unterschiedlich gegliedert, was die Markttransparenz beeinträchtigt (Überblick bei Balzer-Aumüller, Tarife und Bedingungen der privaten Krankenv 1968, Karlsruhe 1968). Es gibt z. B. innerhalb der ambulanten Behandlung, Krankenhausbehandlung und Zahnbehandlung (nebst Zahnersatz) noch mannigfache Aufgliederungen, zuweilen in Anlehnung an ärztliche Gebührenordnungen, zuweilen an eigene Leistungsverzeichnisse oder Grundtafeln. § 4 II MB/KK stellt im Zweifel Heilpraktiker den Ärzten gleich; § 4 III, IV MB/KK versucht die Begriffe Krankenanstalten und Krankenhaus zu klären; abgrenzungsbedürftig sind auch die Begriffe der Arznei-, Heil- und Hilfsmittel. Niemals ersetzt der Krankheitskostenver sämtliche durch eine Krankheit verursachten Aufwandschäden, sondern es gilt auch hier das Einzelschadensprinzip, damit das Risiko übersehbar bleibt.

[22] 2. Total- und Teilschaden.

Die Unterscheidung von Total- und Teilschäden, von welcher schon in Anm. 40 vor §§ 49—80 ausführlich die Rede war, kommt nur für die Aktivenv in Betracht. Passiven können regelmäßig in unbeschränkter Höhe entstehen, so daß auch ein sehr hoher Haftpflichtschaden in übertragenem Sinn nur ein Teilschaden bleibt, da er theoretisch noch höher hätte sein können. Allenfalls in Fällen beschränkter Haftung darf man von einem Totalschaden sprechen, wenn die summenmäßige Haftungsbegrenzung voll ausgeschöpft wird oder bei gegenständlicher Haftungsbegrenzung das Haftungsobjekt voll in Anspruch genommen wird. Immer ist die Untersuchung, ob ein Totalschaden vorliege, unabhängig von den Leistungsbegrenzungen des Vers vorzunehmen; nur wirtschaftlich ist es richtig, wenn Ver schon immer dann von einem Totalschaden sprechen, falls sie die volle Vssumme leisten müssen, z. B. in der Haftpflichtv.

Beschränkt man den Begriff des Totalschadens (Vollschadens) auf die Aktivenv, so liegt er vor, wenn entweder das interesseverknüpfte Gut als solches zerstört oder die Beziehung des Vmers zu diesem Gut durchschnitten ist. Das Gut ist zerstört, wenn es als solches nicht mehr vorhanden ist. Das Haus ist zu einer Ruine geworden, das Schiff zu einem Wrack, das Kraftfahrzeug zu Schrott; der transportvte Kunstgegenstand ist so stark „beschädigt", daß er „vollkommen wertlos geworden" ist (Ziff. 6 II Besondere Bedingungen für die V von Kunstgegenständen). Zur Definition des Totalschadens Berndt a. a. O. S. 68—69, Bruck S. 432, Hagen I S. 578—579. Dabei kann stets der Wert der Reste immerhin so hoch sein, daß im wirtschaftlichen Endergebnis der Ver nicht die volle Vssumme zu leisten braucht. Die Grenzziehung zwischen Total- und Teilschäden kann erleichtert werden durch die Herausarbeitung von Begriffen wie Reparaturunfähigkeit oder -unwürdigkeit (Anm. 30). Wird die Beziehung des Vmers zu dem vten Gut durchschnitten (Entziehungsschaden), so ist durchweg ein Totalschaden gegeben.

Oft sind gleichzeitig mehrere Güter vert, man denke auch an die V zusammengesetzter Sachen oder an die V von Inbegriffen. Muß hier der Begriff des Totalschadens angewendet werden, so kommt es auf den jeweiligen Zusammenhang an, der darüber entscheidet, ob ein Totalschaden auch dann schon angenommen werden kann, wenn nur ein Teil der Objekte zerstört oder entzogen ist. Ist z. B. eine ganze Flotte des Reeders vert, so wird man doch nicht zögern, einen Totalverlust schon dann anzunehmen, wenn nur eines der Schiffe gesunken ist. Dagegen würde man z. B. bei einer Hausratv von einem Totalschaden mit Interessewegfall (§ 68 IV) regelmäßig nur sprechen, wenn sämtliche zu dem Inbegriff gehörigen Sachen zerstört oder entwendet sind.

Bei transportierten Gütern unterscheiden die §§ 91—94 ADS Totalverlust, Teilverlust, Beschädigung, Teilbeschädigung. Der Teilverlust ist gleichsam ein partieller Totalverlust, und gemäß § 92 ADS finden die für den Totalverlust geltenden Bestimmungen entsprechende Anwendung. Falls eine Eigentumsbelastung dem Berechtigten ein Recht zu unmittelbarem Besitz verschafft, wird es evident, daß man von einem Sachschaden sprechen kann, der bei Besitzergreifung durch den Berechtigten ein Totalschaden ist. Stellt man allerdings die der Belastung zugrunde liegende Forderung in den Vordergrund, so erwächst dem Belasteten ein Passivenschaden (Anm. 21).

Über den Totalschaden in der Frachtv: Möller ITVMitt 1936 S. 129—131, bei einer anderen Forderungsv: RG 9. I. 1901 RGZ Bd 47 S. 178—179, in der Gewinnv: Anm. 30 zu § 53. Über den „Totalverlust" i. S. des § 120 ADS (V für behaltene Ankunft): RG 12. I. 1927 RGZ Bd 115 S. 397—401, Vorinstanz: OLG Hamburg 24. II. 1926 JRPV 1926 S. 108 = HansRZ 1926 Sp. 375—376; vgl. ferner OLG Hamburg 19. V. 1926 JRPV 1926 S. 203—204 = HansRZ 1926 Sp. 535—538.

Folgt ein Totalschaden auf einen Teilschaden, so trifft der erstere nur noch ein schon entwertetes Aktivum. Möglicherweise sind beide Schäden vert. War der Teilschaden unvert, so braucht nur der nachfolgende Totalschaden (in seiner eingeschränkten Höhe) ersetzt zu werden (Hagen I S. 580, der sich gegen den Satz wendet, der Totalschaden verschlinge den Teilschaden; vgl. hierzu aber auch RG 2. XII. 1916 RGZ Bd 89 S. 144 bis 147).

[23] 3. Substanz- und Entziehungsschaden.

Speziell bei Sachschäden muß man beachten, daß eine Schädigung des Eigentümers nicht nur dadurch erfolgen kann, daß die Sache als Substanz in Mitleidenschaft gezogen, insbesondere zerstört oder beschädigt wird (Substanzschaden), sondern auch dadurch, daß — bei Unversehrtheit der Substanz — die Wertbeziehung des Eigentümers zur Sache beeinträchtigt wird (Entziehungsschäden).

Unter den Substanzschäden sind Zerstörung und Beschädigung zu scheiden. Von der Zerstörung als Totalschaden war in Anm. 22 die Rede. Die Beschädigung ist „stoffliche Verschlechterung der Sache" (Ritter ZVersWiss 1923 S. 269—275 zur Klausel: „Frei von Beschädigung"). Hier bleibt die Sache „in ihrer normalen wirtschaftlichen Beschaffenheit wesentlich erhalten", „dergestalt, daß sie durch eine Geldaufwendung, die in einem wirtschaftlich angemessenen Verhältnis zu dem Gesamtwert der Sache steht, ihrem normalen Zwecke zurückgegeben werden kann: sogen. Reparaturfähigkeit und Reparaturwürdigkeit" (Ehrenberg S. 451).

Bei Entziehungsschäden kann zwar formal-sachenrechtlich das Eigentum bei dem Geschädigten verbleiben (etwa bei Diebstahl, vgl. § 935 I BGB), es gibt aber auch Entziehungsschäden, bei denen auch das Eigentum verlorengeht (z. B. bei prisenrechtlicher Einziehung und gewissen Beschlagnahmen). Vsrechtlich entscheidet die wirtschaftliche Betrachtungsweise, und es ergeben sich Probleme der Vorteilsausgleichung, falls entwendete Sachen wieder herbeigeschafft werden können oder beschlagnahmte Güter wieder freigegeben werden (dazu Anm. 54 vor §§ 49—80). Bei einer V eines Warenlagers gegen „Veruntreuungen aller Art" hat das RG 9. XI. 1934 RGZ Bd 145 S. 384—390 betont, daß es auf den Verlust des Eigentums nicht ankomme, es genüge, wenn die Klägerin „über die Ware nicht mehr so verfügen kann, wie sie darüber verfügen könnte, wenn sie Eigentümerin wäre" (S. 388); es handelte sich um Lagerscheinmanipulationen und es spielte auch die Aussicht auf einen Anteil am Erlös der Ware eine Rolle (S. 389—390).

Sprechen Rechtsquellen oder AVB von Schäden schlechthin, so kommen im Zweifel auch Entziehungsschäden in Betracht. Für die Feuerv stellt § 1 III AFB zwar die „Zerstörung oder Beschädigung der vten Sachen" in den Vordergrund, aber nach § 1 IV AFB ersetzt der Ver auch „den Wert der vten Sachen, die bei einem .... Schadensereignisse abhanden gekommen sind", also auch gewisse Entziehungsschäden. Entsprechend weit ist der Sachschadensbegriff in § 2 I FBUB gestaltet. In der Einbruchdiebstahlv steht selbstverständlich der Fall der Entwendung, also eines Entziehungsschadens im Vordergrund, aber nach § 1 III AEB ersetzt der Ver auch den Wert der „beim Einbruch zerstörten sowie die Wertverminderung der dabei beschädigten Sachen", also Substanzschäden. Das Wort Verlust kann sowohl auf substantielle Zerstörungen als auch auf Entziehungen bezogen werden. Deshalb stellt § 1 II a) ADB 1963 für die Transportv nur „Verlust oder Beschädigung der vten Güter als Folge einer vten Gefahr" nebeneinander. Viele andere AVB allerdings nennen ausdrücklich „die Beschädigung, die Zerstörung und den Verlust" (§ 12 I AKB für die Autokaskov, vgl. auch § 1 I AVB für die Fahrradv: VA 1958 S. 104—106; § 1 II Allgemeine Bedingungen für die Filmtheater-Einheitsv: VA 1956 S. 100—107, wo Beschädigung, Vernichtung und/oder Verlust" nebeneinandergestellt werden.

Die bloße Substanz tritt in den Hintergrund, wenn nach Sachschäden auf die Brauchbarkeit und Verwertbarkeit der Sache abgehoben wird. Bei der Mietverlustv kommt es auf die Benutzbarkeit und Wiederbenutzbarkeit der Wohnung an (Anhang zu § 1 AFB, § 1 III b), c) AWB). In der Tierlebensv umfaßt der Vsschutz nicht nur Tod oder Nottötung vter Tiere, sondern nach § 1 III ATierB „auch Schäden, die dadurch entstehen, daß Pferde, Maulesel, Maultiere und Esel infolge einer Krankheit oder eines Unfalles zu dem im Vsantrag angegebenen Verwendungszweck dauernd unbrauchbar oder angekörte Vatertiere dauernd zuchtuntauglich werden...... Dauernde Unbrauchbarkeit bzw. Zuchtuntauglichkeit wird auch dann angenommen, wenn ein Tier, obwohl es zwei Monate ununterbrochen tierärztlich behandelt wurde, zu dem im Antrag angegebenen Verwendungszweck unbrauchbar bleibt und die Aufwendungen für tierärztliche Behandlung und für Fütterung mehr als $^1/_5$ des Vswertes des Tieres betragen". Nach § 22 AVB für die Film-Negativ- und Positiv-V haften die Ver für den Schaden, den der Vmer dadurch erleidet, daß der „im Vsschein bezeichnete Film nicht oder nicht vollständig ausgewertet werden kann." Ist eine Sache schon vor Eintritt des Vsfalles unbrauchbar, so scheidet sie möglicherweise aus dem Vsschutz aus: So bestimmt § 5 II AVB für die Fahrradverkehrsv: „Wird das Fahrrad aus einem Grunde, der den Ver nicht ersatzpflichtig macht, technisch unbrauchbar, so erlischt der ganze Vertrag. Die Unbrauchbarkeit ist dem Ver schriftlich anzuzeigen." Generell hat auf den Schaden als „Differenz an Zweckdienlichkeit" Neuwald a. a. O. S. 4—5 hingewiesen; er spricht S. 24—33 auch von „Funktionsschaden".

Das Problem der Brauchbarkeit tritt vollends in den Vordergrund bei Schäden durch radioaktive Verseuchung, welche auf der Grenze zwischen Substanz- und Entziehungsschäden stehen, ohne sich aber diesen Kategorien eindeutig zuordnen zu lassen, da einerseits die Substanz nicht zerstört oder beschädigt ist, andererseits die Beziehung der vten Person zu der Sache nicht völlig zerrissen ist. Während § 25 II AtomG eine Gleichstellung der Kontaminationsschäden mit einer Sachbeschädigung vornimmt, bestimmt eine Klausel 9.11 Zusatzbedingungen zu den FBUB (VA 1961 S. 119) genereller: „Sachschäden im Sinne der FBUB sind auch die Schäden, die als Folge eines der in § 2 (1) FBUB genannten Schadenereignisse durch auf dem Vsgrundstück befindliche radioaktive Isotope entstehen, insbesondere Schäden durch Verseuchung." Die Kernenergie-Klausel für die V von Gütertransporten unterscheidet: „Werden die vten Güter durch die Wirkung von radioaktiven Strahlen in ihrer Brauchbarkeit beeinträchtigt, so gilt dies als eine Beschädigung im Sinne der ADS. . . . . . Sind die vten Güter durch die Wirkung von radioaktiven Strahlen für die Dauer von mehr als sechs Monaten nach Eintritt des Vsfalls für jegliche Verwendung unbrauchbar geworden, so gilt dies als Totalverlust." Bemerkenswert ist, daß die Gütertransportver hier keinen Wert auf eine Vorteilsausgleichung im Wege des Eigentumsüberganges legen: „Die Rechte an den vten Gütern, die von einem Schaden durch Kernenergie oder Radioaktivität betroffen wurden, gehen in keinem Fall auf den Ver über." Es führt also zu einer Bereicherung, falls — vielleicht nach acht Monaten — die Güter dem Vmer wieder zur Verwendung freigegeben werden, nachdem vorher der „Totalverlust" liquidiert worden ist.

Bei Glasscheiben kann jeder kleine Riß und muß jedes Zerbrechen als Zerstörung angesehen werden, mag auch möglicherweise der Wert der Reste erheblich sein, wenn z. B. bei einer großen Schaufensterscheibe nur eine kleine Ecke zerbrochen ist. Nach § 1 I AGlasB haftet der Ver für den Schaden, der an den „fertig eingesetzten Scheiben oder anderen Gegenständen durch Zerbrechen entsteht . . . . . Beschädigungen der Oberfläche, z. B. Schrammen u. ä., sind nicht Gegenstand der V." Es handelt sich also um eine V gegen Substanzschäden in der Erscheinungsform der Zerstörung.

Bei Sparbüchern ist die Substanz des Buches (Sache) verknüpft mit dem darin beurkundeten Guthaben (Forderung). Bei einer Hausratv leistet gemäß § 1 II c) VHB der Ver auch Entschädigung für „Abhebungen Unberechtigter auf Sparbücher, die entwendet wurden oder abhanden gekommen sind, mit Begrenzung der Entschädigung auf 5000 DM." Da die Sparkasse oder Bank mit befreiender Wirkung an den Inhaber des Sparbuches leisten konnte (§ 808 I 1 BGB), ist hier nicht so sehr die Sache wie die Forderung als vert anzusehen.

Auch außerhalb der Sachv lassen sich die Schäden in mannigfaltiger Weise einteilen. Bei einer Forderungsv kann man z. B. unterscheiden, ob die vte Forderung juristisch untergeht oder infolge der Insolvenz des Schuldners wirtschaftlich entwertet wird, wobei, je nach der Konkurs- oder Vergleichsquote, Teil- und Totalschäden unterscheidbar sind. Bei einem an eine Sache angelehnten Gewinninteresse wird im Falle des Sachverlustes der Gewinn voll entgehen, während im Falle der Sachbeschädigung ein entsprechender teilweiser Gewinnentgang in Betracht kommt, Anm. 30 zu § 53. Wegen der Unterscheidung von Sach- und Betriebsgewinn, Brutto- und Nettogewinn kann verwiesen werden auf Anm. 11, 18, 29 zu § 53.

Die Lehre von den Arten des Schadens, insbesondere die Unterscheidung von Substanz- und Entziehungsschäden spielt auch im allgemeinen Zivilrecht eine noch weithin unbeachtete Rolle. Wenn § 446 I 1 BGB für die Gefahrtragung des Käufers auf „die Gefahr des zufälligen Unterganges und einer zufälligen Verschlechterung" abhebt, so ist nicht nur an Zerstörungen und Beschädigungen (Substanzschäden) zu denken, sondern auch an Entziehungsschäden, z. B. beim Versendungskauf (§ 447 I BGB) an eine Beschlagnahme auf dem Transport.

Die §§ 430 I, II, 658, 659 HGB stellen für den Umfang des Schadensersatzes, den der Beförderer zu leisten hat, einerseits auf den gänzlichen oder teilweisen Verlust des Gutes ab, andererseits auf die Beschädigung. Hier umfaßt der Verlust sowohl den Substanz- als auch den Entziehungsverlust. Auch bei der Lehre von der Unmöglichkeit der Leistung gilt es zu klären, ob z. B. eine qualitative Teilunmöglichkeit (Qualitätsverschlechterung, Beschädigung) einer quantitativen Teilunmöglichkeit gleichzustellen sei (zur Streitfrage Staudinger-Werner II 1 c Anm. 28 vor §§ 275—292, S. 283, Anm. 18 zu § 275, S. 340—341 m. w. N.).

[24] 4. Unmittelbarer und mittelbarer Schaden.

Die sehr vieldeutige und deshalb unzweckmäßige Unterscheidung zwischen unmittelbaren und mittelbaren Schäden ist schon in Anm. 42 vor §§ 49—80, Anm. 25 zu § 53 ausführlich behandelt.

Allerdings hat man neuerdings versucht, bei der Lösung schadensrechtlicher Einzelprobleme diese alte Unterscheidung wieder nutzbar zu machen. Besonders Larenz NJW 1950 S. 487—493, VersR 1963 S. 1—8 meint, daß sich die Frage der Berücksichtigung hypothetischer Schadensursachen bei der Schadensermittlung klären lasse mit dem Kriterium der Unmittelbarkeit oder Mittelbarkeit des Schadens: „Es handelt sich hierbei um die Unterscheidung zwischen dem an einem bestimmten Schadensobjekt selbst eingetretenen, in diesem Sinne ‚unmittelbaren Schaden' und dem darüber hinaus nur im Vermögen des Geschädigten als ganzen auftretenden ‚mittelbaren Schaden'." Es soll der Grundsatz gelten, „daß hinsichtlich des unmittelbaren Schadens hypothetische Schadensursachen nicht zu berücksichtigen sind" und „daß hinsichtlich des mittelbaren Schadens eine hypothetische Schadensursache zu beachten ist". Zur hypothetischen Verursachung im Vsrecht vgl. Anm. 155 zu § 49.

Auch der Begriff des Folgeschadens (dazu generell Beyer a. a. O. S. 1—191) ist mehrdeutig; er ist verwandt mit dem des mittelbaren Schadens: Wenn die Klausel Nr. 10a ED-Klauselheft unter der Überschrift „Folgeschäden" vorsieht: „Der Vsschutz erstreckt sich auch auf die Beschädigung, Zerstörung oder das Abhandenkommen einer vten Sache, wenn dieser Schaden als Folge eines unter § 1 (2) a)—d) AEB fallenden Ereignisse eingetreten ist", so ist zu beachten, daß nach § 1 III AEB nur der Wert der „beim Einbruch zerstörten sowie die Wertminderung der dabei beschädigten Sachen" ersetzt wird. Wenn also der Einbrecher Möbel erbricht, so sind die Möbel schon nach § 1 III AEB vert. Wenn der Einbrecher eine Balkontür öffnet und nicht wieder schließt, so daß später Regen eindringt und Möbel verderben, so greift die zitierte Klausel ein (weitere Beispiele bei Prölss Einbruchdiebstahlv[3] S. 80—81). Beide Möbelschäden sind fraglos durch den Einbruchdiebstahl adäquat verursacht.

Wenn § 2 I Abs. 1 AVB für die Maschinen-Garantie-V (Haftung aus Sachmängeln) (VA 1931 S. 172—174) sagt: „Der Ver gewährt Vsschutz gegen Folgeschäden an den vten Sachen, verursacht durch: Konstruktionsfehler, Guß- oder Materialfehler, Berechnungs-, Werkstätten- oder Montagefehler, soweit sie der Vmer auf Grund seines Verkaufs- oder Liefervertrages zu vertreten hat, unter Ausschluß der Kosten, welche zur Beseitigung der Fehler selbst erforderlich sind", so handelt es sich um eine Vertragshaftpflichtv, beschränkt auf gewisse Mangelfolgeschäden, die sich darstellen müssen als Sachschäden an den in Betracht kommenden Maschinen usw. Fliegt beispielsweise ein Schwungrad infolge eines Materialfehlers in die wertvolle Maschine, so beschränkt sich die Ersatzleistung — unter Ausschluß eines jeden weiteren Anspruchs — auf Ersatz der beschädigten Teile der Gesamtmaschine (§ 3 II a. a. O.), aber nicht des Schwungrades selbst oder etwa erwachsener Gebäude- oder Personenschäden.

Über die Benutzung des Ausdrucks Folgeschaden in der Feuer- und Haftpflichtv Anm. 42 vor §§ 49—80, Anm. 138 zu § 49, Bruck-Möller-Johannsen Anm. G 252—254.

[25] V. Versicherungsschaden im engeren und weiteren Sinn.

Über diese Unterscheidung vgl. schon Anm. 43 vor §§ 49—80. Beim Vsschaden i. w. S. handelt es sich um Aufwendungen zur Abwendung und Minderung des Schadens sowie um Kosten zur Ermittlung und Feststellung des Schadens. Näheres Anm. 28—29 zu § 50, Anm. zu § 63, Anm. zu § 66.

[26] VI. Umfang des Schadens.

1. Differenz zweier Wertlagen.

Während im allgemeinen Zivilrecht die Differenzhypothese zur Ermittlung des Summenschadens in § 249[1] BGB vorgesehen und gebräuchlich ist (Anm. 14), muß doch auch im Vsvertragsrecht — unter Beschränkung auf die vte Beziehung und den Einzelschaden — eine Wertdifferenz ermittelt werden; es handelt sich auch hier um den Vergleich zweier Wertlagen, vor und nach dem Vsfall. Zumeist wird in der Schadenslehre des allgemeinen Zivilrechts bei Erörterung der Differenzmethode allzu einseitig an den Aktivenschaden, also an die Verminderung von Rechtsgütern gedacht. Aber auch derjenige, der keinerlei Rechtsgüter hat, kann doch Schaden durch die Entstehung von Passiven erleiden (Anm. 38 vor §§ 49—80), und auch in diesem Falle läßt sich der Schaden durch Vergleich zweier Wertlagen feststellen, auf dem einfachen Wege, daß man von der bisherigen Nullage ausgeht und prüft, wie groß das entstandene Passivum ist (nur ausnahmsweise vergrößert sich in der Passivenv ein schon vor dem Vsfall vorhanden gewesenes Passivum).

Bei der Differenzberechnung ist im Vsvertragsrecht auszugehen von dem status vor Eintritt des Vsfalles und dem status nach dem Vsfall (Asmus ZVersWiss 1962 S. 234—235, Berndt a. a. O. S. 73—74, Kisch WuRdVers 1932 Nr. 1 S. 5—6, 7—8). Bei gedehnten Vsfällen (Anm. 34 vor §§ 49—80) entscheidet die Vermögenslage am Ende des Dehnungszeitraumes, z. B. bei einer Betriebsunterbrechungsv der Zeitpunkt, von dem an ein Unterbrechungsschaden nicht mehr entsteht (vgl. § 5 I 3 FBUB). Über die Maßgeblichkeit der Lage zur Zeit der letzten mündlichen Verhandlung vor dem Tatrichter für eine Veruntreuungsv mit langwieriger Schadensentwicklung: RG 9. XI. 1934 RGZ Bd 145 S. 389—390. Zuweilen wird für die Schadensbemessung auf einen späteren Zeitpunkt als den Vsfall abgehoben, z. B. bei Wiederherstellungsklauseln in der Feuerv auf die Kosten im Zeitpunkt der realen Wiederherstellung, was bei inzwischen gestiegenen Löhnen oder Materialpreisen sehr bedeutsam sein kann (Nachweise Anm. 25, 37 zu § 52).

Zur Frage der hypothetischen Verursachung eines Schadens (Reserveursache) und zur „Todesstoß"-Theorie vgl. schon Anm. 155 zu § 49, Anm. 8 zu § 52, dazu LG Detmold 8. II. 1957 NJW 1958 S. 552 = VersR 1957 S. 243—244 (ein wegen Hausbockbefall geräumtes und der Feuerwehr für einen Schaubrand übergebenes feuervtes Gebäude brennt 16 Stunden vor dem geplanten Schaubrand nieder).

[27] 2. Berechnung bei Passivenschäden.

Die Ermittlung des Betrages der Passiven nach Eintritt eines Vsfalls in der Passivenv bereitet dann keine Schwierigkeiten, wenn die dem Vmer entstandenen Schulden und notwendigen Aufwendungen beziffert sind (Ehrenberg S. 444). So steht z. B. in der Haftpflichtv die Urteilssumme auf Grund des Haftpflichtprozesses oder in der Rückv die Vertragsverpflichtung des Erstvers fest, in der Krankheitskostenv ergeben sich die Aufwendungen aus den Rechnungen der Ärzte, Zahnärzte, Krankenhäuser und aus den Rezepten.

Die vorangehende und allerdings häufig sehr schwierige Fixierung der Passiven auf Grund des allgemeinen bürgerlichen Rechts (bzw. in der Rückv auf Grund des allgemeinen Vsvertragsrechts) stellt zunächst kein spezifisch (passiven-)vsrechtliches Problem dar, mag ihr auch aus praktischen Gründen das besondere Augenmerk des Vers gewidmet sein, eben weil seine Verpflichtung gegenüber dem Vmer an den Umfang der Verpflichtungen desselben anknüpft. Dieses besondere Interesse des Vers findet seinen Niederschlag in der Abwehrfunktion der Haftpflichtv, in der Frage, wieweit den Rückver eine „Folgepflicht" belastet, sowie darin, daß die Krankheitskostenver z. B. an den ärztlichen Gebührenordnungen sehr interessiert sind.

In der Haftpflichtv beeinflußt das starke Interesse des Vers an der Niedrighaltung der Passivenschäden den Leistungsinhalt des Vers; denn der Haftpflichtver schuldet einheitlich Befreiung des Vmers von begründeten und unbegründeten Schadenersatzansprüchen (Bruck-Möller-Johannsen Anm. B 36, G 2), so daß er sich bemühen kann, die Haftpflichtansprüche des Drittgeschädigten ganz abzuwehren oder gering zu halten.

Zur Frage einer besonderen Abwehrpflicht des Haftpflichtvers Bruck-Möller-Johannsen Anm. G 5.

[28] 3. Berechnung bei Aktivenschäden.

In der Aktivenv ist zur Ermittlung des Schadens an den Vswert (Ersatzwert) anzuknüpfen, wobei dieser seine Funktion auf unterschiedliche Weise erfüllt, je nachdem im Einzelfall ein Totalschaden (Anm. 29) oder ein Teilschaden (Anm. 30) eingetreten ist. Sehr klar heißt es in § 3 I 2 AFB: „Maßgebend für die Entschädigung ist der Vswert zur Zeit des Eintritts des Schadensfalles (Ersatzwert) . . .". Der Ersatzwert und damit der Maßstab für die Schadensberechnung kann — im Spielraum eines Bewertungsrahmens — sehr verschieden bestimmt werden (Anm. 23—42 zu § 52). Nur bei Fehlen einer besonderen Bestimmung entscheidet der gemeine Wert, der Verkehrswert (Anm. 9, 30 zu § 52). Durchweg aber bringen die AVB konkretere Bewertungsvorschriften. Das gilt besonders für Sachschäden.

Sind Forderungsinteressen beeinträchtigt, so entspricht der Ersatzwert — und die Schadenshöhe — meistens dem Nennwert (Anm. 19 zu § 52); über die Bewertung bei Interessen an sonstigen Rechten: Anm. 20 zu § 52; über die Bewertung von Gewinninteressen — und entgangenem Gewinn — Anm. 21 zu § 52, Anm. 30, 34 zu § 53.

Sonderprobleme ergeben sich für die Sachv bei der Bewertung von Resten (Anm. 31), zum merkantilen Minderwert (Anm. 32) und zum Problem „neu für alt" (Anm. 33).

[29] a) Speziell Totalschaden.

Wenn das vte Sachinteresse total zerstört wird, sei es durch Zerstörung der Sache, sei es durch Entziehung, so muß der Ver den vollen Ersatzwert als Schadensersatz leisten, vorausgesetzt, daß die Vssumme diesen Ersatzwert nicht unterschreitet. In § 71 I 1 ADS wird für die Seekaskov bestimmt: „Im Falle des Totalschadens kann der Vmer die Vssumme verlangen". Diese Vorschrift findet nach § 91 I 1 ADS auf die Güterv entsprechende Anwendung, und zwar gemäß § 92 ADS entsprechend auch bei Teilverlust von Gütern.

In der Seev entsteht nicht ohne weiteres der Anspruch des Vmers, sondern dieser ist von einem Verlangen des Vmers abhängig, es handelt sich um einen sog. verhaltenen Anspruch; das Verlangen ist eine rechtsgestaltende empfangsbedürftige Willenserklärung, durch welche die Entschädigungsforderung gegen den Ver erst voll existent wird (Ritter-Abraham Anm. 15, 17, 18 zu § 71, S. 881—882). Diese Regelung hat ihren Grund darin, daß das Schiff auch dann als total verloren gilt, „wenn es dem Vmer ohne Aussicht auf Wiedererlangung entzogen, insbesondere unrettbar gesunken, oder wenn es in seiner ursprünglichen Beschaffenheit zerstört ist" (§ 71 II ADS). Hier soll dem Vmer die Möglichkeit offenbleiben abzuwarten, ob doch noch eine vage Hoffnung auf Wiedererlangung sich realisiert, so daß vielleicht nur Teilschaden festzustellen sein wird (Ritter-Abraham Anm. 14 zu § 71, S. 880).

Durchweg aber entsteht der Totalschadensersatzanspruch, ohne daß es eines Verlangens des Vmers bedarf, in Höhe des Ersatzwertes, vgl. z. B. § 5 I a) VHB, § 10 I Allgemeine Bedingungen für die V von Musikinstrumenten („ohne Abzug") (VA 1936 S. 102—106).

Aber der Totalschaden schließt nicht aus, daß **Reste** der vten Sache übrigbleiben, heterogene Reste (Anm. 40, 52 vor §§ 49—80), eine Ruine, ein Wrack, ein Schrotthaufen, ein Kadaver.

In dubio braucht der Vmer diese Reste nicht zu behalten und ihren Wert nicht auf die Entschädigung anrechnen, also von dem Ersatzwert abziehen zu lassen. Die Reste gehen vielmehr im Zweifel im Wege der Vorteilsausgleichung auf den Ver über (Anm. 52, 54 vor §§ 49—80), der sie für eigene Rechnung verwerten kann, um ein Provenu zu erzielen. Bei Gebäuderesten ergibt sich aber eine Schwierigkeit wegen ihrer Verbundenheit mit dem Grundstück, dessen wesentlicher Bestandteil sie sind (§ 94 I 1 BGB). Das Grundstück geht nicht auf den Ver über. So gibt es bei Gebäuden praktisch nur eine „Teilschadensliquidation" mit Anrechnung der Gebäudereste (dazu Anm. 31).

Den Übergang der Reste auf den Ver (und eine Verwertung durch ihn) regeln z. B. § 71 III ADS (Ritter-Abraham Anm. 23 zu § 71, S. 884 bezeichnen es als Regel, wenn der Ver die ganze Vssumme zahlt und Gerettetes übernimmt), § 9 I 2, 3 AGlasB, falls der Ver Naturalersatz für zerbrochene Scheiben leistet.

Aber es gibt manche Ausnahmefälle, in denen die AVB keine Vorteilsausgleichung im Wege der Übertragung der Reste, sondern eine Verminderung der Schadensersatzleistung vorsehen: § 71 I 2 ADS sieht eine Anrechnung des Wertes „der vor Zahlung der Vssumme geretteten Sachen" vor, aber Ritter-Abraham Anm. 23 zu § 71, S. 884 betrachten als gerettet nur: „was als solches nicht total verloren ist", man denke an ein gerettetes Rettungsboot. § 9 I AGlasB kennt eine Anrechnung des Wertes der Bruchstücke auf die Entschädigung, falls der Glasver Geldersatz leistet. § 4 III Allgemeine Bedingungen für die V der Elektro- und Gasgeräte des Hausrats (VA 1959 S. 68—69) kennt gleichfalls trotz Totalschadens (die Wiederherstellungskosten übersteigen den Zeitwert der Sache) die Anrechnung des Wertes der Reste. § 9 II ATierB schreibt vor, daß der Erlös aus der Verwertung des Tieres von der Entschädigungssumme abgezogen wird, aber auf Verlangen der Gesellschaft hat der Vmer das Tier „zur Verwertung in seinem Namen und für seine Rechnung der Gesellschaft herauszugeben". In der Autokaskov gewährt der Ver bei Zerstörung oder Verlust des Fahrzeugs die Höchstentschädigung, bei deren Berechnung aber die Restteile, die dem Vmer verbleiben, zum Zeitwert auf die Ersatzleistung angerechnet werden (§ 13 IV, III AKB).

[30] b) Speziell Teilschaden.

Bei einem Teilschaden, speziell bei einer Beschädigung der Sache, ist die Entschädigungsberechnung schwieriger als bei einem Totalschaden. Hier kann nicht einfach vom Ersatzwert ausgegangen werden, dieser kann vielmehr nur Ausgangswert sein.

Zuweilen wird der Teilschaden in Prozenten eines vorgestellten Totalschadens ermittelt. Dies ist im Bereich der Seegüterv für den Beschädigungsfall in § 93 I ADS vorgesehen:

> „Im Falle einer Beschädigung ist der gemeine Handelswert und in dessen Ermangelung der gemeine Wert zu ermitteln, den die Güter im unbeschädigten Zustand am Ablieferungsorte haben würden (Gesundwert), sowie der Wert, den sie dort im beschädigten Zustande haben. Ein dem Verhältnisse des Wertunterschiedes zum Gesundwert entsprechender Bruchteil des Versicherungswerts gilt als Betrag des Schadens."

Zur Anwendung dieser Vorschrift Ritter-Abraham Anm. 3—13 zu § 93, S. 1101—1107. Für die Binnengütertransportv gilt § 140 III, neu redigiert durch die VO vom 19. XII. 1939 (mit Begr. III: Zu Nr. 40), für die ursprüngliche Fassung vgl. Hagen ZVersWiss 1911 S. 178.

Ein zweiter Weg zur Ermittlung eines Teilschadens wird von § 3 I 2, 3 AFB gewiesen:

> „Maßgebend für die Entschädigung ist der Vswert zur Zeit des Eintritts des Schadenfalles (Ersatzwert), und zwar bei beschädigten Sachen der Unterschied zwischen diesem Wert und dem Wert der Reste, bei dessen Ermittelung die Verwendbarkeit der Reste für die Wiederherstellung zu berücksichtigen ist. Auf die Bewertung von Gebäuderesten bleiben behördliche Wiederaufbaubeschränkungen ohne Einfluß, soweit nichts anderes vereinbart ist."

Hier soll also vom Ersatzwert der Wert der Reste abgezogen werden; die Differenz ergibt die Höhe des Beschädigungsschadens. Die Betrachtungsweise ist einigermaßen statisch, an die Wiederherstellung der Sache wird nur im Blick auf die Reste gedacht, nicht im Blick auf die Beseitigung der Beschädigung. Der BGH 1. IV. 1953 BGHZ Bd 9 S. 205—206 meint dazu:

> „In der Vspraxis hat sich bei Teilschäden das Verfahren eingebürgert, bei Schadensberechnungen kurzerhand den notwendigen Wiederherstellungsaufwand zugrunde zu legen . . . Ein solches Verfahren ist mit § 3 AFB durchaus vereinbar. Diese Bestimmung erklärt allerdings für die Entschädigung den Unterschied

zwischen dem Ersatzwert zur Zeit des Schadensfalles und dem Wert der Reste unter Berücksichtigung ihrer Verwendbarkeit für die Wiederherstellung als maßgebend, geht also von einer derartigen Ermittlung des Wertes der Reste aus. Dieses Verfahren bietet dann keine Schwierigkeiten, wenn die Reste für die Wiederherstellung nicht mehr verwendbar sind ... Sind dagegen die Restteile zur Wiederherstellung noch verwendbar, so muß an sich ... ihr Wert nach dem auch für den Vswert maßgebenden Bewertungsmaßstab ermittelt werden, und zwar nicht der Wert, den sie als Einzelteile, losgelöst von dem Gesundwert der ganzen Maschine haben, sondern der regelmäßig sehr viel höhere Wert, der ihnen dadurch zukommt, daß sie für die Wiederherstellung noch verwendbar sind und damit zusammen mit den neu zu ersetzenden Teilen wieder den Gesundwert der ganzen Maschine ergeben. Dieser theoretisch zwar klar umrissene, praktisch aber nur sehr schwer abschätzbare Wert steht hiernach mit dem Wiederherstellungsaufwand ... in einem engen inneren Zusammenhang, derart, daß er sich notwendig mit diesem Aufwand zu dem Ersatzwert ergänzt. Es ist deshalb durchaus ausreichend und sehr viel wirklichkeitsnäher und praktischer, wenn bei Teilbeschädigungen statt der Ermittlung des Wertes der Restteile der Wiederherstellungsaufwand festgestellt und nach ihm die Entschädigung berechnet wird."

Damit verweist der BGH auf die dritte Berechnungsmethode, welche die Reparatur in den Vordergrund stellt, gleichgültig, ob diese durchgeführt wird oder nicht. So für die Autokaskov § 13 V 1, 2 AKB:

„Im Falle der Beschädigung des Fahrzeugs ersetzt der Ver ... die erforderlichen Kosten der Wiederherstellung und die hierfür notwendigen einfachen Fracht- und sonstigen Transportkosten. Entsprechendes gilt bei Zerstörung, Verlust oder Beschädigung von Teilen des Fahrzeugs."

So auch §§ 74, 75 ADS für Teilschäden in der Seekaskov, wonach zunächst Sachverständige die Höhe des Teilschadens feststellen; bis zu dieser Höhe werden die für die Ausbesserung tatsächlich aufgewendeten Kosten ersetzt. So auch § 7 I b) VGB, wonach bei beschädigten Sachen die Reparaturkosten zur Zeit des Vsfalles, höchstens jedoch ihr Vswert ersetzt werden. Sehen AVB Wiederherstellungsregelungen vor (dazu Anm. 22—27 zu § 49), so liegt es nahe, die Entschädigungshöhe den Wiederherstellungskosten anzupassen. Gemäß LG Kiel 11. XII. 1956 VersR 1957 S. 310—311 sind die effektiven Wiederherstellungskosten bei strengen Wiederaufbauklauseln auch dann maßgebend, wenn der Vmer wegen Lieferungsschwierigkeiten nur geringerwertiges Material (Fichtenholz statt Pitchpine und nordischer Hölzer) verwendet; ein Barausgleich erfolgt nicht.

Wenn die Wiederherstellungskosten den Ersatzwert übersteigen, liegt Reparaturunwürdigkeit vor (vgl. § 77 II 2 ADS), die wie ein Totalschaden zu behandeln ist. Der Begriff der Reparaturunwürdigkeit erleichtert die Abgrenzung der Teil- von den Totalschäden: Es lohnt sich nicht, eine Ausbesserung vorzunehmen, falls die Ausbesserungskosten ein bestimmtes Maß übersteigen, insbesondere den Ersatzwert. In der Autokaskov spricht man auch von einem „wirtschaftlichen Totalschaden" (Brugger VersR 1962 S. 5): Auszugehen ist von der Höchstentschädigungsgrenze, die regelmäßig durch den Zeitwert gebildet wird, bei gewissen Personen- und Kombinationswagen im ersten Jahr nach der Erstzulassung durch den Neuwert, in späteren Jahren durch den Zeitwert zuzüglich 25 v. H. (§ 13 I, II, IV AKB). Überschreiten die Kosten der Wiederherstellung diese Höchstentschädigungsgrenze, so ist letztere maßgebend; die Abrechnung erfolgt auf Totalschadensbasis. Gegen diese Berechnungsweise Wussow VersR 1962 S. 308—309, 405, der einen Totalschaden stets annimmt, wenn die Reparaturkosten den Zeitwert überschreiten. Näheres und weitere Nachweise bei Stiefel-Wussow[7] Anm. 2 zu § 13 AKB, S. 465—468, auch Pfennigstorf VersR 1964 S. 360—363, Anm. 40 vor §§ 49—80. Die Frage, wann Reparaturunwürdigkeit vorliegt, läßt sich nicht generell entscheiden, die AVB können den Begriff bestimmen. Nach der vsrechtlichen Legaldefinition des § 479 I Ziff. 2 HGB gilt ein seeuntüchtig gewordenes Schiff schon dann „als reparaturunwürdig, wenn die Kosten der Reparatur ohne Abzug für den Unterschied zwischen alt und neu mehr betragen würden als drei Vierteile seines früheren Wertes". Gemäß OLG Düsseldorf 23. X. 1930 JRPV 1931 S. 344 ist in dubio beim Vergleich von Ersatzwert und Wiederherstellungskosten ein Abzug „neu für alt" nicht zu machen. KG 1. II. 1930 JRPV 1930 S. 155—156 behandelte einen Fall, wo bei einer Flugzeugkaskov zur Feststellung der Reparaturunwürdigkeit Ausbesserungskosten und Vssumme (nicht Vswert) nach den AVB zu vergleichen waren.

Falls das Gesetz (z. B. § 140 III) oder die AVB nichts über die Berechnung des Teilschadens besagen, muß man bei Vorhandensein einer Wiederherstellungsregelung bei der Berechnung des Teilschadens auf die Wiederherstellungskosten abheben, bei Fehlen solcher Regelung jedoch die zweite der angeführten Berechnungsmethoden zugrunde legen, also vom Ersatzwert den Wert der Reste abziehen.

[31] c) **Bewertung von Resten.**

Die Bewertung der Reste spielt eine Rolle sowohl bei Totalschäden (sofern die Reste beim Vmer verbleiben) (Anm. 29) als auch bei Teilschäden (Anm. 30), wo bei der ersten und zweiten Berechnungsmethode der Wert der Reste stets zu ermitteln ist, während bei der dritten Methode mindestens die Wiederherstellungskosten durch den Wert der Reste beeinflußt werden.

Beim Totalschaden handelt es sich um heterogene Reste, die im Wege der Vorteilsausgleichung zu berücksichtigen sind, beim Teilschaden um homogene Reste, den Restwert der vten Sache. Es können jedoch überdies z. B. bei einer Reparatur Altteile anfallen, die noch einen gewissen Wert haben, z. B. ein ausgebauter und erneuerter Motor, eine leicht verbeulte Stoßstange. Nach § 13 III AKB „verbleiben Rest- und Altteile dem Vmer. Sie werden zum Zeitwert auf die Ersatzleistung angerechnet".

Dem Zeitwert steht der Neuwert gegenüber. Bei einer Neuwertv muß billigerweise im Falle von Teilschäden auch bei der Bewertung der noch verwendbaren Reste vom Neuwert ausgegangen werden (BGH 1. IV. 1953 BGHZ Bd 9 S. 205).

Bei einer Zeitwertv ist der für den Vswert maßgebliche Bewertungsmaßstab nicht ohne weiteres für die Bewertung der Reste maßgeblich. Durchweg bleibt dem Vmer nichts anderes als der bestmögliche Verkauf heterogener Reste und der Altteile übrig, und deshalb muß hier in dubio der gemeine Wert, der Verkehrswert zugrunde gelegt werden (vgl. Anm. 9—10 zu § 52). Wie hier Berndt a. a. O. S. 69, Raiser Anm. 38 zu § 3 AFB, S. 133, Wussow AFB Anm. 8 zu § 3, S. 216, RG 22. I. 1908 JW 1909 S. 132—133 (Materialwert). Am besten ist dieser Wert nachweisbar durch einen tatsächlichen Verkauf (Stiefel-Wussow[7] Anm. 7 zu § 13 AKB, S. 472—473). Sehr sorgsam ist die Verwertung des Tierkadavers in § 9 II ATierB geregelt: Obliegenheit zu bestmöglicher Verwertung und zum Nachweis des Erlöses. Nach § 71 I 3 ADS ist der Wert der geretteten Sachen auf Verlangen des Seekaskovers durch öffentliche Versteigerung festzustellen, und das gleiche gilt für den Wert der beschädigten Güter in der Seegüterv (§ 93 III ADS).

Wenn bei einer Neuwertv nicht zur Wiederherstellung verwendbare Reste anfallen, so „kommt als ihr Wert nur der Verkaufswert in Betracht, und zwar nicht nur dann, wenn die Reste verschrottet werden, sondern . . . auch dann, wenn sie noch anderweitig (außerhalb der Reparatur) verwendbar sind; denn für die Ermittlung des dem Vmer entstandenen Schadens besteht in beiden Fällen kein Unterschied" (BGH 1. IV. 1953 BGHZ Bd 9 S. 205).

Der Wert der Reste wird also entscheidend beeinflußt durch ihre Wiederverwendbarkeit seitens des Vmers. Deshalb schreibt § 3 I AFB (Text: Anm. 30) für die Ermittlung des Wertes der Reste die Berücksichtigung der „Verwendbarkeit der Reste für die Wiederherstellung" vor, wobei nur an die Verwendung durch den Vmer gedacht ist, gleichgültig ob die Wiederherstellung erfolgt und ob sie vertraglich vorgesehen ist oder nicht (Raiser Anm. 38 zu § 3 AFB, S. 133—134). Der Verwendbarkeitswert wird regelmäßig höher sein als der gemeine Wert. Sind die Reste für den Vmer wirtschaftlich nicht verwendbar, so muß der gemeine Wert entscheidend bleiben.

Ein Sonderproblem taucht bei der Bewertung von Gebäuderesten auf, falls behördliche Wiederaufbaubeschränkungen die Verwendung ausschließen oder erschweren. An und für sich hat der Vsfall adäquat eine Entwertung der Gebäudereste verursacht, wenn erst infolge des Vsfalls die Wiederaufbaubeschränkung sich praktisch auswirkt, z. B. nur mit zurückverlegter Baufluchtlinie wiederaufgebaut werden kann

(RG 18. I. 1918 RGZ Bd 92 S. 62, wonach nur der Altmaterialwert der Reste anzurechnen ist; vorher schon 22. I. 1908 JW 1909 S. 132—133, 27. V. 1910 VA 1910 Anh. S. 112—113 Nr. 563, 14. V. 1915 LZ 1915 Sp. 1451—1452). Die Feuerver sind dieser Rechtsprechung mit der Formulierung des § 3 I 3 AFB (Text: Anm. 30) entgegengetreten, eröffnen allerdings den Weg besonderer Vereinbarungen (vgl. die Klausel bei Raiser Anm. 39 zu § 3 AFB, S. 135); Näheres Berndt a. a. O. S. 70—73, Wussow AFB Anm. 9 zu § 3 AFB, S. 217.

Macht die Gewinnung und Verwertung der Reste Aufwendungen nötig, z. B. Abbruchs- und Transportkosten, so schmälern diese den Wert der Reste (Raiser Anm. 38 zu § 3 AFB, S. 134, Stiefel-Wussow[7] zu § 13 AKB, S. 473, auch für Zoll bei Verkauf im Ausland).

[82] d) Merkantiler Minderwert.

Vermögensnachteile kann der Vmer dadurch erleiden, daß nach der Beseitigung des Sachschadens, etwa nach der Reparatur eines Kraftfahrzeuges, ein Minderwert verbleibt. Das Problem des Minderwerts hat besondere Bedeutung im Bereich der Kraftfahrzeugv erlangt, kann aber bei jeder Maschine, z. B. auch bei Schiffen, und bei manchen sonstigen Sachen, z. B. einem ausgebesserten Haus, auftauchen. Solcher Minderwert stellt für den Geschädigten einen Aktivenschaden, für einen haftpflichtigen Vmer einen Passivenschaden dar.

Üblicherweise unterscheidet man den technischen und den merkantilen Minderwert (vgl. zu dieser Unterscheidung etwa BGH 29. IV. 1958 BGHZ Bd 27 S. 182, Dunz NJW 1958 S. 1613—1615, Esser MDR 1958 S. 726—728, Wussow, Merkantiler Minderwert, Frankfurt 1962, S. 12, 19, Das Unfallhaftpflichtrecht, 9. Aufl., Köln-Berlin-Bonn-München 1967, Nr. 1226, Stiefel-Wussow[7] Anm. 16 zu § 13 AKB, S. 481—482).

Vom technischen (realen) Minderwert spricht man dann, wenn trotz der Reparatur (etwa nach Richt- oder Schweißarbeiten) die betroffenen Einzelteile nicht mehr die gleiche Qualität aufweisen, weil sich ein derartiger Effekt durch eine bloße Reparatur nicht erzielen läßt. — Die Pflicht des Schädigers und damit auch des Haftpflichtvers zum Ausgleich dieser Wertminderung ist niemals einem Zweifel begegnet, weil voller Schadensersatz zu leisten ist. Gemäß § 251 I BGB hat der Schädiger ergänzend in Geld zu leisten, soweit „die Herstellung ... zur Entschädigung des Gläubigers nicht genügend ist"; genau dies ist beim Vorliegen eines technischen Minderwertes der Fall. Ob ein solcher allerdings vorliegt, muß angesichts der modernen Reparaturmethoden in jedem Einzelfall besonders geprüft werden, damit der Vmer keine Bereicherung erfährt. — Der technische Minderwert wird durch die Kraftfahrzeugkaskov nicht gedeckt (so jedenfalls Stiefel-Wussow[7] Anm. 16 zu § 13 AKB, S. 481—482 unter Berung auf § 13 VI AKB).

Wesentlich umstrittener war der sog. merkantile Minderwert, der auf der gefühlsmäßigen, durch keine technische Tatsache zu belegende Minderbewertung eines „Unfallwagens" gegenüber einem anderen Wagen durch das Publikum beruht (Wussow Unfallhaftpflichtrecht a. a. O. Nr. 1226). Soweit der Geschädigte den reparierten Wagen weiterbenutzt und also der merkantile Minderwert sich nicht sogleich in eine Verkaufspreisminderung umsetzt, wurde früher die Auffassung vertreten, daß insoweit noch gar kein Schaden, sondern nur die Gefahr des künftigen Eintritts eines solchen vorliege, oder daß sich der merkantile Minderwert erst bei einem späteren Verkauf als Schaden auswirke (LG Berlin 5. X. 1954 VersR 1955 S. 95, LG Stuttgart 29. VIII. 1956 MDR 1957 S. 162—163, 25. I. 1957 VersR 1957 S. 485—486). Demgegenüber kam der BGH 29. IV. 1958 BGHZ Bd 27 S. 181—190 immerhin zu dem Ergebnis, daß ein Schaden durchaus vorliege, da durch die Verwandlung des Kraftfahrzeugs in einen Unfallwagen in der Gesamtvermögenslage des Betroffenen zu seinen Ungunsten eine Änderung eintrete. Da jedoch der merkantile Minderwert die Eigenschaft habe, mit zunehmendem Alter des Fahrzeugs und dessen sinkendem Wert immer unbedeutender zu werden und sich u. U. schließlich ganz zu verflüchtigen, meinte der BGH, noch diese weitere Schadensentwicklung berücksichtigen zu müssen, da dem Geschädigten anderenfalls eine Bereicherung zugesprochen würde. Stehe aber die Schadenssumme endgültig erst bei einem Verkauf oder aus ähnlichem Anlaß fest, so könne der Geschädigte vorher nur auf Feststellung der Ersatzverpflichtung klagen.

Der an diesem Urteil in der Literatur geübten Kritik (Esser MDR 1958 S. 726—728, Dunz NJW 1958 S. 1613—1615, Staudinger-Werner II 1 c Anm. 10 zu § 249, S. 88—89 trug das Urteil **BGH** 3. X. 1961 BGHZ Bd 35 S. 396—399 Rechnung und zog die Schlußfolgerung, daß zunächst allein die Feststellungsklage zulässig sei, nicht mehr. Ein echter Schaden liegt demnach in der Minderung des vordem unfallfrei gefahrenen Wagens im Verkehrswert, und dieser Schaden ist durch sachverständige Begutachtung sogleich zu ermitteln. — Der letztlich maßgebende Zeitpunkt für die Bemessung des merkantilen Minderwertes ist derjenige der beendeten Instandsetzung (BGH 2. XII. 1966 VersR 1967 S. 183). — Aus dem Schrifttum Haberkorn VersR 1962 S. 208—210, Bach VersR 1962 S. 309—310.

Das für den merkantilen Minderwert Ausgeführte hat Bedeutung für die Kraftfahrzeughaftpflichtv (Schadensersatzanspruch des Geschädigten gegen den Vmer), nicht jedoch für die Kraftfahrzeugkaskov (§ 13 VI AKB; vgl. dazu Stiefel-Wussow[7] Anm. 16 zu § 13 AKB, S. 482).

Der Problemkreis hat auch außerhalb des Versicherungsrechtes Bedeutung: Wenn einem wertvollen jungen Pferd durch einen Wurf ein Auge verlorengeht, so beschränkt sich der Ersatzanspruch nicht auf die Minderung des Gebrauchswertes, und maßgebend für die Schadensberechnung ist der Zeitpunkt des Urteils (RG 13. VI. 1921 RGZ Bd 102 S. 383—384). Wenn ein Wirtschaftsgarten verunstaltet wird durch starkes Verschneiden von Kastanienbäumen und Stauden, so haftet der Schädiger für die Minderung des Verkaufswerts, auch wenn ein Verkauf nicht erfolgt (RG 15. VIII. 1909 JW 1909 S. 275). Wenn ein beschädigtes Bild restauriert wird, so kann doch der Geschädigte neben den Ausbesserungskosten Ersatz des Minderwerts verlangen, den das ausgebesserte Bild im Vergleich mit dem unbeschädigten hat (RG 2. II. 1904 JW 1904 S. 140).

Für die Haftpflichtv hat diese Judikatur mittelbare Bedeutung. Für die Sachvszweige kommt es auf die Formulierung der AVB an, in dubio gehört der merkantile Minderwert auch hier zum entschädigungspflichtigen Schaden. Wenn aber z. B. die §§ 74—75 ADS auf die Ausbesserungskosten abstellen, so bleibt die „dépréciation commerciale“ außer Ansatz (Ritter-Abraham Anm. 28 zu § 75, S. 958—959).

Einige AVB sehen ausdrücklich vor, daß neben den Reparaturkosten ein Betrag ersetzt wird für die „durch das Schadenereignis entstandene und durch die Reparatur nicht ausgeglichene Wertminderung“ (§ 5 I b) VHB, § 2 I b) Sonderbedingungen für die Neuwertv: VA 1968 S. 300—302, entgegengesetzt § 6 III 2 AVB für die V von Jagd- und Sportwaffen: VA 1965 S. 259—260).

[38] e) Problem „neu für alt“.

Der im Bereich des allgemeinen bürgerlichen Rechts mit der Formel „neu für alt“ gekennzeichnete Grundsatz, wonach bei einer Bemessung des Schadensersatzes für eine durch Gebrauch und Zeitdauer im Wert gesunkene oder schon vorher schadhafte Sache ein Abzug zwecks Berücksichtigung des Unterschiedes zwischen neu und alt zu machen ist, gilt auch im Bereiche der Schadensv.

Nach der Leitentscheidung BGH 24. III. 1959 BGHZ Bd 30 S. 29—36 braucht nach allgemeinem Zivilrecht auch der Brandstifter nicht die vollen Wiederaufbaukosten des Gebäudes zu begleichen; es soll sich aus dem Gedanken der (uneigentlichen: Anm. 53 vor §§ 49—80) Vorteilsausgleichung, die einen Faktor der Schadensberechnung darstelle, ergeben, daß — auch bei langlebigen Wirtschaftsgütern — „die Bereicherung des Geschädigten, die in dem Wertzuwachs der wiedererrichteten Gebäude, nunmehr neu statt alt, ihren Niederschlag gefunden hat, auszugleichen ist, weil sonst der Geschädigte eine über seinen Schaden hinausgehende Entschädigung erhielte“ (S. 35). Der Gedanke, daß „dem Geschädigten eine Ausgabe, die er sonst nicht gemacht hätte, aufgezwungen wird, weil sich die Ausbesserung oder Herstellung der beschädigten Sache nur in einer gegenüber dem Zustand zur Zeit der Schädigung werterhöhten Art durchführen läßt“ (S. 34), wird vom BGH wegen des Wertzuwachses der Gebäude, der erhöhten Lebensdauer und Hinausschiebung von Reparaturen verworfen, obgleich doch notwendige Aufwendungen

Schäden bedeuten (Anm. 20 vor §§ 49—80). Zum Problemkreis auch Oertmann LZ 1916 Sp. 1513—1519, Voss VersR 1956 S. 143—145.

Im Bereich der Sachv kommt es darauf an, ob der Ver den Neuwert oder den Zeitwert ersetzt. Schon bei der Ermittlung des Zeitwertes können besonders das Alter und die Abnutzung eine Rolle spielen, vgl. §§ 86, 88 mit Anm. 23 zu § 52, ferner § 3 II a) AFB, § 3 II a) AEB. Speziell vom Anschaffungs-, Wiederbeschaffungs-, Bau- oder Herstellungswert her läßt sich für „alte" Sachen ein Zeitwert ermitteln, indem man Abzüge macht, Abschreibungen vornimmt. Hieran ist aber nicht primär zu denken, wenn man bei der Schadensermittlung vom Abzug „neu für alt" spricht. Hier kommt solcher Abzug in Betracht in allen Fällen des Naturalersatzes durch den Ver sowie bei Wiederherstellungen und in Fällen der Ermittlung der Schadenshöhe bei Teilschäden an Hand von Reparaturkosten (dritte Berechnungsmethode: Anm. 30).

Das führt in Naturalersatzfällen möglicherweise zu einer Zuzahlung des Vmers (Anm. 53 vor §§ 49—80, Anm. 18 zu § 49).

Bei Wiederherstellungsregelungen ist der Vmer gehalten, die vollen Ausbesserungskosten aufzuwenden, wodurch womöglich eine ausgebesserte Sache entsteht, die wertvoller ist als die beschädigte. Für die Seekaskov sagt § 75 I 1, III ADS:

> „(1) Nach Feststellung eines Teilschadens ist das Schiff unverzüglich auszubessern . . .
>
> (3) Die Ersatzpflicht des Vers wird durch die für die Ausbesserung aufgewendeten Kosten bestimmt. Übersteigt der Gesamtbetrag dieser Kosten den von den Sachverständigen geschätzten Betrag, so wird die Ersatzpflicht durch den geschätzten Betrag bestimmt. Von diesen Beträgen werden abgezogen:
>
> 1. zunächst ein Betrag, der dem aus dem Unterschiede zwischen neu und alt sich ergebenden Minderwert entspricht;
> 2. demnächst ein Betrag, der dem Werte der durch neue ersetzten Sachen entspricht. Der Wert dieser Sachen ist auf Verlangen des Vers durch öffentliche Versteigerung festzustellen."

Über den Unterschied zwischen neu und alt enthält § 76 ADS sehr detaillierte Bestimmungen, aber: „Soweit nicht ein anderes bestimmt ist, wird ein Drittel abgezogen". In der Maschinenv erfolgt die Ersatzleistung bei Wiederherstellung der beschädigten Sache in den früheren Zustand durch Ersatz der Reparaturkosten, aber: „Tritt durch die Reparatur eine Erhöhung des Wertes, den die Maschine vor dem Schaden hatte, ein, so wird dieser Überwert von den Wiederherstellungskosten abgezogen, sofern dieser Abzug nicht durch besondere Vereinbarung ausgeschlossen ist" (§ 3 II a) Allgemeine Bedingungen für die V von Maschinen). Sehr eingehend § 4 II Vs-Bedingungen für die Mitglieder der Vereinigung Deutscher Elektrizitätswerke (VA 1958 S. 134—137). Von einem Abzug bei Beschaffung von neuen Ersatzteilen — auch wegen Fabrikationsverbesserungen — handelt § 6 III 3 AVB für die V von Jagd- und Sportwaffen: VA 1965 S. 259—260.

Wird bei der Entschädigungsberechnung von den Reparaturkosten ausgegangen, ohne daß eine Wiederherstellungspflicht besteht, so können sich dennoch die Entschädigungsbeträge um den Abzug neu für alt vermindern. Eine eingehende Regelung solchen Inhalts enthält z. B. § 4 I 8., II Vs-Bedingungen für Mitglieder der Vereinigung Deutscher Elektrizitätswerke, wiederum mit Hinweis auf die (genau limitierte) Möglichkeit, durch besondere Vereinbarung gegen Prämienzuschlag den Abzug auszuschließen (Amortisationsklausel: VA 1965 S. 258—259). Praktisch am bedeutsamsten ist § 13 V 3—4 AKB (dazu Brugger VersR 1962 S. 5, Stiefel-Wussow[7] Anm. 13 zu § 13 AKB, S. 478—480):

> „Von den Kosten der Ersatzteile und der Lackierung wird ein dem Alter oder der Abnutzung entsprechender Abzug gemacht (neu für alt). Der Abzug beschränkt sich bei Krafträdern, Personen- und Kombinationswagen sowie Omnibussen bis zum Schluß des vierten, bei allen übrigen Fahrzeugen bis zum Schluß des dritten auf die Erstzulassung des Fahrzeugs folgenden Kalenderjahres auf Bereifung, Batterie und Lackierung."

Zusatzven, welche den Abzug neu für alt ausschließen, hat es schon lange in der Seev gegeben (Ritter-Abraham Anm. 28 zu § 75, S. 958, Anm. 3 zu § 76, S. 970). Wird demzufolge dort das „Drittel" nicht abgezogen, so wird insoweit die Kaskov zur Neuwertv.

In Fällen einer von vornherein vereinbarten Neuwertv werden bei beschädigten Sachen die vollen Reparaturkosten ohne Abzug neu für alt ersetzt (§ 2 I b) Sonderbedingungen für die Neuwertv: VA 1968 S. 300—302). Jedoch kann der Vmer z. B. bei der Neuwertv einer Maschine im Falle der Beschädigung nicht verlangen, daß er „in die Lage versetzt wird, sich nunmehr aus Anlaß des Schadenfalles anstelle der alten reparierbaren Maschine eine neue anzuschaffen" (BGH 1. IV. 1953 BGHZ Bd 9 S. 204, überhaupt S. 201—204).

[34] VII. Beweis des Schadens.

1. Beweislast.

Im Blick auf Schadenseintritt und Schadenshöhe spielt die Beweislast eine erhebliche Rolle, sowohl außerprozessual als auch im Prozeß. Für den Richter geht es um die Frage, wie eine Entscheidung auszufallen hat, wenn Zweifel an der Wahrheit einer Tatsachenbehauptung vorhanden sind. Für den Vmer und Kläger bedeutet die Beweislast den Zwang, bestrittene Tatsachen — hier hinsichtlich des Schadenseintritts und der Schadenshöhe — zu beweisen.

Die Beweislast trifft — vorbehaltlich besonderer Vereinbarungen — deshalb den Vmer, weil er aus dem Vorliegen und dem Umfang des Schadens die ihm günstige Rechtsfolge des Ersatzanspruchs ableitet (Begr. I S. 44, Bruck S. 332, Drefahl a. a. O. S. 52, Eberhard a. a. O. S. 10, Ehrenberg S. 482, Friedli a. a. O. S. 13, 17, Hagen I S. 587, Hauke VersArch 1957 S. 332—333, Kisch WuRdVers 1932 Nr. 1 S. 39, Koch a. a. O. S. 25, Roelli-Jaeger II Anm. 7—8 zu Art. 62, S. 339—340, Wilhelm a. a. O. S. 100—101).

Gelegentlich wird diese Beweislastregelung auch von den AVB wiedergegeben. So heißt es in § 8 V 1 AVB für die V von Film-Apparaten, § 8 VII 1 AVB für die Film-Requisiten- und Lampen-V, § 8 VI 1 AVB für die V von Film-Positiven für Lichtspieltheater: „In einem Schadensfalle hat der Vmer bzw. der Vte die Beweislast." Besonders lehrhaft und ausführlich ist § 8 II Allgemeine Bedingungen für die V von Musikinstrumenten (VA 1936 S. 102—106): „Die V selbst begründet keinen Beweis für das Vorhandensein und den Wert der vten Sache zur Zeit des Vsfalles; die Vssumme bildet lediglich die Grenze der Ersatzpflicht des Vers. Der Vmer hat daher den Beweis zu führen, daß die Umstände eingetreten sind, welche die Ersatzpflicht bedingen, und daß die Gegenstände, für welche er Entschädigung beansprucht, den vten Wert vor dem Schadenfall hatten, soweit nicht bei Antragstellung hierüber Nachweise vorgelegt und diese von dem Ver ausdrücklich anerkannt wurden."

Regelmäßig wird ein Kläger Eigenschaden einklagen und hat ihn zu beweisen, z. B. der Vmer bei der V für eigene Rechnung, der Vte bei der V für fremde Rechnung, der Erwerber bei der Veräußerung der vten Sache. Ausnahmsweise muß der Kläger fremden Schaden beweisen, so wenn er als Vmer die Ansprüche des Vten aus einer V für fremde Rechnung im eigenen Namen geltend macht (§ 76 I), ferner als Zessionar, Pfandgläubiger, Pfändungspfandgläubiger oder legitimierter Inhaber einer Order- oder Inhaberpolize.

Da die vte Beziehung (das vte Interesse) und der vte Schaden korrespondierende Begriffe sind, gehen Interesse- und Schadensbeweis Hand in Hand (über Interessebeweis und Interessebeweisklauseln: Anm. 126 zu § 49).

Hat der Ver nicht alle Arten von Schäden zu ersetzen, die dem vten Interesse entsprechen, sondern haftet er z. B. „Nur für Totalverlust" (§ 123 ADS), so muß der Vmer das Vorliegen der gedeckten Schadensart, z. B. des Totalverlustes beweisen (Drefahl a. a. O. S. 52—53). Ist allerdings die Regelung negativ formuliert, haftet z. B. der Ver nicht für eine Beschädigung („Frei von Beschädigung": § 113 ADS), so braucht der Vmer nur den Eintritt eines Schadens zu beweisen; dem Ver liegt es ob zu beweisen, der Schaden sei als Beschädigung zu qualifizieren oder — bei einer Güterv — die Güter seien infolge einer Beschädigung verlorengegangen (Ritter-Abraham Anm. 20 zu § 113, S. 1337).

Schadensbeweisklauseln, wonach der Vmer vom Nachweis des Schadens befreit sein soll, sind zulässig, aber — außerhalb der Seev — selten. In der Seev spielt die „Erreichungsklausel" eine Rolle, wonach der Ver beweisen muß, daß kein vter Schaden (in Höhe der vollen Vssumme) entstanden sei, falls das Schiff seinen Bestimmungsort nicht erreicht (Näheres Drefahl a. a. O. S. 53, Ritter-Abraham Anm. 39 zu § 43, S. 667—668, Anm. 29 zu § 120, S. 1367—1370, RG 9. I. 1901 RGZ Bd 47 S. 179, OLG Hamburg 19. V. 1926 JRPV 1926 S. 204 = HansRZ 1926 Sp. 536).

Grundsätzlich muß der Vmer auch die Höhe des Schadens beweisen, die in einer Relation zum Vswert, speziell zum Ersatzwert steht, und zwar besonders bei Totalschäden, wo die Schadenshöhe mit dem Ersatzwert identisch ist. Über den Wertbeweis vgl. schon Anm. 42 zu § 52. Der Wertbeweis wird erleichtert bei Vereinbarung einer Taxe (§ 57), aber auch schon im Geltungsbereich der Fiktion des gleichbleibenden Vswertes (Anm. 25 zu § 52) und durch eine Vorschätzung, wie sie die Feuerv kennt (Anm. 42 zu § 52).

Die Beweislast ist zu unterscheiden von der materiellrechtlichen Auskunfts- und Belegpflicht nach § 34 (Begr. I S. 44, Bruck S. 332, Koch a. a. O. S. 26, Prölss[17] Anm. 1 zu § 34, S. 186). Das zeigt sich auch an den verschiedenen Sanktionen: Während die Verletzung der Auskunfts- und Belegpflicht kraft Vertrages meistens die Leistungsfreiheit, also die Verwirkung des Vsanspruchs nach sich zieht, ist der beweisfällige Vmer mit der Klage abzuweisen, d. h. es wird davon ausgegangen, daß ein Vsanspruch überhaupt nicht entstanden sei. — Neben den Obliegenheiten des § 34 stehen andere vertragliche Obliegenheiten, welche die Schadensliquidation erleichtern sollen und teils vor, teils nach Eintritt des Vsfalls zu erfüllen sind (Anm. 7 zu § 34, Anm. 42 zu § 52). Immer sind dabei die zwingenden Vorschriften des § 6 zu beachten, auch wenn die Obliegenheiten verhüllt, z. B. in die Form von Bedingungen der Ersatzpflicht gekleidet sind (Anm. 13—15 zu § 6, BGH 26. II. 1969 VersR 1969 S. 507—508, übersehen von Eberhard a. a. O. S. 68—71, der aber Treu und Glauben heranziehen will). Beispiele finden sich bei Eberhard a. a. O. S. 95—98. — Für die Gebäudefeuerv hat § 93 ein gesetzliches Veränderungsverbot normiert, allerdings ohne Sanktion, und eine solche ist auch in den AFB nicht vorgesehen. Aber häufig wird ein Verstoß gegen § 93 zugleich die Verletzung anderer Obliegenheiten (z. B. aus § 13 I c) AFB) beinhalten und damit zur Leistungsfreiheit des Vers führen (BGH 20. IV. 1961 VA 1961 S. 204—205 = VersR 1961 S. 497—499, Prölss[17] Anm. 1 zu § 93, S. 371). Hagen I S. 593 hat aus einem Verstoß gegen § 93 die Umkehrung der Beweislast hergeleitet; da aber von vornherein die Beweislast den Vmer trifft, kann von einer Umkehrung nicht gesprochen werden.

Von der Beweislast abzugrenzen sind schließlich auch prozessuale Beweisverträge und Beweisbeschränkungen, welche die freie richterliche Beweiswürdigung unmöglich machen. Sie sind verboten und unwirksam (Eberhard a. a. O. S. 58—67).

[35] 2. Beweisführung.

Im Assekuranzprozeß sind schon früh die starren Beweisgrundsätze des gemeinen Prozeßrechts aufgegeben worden, da der Vmer sich oft in einer schwierigen Beweissituation befindet (Nachweise bei Drefahl a. a. O. S. 77—78, Hauke VersArch 1957 S. 327—329). Das gilt gerade auch für den Schadensbeweis.

Wenn eine V genommen worden ist und womöglich bereits viele Jahre läuft, so spricht ein ausreichend hoher Grad von Wahrscheinlichkeit dafür, daß der Vmer ein Interesse hat und — nach einem Vsfall, z. B. einem Brand — einen entsprechenden Schaden erlitten hat. Bei der Beweiswürdigung ist „das Verlangen einer mathematischen Gewißheit ebenso unzulässig wie unklare Gefühlsprozesse, allgemeine Kombinationen und Akte reiner richterlicher Willkür; die Regeln der Logik und die Erfahrungen des praktischen Lebens sind zu verwerten, bloß abstrakte Möglichkeiten außer Spiel zu lassen" (Hagen I S. 588).

Was die Schadenshöhe anlangt, so darf auf die Höhe der Vssumme auch bei Totalschäden nicht ohne weiteres abgestellt werden. Zwar meint Bruck S. 413, die Vssumme sei der Taxe ähnlich: „Beide sind prima facie Angaben über den Vswert", aber er fügt hinzu, die Vssumme mache — anders als die Taxe — die Ermittlung des Vswertes nicht überflüssig (über den Unterschied auch Hagen I S. 587 Anm. 1). Allzuleicht kommen irrige Bewertungen, insbesondere Überschätzungen vor, und der Vswert kann abgesunken sein. Deshalb hat die Vssumme für den Beweis des Ersatzwertes und der Schadenshöhe keine Bedeutung (Ehrenzweig S. 244, Fick Ersatzwert a. a. O. S. 246).

Roelli-Jaeger II Anm. 9 zu Art. 62, S. 341—343 kommen dem Vmer weiter entgegen, besonders hinsichtlich des Beweises der Schadenshöhe: „Zwar der Kaufmann, der durch Gesetz sowieso verpflichtet ist, über seine Warenvorräte Buch zu führen, wird sich meistens auf diese, wenn sie regelrecht geführt waren, zum Beweis für den Bestand der vten Gegenstände berufen können. Der Beweis des Wertes der durch das Schadenereignis vernichteten Gegenstände kann sehr oft auch durch die Vorlegung der Fakturen usw. erbracht werden. Allein wenn, was nur zu häufig der Fall ist, diese Bücher und Belege durch das Schadenereignis auch zerstört worden sind, und ferner in allen den vielen Fällen, wo der Vmer über den Bestand der vten Gegenstände nicht Buch zu führen pflegt, würde ein eigentlicher Beweis-Notstand vorliegen, wenn ein strikter Nachweis für das Vorhandensein und den Wert der vten Gegenstände verlangt würde, die vollständig zerstört worden sind. Daher hat sich die Praxis genötigt gesehen, sich mit einem Wahrscheinlichkeitsbeweis, gleich wie für die Verursachung des Schadens durch die vte Gefahr, so auch für das Vorhandensein und den Wert des vten Interesses bei Eintritt des Schadenereignisses zu begnügen. Zweifel, die ohne Verschulden des Vten in diesen Punkten nicht gelöst werden können, dürfen nach Treu und Glauben nicht zu dessen Ungunsten entschieden werden. Das führt aber dazu, daß, wenn im Vsvertrag bestimmte Gegenstände einzeln oder gattungsweise mit Angabe eines bestimmten Wertes genannt wurden und sie nach dem Brande nicht mehr vorhanden sind, ihr vorheriges Vorhandensein zu Gunsten des Vmers präsumiert werden kann. Mangels anderer Anhaltspunkte muß dann auch der angegebene Wert als Ausgangspunkt für die Schadensberechnung genommen werden, so daß es alsdann dem Ver obliegt, wenn er die Berechnung seiner Ersatzpflicht auf diese Elemente nicht stützen lassen will, den Nachweis dafür zu erbringen, daß und aus welchen Gründen die Gegenstände vor dem Schadenereignis schon nicht mehr vorhanden waren oder ihr Wert als geringer anzunehmen sei ... Der Richter darf die Tatsache nicht außer acht lassen, ... daß die große Mehrzahl der Vmer nicht Gegenstände unter V stellen, die sie gar nicht besitzen, oder absichtlich einen höheren Wert derselben der Prämienberechnung zugrunde legen. Natürlich sind dabei auch alle sonstigen Umstände in Würdigung zu ziehen und wenn irgendwie Anlaß zur Schöpfung von Verdacht vorliegt, wird er auf die Vermutung nicht mehr abstellen."

Ähnlich KG 2. VII. 1925 VA 1925 Anh. S. 98—99 Nr. 1462: „Irgendwelche Umstände, welche die Vermutung rechtfertigen könnten, daß der Vmer bewußt und gewollt seine Warenvorräte auf mehr als das Dreifache des wirklichen Wertes derselben vert hätte, sind von der Beklagten nicht dargetan worden. Dafür, daß er in leichtfertiger Weise die V so hoch genommen hätte, sind auch keinerlei Umstände angeführt worden. Daß er den Wert seiner Warenvorräte auf mehr als das Dreifache des wirklichen Wertes derselben geschätzt habe, kann in Anbetracht der Umstände, daß er Kaufmann war und sich durch die Inventuren einigermaßen zutreffend über den wahren Wert der Warenvorräte unterrichten konnte, schwerlich unterstellt werden. Gewiß muß angenommen werden, daß er wie fast jeder Vmer, der sich voll vern will, aus allzugroßer Ängstlichkeit seine Warenvorräte höher bewertet hat als dem wirklichen Wert derselben entsprach. Aber auch dann kann immer noch nicht davon ausgegangen werden, daß seine Warenvorräte nur ein Drittel der Vssumme oder gar noch weniger wert gewesen seien."

Es reicht jedenfalls aus, wenn der Kläger einen Indizienbeweis (Begriff: Anm. 161 zu § 49) führt, z. B. kann aus einer Vermögenssteuererklärung auf das Vorhandensein der versteuerten Werte geschlossen werden. Vgl. auch Kisch WuRdVers 1932 Nr. 1 S. 36—37.

Der Anscheinsbeweis (Begriff: Anm. 162 zu § 49) beruht auf Erfahrungen bei typischen Geschehensabläufen. Er spielt beim Beweis von Schäden keine erhebliche Rolle.

Zuweilen begnügt sich der Ver mit bloßer Glaubhaftmachung des Schadens. Es bedarf dann nicht eines der fünf primären Beweismittel (Augenschein, Zeugen, Sachverständige, Urkunden, Parteivernehmung), sondern eine Versicherung an Eides Statt reicht aus (§ 294 I ZPO). So heißt es in § 4³ AVB für die Reisewetterv, der Vmer könne „jederzeit die Glaubhaftmachung des der Berechnung der Vssumme zugrunde gelegten Aufwandes verlangen", und danach richtet sich gemäß § 2 a. a. O. die Entschädigung (vgl. Anm. 31 zu § 53). Die Versicherung an Eides Statt ist auch zur „Erhärtung" des Anspruchs ausdrücklich in § 8 II 1 Vsbedingungen für die V von Mannschaftseffekten in der Binnenschiffahrt vorgesehen.

Über die Schadensschätzung außerhalb von Gerichts- und Sachverständigenverfahren: VA 1924 S. 53–54 (gegen den generellen Abzug von „Schätzungsdifferenzen" in der Einbruchdiebstahlv).

[36] 3. Gerichtsüberzeugung.

Die freie richterliche Beweiswürdigung hat im allgemeinen „unter Berücksichtigung des gesamten Inhalts der Verhandlungen und des Ergebnisses einer etwaigen Beweisaufnahme" zu erfolgen (§ 286 I 1 ZPO).

Für den Schadensbeweis gilt jedoch § 287 I 1, 2 ZPO:

> „Ist unter den Parteien streitig, ob ein Schaden entstanden sei, und wie hoch sich der Schaden oder ein zu ersetzendes Interesse belaufe, so entscheidet hierüber das Gericht unter Würdigung aller Umstände nach freier Überzeugung. Ob und inwieweit eine beantragte Beweisaufnahme oder von Amts wegen die Begutachtung durch Sachverständige anzuordnen sei, bleibt dem Ermessen des Gerichts überlassen."

Hier ist also das Gericht noch freier als nach § 286 I 1 ZPO gestellt, man spricht von freier richterlicher Schadensschätzung, die sowohl dem Grunde als auch der Höhe nach erfolgen kann. In Abweichung von § 445 I ZPO kann das Gericht auch den Beweisführer, also den Vmer über den Schaden oder das Interesse vernehmen (§ 287 I 3 ZPO).

Es ist zu fragen, ob auch die vom Schadensver zu ersetzenden Einbußen Schaden im Sinne des § 287 I ZPO sind. ROHG 13. II. 1872 ROHGE Bd 5 S. 110–125 hatte die entsprechende Beweiserleichterung des früheren Prozeßrechts hier zugelassen. OLG Kiel 3. III. 1885 SeuffArch Bd 41 S. 88–90 Nr. 56 legte § 260 CPO, den Vorgänger des jetzigen § 287 ZPO, zugrunde. RG 19. III. 1904 RGZ Bd 58 S. 35–36 scheint die Anwendbarkeit des § 287 ZPO verneint zu haben; nach den Entscheidungsgründen ging es hier aber gar nicht um die Feststellung von Schaden oder Interesse (so auch Drefahl a. a. O. S. 43), sondern um die Ermittlung des Wertes eines vten Kahns, „um die Unterlage für die Beantwortung der Fragen zu gewinnen, ob eine Überv vorliege und ob der durch Vereinbarung der Parteien auf eine bestimmte Summe festgesetzte Vswert bestehenbleiben könne", oder vielmehr der Gegenbeweis gegen den Taxwert gelinge. In RG 17. XI. 1916 RGZ Bd 89 S. 190–193 ist denn auch auf diese unterscheidende Besonderheit hingewiesen und ausdrücklich bejaht worden, daß der Anspruch des Vmers unbeschadet seines vertraglichen Rechtsgrundes auf Schadensersatz im Sinne des § 287 I ZPO gerichtet sei. So ohne Begründung auch RG 9. XI. 1934 RGZ Bd 145 S. 389. Die unteren Gerichte folgen, z. B. KG 2. X. 1926 JRPV 1926 S. 300–301 (Verwertung eines unvollständigen und deshalb unverbindlichen Obmannsgutachtens), KG 25. III. 1936 JRPV 1936 S. 222 (Festsetzung eines Kaskoschadens auf den Mittelwert divergierender Gutachten), LG Prenzlau 31. V. 1935 JRPV 1936 S. 334–335 (freie Schadensschätzung bei Mobiliarschaden und Verdienstausfall). Im Schrifttum haben sich für die Anwendung des § 287 ZPO ausgesprochen Eberhard a. a. O. S. 65, Ehrenzweig S. 263 (indirekt), Hagen I S. 588, Kisch WuRdVers 1932 Nr. 1 S. 38, Wilhelm a. a. O. S. 101; für das schweizerische Recht entsprechend Roelli-Jaeger II Anm. 13 zu Art. 62, S. 345.

Dieser Ansicht ist aus zwei Gründen beizutreten: Die Beweisnot des Vmers kommt derjenigen anderer Schadensersatzgläubiger gleich; der Schadensfall beseitigt den früheren Zustand, welcher Ausgangspunkt der Schadensberechnung ist, und außerdem gehen durch ihn oft auch Belege aller Art verloren, so daß ein strikter Beweis kaum möglich erscheint (Friedli a. a. O. S. 17, Hagen I S. 588, Roelli-Jaeger II Anm. 9 zu Art. 62, S. 341). Schon OAG Lübeck 23. IX. 1853 SeuffArch Bd 23 S. 216 Nr. 132 hatte deshalb ausgeführt: „Es liegt in der Natur der Sache, daß bei Forderungen aus einem Vsvertrage nicht in allen Fällen ein strenger Beweis des Schadens, namentlich der Größe desselben, verlangt werden kann, daß vielmehr die gewöhnlichen Grundsätze über Beweisführung hier erhebliche Ausnahmen leiden müssen." Ähnlich HAG Nürnberg 28. V. 1869 SeuffArch Bd 27 S. 276–278 Nr. 171; kritisch zu diesen Entscheidungen Bruck S. 506 Anm. 8 und Koch a. a. O. S. 26 Anm. 1. Für die Maßgeblichkeit der freien richterlichen Überzeugung sind aber nicht allein die Schwierigkeiten der tatsächlichen Feststellungen maßgebend; eine solche Entscheidung von Fall zu Fall unter billiger Abwägung der beiderseitigen Interessen muß auch deshalb möglich sein, weil die Bewertungsmaßstäbe oft lückenhaft und zweifelhaft sind und im Streitfall ein weiter Spielraum offen bleibt (Hagen I S. 575).

Das Gericht hat zu entscheiden. Ist es von einem Wahrscheinlichkeitsbeweis nicht voll überzeugt, so kann es nach geltendem Recht keine „vermittelnde Entscheidung" fällen, wie dies von Leo HansRZ 1923 Sp. 41–50, Zeiller LZ 1933 Sp. 1353–1366 befürwortet worden ist (zustimmend aber Ehrenzweig S. 164, ablehnend Roelli-Jaeger II Anm. 9 zu Art. 62, S. 342).

[37] 4. Sachverständigenverfahren.

Oft sehen Schadensvsverträge Sachverständigenverfahren vor, in denen der Schaden und seine Höhe festgestellt werden sollen (§ 64 I 1, vgl. auch § 184 I 1 für die Unfallheilkostenv).

Näheres hierzu bei Asmus ZVersWiss 1962 S. 217–218, 234–236 und Anm. zu § 64.

[38] 5. Beweissicherung.

Für das Beweissicherungsverfahren (§§ 485–494 ZPO) gelten im Bereiche des Vsvertragsrechts keine Besonderheiten (Begr. I S. 44, Ehrenzweig S. 159, Kisch WuRdVers 1932 Nr. 1 S. 39).

Das Antragsrecht des Vmers wird durch seine vsrechtliche Auskunftspflicht nicht berührt (Bruck S. 332), und das rechtliche Interesse an der Beweissicherung entfällt im Hinblick auf einen späteren Prozeß nicht durch die vertragliche Vereinbarung eines Sachverständigenverfahrens (Schnurre JRPV 1932 S. 289–290, zustimmend Prölss[17] Anm. 1 zu § 64, S. 297).

[39] VIII. Abwicklung des Schadens.

Die Liquidation eingetretener Schäden (auch durch Schadenfeststellungsvertrag oder Vergleich) wird zu § 65 näher erörtert, das Sachverständigenverfahren zu § 64, die Frage der Ermittlungs- und Feststellungskosten zu § 66.

[40] IX. Unabdingbarkeit des § 55.

§ 55 ist in § 68a nicht als relativ zwingende Vorschrift aufgeführt.

Aber in § 55 kommt — wie in § 1 I 1 — für die Schadensv das vsrechtliche Bereicherungsverbot zum Ausdruck, das sich überall durchsetzt, auch dort, wo die Beschränkungen der Vertragsfreiheit ansonsten nicht gelten (Einl. Anm. 42).

Der Ver ist „nicht verpflichtet" — und kann nicht verpflichtet werden —, „dem Vmer mehr als den Betrag des Schadens zu ersetzen". Näheres hierzu Anm. 8. Auch bei einer Überv findet die Leistungspflicht des Vers zwingend eine Grenze an der Höhe des Schadens (wie hier Bruck 7. Aufl. Anm. 1 zu § 55, S. 209, Hagen I S. 574, Prölss[17] Anm. 4 zu § 55, S. 266, unrichtig OLG Augsburg 25. XI. 1930 VA 1930 S. 262 Nr. 2217, OLG Stuttgart 9. VII. 1951 VersR 1951 S. 228–230 [mit ablehnender Anm. Kisch]).

Die geschilderten Abschwächungen und Durchbrechungen des vsrechtlichen Bereicherungsverbots (Anm. 9–13) bestätigen das Grundprinzip, beruhen auf Gesetz und sind vertraglich nicht erweiterbar.

Lieferung 2 c

§ 67

S. 701—792

bearbeitet von:

Prof. Dr. jur. KARL SIEG

§ 67

(1) Steht dem Versicherungsnehmer ein Anspruch auf Ersatz des Schadens gegen einen Dritten zu, so geht der Anspruch auf den Versicherer über, soweit dieser dem Versicherungsnehmer den Schaden ersetzt. Der Übergang kann nicht zum Nachteile des Versicherungsnehmers geltend gemacht werden. Gibt der Versicherungsnehmer seinen Anspruch gegen den Dritten oder ein zur Sicherung des Anspruchs dienendes Recht auf, so wird der Versicherer von seiner Ersatzpflicht insoweit frei, als er aus dem Anspruch oder dem Rechte hätte Ersatz erlangen können.

(2) Richtet sich der Ersatzanspruch des Versicherungsnehmers gegen einen mit ihm in häuslicher Gemeinschaft lebenden Familienangehörigen, so ist der Übergang ausgeschlossen; der Anspruch geht jedoch über, wenn der Angehörige den Schaden vorsätzlich verursacht hat.

Übergang von Ersatzansprüchen.

Gliederung:

[1] Schrifttum:

Bruck, Das Privatvsrecht, Mannheim-Berlin-Leipzig 1930, Bury, Übergang der Schadenersatzansprüche des Vmers auf den Ver, Göttinger Diss. 1914, Ehrenzweig, Deutsches (österreichisches) Vsvertragsrecht, Wien 1952, von Gierke, Vsrecht unter Ausschluß der Sozialv, 2. Hälfte, Stuttgart 1947, Harten, Der Rechtsübergang in der Seev, Ungedruckte Hamburger Diss. 1960, Helfesrieder, Die Personenv in ihrer Abgrenzung zur Schadensv nach schweizerischem Privatvsrecht, Basel 1953, Karrer, Regreß des Vers gegen Dritthaftpflichtige, Zürich 1965, Kisch, WuRdVers 1935 Heft 2 S. 1—134, Prölss, Vsvertragsgesetz, 17. Aufl., München 1968, Ritter-Abraham, Das Recht der Seev, 2 Bände, 2. Aufl., Hamburg 1967, Schiering, Abstrakte und konkrete Bedarfsdeckung im Vsrecht unter Berücksichtigung der sozialen Unfallv, Hamburg 1964, Schlegelberger, Seevsrecht, Allgemeine Deutsche Seevsbedingungen, Berlin-Frankfurt 1960, Schultz, Grundsätze der vsrechtlichen Vorteilsausgleichung, Hamburg 1934, Stiefel-Wussow, Kraftfahrv, Kommentar zu den Allgemeinen Bedingungen für die Kraftverkehrsv, 7. Aufl., München 1968.

[2] **I. Grundlegung.**

1. Rechtsquellen der Individualversicherung.

a) Binnenversicherung

Im Bereich der Binnenv bildet § 67 die grundlegende Norm für den gesetzlichen Übergang von Schadenersatzansprüchen des Vmers auf den entschädigenden Ver. Er findet nicht nur auf die im VVG ausdrücklich geregelten Zweige Anwendung, sondern schlechthin auf die Schadenv, mag der betreffende Zweig bei Schaffung des VVG schon vorhanden gewesen, mag er erst später eingeführt worden sein (BGH 24. IV. 1967 VerBAV 1967 S. 181).

Dem § 67 tritt in der Tierv § 118 zur Seite. Seinem Wortlaut nach weicht diese Bestimmung in drei Punkten von § 67 ab:

aa) Nicht ein Schadenersatz-, sondern ein Gewährleistungsanspruch wird für übergangsfähig erklärt,
bb) die in § 67 I 3 vorgesehene Verwirkung des Vsschutzes soll nicht nur bei Aufgabe des Rechts, sondern auch bei Verlorengehen des Anspruchs, Verschulden des Vmers vorausgesetzt, eintreten,
cc) in § 118 fehlt eine Parallele zu § 67 II.

Inwieweit sich aus diesen Abweichungen in der Formulierung sachliche Unterschiede gegenüber § 67 ergeben, wird noch zu prüfen sein.

Für die Binnentransportv schreibt § 148 vor, daß § 67 I 2 keine Anwendung findet.

Ausnahmsweise tritt anstelle des § 67 der § 774 BGB als Überleitungsnorm, vgl. unten Anm. 133, 185.

[3] **b) Seeversicherung.**

Für die Seev gilt § 67 laut § 186 nicht. Hier bilden die §§ 804, 805 HGB einAnalogon. Diese Bestimmungen sind in praxi durch die §§ 45, 46, 110 III ADS verdrängt. Das ist aber, was § 45 ADS angeht, nicht so zu verstehen, daß anstelle des gesetzlichen Übergangs eine Zession tritt, es handelt sich vielmehr um eine Verweisung auf den gesetzlichen Übergang (Ritter-Abraham Anm. 14 zu § 45, S. 682). Hier fehlt es an einer dem § 67 II entsprechenden Norm. Ferner ist eine Parallele zu § 67 I 2 in der Seeversicherung nicht vorhanden, bewußt, wie aus § 148 VVG zu schließen ist.

[4] **c) Versicherungsverhältnisse bei öffentlich-rechtlichen Versicherern.**

Soweit die Individualv durch öffentlich-rechtliche Ver betrieben wird, ist § 192 einschlägig. Danach findet Landesrecht Anwendung, sofern Vsverhältnisse bei einer nach Landesrecht errichteten öffentlichen Anstalt unmittelbar kraft Gesetzes entstehen oder infolge gesetzlichen Zwanges bei solcher Anstalt genommen werden (§ 192 I). Auf sonstige Ven, die bei einer nach Landesrecht errichteten öffentlich-rechtlichen Unternehmung genommen werden, findet das VVG subsidiär Anwendung, d. h. soweit nicht Satzungen oder AVB Abweichungen von ihm enthalten: § 192 II (vgl. zum Anwendungsbereich von § 192 I und II: Büchner, VVG und öffentlich-rechtliche Pflichtv in: Rechtsfragen der Individualversicherung, Festgabe für Erich R. Prölss, Karlsruhe 1957, S. 20—24).

Zahlreiche partikulare Normen sehen Entsprechungen zu § 67 vor. So etwa Badisches GebäudeversicherungsG vom 29. III. 1852 § 5 VI und VII (Schmidt-Müller = Stühler, Das Recht der öffentlich-rechtlichen Sachv, 2. Aufl. Karlsruhe 1968, S. 4), G wegen anderweitiger Einrichtung des Immobiliar-Feuervswesens in den Hohenzollernschen Landen vom 14. V. 1855 § 11 II (Schmidt-Müller = Stüler S. 40), G über das öffentliche Vswesen vom 7. XII. 1933 (Bayern) Art. 12 (Schmidt-Müller = Stüler S. 101), Satzung der Bayerischen Landesbrandversicherungsanstalt vom 15. XII. 1956 § 55 (Schmidt-Müller = Stüler S. 127), Satzung der Bayerischen Landestiervsanstalt vom 31. X. 1936 § 14 III (Schmidt-Müller = Stüler S. 154), FeuerkassenG vom 16. XII. 1929 (Hamburg) § 15 (Schmidt-Müller = Stüler S. 184), G über die Braunschweigische Landesbrandvsanstalt vom 9. V. 1913 § 37 V, VI (Schmidt-Müller = Stüler S. 288), G betreffend die Oldenburgische Landesbrandkasse vom 28. IV. 1910 § 8 IV (Schmidt-Müller = Stüler

S. 324), G betreffend die Lippische Landesbrandvsanstalt vom 16. IV. 1924 § 64 (Schmidt-Müller = Stüler S. 372).

Manche dieser landesrechtlichen Normen weichen von § 67 insofern ab, als Entsprechungen zu § 67 I 2 oder zu § 67 I 3 oder zu § 67 II fehlen. Diese Unterschiede werden zum Teil dadurch ausgeglichen, daß sich bei manchen Vsträgern die Übung oder sogar die Observanz herausgebildet hat, die betreffenden Bestimmungen so auszulegen, wie es dem § 67 entspricht. Das gilt auch im Rahmen des § 192 I, also dort, wo das VVG nicht einmal subsidiär anwendbar ist (Büchner S. 29).

Auch was den Zeitpunkt des Überganges angeht, stimmt das Landesrecht nicht durchgängig mit § 67 überein. Vielmehr ist gelegentlich eine Vorverlegung dieses Zeitpunktes festzustellen, und zwar kommt es nach § 15 FeuerkassenG vom 16. XII. 1929 (Hamburg) auf die Feststellung der Entschädigung, nach § 64 G betreffend die Lippische Landesbrandvsanstalt vom 16. IV. 1924 auf die Entstehung des Ersatzanspruchs an.

[5] 2. Funktion des § 67 einschließlich bürgerlich-rechtlicher Vorteilsausgleichung.

a) Grundsatz.

Die amtliche Begründung zu § 67 führt für das Rückgriffsrecht des Vers zwei Umstände an: Weder soll der Dritte infolge der Leistung des Vers von seiner Verbindlichkeit befreit werden, noch soll die V zu einer Bereicherung des Vmers führen (Motive zum VVG, Neudruck, Berlin 1963, S. 139). Diese zweifache Zielsetzung wird auch im Schrifttum und in der Judikatur allgemein als Rechtfertigung für den gesetzlichen Forderungsübergang angesehen (BGH 17. III. 1954 BGHZ Bd 13 S. 28, 30; Möller DAR 1953 S. 107; Kisch S. 5f.; R. Schmidt VersR 1953 S. 457f.; v. Gierke S. 208f.; Kunst VersRdsch 1966 S. 397).

[6] b) Versicherungsrechtliche Vorteilsausgleichung.

Soweit eine wirtschaftliche Besserstellung des Vmers durch die Vsentschädigung vermieden werden soll, stellt sich der gesetzliche Forderungsübergang als eines der verschiedenen Mittel der vsrechtlichen Vorteilsausgleichung dar (vgl. Möller [Anm. 52, 54] vor §§ 49—80; ders. DAR 1953 S. 107; Schultz S. 57), die ihrerseits als notwendige Folge des in § 55 verankerten Bereicherungsverbots erscheint (Möller Anm. 8 zu § 55; diesen Zusammenhang leugnet Schultz S. 36f. ohne triftigen Grund). Zur vsrechtlichen Vorteilsausgleichung ausführlich: Lentzen, Die Konkurrenz des Vsanspruchs und des Entschädigungsanspruchs des Vmers gegen Dritte, Kölner Diss. 1936, S. 38—52.

Da der Gesichtspunkt der Bereicherung nur dort auftauchen kann, wo die Vsentschädigung lediglich die Funktion einer Wiedergutmachung haben soll (Gegenstück: Für den Vsfall wird eine feste Summe versprochen ohne Rücksicht auf eine Vermögensbeeinträchtigung des Vmers), ist das Anwendungsgebiet des § 55 und der mit ihm korrespondierenden Bestimmungen über die Doppelversicherung (§ 59) und den gesetzlichen Forderungsübergang (§ 67) auf die Schadensversicherung beschränkt (vgl. Möller Anm. 24 zu § 1, Anm. 7 zu § 55). Damit im Einklang stehen denn auch die drei soeben genannten Vorschriften im zweiten, mit „Schadensv" überschriebenen Abschnitt des VVG.

[7] c) Bürgerlich-rechtliche Vorteilsausgleichung.

Nicht so sicheren Boden hat man unter den Füßen, wenn man § 67 im Lichte der bürgerlich-rechtlichen Vorteilsausgleichung untersucht. Hier handelt es sich um die Frage, ob der Schädiger insoweit von seiner Ersatzpflicht entlastet wird, als ein Ver den Schaden ausgeglichen hat. Man ist auf den ersten Blick geneigt, dem Schädiger die Berufung auf den Vorteilsausgleich mindestens in demselben Maße zu versagen, wie § 67 den Übergang der Ersatzforderung auf den Ver vorschreibt, denn diese Vorschrift geht ja davon aus, daß die Schadenersatzforderung bestehen bleibt und lediglich ihren Träger wechselt. Indes würde diese Wertung bei der Summenv versagen, bei der es keine cessio legis gibt. Abgesehen davon erscheint es aber auch (trotz der Gesetzesbegründung) zweifelhaft, ob § 67 tatsächlich den bürgerlich-rechtlichen Vorteilsausgleich in einem bestimmten Sinn präjudizieren wollte. Unsere Vorschrift könnte auch dahin verstanden werden, daß nur dann ein Forderungsübergang auf den Ver stattfindet, wenn die eigenständig aus dem bürgerlichen Recht zu beurteilende Frage nach der Vorteilsausgleichung verneinend beantwortet wird. Ob § 67 oder die bürgerlich-rechtliche Betrachtungsweise die Priorität bei Prüfung des Vorteilsausgleichs hat, soll hier nicht weiter vertieft werden, weil die Beantwortung das Ergebnis ohnehin nicht beeinflußt.

Nachdem zunächst die Vorteilsausgleichung im Lichte der adäquaten Kausalität gesehen wurde (anzurechnen zugunsten des Schädigers sind solche Vorteile, die in adäquatem Kausalzusammenhang mit dem Schadenfall stehen), wird unsere Frage neuerdings als ein Zumutbarkeitsproblem begriffen: Inwieweit ist es unter Berücksichtigung von Sinn und Zweck des Schadenersatzes dem Geschädigten zuzumuten, sich Vorteile auf seinen Ersatzanspruch anrechnen zu lassen? (BGH 15. I. 1953 BGHZ Bd 8 S. 325, 327; BGH 24. X. 1956 BGHZ Bd 22 S. 76; R. Schmidt VersR 1953 S. 457; Karrer S. 56 N. 6; Larenz, Lehrbuch des Schuldrechts,1. Bd, 9. Aufl., München 1968, S. 162; Esser MDR 1957 S. 522—524; Rother, Haftungsbeschränkung im Schadensrecht, München-Berlin 1965, S. 232, 234). Unter diesem Gesichtswinkel werden mit Recht von der ganz überwiegenden Meinung Vsleistungen bei der Berechnung des Schadenersatzanspruchs außer Betracht gelassen, mag ein Schadenver, mag ein Summenver eingetreten sein. Der Dritte soll keinen Vorteil davon haben, daß sich der Vmer (oder ein anderer für ihn) durch Eigenleistungen eine Deckung verschafft hat (vgl. Palandt-Danckelmann, BGB, 26. Aufl., München und Berlin 1967, vor § 249 Anm. 7c bb, 7e und die dort vermerkte Judikatur; ferner die bei Staudinger-Werner, Kommentar zum BGB, 10./11. Aufl., Berlin 1967, vor §§ 249—255 Anm. 111 Genannten).

[8] Daraus geht zugleich hervor, daß der Ver nicht etwa die Schuld des Dritten im Sinne des § 422 BGB mittilgt, wenn er seinen Vmer entschädigt (so aber Bury S. 51). Desgleichen kann keine Rede davon sein, daß Ver und Dritter etwa Gesamtschuldner sind, so aber Maas, Der Rückgriff in der deutschen privaten Schadensv nach Wesen und Abgrenzung, Münsteraner Diss. 1930, S. 13ff., 24ff. Seine eigenwillige Deutung kann vor allem deshalb nicht überzeugen, weil er sich zu der Konstruktion genötigt sieht, daß der Ver die Schuld des Drittschädigers mitübernehme. Jede Sachv nimmt daher nach Maas Züge der Forderungsv an, wenn ein dritter Schadenstifter vorhanden ist (gedeckt sein soll die Schadenersatzforderung des Vmers gegen den Dritten). Es ist aber offensichtlich nicht der Standpunkt des Gesetzes, daß der Charakter der V schillern soll, je nachdem ob ein Dritter verantwortlich gemacht werden kann oder nicht. Außerdem kann an dem Parteiwillen nicht vorübergegangen werden, daß eine Sachv geschlossen werden soll, ganz gleich, ob in einem späteren Schadenfall ein Dritter in Anspruch genommen werden kann. Bei der Auffassung von Maas müßte § 67 überflüssig sein und sich der Übergang der Ersatzforderung aus § 426 II ergeben. Die Konstruktion wäre dann die gleiche, die jetzt § 3 Ziff. 9 S. 2 PflichtVersG für einen ganz anders gelagerten Fall verwertet, für einen Fall, in dem aber die Gesamtschuldnerschaft des Vers ausdrücklich angeordnet ist: § 3 Ziff. 1 PflichtVersG. Gegen Maas vor allem Kisch S. 3—5 N. 1 und Lentzen, Die Konkurrenz des Vsanspruchs und des Entschädigungsanspruchs des Vmers gegen Dritte, Kölner Diss. 1936, S. 11—19, 47.

Nur bei einer Lebensv mit Sparcharakter wird insofern eine Ausnahme von der Nichtanrechnung gemacht, als die Erträgnisse des Kapitals als Minderungsposten in die Schadenberechnung einfließen (BGH 19. IV. 1963 BGHZ Bd 39 S. 249—255).

Lediglich Walter (JW 1937 S. 846f., 849) und Staudinger-Werner (a. a. O. Anm. 111, 114, 115) wollen bei der Lebens- und der Unfallsummenversicherung eine Anrechnung der Vsleistungen zugunsten des Schädigers vornehmen, allerdings nicht in vollem Umfang, sondern unter Abzug der dafür aufgewendeten Prämien (daß auch die private Krankenversicherung summenversicherungsartigen Ersatz vorsehen kann, wird von Walter und Werner nicht beachtet). Ihnen kann jedoch nicht gefolgt werden. Da von Summenv regelmäßig nur gesprochen werden kann, soweit kein Schaden ersetzt wird, bringen Walter und Werner Unvergleichbares in einen Zusammenhang (vgl. BGH 19. XI. 1955 BGHZ Bd 19 S. 94, 99). Überdies sind sie den Beweis dafür schuldig geblieben, daß es dem Vmer zumutbar ist, eine entsprechende Kürzung des Schadensersatzanspruchs hinzunehmen.

In einer vereinzelt gebliebenen Entscheidung hat BGH 13. VI. 1961 VersR 1961 S. 846, 847 die (nicht zu billigende) Ansicht vertreten, daß der Ausgleich durch Lebens- oder UnfallV unter Umständen zur Freistellung des Schädigers führen könne, nicht im Wege der Vorteilsanrechnung, sondern nach Maßgabe einer Billigkeitserwägung.

[9] 3. Weitere Regreßwege.

a) Originärer Anspruch des Zuwenders gegen den Drittschädiger.

aa) Fälle.

Die Ziele, die sich § 67 laut seiner Begründung setzt (Bereicherungsverbot beim Geschädigten, Verhinderung der Vorteilsanrechnung beim Schädiger), werden von ihm durch das Mittel der cessio legis erreicht. Sie ist aber nicht der einzige Weg, auf dem sich die genannte Zielsetzung verwirklichen läßt. Denkbar wäre auch, daß der zunächst in die Bresche springende Zahler die Schuld des Schädigers mittilgt und daher einen originären Anspruch gegen ihn erwirbt, der auf Bereicherung oder Geschäftsführung beruht. Mag auch Selb, Schadenersatz und Regreßmethoden, Heidelberg 1963, S. 30—36 diesen Weg für ungeeignet halten, so ist doch nicht von der Hand zu weisen, daß er in praxi vorkommt. Zu denken ist an den Regreß des Unterhaltsleisters gegen den Schädiger (vgl. §§ 843 IV, 844 II BGB, § 7 II RHG, § 13 II StVG, § 38 II LVG) und den Rückgriff eines Außenstehenden, der nach § 267 BGB die Haftpflichtschuld tilgt, ohne damit dem Geschädigten oder dem Schädiger ein Geschenk machen zu wollen (vgl. zu diesen Fällen Sieg DB 1960 S. 1328; ders. JZ 1964 S. 14—16 mit Kritik an der üblichen Auslegung des § 843 IV BGB).

Darüber, ob § 67 mit originären Ansprüchen gegen den Drittschädiger konkurrieren kann, vgl. unten Anm. 155—159.

[10] bb) Kritik.

Dem gesetzlichen Forderungsübergang, wie ihn § 67 praktiziert, ist ohne Bedenken der Vorzug zu geben, weil er allein klare Rechtsverhältnisse zwischen den drei Beteiligten schafft. Deshalb ist es nicht verwunderlich, daß die Gesetzgebung sich dieser Lösung in den einschlägigen nach Ausgleich verlangenden Rechtslagen in zunehmendem Maße bedient. Einen Überblick über die mannigfachen Anwendungsfälle bieten Selb, Karlsruher Forum 1964, S. 9 und Hübener, Der gesetzliche Forderungsübergang im System der Rechtsordnung, Hamburger Diss. 1968, S. 47f. Wir werden unten Anm. 22—24 auf gesetzliche Forderungsübergänge in der Sozialv zurückzukommen haben.

Verwandt ist mit der Legalzession eine Konstruktion, die sich an § 255 BGB anlehnt. Auch hier kommt es zu einer Rechtsnachfolge, aber nicht automatisch, sondern kraft Abtretung, die der Vorleistende vom Zahlungsempfänger verlangen kann. So liegt es, wenn der Arbeitgeber dem verletzten Arbeitnehmer das Gehalt trotz Nichtleistung von Diensten weiterzahlt (seit BGH 19. VI. 1952 BGHZ Bd 7 S. 30—53 ständige Rechtsprechung) oder wenn der verletzte Gesellschafter seinen Anspruch auf Tätigkeitsvergütung gegen die Gesellschaft behält, obwohl er infolge eines Unfalles dienstunfähig ist (BGH 8. XI. 1966 BB 1966 S. 1411). Für den ersteren Fall stößt § 4 Gesetz über die Fortzahlung des Arbeitsentgelts im Krankheitsfall vom 27. VII. 1969 zum gesetzlichen Forderungsübergang vor.

Der Rechtsgedanke des § 255 BGB spielt für unser Thema insofern eine Rolle, als der Vmer zur Abtretung solcher Drittansprüche gehalten sein kann, die nicht kraft § 67 automatisch übergehen; vgl. unten Anm. 171, 172.

[11] b) Orignärer Anspruch des Zuwenders gegen seinen Versicherten.

aa) Fälle.

In zunehmendem Maße sieht die Rechts- oder Vertragsordnung vor, daß ein Ver dem Geschädigten auch dann Ersatz leisten muß, wenn sein Vmer wegen Mängeln im Vsverhältnis keinen Anspruch auf Deckung hat. Die bekanntesten Fälle sind die des § 158c und des § 3 Ziff. 4, 5 PflichtVersG. Der Ausgleich zwischen Ver und Vmer vollzieht sich im ersteren Fall nach den Grundsätzen des Aufwendungsersatzes (§ 158f darf den Blick dafür nicht trüben, daß eine solche Forderung in Wahrheit zugrunde liegt, wie sich namentlich in dem Anspruch des Vers auf Kostenersatz zeigt, vgl. Sieg DB 1960 S. 1328), in letzterem Falle nach den Grundsätzen des Gesamtschuldnerausgleichs (§ 3 Ziff. 9 S. 2 PflichtVersG).

Als Abwandlung von § 426 I begegnet uns auf vsrechtlichem Gebiet § 59 II (Ausgleich der Doppelver untereinander). Über das Zusammenspiel dieser Norm mit § 67 vgl. unten Anm. 120—121.

Hierher gehört aus der Vertragsordnung der Regreßanspruch gegen den eigenen Vmer nach §§ 10 Ziff. 3, 12 Ziff. 2, 15 Ziff. 1 und 2 SVS bzw. nach Ziff. 28, 31, 34 Sp-Police. Auf dieselbe Wurzel geht der originäre Anspruch des Sozialvsträgers gegen den Unternehmer nach § 640 RVO zurück (zur Rechtsgrundlage in beiden Fällen Sieg DB 1960 S. 1328).

[12] bb) Unterstützender Forderungsübergang.

Soweit in diesem Bereich eine Forderung des Geschädigten gegen den Vmer nicht wegbedungen ist (wie nach § 636 RVO oder nach § 41 a ADSp), geht sie zur Unterstützung des Regresses auf den Ver über: § 158f, § 3 Ziff. 9 S. 2 PflichtVersG in Verbindung mit § 426 II BGB. Der Forderungsübergang erfüllt also hier eine andere Aufgabe als im Bereich des § 67. Er soll nicht eine Bereicherung des Vmers verhindern, sondern dem Ver zusätzliche Sicherung für dessen Regreßforderung schaffen. Vgl. zu dieser Funktion des Regresses im einzelnen: Hübener, Der gesetzliche Forderungsübergang im System der Rechtsordnung, Hamburger Diss. 1968, S. 113—137. Deshalb ist in diesen Fällen § 67 II nicht analog anwendbar.

[13] c) Einziehungsermächtigung und gesetzliches Veräußerungsverbot zugunsten des Zuwenders.

Anders löst das Gesetz den Ausgleich zwischen einstweiligem Zuwender und endgültig Verpflichtetem in den schwer verständlichen §§ 1531—1541 RVO. Wenn der Vte bedürftig wird, weil der Sozialvsträger die auf ihn entfallende Verpflichtung nicht schnell genug feststellen kann und deshalb zunächst der Sozialhilfeträger in Vorlage tritt, so wird dem letzteren eine Einziehungsermächtigung hinsichtlich des Vsanspruchs gegeben, die mit einem gesetzlichen Veräußerungsverbot des Vten gekoppelt ist, damit dieser nicht die Realisierung der Einziehung durch den Sozialhilfeträger durchkreuzen kann (vgl. zur Konstruktion Sieg SGb 1966 S. 161—164).

[14] 4. Kritik an § 67 im Hinblick auf den Schädiger.

a) Stimmen für weitgehende Vorteilsanrechnung.

Wenn oben Anm. 10 die gesetzliche Surrogation als der ideale Regreßweg bezeichnet wurde, so gilt das nur unter der Voraussetzung, daß man überhaupt die von § 67 angesteuerten Ziele akzeptiert. Das erscheint uns heute nicht mehr so selbstverständlich wie den Schöpfern des VVG vor rund sechzig Jahren. Wenden wir uns zunächst der Frage zu, ob es sinnvoll wäre, den Schädiger durch die Vsleistung zu entlasten. Sie wird in Deutschland de lege ferenda unterschiedlich beantwortet, im Ausland vielfach bejaht. Schon im Jahre 1932 hat Wilburg (Jher. Jb. Bd 82 S. 86f.) die Auffassung vertreten, es sei geradezu ein soziales Anliegen, den Schädiger bei leichterem Verschulden durch die Anrechnung von seiner Schadenersatzverpflichtung zu befreien. Auch die oben Anm. 8 zitierten Autoren Walter und Werner sind zu denen zu rechnen, die für die Berücksichtigung der Vsentschädigung zugunsten des Schädigers plädieren (wenn sie sich lediglich auf die Summenv beschränken, so liegt das daran, daß sie sich de lege lata wegen § 67 gehindert sehen, auch die Leistungen der Schadensv dem Schädiger gutzubringen). Neuerdings verficht Rother, Haftungsbeschränkung im Schadensrecht, München-Berlin 1965, S. 248f. diese These. Er meint, das geltende Recht trage mit dem Regreß ein pönales Moment in die zivilrechtliche Abwicklung hinein (so vor ihm schon Walter JW 1937 S. 846, 849). Auch Lohmar, Rechtfertigung der Vorteilsausgleichung im Vsrecht, Karlsruhe 1968, S. 28—31, scheint zu dieser Richtung zu gehören. Über ähnliche Tendenzen im ausländischen Recht vgl. unten Anm. 25.

[15] b) Gegenstimmen.

Es scheint allerdings, daß derartige Bestrebungen bei uns wenig Aussicht auf Verwirklichung haben. Selb, Schadenbegriff und Regreßmethoden, Heidelberg 1963, S. 50—52, hält die vom Gesetzgeber in § 67 und ähnlichen Bestimmungen getroffene Wertung für zutreffend. Er meint, wegen der weitgehenden Verlagerung des Schadens von der Einzelperson auf eine Gemeinschaft (Tendenz zum Sozialschaden) sei es nicht zu vertreten, den Schädiger auf Kosten der Allgemeinheit zu entlasten. Betrachtet man den Siegeszug, den die Legalzession in den letzten Jahrzehnten angetreten hat (vgl. oben Anm. 10), so findet man die Feststellung des BGH berechtigt, die Entwicklung gehe dahin, dem Schädiger die Berufung auf Ersatzleistungen anderer zu versagen (BGH 24. X. 1956 BGHZ Bd 22 S. 75).

Markantestes Beispiel für diese Tendenz ist die Gestaltung des Beamtenrechts. Bis 1937 konnte der Dienstherr des verletzten Beamten keinen Rückgriff nehmen; der Schädiger wurde durch seine, des Dienstherrn Leistung entlastet. Das wurde auf einem Teilgebiet anders, als das DBG von 1937 den Übergang von Ersatzansprüchen dann vorschrieb, wenn der Unfall eine Versorgung ausgelöst hatte. Erst eine Novelle zum BBG (§ 87a) tat den weiteren Schritt, die cessio legis auch dann anzuwenden, wenn der Beamte nur vorübergehend dienstunfähig wurde, der Dienstherr also Gehalt weiterzahlte, ohne die Gegenleistung zu empfangen. Dem § 87a BBG entspricht § 52 BRRG (vgl. Sieg VersRdsch 1968 S. 183).

Eine weitere schädigerfeindliche Komponente tritt hinzu, nämlich den Schaden stifter, selbst den haftpflichtvten, aus Gründen der Prophylaxe einen Teil des von ihm angerichteten Schadens selbst tragen zu lassen (so Keller in einem am 20. II. 1969 gehaltenen Vortrag vor dem Karlsruher Forum; Eike von Hippel, Schadenausgleich bei Verkehrsunfällen, Haftungsersetzung durch Vsschutz, Berlin-Tübingen 1968, S. 83—88). Wenn schon dem haftpflichvten Schädiger, der immerhin selbst Prämien für seine Entlastung aufgebracht hat, angesonnen wird, den Schaden je nach Verschuldensgrad ganz oder zum Teil zu tragen, so spricht natürlich noch weniger dafür, dem Schadenstifter die Vorteile aus einer fremdfinanzierten V zugute kommen zu lassen. Auch der Referentenentwurf eines G zur Änderung und Ergänzung schadenersatzrechtlicher Vorschriften Teil II Begründung S. 144 denkt kaum an einen Abbau der Regreßvorschriften, wenn auch eine gewisse Lockerung in § 255a Entw. anklingt (vgl. a. a. O. S. 47).

[16] 5. Kritik an § 67 im Hinblick auf den Versicherungsnehmer.

a) Fragwürdigkeit des Bereicherungsverbots.

Mit der Feststellung, daß die Entlastung des Schädigers durch die Vsleistung nicht wünschenswert ist, ist noch nichts Entscheidendes für die Beibehaltung des § 67 gesagt, denn es erhebt sich die Frage, ob es nicht sinnvoll wäre, dem Vmer auch in der Schadenv den Ersatzanspruch gegen den Dritten neben der erhaltenen Vsentschädigung zu belassen. Sie wäre a limine zu verneinen, wenn das hinter § 67 stehende Bereicherungsverbot eine überzeugende Rechtfertigung für unsere Vorschrift gäbe. Das ist aber nicht der Fall. Bei dieser Feststellung ist weniger an die Lockerungen des Bereicherungsverbots in der Nichtpersonenv gedacht (vgl. Möller Anm. 46—50 vor §§ 49—80), auch nicht an die ziemlich vereinzelt gebliebene Ansicht Winters (Konkrete und abstrakte Bedarfsdeckung in der Sachv, Göttingen 1962, S. 99—107), daß auch die Nichtpersonenv als Summenversicherung betrieben werden könne, sondern vielmehr an die allgemein anerkannte Möglichkeit, daß es die Parteien bei der Personenv in der Hand haben, ob sie Leistungen des Vers als Summen- oder Schadenv ausgestalten wollen (vgl. Möller Anm. 26 zu § 1, Anm. 3 vor §§ 49—80; amtliche Begründung zu § 1, Motive zum VVG, Neudruck, Berlin 1963, S. 71). Ein Prinzip, hier das Bereicherungsverbot, verliert dann an Glaubwürdigkeit und Durchschlagskraft, wenn die Parteien es auch nur auf einem Teilgebiet umgehen können, hier, indem sie in die Summenv ausweichen. Um solche Manipulationen zu vermeiden, wird hier der Anwendungsbereich des § 67 in der Personenv weiter gezogen als von der herrschenden Lehre (unten Anm. 20—21).

Selbst wo die Personenv nach dem Prinzip der Schadenv gestaltet ist, wird übrigens das Bereicherungsverbot nicht immer beachtet. So ist die Krankheitskostenv zwar subsidiär gegenüber der gesetzlichen Unfall- und Rentenv, nicht aber gegenüber der gesetzlichen Krankenv (vgl. Prölss[17], Anm. 10 zu § 5 Musterbedingungen des Verbandes der privaten Krankenver, S. 897—898). Eine ähnliche Überschneidung ergibt sich beim Heilkostenersatz der Unfallv: Sieg JZ 1960 S. 437.

[17] Ist also — wie gezeigt — die Abgrenzung von Schaden- und Summenv, auf der das Bereicherungsverbot aufbaut, von der Vsseite her flüssig, so zeigt sich auch von der Ersatzseite her eine Durchlässigkeit zwischen beiden Arten. Gemeint sind hier die Fälle, in denen eine Summenvsleistung, die ihrer Zielsetzung nach eben nicht auf Ausgleich eines Schadens zielt, doch auf ihn Einfluß hat. Derartige Erscheinungen begegnen uns bei der Insassenunfallv, im Luftrecht und im Rahmen der Amtshaftung. Zwar soll die Summenleistung des Unfallvers an den Insassen nicht automatisch die Schadenersatzverbindlichkeit des Halters mindern (das hat aber mit der mehr oder minder großen Üblichkeit der Insassenunfallv nichts zu tun, wie OLG Kiel 1. II. 1935 HRR 1935 Nr. 1138 irrig annimt), dieser hat aber die Möglichkeit zu bestimmen, daß sie als Tilgung des Haftpflichtanspruchs gelten soll, sofern das Innenverhältnis zwischen Halter und Insasse eine solche Bestimmung zuläßt (BGH 19. XI. 1955 BGHZ Bd 19 S. 94, 99 = JZ 1956 S. 370 mit Anm. Sieg; BGH 23. IV. 1963 BB 1963 S. 626 = NJW 1963 S. 1201—1203; das Urteil läßt offen, ob dieses Bestimmungsrecht des Halters weiter geht, wenn er keinen Haftpflichtvsschutz genießt, was Lohmar a. a. O. S. 75 bejaht).

Nach § 50^3 LVG mindern Leistungen des Unfallvers ohne weiteres die Schadenersatzverbindlichkeit des Luftfahrzeughalters. — Nach weit verbreiteter Ansicht sind Leistungen des Unfall- und Krankenvers, auch wenn es sich um Summenv handelt, anderweitiger Ersatz im Sinne des § 839 I 2 BGB, der die Amtshaftung insoweit zurücktreten läßt (vgl. Palandt-Danckelmann, BGB, 26. Aufl., München-Berlin 1967, Anm. 7 c bb vor § 249 mit Angabe von Judikatur). Mag auch die letztere Ansicht angreifbar sein (was hierzu unter Anm. 29—30 in bezug auf die Schadensv ausgeführt wird, gilt um so mehr für die Summenv), so kann doch dieser Fall mit als Beleg dafür gelten, daß eine feste Grenze zwischen Summen- und Schadenv nicht zu ziehen und damit die Berechtigung des auf die letztere gemünzten Bereichungersverbots fragwürdig ist.

Im Hinblick auf den Vmer kann auch schwerlich gesagt werden, daß § 67 lediglich die Ausformung eines vorgezeichneten allgemeinen bürgerlich-rechtlichen Prinzips bedeute. Als Ansatzpunkt für solche Auffassung könnte § 255 BGB dienen. Selbst wenn man annimmt, daß diese Vorschrift über ihren Wortlaut hinaus auszulegen ist (vgl. aber die vorsichtige Formulierung in BGH 30. IV. 1952 BGHZ Bd 6 S. 56, 61f.), so bleibt doch immerhin die Besonderheit bestehen, daß der Vmer für die Leistung des Vers vorweg ein Äquivalent in Gestalt der Prämie oder des Beitrages erbracht hat. Daß es bürgerlich-rechtlich hinzunehmen ist, wenn der Schadenfall zu einer wirtschaftlichen Besserstellung des Vmers führt, zeigen ja auch die Fälle der Summenv. Auch Mertens, Der Begriff des Vermögensschadens im bürgerlichen Recht, Stuttgart-Berlin-Köln-Mainz 1967, S. 191 betont die Möglichkeit zusätzlicher (Unterstreichung von mir) Deckungsbeschaffung durch den Vmer, unabhängig vom Ersatzanspruch gegen den Dritten. Lohmar a. a. O. S. 32 weist darauf hin, daß das Vertragsrecht des BGB keine Vorteilsanrechnung kenne.

Nach alledem ergeben sich rechtspolitische Bedenken gegen § 67. Dabei will ich hier ganz unerörtert lassen, ob und inwieweit der Regreß wirtschaftlich sinnvoll ist (vgl. schon Schneider ZVerwWiss 1916 S. 226; Sieg JuS 1968 S. 360 insbesondere Note 32). Das würde zu einer Betrachtung unseres Problems aus der Gesamtschau, losgelöst vom punktuellen einzelnen Vsverhältnis, führen.

[18] b) Folgen für die Anwendung des § 67.

Da § 67 und damit das ihm zugrunde liegende Bereicherungsverbot geltenden Rechts ist (vgl. aber auch die Zitate bei Möller Anm. 45 vor §§ 49—80), gilt es, dem letzteren bei der Auslegung Respekt zu verschaffen und die aufgezeigten Grenzüberschreitungen auf ein möglichst geringes Maß zurückzuführen (vgl. dazu im einzelnen unten Anm.

20—21). Was zunächst die Nichtpersonenv angeht, so sind die Durchbrechungen des Bereicherungsverbots auf den Regreß weitgehend deshalb ohne Einfluß, weil der Schädiger nach bürgerlich-rechtlichen Grundsätzen nur den Vermögensstand des Geschädigten herzustellen hat, der ohne das schädigende Ereignis vorhanden wäre. Was der Ver darüber hinaus leistet, kann den Dritten im Regreßwege nicht belasten. Diese Fälle bleiben auch insofern noch konstruktiv im System der Schadenv, als man sich hier der von Schiering S. 37, 119 geprägten Rechtsfigur der schadenabhängigen Pauschalregulierung bedienen kann.

In der Personenv verdienen die Bestrebungen Zustimmung, die für die Summenv eine besondere Rechtfertigung fordern (Schmidt = Rimpler, Arbeiten zum Handels-, Gewerbe- und Landwirtschaftsrecht, Nr. 62, Bd 2, S. 1234—1236; Schiering S. 52, 54, 119) und, wo diese nicht zu finden ist, den Abschluß nach Maßgabe der Schadenv befürworten (Möller JW 1938 S. 918 für die private Krankenv, ausdrücklich Pauschalierungen zulassend; Helfesrieder S. 45—47, 55 betreffend Tagegeld in der Unfall- und Krankenv).

[19] 6. Schadensversicherung im Sinne des § 67.

a) Nichtpersonenversicherung.

Das Hauptanwendungsgebiet des § 67 bildet die Nichtpersonenversicherung, denn sie kann nach herrschender Lehre nur als Schadenv betrieben werden (vgl. oben Anm. 16). § 67 greift sowohl bei der Aktiven- als auch bei der Passivenv ein (Kisch S. 8). Die Aktienv kommt in drei Arten vor, wir unterscheiden Sach-, Forderungs- und Gewinnv (vgl. Möller Anm. 28 zu § 1, Anm. 12—16 vor §§ 49—80). Von diesen spielt die Forderungsv für § 67 kaum eine Rolle, vgl. unten Anm. 33. Was die Gewinnv angeht, so weist Mertens a. a. O. S. 190 ausdrücklich auf die Betriebsunterbrechungsv im Rahmen der bürgerlich-rechtlichen Vorteilsausgleichung hin.

Unter den Zweigen der Passivenv wird die Haftpflichtv von § 67 erfaßt, nicht jedoch die Rückv (Prölss[17] Anm. 4 zu § 67, S. 313; Kisch S. 7). Das ergibt sich sowohl aus § 186 als auch aus der Erwägung, daß die Rückv eine partiarische Rechtsbeziehung zwischen Erst- und Rückver schafft, woraus folgt, daß der Rückver im Rahmen des Abrechnungsverhältnisses anteilig an dem Erfolg des von dem Erstver durchgeführten Regresses partizipiert, ohne daß eine zweite cessio legis vom Erst- auf den Rückver notwendig wäre (anders Bruck S. 680 und für die Seev Ritter-Abraham Anm. 28 zu § 45, S. 688). Das gilt auch für Ausgleichsansprüche des Erstvers gegen einen anderen Ver, d.h. auch in diesem Fall findet kein Übergang auf den Rückver statt (anders auch hier Ritter-Abraham Anm. 28 zu § 45, S. 688).

[20] b) Personenversicherung.

Es ist heute in Deutschland überwiegend anerkannt, daß § 67 auch in der Personenv Anwendung findet, nämlich soweit sie nach Art der Schadenv betrieben wird (Kisch S. 7). Das gilt für die Heilkosten in der Unfallv und für die Krankheitskosten in der Krankenv (Möller Anm. 3 vor §§ 49—80; Prölss[17] Anm. 9 zu § 67, S. 320—321; Lohmar a. a. O. S. 50f.; BGH 17. X. 1957 BGHZ Bd 25 S. 330, 338 = VersR 1957 S. 729—731; OLG Stuttgart 22. X. 1959 VersR 1960 S. 87; LG Frankfurt 9. IV. 1964 VersR 1964 S. 955 = NJW 1964 S. 1729; LG Mainz 22. XII. 1966 VersR 1967 S. 961). Das RG lehnte die Anwendung von § 67 auf die Personenv ab, zuweilen ohne Differenzierung nach Schaden- und Summenv (RG 12. III. 1936 JW 1936 S. 2795; RG 7. VII. 1943 DR 1943 S. 1079; RG 4. I. 1937 RGZ Bd 153 S. 38ff.). Ebenso in neuerer Zeit OLG Düsseldorf 11. IX. 1957 VersR 1958 S. 235; Hofmann VersR 1958 S. 659.

Nicht zweifelhaft ist ferner, daß auch die Sterbegeldv als Teil der Lebensv so ausgestaltet sein kann, daß sie auf konkreten Ersatz der Bestattungskosten gerichtet ist, was die Anwendung von § 67 zur Folge hat (Möller Anm. 3, 26 vor §§ 49—80; Schiering S. 53). Theoretisch könnte die Sterbegeldv in den übrigen Zweigen der Personenv ebenso beschaffen sein, praktisch kommt sie aber dort nur als Summenv vor (Klingmüller, Das Krankenvsvertragsrecht in: Balzer-Jäger, Leitfaden der privaten Krankenv, Karlsruhe o. J., Sonderdruck, S. 4).

Schwieriger ist die Frage zu beantworten, ob auch Tagegelder der Unfall- und Krankenversicherung von § 67 erfaßt werden. Sie wird allgemein verneint. Ich habe mich in VersRdsch 1968 S. 185f. unter Hervorhebung der Vorsichtsmaßnahmen, die die Ver bei Eingehung von Tagegeldven zu beobachten pflegen, auf den gegenteiligen Standpunkt gestellt, muß aber einräumen, daß die mit jenen Maßnahmen bezweckte Eingrenzung des subjektiven Risikos nicht stets den Schluß zuläßt, daß damit der Schritt von der Summen- zur Schadenv getan sei. Kein Argument gegen den Regreß würde der Hinweis bedeuten, daß die Ver selbst es bisher nicht versucht haben, Rückgriff wegen gezahlter Tagegelder zu nehmen, ihnen also an diesem offensichtlich nicht gelegen sei. Auf das Parteiverhalten würde es nicht ankommen, wenn das Bereicherungsverbot nach objektiven Kriterien eingriffe.

Festzuhalten ist, daß die Tagegeldv als Schadenv nicht nur vereinbart werden sollte (vgl. Helfesrieder oben Anm. 18), sondern tatsächlich zum Teil auch so vereinbart wird. Zu denken ist hierbei an die mit Arbeitnehmern vereinbarten Ven, die ein Tagegeld erst ab 43. Tag der Arbeitsunfähigkeit vorsehen (Grewing, Unfallv, Wiesbaden 1966, S. 65), also von dem Zeitpunkt an, an dem die Gehaltsfortzahlung aussetzt. Zur Schadenv gehören die Tagegelder ferner dann, wenn sie bedingungsgemäß zur Hälfte für die Aufstockung des Behandlungskostenersatzes verwendet werden, wie nach § 18 II Ziff. 4 AKB, sofern der Unfall keine Arbeitsbehinderung ausgelöst hat. Dasselbe gilt, wenn das Tagegeld nach § 18 II Ziff. 5 AKB für den Ersatz ärztlicher Behandlungskosten ausgenutzt worden ist.

[21] Nach meiner Auffassung hat ferner das Krankenhaustagegeld Schadenvcharakter. Es dient anerkanntermaßen der Aufstockung der für die Krankenhauskosten zu gewährenden Vsentschädigung, weil diese meist in den Verträgen zu niedrig bemessen wird (vgl. Heyn ZVersWiss 1968 S. 576; Tauer-Linden, Krankenv in Vswirtschaftliches Studienwerk F II S. 92). Während das Bundesaufsichtsamt für das Vs- und Bausparwesen hier eine Tendenz zur Schadenv für gegeben hält (Rundschreiben R 1/68 vom 26. II. 1968 VerBAV 1968 S. 50f.), geht Obermeyer VW 1948 S. 202 erheblich weiter: Die Krankenhaustagegeldv sei der technischen Gestaltung nach eine Schadenv; dem stehe auch die Pauschalierung des Ersatzes, die sich aus praktischen Notwendigkeiten ergebe, nicht entgegen. Die abweichende Ansicht bestätigt neuerdings wieder OLG Hamm 14. VI. 1968 VersR 1969 S. 508f.

Läßt man die Tagegelder am Regreß teilnehmen, so vermeidet man die schwer verständliche Divergenz zur Sozialv, wo das funktionsgleiche Krankengeld zweifellos von § 1542 RVO und den ihm gleichstehenden Regreßnormen erfaßt wird. Hier wie dort handelt es sich der Sache nach um pauschalierte schadenabhängige Deckung in der Terminologie Schierings (vgl. hierzu auch unten Anm. 24).

Die deutschen Krankenver bieten vereinzelt eine Tagegeldv für den Arbeitgeber, wodurch die während der Arbeitsunfähigkeit der Arbeitnehmer weiterlaufenden Gehälter abgedeckt werden (Tauer-Linden a. a. O. S. 58). Auch hier haben wir es mit konkreter Bedarfsdeckung zu tun. § 67 findet Anwendung, allerdings wird hier der Ver erst in zweiter Stufe Rechtsnachfolger. Nach der oben Anm. 10 wiedergegebenen Rechtsprechung kann der Arbeitgeber die Fortzahlung des Gehalts von der Abtretung der kongruenten Schadenersatzansprüche des Arbeitnehmers abhängig machen. Ist die Abtretung vollzogen, der Anspruch also in des Arbeitgebers = Vmers Hand, so geht er daraufhin weiter nach § 67 auf den entschädigenden Ver über.

Im übrigen gehören die Leistungen der Personenv zur Summenv, also Kapital- und Rentenleistungen in der Lebensv, Invaliditäts- und Todesfallentschädigungen in der Unfallv (Möller Anm. 26 vor §§ 49–80).

[22] 7. Parallelregelung im Sozialversicherungsrecht.

a) Quellen.

Oben Anm. 10 wurde darauf hingewiesen, daß der Regreßweg des gesetzlichen Forderungsübergangs in der letzten Zeit immer mehr an Boden gewonnen hat. In der Sozialv war er von vornherein vorgesehen (vgl. BGH 30. III. 1953 BGHZ Bd 9 S. 179, 184–187).

Heute findet sich die maßgebliche Norm für die Kranken-, die Unfall- und die Arbeiterrentenv in § 1542 RVO.

§ 1542 RVO

[1] Soweit die nach diesem Gesetze Versicherten oder ihre Hinterbliebenen nach anderen gesetzlichen Vorschriften Ersatz eines Schadens beanspruchen können, der ihnen durch Krankheit, Unfall, Invalidität oder durch den Tod des Ernährers erwachsen ist, geht der Anspruch auf die Träger der Versicherung insoweit über, als sie den Entschädigungsberechtigten nach diesem Gesetze Leistungen zu gewähren haben. Dies gilt nicht bei Ansprüchen, die aus Schwangerschaft und Niederkunft erwachsen sind. Bei den gegen Unfall Versicherten und ihren Hinterbliebenen gilt es nur insoweit, als es sich nicht um einen Anspruch gegen den Unternehmer oder die ihm nach § 899 Gleichgestellten handelt.
[2] Auf das Maß des Ersatzes für Krankenpflege und Krankenhauspflege sowie für Krankenbehandlung und Heilanstaltspflege ist § 1524 Abs. 1 Satz 2 bis 4 entsprechend anzuwenden, wenn der Versicherungsträger nicht höhere Aufwendungen nachweist.

Entsprechende Regelungen sehen vor: § 77 II AVG (für die Angestelltenv), § 109 RKnG (für die Knappschaftsv) und § 127 (betreffend Arbeitslosengeld) und § 141 (betreffend Arbeitslosenhilfe) Arbeitsförderungsgesetz vom 25. VI. 1969. Zum Vorläufer dieser beiden Bestimmungen, dem § 205 AVAVG, vgl. Sieg VersR 1969 S. 1—5.

[23] b) Unterschiede zum Privatversicherungsrecht.

Der sozialvsrechtliche Regreß weicht in manchen Punkten von dem nach § 67 ab. Im ersteren Bereich geht nämlich die Forderung nicht erst über, wenn der Sozialvsträger Leistungen gewährt, sondern schon dann, wenn er sie zu gewähren hat, praktisch also mit dem Schadenfall (vgl. BGH 10. VII. 1967 BGHZ Bd 48 S. 181—193). Damit ist für die Sozialv eine dem § 67 I 3 entsprechende Vorschrift überflüssig. Die sozialvsrechtlichen Subrogationsnormen kennen ferner keine Entsprechungen zu § 67 I 2 und § 67 II. Was zunächst § 67 I 2 angeht, so sind aus dessen Fehlen allerdings keine praktischen Schlüsse zu ziehen, weil es sich um eine selbstverständliche Regelung handelt, die überall da eingreift, wo ursprünglicher Gläubiger und gesetzlicher Rechtsnachfolger in Konkurrenz dem Schuldner gegenübertreten (vgl. Sieg JuS 1968 S. 359). Auf die analoge Anwendung des § 67 II im Bereich der Sozialv ist später zurückzukommen (Anm. 112).

Andererseits weisen die sozialvsrechtlichen Quellen zusätzliche Bestimmungen auf, die der Privatv fremd sind. Zu nennen sind hier § 1542 II RVO (Pauschalierung des Regreßanspruchs) und § 1543 RVO (Bindung des über den Schadenersatzanspruch befindenden Gerichts an Entscheidungen der Sozialvsträger über Grund und Höhe ihrer Verpflichtungen).

[24] c) Gemeinsame Wurzel.

Soweit der Sozialvsträger Geldleistungen gewährt (z. B. Krankengeld, Hausgeld, verschiedene Arten der Renten), deckt er keinen konkret berechneten Schaden ab. Man hat deshalb gemeint, daß hier im Unterschied zur Privatv einem Summenver der Regreß zugebilligt wird (R. Schmidt VersR 1963 S. 460). Das dürfte nicht zutreffend sein. Alle Geldleistungen des Sozialvers haben letztlich Lohnersatzfunktion. Daß der Bedarf nicht auf Heller und Pfennig berechnet, sondern im Interesse der Verwaltungsvereinfachung pauschaliert abgedeckt wird, hindert nicht, auch hier eine schadenabhängige Vsleistung anzuerkennen (vgl. Sieg VersRdsch 1968 S. 187f.; ebenso für die gesetzliche Unfallv Schiering S. 119).

[25] 3. Ausländische Rechte.

Ein Blick auf ausländische Rechte soll hier nur insoweit geworfen werden, als sie charakteristische Züge für die Funktion des Regresses aufweisen.

Das französische Recht stimmt nach Art. 36 frzVVG weitgehend mit dem deutschen überein. Nicht nur das Prinzip ist dasselbe, sondern die Parallelität geht bis in die

Einzelheiten: Art. 36 II entspricht § 67 I 3; Art. 36 III dem § 67 II. Der Satz nemo subrogat contra se ist zwar nicht, wie bei uns in § 67 I 2, ausdrücklich ausgesprochen, seine Geltung wird aber für selbstverständlich angesehen: Sumien, Traité des Assurances terrestres et des Opérations à long Terme, 7. Aufl., Paris 1957, S. 121. Ein Unterschied zum deutschen Recht besteht darin, daß nach Art. 55 frzVVG der Regreß in der Personenv schlechthin ausgeschlossen ist, also auch soweit Krankheitskosten und Heilkosten erstattet wurden.

Bemerkenswert sind die Regelungen in Schweden und der Schweiz insofern, als dort der Regreß des Nichtpersonenvers eingeschränkt ist. Nach § 25 I schwedVVG (Übersetzung bei Roelli-Jaeger-Keller, Kommentar zum Schweizerischen Bundesgesetz über den Vsvertrag, 4. Bd, 2. Aufl., Bern 1962, S. 322) ist dem Ver der Rückgriff bei leichter Fahrlässigkeit, nicht hingegen bei Gefährdungshaftung versagt. § 25 II schwedVVG deckt sich dagegen wieder mit dem deutschen Recht: Der Unfall- oder Krankenver kann im Rahmen des Abs. 1 Regreß nehmen, soweit er schadenvsartige Leistungen erbracht hat.

In der Schweiz gibt es einen Regreß des Nichtpersonenvers nur bei unerlaubter Handlung des Dritten (Art. 72 I schweizVVG), was dahin ausgelegt wird, daß nur Ansprüche aus schuldhaft begangenem Delikt übergehen (vgl. Karrer S. 27f.; Oftinger, Schweizerisches Haftpflichtrecht, 1. Bd, 2. Aufl., Zürich 1958, S. 342f.). Der weite Bereich der Gefährdungshaftung und der Ansprüche aus Verträgen bleibt also ausgeklammert. Im übrigen entspricht Art. 72 II und III dem § 67 I 3 und II dtschVVG. Das schweizerische Bundesgericht lehnt einen Regreß bei der Personenv schlechthin ab (im Ergebnis also wie Frankreich, s. o.). Dagegen wird Kritik erhoben, soweit der Personenver nach Maßgabe der Schadenv Leistungen gewährt (Helfesrieder S. 47f,. 67, 70).

Über den Stand der internationalen Diskussion zum Regreßrecht unterrichtet Fleming (California Law Review Bd 54 [1966] S. 1478–1549). Eine starke Tendenz geht dahin, daß der Schadenstifter nur bei schwerem Verschulden im Rückgriffswege in Anspruch genommen werden soll, sofern eine Vtengemeinschaft zunächst für Ausgleich gesorgt hat.

[26] II. Außerversicherungsrechtliche Voraussetzungen des Übergangs.

1. Anspruch auf Ersatz des Schadens.

a) Gesetzlicher Anspruch.

aa) Privatrechtliche Grundlage.

aaa) Deliktsanspruch im weiteren Sinne.

Entsprechend der Zielsetzung des § 67 ist es gleichgültig, auf welcher Grundlage der Ersatzanspruch des Vmers beruht. In erster Linie kommen gesetzliche Ansprüche in Betracht, mögen sie auf Verschuldens-, mögen sie auf Gefährdungshaftung zurückgehen. Dabei kommt als Gegner nicht nur der unmittelbare Täter in Frage, sondern z. B. auch der Hehler (OLG Düsseldorf 27. VI. 1950 VW 1950 S. 304 mit zustimmender Anmerkung von Bischoff VersR 1950 S. 151; Stiefel-Wussow S. 489).

Auch der Ausgleichsanspruch des Vmers gegen einen Mitschädiger gehört zu den Ersatzansprüchen (OLG Hamm 24. X. 1961 VersR 1962 S. 502; BGH 13. V. 1955 BGHZ Bd 17 S. 214 = NJW 1955 S. 1314; BGH 17. V. 1956 BGHZ Bd 20 S. 371; BGH 9. XI. 1965 VersR 1966 S. 64; Harten S. 40), für die Haftpflichtversicherung, zu der auch die KVO-Versicherung gehört (LG Berlin 26. X. 1953 VersR 1953 S. 452; BGH 7. XII. 1961 LM Nr. 19 zu § 67 VVG), die bedeutendste Grundlage des Regresses, aber nicht die einzige (vgl. unten Anm. 32).

Nach heute herrschender Ansicht kann der Ausgleich nicht dadurch beeinflußt werden, daß der Gläubiger (der Geschädigte in der Haftpflichtv) dem zahlenden Deliktsschuldner oder dessen Haftpflichtver die Forderung abtritt; der Mitschuldner kann sich auch dann auf die Mithaftungsquote des Vmers berufen: Blomeyer, Allgemeines Schuldrecht, 4. Aufl., Berlin-Frankfurt/M. 1969, S. 302; Mittermeier VersR 1969 S. 398; BGH 13. V. 1955 BGHZ Bd 17 S. 214ff. = VersR 1955 S. 381–383 = LM Nr. 5 zu § 67 VVG = VerBAV 1955 S. 283; BGH 3. VII. 1962 VersR 1962 S. 725–727. Anders noch

RG 6. VI. 1935 RGZ Bd 148 S. 137—145 = JW 1935 S. 3291 mit Anm. Oellers JW 1936 S. 799.

Für die Subrogation macht es keinen Unterschied, ob sich der deliktische Anspruch von vornherein in der Hand des Vmers befand oder ob er ihn seinerseits als Rechtsnachfolger erworben hat (vgl. oben Anm. 21 und Kisch S. 15f), ob er unmittelbar mit dem Vsfall entstanden ist oder nur mittelbar auf ihn zurückgeht.

[27] bbb) Bereicherungsanspruch.

Ob Bereicherungsansprüche unter § 67 fallen, ist umstritten. Während manche die Frage schlechthin bejahen (Bruck S. 667; Prölss § 67 Anm. 1; Ritter-Abraham § 45 Anm. 6), wird sie von anderen ebenso kategorisch verneint (Kisch S. 19; Stiefel-Wussow S. 489). Harten S. 46—59 will unterscheiden, ob der Bereicherungsanspruch auf Herausgabe (dann soll kein Übergang stattfinden) oder auf Wertersatz (dann soll Übergang zu bejahen sein) geht. Er meint, in letzterem Fall wie in dem des § 816 habe die Bereicherung schadenersatzartigen Charakter.

M. E. können Bereicherungsansprüche schlechthin nicht von der cessio legis erfaßt werden, denn sie sind vom Schadenersatz wesensverschieden. Während die Kondiktion auf die Verhältnisse beim Schuldner abstellt (besonders markant: § 818 III BGB), ist der Schadenersatzanspruch grundsätzlich nach den Verhältnissen des Gläubigers orientiert. Mit Recht werden daher beide scharf voneinander abgehoben, auch wenn die Kondiktion auf Wertersatz gerichtet ist (Larenz, Lehrbuch des Schuldrechts, 2. Bd 9. Aufl., München 1968, S. 392). Allerdings findet sich in RG 17. I. 1940 RGZ Bd 163 S. 21, 34 die beiläufige Bemerkung, daß die Klägerin, ein Ver, den auf sie übergegangenen Bereicherungsanspruch verfolgen könne, aber diese Entscheidung ist nicht beweiskräftig. Die Klägerin hatte als Haftpflichtver auf Grund einstweiliger Verfügungen nach § 940 ZPO den Geschädigten befriedigt, dessen Ansprüche sich im Hauptprozeß als unbegründet herausstellten. Damit hatte der Vmer einen Schadenersatzanspruch nach § 945 ZPO gegen den Geschädigten erworben (ebenso ist die Rechtslage, wenn ein vorläufig vollstreckbares Urteil oder ein Vollstreckungsbefehl später aufgehoben wird: §§ 700, 717 II ZPO). Anderer Ansicht ist OLG Frankfurt/M. 23. IV. 1959 VersR 1959 S. 894, wo die Schadenliquidation in Drittinteresse übersehen ist, die Wussow in der Anmerkung zwar behandelt, aber zu Unrecht ablehnt; vgl. zum Problem Sieg, Ausstrahlungen der Haftpflichtversicherung, Hamburg 1952, S. 223f. Der Bereicherungsanspruch, von dem das RG handelt, hätte erst nach Abtretung an den Ver von diesem geltend gemacht werden können (vgl. Sieg a. a. O. S. 216).

Mit einer verwandten Rechtslage hat sich LG Krefeld 18. VIII. 1960 VersR 1961 S. 958 beschäftigt: Die Klägerin, ein Haftpflichtver, hatte für ihren Vmer an das scheineheliche Kind eines getöteten Dritten Schadenersatz nach § 844 II BGB gezahlt. Nachdem der Ehelichkeits-Anfechtungsprozeß mit Erfolg durchgeführt worden war, ließ sich die Klägerin die Ansprüche ihres Vmers gegen den Erzeuger abtreten und verlangte nunmehr von diesem die Zahlung der Beträge, die sie für das scheineheliche Kind aufgewendet hatte. Das LG Krefeld gab der Klage statt. Es bejahte einen Anspruch des Vmers gegen den Erzeuger in analoger Anwendung von § 1709 II BGB. Es kann dahingestellt bleiben, ob diese Auffassung des LG zu teilen ist. Folgt man ihm, so geht jener Anspruch jedenfalls nicht nach § 67 auf den Ver über. Die Abtretung, die in casu vorlag, war also notwendig.

Praktische Bedeutung kann die Frage des Übergangs vor allem bei § 816 I gewinnen (Beispiel von Harten S. 57: Der Einlagerer hat Ware, die sich beim Lagerhalter befindet, unter Vsschutz gebracht, das Veruntreuungsrisiko ist mitgedeckt. Der Lagerhalter unterschlägt die Ware und verfügt über sie zugunsten des gutgläubigen X). Hier wird aber immer mit dem Kondiktionsanspruch ein deliktischer konkurrieren, der natürlich übergeht. Damit wird auch der Bereicherungsanspruch, soweit sich beide decken, konsumiert (Larenz, Allgemeiner Teil des Deutschen Bürgerlichen Rechts, München 1967, S. 270—73). Soweit der letztere über den Schadenersatzanspruch hinausgeht, verbleibt er dem Vmer. — Akut werden mag unser Problem auch im Rahmen des § 951 BGB: Versicherte Rohstoffe werden gestohlen und dem gutgläubigen X verkauft, der sie verarbeitet und damit Eigentum nach § 950 erlangt. Auch dieser Bereicherungsanspruch geht der Regel entsprechend nicht nach § 67 über (anders Harten S. 58).

Auf den ersten Blick scheint es widersprüchlich zu sein, die Übergangsfähigkeit des Ausgleichsanspruchs zu bejahen (oben Anm. 26), die des Bereicherungsanspruchs zu verneinen, obwohl beide nicht wesensverschieden voneinander sind (vgl. unten Anm. 157). Indes ist zu beachten, daß im Rahmen des § 67 nur solche Ausgleichsansprüche eine Rolle spielen, die aus der Haftung des Mitschädigers für eine Schadensersatzverbindlichkeit rühren. Diese Ausgleichsansprüche haben also mehr mit Delikts- als mit Bereicherungsforderungen gemeinsam.

Der Ausgleich vollzieht sich in diesen Fällen wie folgt: Realisiert der Vmer den Kondiktionsanspruch, so stellt sich die Vleistung nachträglich als grundlos heraus und der Vmer ist gehalten, sie nach Bereicherungsrecht zurückzuerstatten. Man wird den Vmer für verpflichtet halten müssen, die Bereicherungsforderung auf Verlangen des Vers in analoger Anwendung von § 255 BGB an diesen abzutreten (vgl. Kisch S. 20 für einen ähnlichen Fall). Wenn auch die Rechtfertigung des § 67 aus dem Gedanken des § 255 nicht schlüssig ist (vgl. de lege ferenda oben Anm. 17), so muß, solange das vrechtliche Bereicherungsverbot gilt, umgekehrt der § 255 zur Füllung von Lücken herangezogen werden, die § 67 läßt.

[28] ccc) Anspruch aus Eigentum.

Mit Recht wird übereinstimmend angenommen, daß der Anspruch aus dem Eigentum (§ 985 BGB) nicht auf den Ver übergehen kann (RG 4. III. 1924 RGZ Bd 108 S. 110; Bruck S. 669; Harten S. 41; v. Gierke S. 209; Kisch S. 16f.; Prölss § 67 Anm. 1). Das folgt daraus, daß er untrennbar mit dem Eigentum verbunden ist und der Vmer dieses allein durch Empfang der Vsentschädigung nicht verliert. Die Ver haben in den Zweigen, in denen die Entwendung der vten Sache den Vsfall bedeutet, in den AVB eine Surrogationsregelung entwickelt, die zwar auch noch zur vsrechtlichen Vorteilsausgleichung gehört, aber bei der der Zuwachs des Vmers nicht in einem Forderungsinteresse besteht (vgl. Möller Anm. 52, 54 zu §§ 49—80).

Zum Teil wird dem Vmer bei Wiederbeschaffung der Sache ein Wahlrecht gegeben: Er kann sie dem Ver zur Verfügung stellen (d. h. sie ihm übereignen) oder sie behalten, muß aber in letzterem Fall die Entschädigung zurückzahlen (§ 17 AVB HausratV, § 17 AVB EDV), womit der Kondiktionsanspruch des Vers erfüllt wird. Kein Wahlrecht besteht in der Kraftfahrzeug-Kaskov. Hier kommt es vielmehr darauf an, wann die entwendeten Sachen wieder herbeigeschafft werden. Liegt dieser Zeitpunkt innerhalb zweier Monate nach Eingang der Schadenanzeige, muß der Vmer sie behalten und die Entschädigung zurückzahlen. Bei späterer Wiederbeschaffung bleibt der Vsfall endgültig abgewickelt, der Ver gewinnt das Eigentum (§ 13 VII AKB. Zur sachenrechtlichen Konstruktion: Sieg VersR 1954 S. 205—208). Das Zonenamt des Reichsaufsichtsamts für das Versicherungswesen hat allerdings die Auffassung vertreten, daß der Ver in diesem Fall zur Rückübereignung an den Vmer gegen Erstattung der Entschädigung verpflichtet sei, wenn dieser es verlange (VA 1948 S. 47); der Fachausschuß Kraftverkehrsversicherung war derselben Ansicht. Über die Einzelheiten des Ausgleichs nach Wiederherbeischaffung der Sache — der, wie erwähnt, nichts mehr mit § 67 zu tun hat — vgl. die zitierten Bestimmungen der AVB. Sofern AVB schweigen, wird das oben behandelte Wahlrecht des Vmers gleichwohl zum Zuge kommen müssen: v. Gierke S. 210.

Der Vindikationsanspruch kann sich nach Maßgabe der §§ 989—992 BGB in einen Schadenersatzanspruch verwandeln, wenn der Besitzer zur Herausgabe nicht in der Lage ist. Dieser Anspruch kann auf den Ver übergehen (Harten S. 43—45), denn hier, wie auch sonst, kommt es auf den Inhalt des Anspruchs („Ersatz des Schadens“), nicht auf seine Wurzel an.

[29] bb) Öffentlich-rechtliche Grundlage.

aaa) Anspruch aus Amtspflichtsverletzung.

Hat ein Beamter in Ausübung öffentlicher Gewalt einen Schaden schuldhaft verursacht, so haftet statt seiner die öffentliche Körperschaft, die ihn angestellt hat

(§ 839 BGB Art. 34 GG). Ihre Haftung ist jedoch, sofern dem Beamten nur Fahrlässigkeit zur Last fällt, subsidiär: § 839 I 2 (anders bei Beteiligung eines Nicht-Erwerbsschiffes des Staates wegen Art. 7 EG HGB: BGH 6. XI. 1951 BGHZ Bd 3 S. 321, 328 bis 332). Da der anderweitige Ersatz im Sinne dieser Vorschrift nach herrschender Lehre auch eine Vsentschädigung sein kann (Möller DAR 1953 S. 108; Stiefel-Wussow S. 494; Schumann VersR 1950 S. 144, kritisch dazu Frey am gleichen Ort; RG 31. V. 1943 RGZ Bd 171 S. 198—202; BGH 7. II. 1963 VersR 1963 S. 477—479; BGH 28. II. 1966 VersR 1966 S. 581; BGH 13. VI. 1966 VersR 1966 S. 875—877; BGH 20. III. 1967 BGHZ Bd 47 S. 196 = VersR 1967 S. 505), entsteht überhaupt kein Anspruch des Vmers, der auf den Ver übergehen könnte. Dem Vmer soll der Anspruch auf die Vsleistung sogar dann entgegengehalten werden können, wenn er Grund hat, seinen Ver zu schonen, etwa um einen Schadenfreiheitsrabatt nicht zu verlieren (OLG Schleswig 28. II. 1963 VersR 1965 S. 122).

Darin, daß die Vsentschädigung anderweitiger Ersatz im Sinne von § 839 I 2 sein soll, wird mit Recht Kritik geübt (Gerhard JW 1933 S. 778f.; Nelte JRPV 1934 S. 113—115; Münzel NJW 1966 S. 1341—1345; Prölss § 67 Anm. 4 am Ende; Bonsmann Zeitschr. f. Rechtspolitik 1969 S. 52f.), denn hier wird mit zweierlei Maß gemessen. So wenig sich ein sonstiger Schädiger auf Vsleistungen berufen kann (vgl. oben Anm. 15), dürfte dieser Einwand der öffentlichen Körperschaft zur Verfügung stehen. Die Subsidiaritätsklausel behielte auch dann noch ihren Sinn, z. B. im Verhältnis zu einem weiteren Schädiger.

[30] Sieht der Vsvertrag nur subsidiäre Haftung vor, so entfällt die Anwendung von § 839 I 2, d. h. dem Vmer stehen Amtshaftungsansprüche zu (RG 15. XI. 1932 JW 1933 S. 778f.; RG 31. V. 1943 RGZ Bd 171 S. 198—202). Für unsere Untersuchung ist das ohne Bedeutung, weil mangels Verleistung ein Übergang nach § 67 nicht in Betracht kommt.

Hat der Beamte nicht in Ausübung öffentlicher Gewalt gehandelt, so ist er zwar ebenfalls nur nach Maßgabe der Subsidiaritätsklausel verantwortlich, aber in diesem Fall haftet die öffentliche Körperschaft nicht nach Art. 34 GG, sondern gegebenenfalls nach §§ 31, 89 BGB (für selbständig handelnde Beamte mit eigenem Geschäftskreis) oder nach § 831 BGB (für die übrigen Beamten). Zu denken ist hierbei etwa an die Haftung aus Vernachlässigung der Verkehrssicherungspflicht (BGH 18. IV. 1955 LM Nr. 19 zu § 823 BGB D c; BGH 28. II. 1966 VersR 1966 S. 581) oder der Wegebaupflicht (OLG Bremen 25. III. 1953 VersR 1953 S. 321). In diesem Bereich versagt der Subsidiaritätseinwand (Palandt-Gramm, BGB, 26. Aufl., München-Berlin 1967, § 839 Anm. 7a), d. h. § 67 kommt wieder zum Zuge.

Dasselbe ist der Fall, wenn eine öffentliche Körperschaft als Halter eines Kraftfahrzeugs in Anspruch genommen werden kann (BGH 6. XI. 1951, BGHZ Bd 3 S. 321, 331). Trifft hier die Halterhaftung mit der aus § 839 BGB Art. 34 GG zusammen, so entscheidet sich die Frage, in welcher Höhe der Kaskover auf ihn übergegangene Ansprüche geltend machen kann, danach, wie die Haftungsssumme des § 12 I Ziff. 2 StVG (50 000,— DM) zu verteilen wäre, wenn die öffentlich-rechtliche Körperschaft lediglich aus Halterhaftung einzustehen hätte (OLG Schleswig 28. II. 1963 VesrR 1965 S. 122; BGH 20. III. 1967 BGHZ Bd 47 S. 196 = VersR 1967 S. 505; BGH 27. VI. 1968 VersR 1968 S. 997 = NJW 1968 S. 1962ff.).

> Beispiel: Der Kaskover entschädigt mit 18 000,— DM, der Vmer hat für Ersatzfahrzeug und Nutzungsausfall einen Schaden von 42 000,— DM (auch diese Sachfolgeschäden gehören zu den Sachschäden im Sinne des § 12 I Ziff. 2 StVG), Gesamtschaden also 60 000,— DM. Da nur 50 000,— DM zur Verfügung stehen, werden beide Schadenteile in das Verhältnis 6 zu 5 gesetzt. Der Anspruch des Vmers geht also in Höhe von 15000,— DM auf den Kaskover über. Diese Rechtslage ist vom OLG Bremen 8. XI. 1966 VersR 1968 S. 389f. verkannt.

Der Referentenentwurf eines G zur Änderung und Ergänzung schadenersatzrechtlicher Vorschriften sieht in § 839 a I (zur Begründung: Teil II S. 128f) eine Lockerung der Subsidiaritätsklausel in dem Fall vor, daß die Amtspflichtsverletzung auch nach anderen Vorschriften eine Ersatzpflicht aus unerlaubter Handlung begründet (anders BGH 16. IV. 1964 BGHZ Bd 42 S. 176—182).

[31] bbb) Sonstiger öffentlich-rechtlicher Anspruch.

Daß im übrigen öffentlich-rechtliche Ansprüche übergangsfähig sind, wird mit Recht allgemein angenommen (Prölss § 67 Anm. 1; Kisch S. 12, 14; Harten S. 60; Bruck S. 667; Ritter-Abraham § 45 Anm. 5). Das gilt insbesondere für Forderungen auf Grund enteignungsgleichen Eingriffs (LG Kiel 24. X. 1956 VersR 1957 S. 685; zum Sonderfall des § 77 BLG vgl. BGH 31. I. 1966 VersR 1966 S. 366) oder aus Aufopferung (ebenso Voss VersR 1959 S. 1; zu denken ist vor allem an Impfschäden, die Leistungen eines privaten Krankenvers ausgelöst haben), ja sogar für Ansprüche auf Grund Enteignung (RG 15. I. 1918 LZ 1918 Sp. 766—768). Gemeinsam ist diesen Fällen, daß der Eingriff der öffentlichen Hand nicht schuldhaft erfolgt zu sein braucht. Mag es sich hier auch im engeren Sinne nicht um Schadenersatzansprüche, sondern um solche auf angemessene Entschädigung handeln, so laufen sie doch auf einen Ersatz für erlittene Vermögensnachteile hinaus und gehen deshalb auf den Ver über. Der Subrogation steht hier § 839 I 2 nicht im Wege. Gegenüber dem Aufopferungsanspruch hat BGH 16. II. 1956 BGHZ Bd 20 S. 82—84 lediglich den Anspruchsübergang auf einen Sozialversicherungsträger verneint.

Ein Übergang ist natürlich dann ausgeschlossen, wenn die Vsentschädigung nur subsidiär gegenüber der öffentlich-rechtlichen Entschädigung gewährt wird wie nach § 117 Ziff. 1 VVG. — Übergangsfähig ist der Anspruch einer öffentlichen Körperschaft gegen den Beamten, der fahrlässig ihr vtes Eigentum beschädigt hat (Kisch S. 15).

[32] b) Vertraglicher Anspruch.

aa) Sekundärer Schadenersatzanspruch.

Aus einem vertraglichen Schuldverhältnis können sich bei Leistungsstörungen sekundäre Schadenersatzansprüche ergeben. Daß sie übergangsfähig sind, ist allgemein anerkannt (Stiefel-Wussow S. 489; Prölss § 67 Anm. 1; Kisch S. 9; Harten S. 11, 17; v. Gierke S. 208). Die Rechtsprechung hat sich in diesem Zusammenhang vor allem mit Ersatzansprüchen aus positiver Forderungsverletzung (BGH 3. VII. 1962 VersR 1962 S. 725; OLG Karlsruhe 8. X. 1936 JRPV 1937 S. 141; LG Oldenburg 11. II. 1955 VersR 1955 S. 181) beschäftigt.

Auch Ansprüche eines Vmers (RG 18. XII. 1942 RGZ Bd 170 S. 246—252) oder eines Vten (OLG Stuttgart 28. XI. 1951 VersR 1952 S. 147f.) aus Schadenliquidation in Drittintersse sind übergangsfähig. Die erstgenannte Entscheidung wird manchmal falsch dahin interpretiert, daß das RG ausgesprochen habe, Ansprüche des Vmers und des Vten könnten übergehen.

Soweit eine vereinbarte Vertragsstrafe den Schadenersatz vertritt, sukzediert der Ver auch in den Anspruch auf sie (Kisch S. 54). In diesen Zusammenhang gehören auch solche sekundären Schadenersatzansprüche, die zwar nicht auf einem Vertrage beruhen, aber doch auf einem besonderen Rechtsband zwischen Beteiligten, so z. B. Forderungen des Kindes gegen seine Eltern, des Mündels gegen den Vormund, der Konkursbeteiligten gegen den Konkursverwalter, der Nachlaßbeteiligten gegen den Testamentsvollstrecker oder den Nachlaßverwalter, des Pfleglings gegen den Pfleger. Kisch S. 15f. weist darauf hin, daß sich aus der Geschäftsführung solcher Personen nicht nur Schäden am Aktivvermögen, sondern auch ein Zuwachs des Passivvermögens beim Betreuten ergeben kann. Auf den Haftpflichtver, der hierfür aufzukommen hat, geht also hier nicht nur ein Ausgleichsanspruch über (Beispiel aus der neueren Rechtsperchung: BGH 3. VII. 1962 VersR 1962 S. 725).

In diesen Zusammenhang gehören ferner Schadenersatzansprüche aus dem Verhältnis des Eigentümers zum Nießbraucher oder Pfandgläubiger.

[33] bb) Erfüllungsanspruch.

Erfüllungsansprüche, die nicht auf primären Schadenersatz gerichtet sind (darüber unten dd), können — wiederum wegen ihrer Wesensverschiedenheit gegenüber Schadenersatzansprüchen — nicht übergehen. Deshalb ist § 67 auf die reine Kreditv nicht anwendbar (Kisch S. 20f., 25; Möller, Handwörterbuch der Sozialwissenschaften, Tübingen 1958, „Kreditversicherung" unter 6). Der Ver, der anstelle des Schuldners die vte Forderung befriedigt, sukzediert nicht auf Grund des § 67 in diese, denn sie hat mit dem Schadenfall nichts zu tun, sie bestand schon vorher. Das gilt sowohl für die vom Gläubiger (Delkrederev) als auch für die vom Schuldner zugunsten des Gläubigers (Kautionsv) genommene Deckung. (Bei letzterer kommt noch hinzu, daß der Ver überhaupt keinen Schaden ersetzt, sondern als selbstschuldnerischer Bürge bei Fälligkeit ohne weiteres vom Vten in Anspruch genommen werden kann, also einen Schaden verhütet.)

Mag auch die Vertrauenschadenv dogmatisch zur Kreditv gehören, so gelten die vorstehenden Ausführungen gleichwohl für sie nicht, weil hier erst der Vsfall eine Schadenersatzforderung entstehen läßt. § 67 ist also anwendbar. Bei der PKautV taucht das besondere Problem auf, ob sich der Regreß gegen den eigenen Vmer richten kann, darüber unten Anm. 131.

Das bedeutet natürlich nicht, daß der Ver in der reinen Kreditv endgültig den Schaden zu tragen hat. In der Delkrederev helfen sich die Parteien mit der Vereinbarung einer Abtretung (§ 11 AVB für die Ausfuhr-Kreditversicherung VerBAV 1958 S. 50ff.). Ist eine derartige Abrede in den AVB nicht getroffen, so besteht ein Anspruch des Vers auf Abtretung in analoger Anwendung des § 255 BGB (Kisch S. 20). Weipert, Teilzahlungsgeschäft und Versicherung, Karlsruhe 1966, S. 49 hält § 255 hier nicht für einschlägig, eine Analogie ist aber zu vertreten (vgl. oben Anm. 27). — Auf Ersatzlösungen für den hier nicht anwendbaren § 67 in der Kautionsv ist zurückzukommen bei der V für fremde Rechnung (unten Anm. 133).

Daß es in der Forderungsv besonderer Vorkehrungen bedarf, um den Ver schadlos zu stellen, ist für die Seev anerkannt; so erklären sich §§ 805 HGB, 110 III ADS neben den Subrogationsnormen der §§ 804 HGB, 45 ADS (vgl. Harten S. 33f.; Kisch S. 27 N. 39; Bruck S. 668).

Daß der Erfüllungsanspruch nicht übergangsfähig ist, spielt praktisch auch dann eine Rolle, wenn Eigentum und Gefahrtragung auseinanderfallen wie beim Versendungskauf (§ 447 BGB). Hat der Verkäufer als Eigentümer Ware unter Vsschutz gebracht, die auf dem Transport verlorengeht, so schuldet der Käufer gleichwohl den Kaufpreis. Der Anspruch hierauf geht aber nicht auf den Ver über. Abgesehen davon, daß es sich auch hier nicht um einen Schadenersatzanspruch handelt, ist für den Übergang deshalb kein Raum, weil der Vmer durch die Vsentschädigung nicht bereichert sein kann. Er schuldet nämlich diese dem Käufer als Surrogat nach § 281 BGB (Harten S. 31; Kisch S. 21). Obwohl der Verkäufer bei dieser Sachlage die Vsentschädigung weitergeben muß, ist die Deckung wirtschaftlich für ihn von Bedeutung: Der Käufer wird sich nämlich, mag er auch rechtlich zur Bezahlung des Kaufpreises verpflichtet sein, dieser Leistung eher zu entziehen suchen, wenn er nicht einmal ein Surrogat für die untergegangene Ware erhält. Wegen dieses wirtschaftlichen Zusammenhangs weist die Sachv des Verkäufers gewisse Anklänge an eine Kreditv auf. Vgl. im übrigen zum Zusammenhang zwischen Versendungskauf und V: Möller Anm. 92, 93 zu § 49.

[34] cc) Gewährleistungsanspruch.

Soweit die Gewährleistung in Gestalt des Schadenersatzes auftritt (vgl. § 463 BGB), ist an der Übergangsfähigkeit nicht zu zweifeln (Kisch S. 23; Harten S. 26f.), denn es kommt, wie erwähnt, auf den Inhalt, nicht auf die Wurzel des Ersatzanspruchs an. Aus demselben Grund sind sonstige Erscheinungsformen der Gewährleistung (Wandlung, Minderung, Lieferung mangelfreier Sache, Nachbesserung) nicht für die Subrogation geeignet (Bury S. 45; Möller DAR 1953 S. 108; Stiefel-Wussow S. 489; Harten S. 22—30. Anderer Auffassung v. Gierke S. 210; Ehrenzweig S. 286 N. 3; Prölss § 67 Anm. 1). Zum Teil besteht auch keine Notwendigkeit für sie (zum folgenden überzeugend Kisch S. 23f.). Die Gewährleistung knüpft an die Minderwertigkeit der Leistung an. Tritt der Vsfall ein, ehe die Gewährleistung abgewickelt worden ist, so braucht der Ver in der Regel nur Ersatz für die geringwertige Sache zu leisten. Für das, was den Inhalt der Gewährleistung ausmacht, ist der Vmer also nicht entschädigt worden. Anders liegt es in der Tierlebensv, die an den Gesundwert des Tieres anknüpft. Deshalb hat es hier seinen guten Sinn, daß § 118 Gewährleistungsansprüche auf den Ver übergehen läßt. Einer Verallgemeinerung ist diese Vorschrift mithin nicht fähig.

Das Gesagte gilt auch für die im Gefolge von Kauf- oder Werkverträgen vorkommenden Garantien, durch die die Gewährleistung ausgestaltet wird, meist in der Richtung, daß die kurzen Verjährungsfristen verlängert werden (vgl. Esser, Schuldrecht, 2. Aufl., Karlsruhe 1960, S. 488). Hiervon sind die selbständigen Garantieverträge zu unterscheiden, auf die im folgenden einzugehen ist.

[35] dd) Versicherungsanspruch, Anspruch aus Garantievertrag.

Zu den vertraglichen Ansprüchen, die auf Schadenersatz gerichtet und daher übergangsfähig sind, würde an sich auch der Anspruch gegen einen anderen Ver bei Doppelv gehören. Doch geht hier die Ausgleichsregelung nach § 59 II VVG vor (Kisch S. 10; Harten S. 33; Ehrenzweig S. 286; Bury S. 47; Ritter-Abraham § 45 Anm. 7; Schultz S. 63f.; Möller DAR 1953 S. 109).

§ 59 II kommt nicht zum Zuge, wenn einer der beiden beteiligten Ver nur subsidiär haftet. In diesem Fall kann § 67 ebenfalls nicht eingreifen, weil gegen den Subsidiärver keine Forderung besteht, die auf den Primärver übergehen könnte (Harten S. 33).

Fast einhellig wird angenommen, daß Ansprüche des Vmers aus einem Garantievertrag, durch den ein Dritter sich verpflichtet hat, dem Vmer primären Schadenersatz zu leisten, nach § 67 übergehen (Kisch S. 9—11; Harten S. 12; Prölss § 67 Anm. 1; v. Gierke S. 209). Beispiel für solchen Vertrag: X ist Besteller eines mit besonderen Risiken für den Unternehmer verbundenen Werkes. Der Unternehmer erklärt sich zum Abschluß des Werkvertrages nur einverstanden, weil X ihm zusichert, für jeden Schaden an den verwendeten Geräten aufzukommen. — Der herrschenden Lehre kann nicht gefolgt werden. Vielfach wird eine Auslegung der Garantiezusage ergeben, daß sie nur subsidiär gelten soll, d. h. wenn kein Vsschutz besteht. Diese Möglichkeit erörtert Kisch S. 10 Note 10 nur bei einer schenkweise gegebenen Garantie, sie kann aber ebenso bei jeder anderen causa eine Rolle spielen. Wenn sich ein Subsidiaritätsverhältnis nicht feststellen läßt, ist nicht einzusehen, warum sich der Ver vollen Umfanges bei dem Garanten soll erholen können oder, anders ausgedrückt, warum allein der Garant letzten Endes den Schaden tragen soll. Hier versagt die innere Rechtfertigung für § 67, daß der dem Schaden näherstehende Dritte durch die V nicht entlastet werden soll. Der Ver steht dem Schaden nicht ferner als der Garant, deshalb erscheint eine Analogie zu § 59 VVG am Platze: Ver und Garant haften nach außen als Gesamtschuldner, unter ihnen besteht ein Ausgleichsverhältnis (ebenso Bury S. 48). Für die Analogie spricht ferner die nahe Verwandtschaft solcher Garantie mit dem Vsvertrag, worauf insbesondere Molitor, Schuldrecht, Besonderer Teil, 5. Aufl., München-Berlin 1961, S. 129, und Esser, Schuldrecht, 2. Aufl., Karlsruhe 1960, S. 431, hinweisen. Dafür, daß die Gesamtschuld auch durch getrennte und nicht gleichzeitig abgeschlossene Verträge zustande kommen kann, wenn nur die Zweckgemeinschaft vorhanden ist, vgl. Palandt-Danckelmann, 26. Aufl., München-Berlin 1967, § 421 Anm. 1, § 427 Anm. 1; Blomeyer, Allgemeines Schuldrecht, 3. Aufl., Berlin-Frankfurt/M. 1964, S. 306f.

Bezieht sich die Garantie auf eine Forderung und trifft sie mit einer Kreditv zusammen, so ist schon aus den oben Anm. 33 dargelegten Gründen für die Anwendung von § 67 kein Raum. Grundsätzlich sind auch hier Außen- und Innenverhältnis analog § 59 abzuwickeln, wofür dieselben Erwägungen sprechen, die oben für die Schadenersatzgarantie erörtert worden sind. Unterstützend sei hier noch auf den Rechtsgedanken des § 769 BGB hingewiesen. Das kann selbstverständlich nur gelten, soweit sich beide Sicherungsmittel decken. Das braucht indes nicht der Fall zu sein, weil sie, was den Vs- bzw. Garantiefall angeht, in verschiedenen Ausgestaltungen vorkommen können.

[36] c) Besondere Voraussetzungen des Übergangs.

Nach § 399 BGB sind Forderungen unabtretbar, wenn sich der Inhalt durch die Zession ändern würde oder wenn sie durch Vereinbarung mit dem Schuldner ausgeschlossen ist. Diese Einschränkungen gelten auch für den gesetzlichen Übergang (§ 412), also auch für § 67.

Zur ersten Kategorie sollen Befreiungsansprüche des Arbeitnehmers gegen den Arbeitgeber, die aus dessen Fürsorgepflicht abgeleitet werden, gehören (BVerwG 14. II. 1968 DVBl. 1968 S. 432; ebenso die Vorinstanz OVG Münster 5. III. 1965 VersR 1965 S. 965—968; Prölss § 67 Anm. 1). Indes haben diese keinen höchstpersönlichen Charakter (ebenso Hanau VersR 1969 S. 295; Prölss Karlsruher Forum 1959 S. 43), wie ja auch im umgekehrten Fall Freistellungsansprüche des Arbeitgebers gegen den Arbeitnehmer mit Recht für übergangsfähig gehalten werden (BAG 9. XI. 1967 VersR 1968 S. 266).

Der Schadenersatzanspruch geht primär auf Naturalrestitution (§ 249 S. 1 BGB). Diese Ersatzform schließt den Übergang nicht aus: Prölss § 67 Anm. 1; Kisch S. 12 (die Einschränkung, die Kisch S. 62f. macht, halte ich nicht für begründet). Nach §§ 249 S. 2, 250 kann der Gläubiger unter den dort genannten Voraussetzungen Geldersatz verlangen. Daran ist auch der Ver gebunden, wenn die facultas vor dem Übergang auf ihn ausgeübt worden ist (Harten S. 69). Das Recht, den Vmer nach § 251 BGB in Geld zu befriedigen, bleibt dem Schädiger auch nach dem Übergang. — Auf keinen Fall tritt durch die cessio legis eine Zerreißung des Anspruchs ein etwa dergestalt, daß der Naturalersatzanspruch beim Vmer bliebe (BGH 8. II. 1952 BGHZ Bd 5 S. 105 = VersR 1952 S. 137 = LM Nr. 2 zu § 67 VVG m. Anm. Pritsch). In der Praxis spielt für § 67 allein der Geldersatz eine Rolle.

An ein vereinbartes Abtretungsverbot ist auch der Ver gebunden, d. h. die Forderung geht nicht auf ihn über (OLG Hamburg 7. VII. 1932 JW 1933 S. 1421f.). Der Vmer bleibt aber in diesem Fall gehalten, sie für Rechnung des Vers geltend zu machen und das Erstrittene an diesen auszukehren (Schlegelberger § 45 Rdz. 8; Kisch S. 62 N. 88; Ritter-Abraham § 45 Anm. 19; Schultz S. 59; RG 1. XI. 1919 RGZ Bd 97 S. 76—79). Wenn auch dieser Anspruch gegen den Vmer möglicherweise nicht zu demselben Erfolg führt wie der vom Ver selbst geltend gemachte Schadenersatzanspruch (wäre er übergangsfähig), so wird doch dem Ver in aller Regel aus der Unabtretbarkeitsvereinbarung kein Nachteil erwachsen. Deshalb ist die mehrfach erörterte Frage, ob der Ver bei solcher Vertragsgestaltung Konsequenzen für den Vsschutz in Analogie zu § 67 I 3 ziehen kann (R. Schmidt VersR 1953 S. 459; Bruck S. 668; Ehrenzweig S. 289; Ritter-Abraham § 45 Anm. 19) und ob der Abtretungsausschluß unter die vorvertragliche Anzeigepflicht bzw. die Gefahrstandspflicht fällt (vgl. Harten S. 72f.), ohne praktische Bedeutung.

Ist in den Vereinbarungen zwischen Vmer und Drittem allerdings auch die Geltendmachung der Drittforderung für Rechnung des Vers abbedungen, so kommt das einem vereinbarten Haftungsausschluß nahe. Ob der Ver ihn hinnehmen muß, hängt davon ab, ob sich derartige Vereinbarungen im Bereich des üblichen halten, verneinendenfalls ist der Ver von der Leistung frei (vgl. unten Anm. 82, 85). OLG Frankfurt/M. 23. V. 1924 VA 1925 Nr. 1507 hat indes eine derartige einseitig zu Lasten des Vers wirkende Abmachung zwischen Vmer und Drittem für nichtig gehalten und den Regreßanspruch des Vers bejaht (bedenklich).

Harten S. 75f. ist der Auffassung, daß sich ein stillschweigender Abtretungsausschluß, dem Ver erkennbar, dann ergebe, wenn ein Beauftragter (etwa ein Lagerhalter) weisungsgemäß das Gut des Kunden (Vmers) in dessen Namen und für dessen Rechnung unter Vsschutz bringt. Hier komme ein Regreß des Vers gegen den Beauftragten nicht in Betracht. Dem kann nicht gefolgt werden. Die Tatsache des Vsabschlusses durch einen Bevollmächtigten gibt weder Indiz noch Rechtfertigung für dessen Besserstellung gegenüber dem Ver. — In Harten entgegengesetztem Sinne hat RG 9. IV. 1913 LZ 1913 Sp. 944f. ein ausdrückliches Abtretungsverbot so ausgelegt, daß es nicht gegenüber einem Ver gelte.

Der Übergang kann ferner durch vor der Entschädigungsleistung getroffene Vereinbarung zwischen Ver und Vmer ausgeschlossen sein. Verfolgt der Vmer in diesem Fall auf Geheiß des Vers seinen Ersatzanspruch, obwohl er vom Ver bereits entschädigt worden ist, so muß er das vom Dritten Erlangte nach § 667 BGB herausgeben. Ob der Vmer gezwungen ist, den Schadenersatzanspruch zu realisieren, richtet sich nach den Abmachungen zwischen ihm und dem Ver (Kisch S. 97—99; LG Hamburg 22. VI. 1950

VersR 1950 S. 166f.). Wenn der Übergangsausschluß einseitig im Interesse des Vers liegt, sind Klauseln dieser Art nur im Rahmen des § 187 wirksam (vgl. unten Anm. 168).

[37] **2. Anspruch gegen einen Dritten.**

a) Grundsatz.

Die oft anzutreffende Formel, Dritter könne jeder sein, der nicht Vmer oder Vter ist, ist zu grobkörnig. Hat X das kaskovte Fahrzeug des Y beschädigt, so kann X vom Ver des Y auch dann in Anspruch genommen werden, wenn er zufällig ebenfalls bei diesem kaskovt ist und durch dasselbe Ereignis einen Sachschaden davongetragen hat (R. Schmidt NJW 1956 S. 1056; Prölss § 67 Anm. 2). Anders, wenn X bei diesem Ver haftpflichtvt ist, darüber unten Anm. 46. Wir müssen die obige Formel also dahin ergänzen, daß Dritter nicht sein kann, wer Vmer oder Vter desselben Vsverhältnisses ist, das die Entschädigung des Vers ausgelöst hat. Aber auch das ist noch nicht präzise genug. Wie die Ausführungen unten Anm. 40 ergeben werden, kommt es nämlich darüber hinaus darauf an, ob dem Vmer oder Vten in concreto Vsschutz zu gewähren ist. Dritter im Sinne des § 67 ist also jeder, der nicht aus dem gleichen Vsverhältnis berechtigt ist, aus welchem der Regreßanspruch herrührt (Stiefel-Wussow S. 489).

Dabei spielt es keine Rolle, wie schon oben zu 1. gezeigt, ob der Dritte dem Vmer bzw. dem Vten auf Grund Gesetzes oder Vertrages verpflichtet ist. In letzterer Hinsicht spielen in der Kaskov insbesondere Ansprüche gegen den Werkstätten- oder Tankstelleninhaber eine Rolle (vgl. BAG 9. XI. 1967 VersR 1968 S. 266). Über andere kraft Vertrages dem Vmer oder Vten verpflichtete Dritte ist unten Anm. 44—45 zu handeln.

Auf Besonderheiten, die sich aus dem Innenverhältnis zwischen Vmer und Vten im Hinblick auf § 67 ergeben, ist später einzugehen (unten Anm. 126—135).

[38] **b) Verschiedene Vermögensmassen desselben Versicherungsnehmers.**

Unserer Rechtsordnung sind mehrere Fälle eines Sondervermögens bekannt, das zwar derselben Person (Vmer) zusteht, die Herr des allgemeinen Vermögens ist, das aber einer fremden Verwaltung unterliegt. Als Beispiele seien genannt die Konkursmasse, der Nachlaß, das Treuhandvermögen. Wenn in diesen Fällen der Vmer leichtfahrlässig seine zum Sondervermögen gehörende Sache beschädigt und der Verwalter die Vsentschädigung zur Sondermasse einzieht, so geht ein sonst bestehender Masseergänzungsanspruch desselben gegen den Vmer nicht über. Hier ist der Vmer nicht „Dritter", er kann nicht darunter leiden, daß ein Teil seines Vermögens gesonderter Verwaltung untersteht. Zur Konstruktion vgl. unten Anm. 115.

Beschädigt der Verwalter eine Sache des Sondervermögens, so kann der entschädigende Ver gegen diesen als Dritten Rückgriff nehmen (Kisch S. 31). Verwandt ist der Fall, daß zwei Schiffe desselben Vmers zusammenstoßen, von denen das eine schuldig ist an der Beschädigung des anderen, des vten Schiffes. Kann der Ver hier Regreß gegen seinen Vmer als Reeder des schuldigen Schiffes nehmen? Wegen der beschränkten dinglichen Haftung ist zwar jedes der beiden Schiffe als Sondervermögen anzusehen; da aber der Anspruchsbegriff Personenverschiedenheit von Gläubiger und Schuldner voraussetzt, kommt es hier nicht zu einer Forderung des Reeders gegen sich selbst, die etwa auf den Ver übergehen könnte (Bruck S. 672; Ritter-Abraham § 45 Anm. 5), auch nicht bei Vereinbarung der Schwesterschiff- oder Hinterhangklausel, denn diese wirkt nur zugunsten des Reeders: Möller JRPV 1930 S. 262 N. 5. Noch weniger kann hiervon die Rede sein, wenn zwei Landfahrzeuge (Kraftfahrzeuge) desselben Eigentümers zusammenstoßen, denn hier gibt es allenfalls eine summenmäßig, keine auf Sachen beschränkte Haftung, es ist also nicht einmal der durch verschiedene Vermögensmassen erzeugte Anschein einer Personenverschiedenheit vorhanden.

[39] **c) Personenvereinigungen.**

aa) Gesamthand.

aaa) Gesamtwirkende Umstände.

Die Gesamthand begegnet uns bei der bürgerlich-rechtlichen Gesellschaft, der Erbengemeinschaft, dem Gesamtgut der ehelichen Gütergemeinschaften, der oHG und der KG.

Für den Regreß interessieren die Fälle nicht, in denen das Verhalten eines der Gesamthänder den übrigen zuzurechnen und der Ver daher von der Leistung frei ist. So liegt es, wenn ein Beteiligter den Vsfall grobfahrlässig (§ 61 VVG; für die Binnentransportv gilt die Verschärfung des § 130) oder in der Haftpflichtv vorsätzlich (§ 152 VVG) herbeigeführt hat (OLG Neustadt 9. XII. 1955 VersR 1956 S. 153f. mit Anm. Fleck VersR 1956 S. 346; Oberbach, AVB für Haftpflichtversicherung Teil I, Berlin 1938 S. 249; Bruck, VVG, 7. Aufl., Berlin-Leipzig 1932, § 152 Anm. 5). Dasselbe ist der Fall, wenn in der Aktiven-V ein Gesamthänder schuldhaft und kausal im Sinne des § 6 VVG eine Obliegenheitsverletzung begangen hat. Auch hier tritt die Verwirkungsfolge gegen alle Beteiligten ein (Möller § 6 Anm. 65).

[40] bbb) Lockerungen in der Haftpflichtversicherung.

Für die Haftpflichtv liegt es in diesen Fällen jedoch zum Teil anders. Der BGH (13. VI. 1957 BGHZ Bd 24 S. 378 = VersR 1957 S. 258) erkennt bei ihr nicht die Einheitlichkeit des Vsverhältnisses an, sondern geht davon aus, daß das Vermögen jedes einzelnen MitVmers von Haftpflichtansprüchen befreit werden soll. Deshalb belastet die Obliegenheitsverletzung des einen Gesamthänders nicht den Deckungsanspruch der übrigen. Entschädigt der Ver hier den Geschädigten namens aller Gesamthänder, so geht der Ausgleichsanspruch der gedeckten Vmer gegen den nichtgedeckten auf den Ver über (die cessio legis ergreift also nicht den Schadenersatzanspruch des Dritten, sie bezieht sich nur auf die anteilige interne Haftungsquote). Der BGH spricht hier von einer analogen Anwendung des § 67; ich meine aber, daß das Ergebnis entsprechend der Formel oben Anm. 37 durch Auslegung dieser Vorschrift zu gewinnen ist. Wer — generell gesehen — Vmer ist, kann also im Einzelfall Dritter im Sinne des § 67 sein.

In der letztgenannten Entscheidung läßt es der BGH dahingestellt, ob dasselbe auch für die oHG und die KG zu gelten habe. M. E. ist die Frage zu bejahen, weil trotz §§ 124, 161 II HGB auch hier das Gesamthandprinzip entscheidend ist. Dem BGH haben sich angeschlossen Geigel-Geigel, Der Haftpflichtprozeß, 13. Aufl., München-Berlin 1967 S. 905; Prölss § 67 Anm. 2.

Das gleiche gilt, wenn derselbe Vertrag das Haftpflichtinteresse des Vmers und Vten deckt, aber dem Vten in casu keine Deckung zu gewähren ist. Auch hier geht der Ausgleichsanspruch des Vmers gegen den Vten nach § 67 auf den Ver über (BGH 6. VI. 1966 VersR 1966 S. 745, 747; Stiefel-Wussow S. 495; Prölss § 67 Anm. 2; OLG Frankfurt/M. 20. III. 1962 VersR 1962 S. 706). Das Ergebnis ist hier leichter zu begründen als bei der Gesamthand, weil deren Bindung von vornherein fehlt. Möhrings Ratschlag VersR 1962 S. 591, der Kraftfahrzeug-HaftpflichtVer möge in derartigen Fällen zur Vereinfachung des Regresses nur für den „gesunden" Vmer zahlen, geht an der Tatsache vorüber, daß er in aller Regel dem Geschädigten gegenüber auch für den „kranken" Vmer eintreten muß. Das macht auch keine Schwierigkeiten, weil der Regreß gegen den Vten aus § 67 dem aus § 158f vorgeht: vgl. unten Anm. 149.

[41] ccc) Rückgriff gegen einen Gesamthänder bei bestehender Deckung?

Hat der versicherte Gesamthänder zwar schuldhaft den Vsfall herbeigeführt, aber ist gleichwohl Deckung zu gewähren (bei leichter oder grober Fahrlässigkeit in der Haftpflichtv, bei leichter Fahrlässigkeit in den übrigen Zweigen außerhalb der Binnentransportv), so ist eine Ausgleichsforderung der übrigen Gesamthänder gegen den schuldigen, die übergehen könnte, nicht vorhanden (BGH 9. III. 1964 VersR 1965 S. 479 = VerBAV 1964 S. 230; Möller DAR 1953 S. 109), Einzelheiten unten Anm. 115.

[42] bb) Bruchteilsgemeinschaften.

Die für die Gesamthand entwickelten Grundsätze werden auch auf die Bruchteilsgemeinschaft anzuwenden sein. Wenn auch das Band unter den Gemeinschaftern loser ist als das unter Gesellschaftern, so zeigen doch die §§ 743 II, 744 I, 747 S. 2 BGB, daß die Vorstellung einer Teilung des Rechts der gesetzlichen Lage nicht gerecht wird. Auch hier ist vielmehr eine gemeinsame Rechtssphäre anzuerkennen, die sich z. B., um das unserem Fall Verwandte zu erwähnen, in der gemeinschaftlichen Zuständigkeit für

Ersatzforderungen widerspiegelt, falls die Sache beschädigt oder entzogen wird (vgl. zu alledem Larenz, Lehrbuch des Schuldrechts, 2. Bd 9. Aufl., München 1968, S. 313–316).

Was die Herbeiführung des Vsfalls anlangt, so läßt allerdings RG 13. V. 1938 RGZ Bd 157 S. 314ff. die vorsätzliche Herbeiführung durch einen Miteigentümer den anderen nicht entgelten; der Fall wies aber die Besonderheit auf, daß der Herbeiführende Vter war und es deshalb darum ging, ob der Vmer unter dessen Handlungsweise leiden sollte. Daß in der Aktiven-V die Obliegenheitsverletzungen eines Miteigentümers = Vmers die übrigen belasten, ist anerkannt (Möller § 6 Anm. 66).

Auch die Besonderheiten der Haftpflichtv, für die Gesamthand oben Anm. 40 dargestellt, finden hier ihre Entsprechung. OLG Hamm 24. X. 1961 VersR 1962 S. 502 hat bei schlichter Vmer-Mehrheit (ohne Gesamthand) die Grundsätze von BGH 13. VI. 1957 BGHZ Bd 24 S. 378 übernommen.

Schließlich ist allgemein anerkannt, daß es keinen Regreß gegen den leichtfahrlässig (oder in der Haftpflichtv auch grobfahrlässig) handelnden Miteigentümer gibt, sofern ihm Deckung zu gewähren ist (Stiefel-Wussow S. 490, Kisch S. 30f.), Einzelheiten unten Anm. 115.

[43] cc) Juristische Personen.

Da die juristischen Personen selbständige Rechtssubjekte sind, sind die den Schaden verursachenden Mitglieder in jeder Beziehung Dritte. Selbst deren vorsätzliche Handlungsweise schließt die Deckung nicht aus, andererseits sind sie schon bei leichter Fahrlässigkeit vom Regreß betroffen (Kisch S. 31). Das gilt auch bei einer Einmann-Gesellschaft, so daß ein Regreß gegen den einzigen Gesellschafter zulässig ist (Möller DAR 1953 S. 109), wie auch umgekehrt ein Regreß gegen die juristische Person, deren Alleingesellschafter als Vmer entschädigt wurde (KG 20. V. 1931 JRPV 1931 S. 323, bestätigt von RG 5. IV. 1932 HRR 1932 Nr. 1689; Prölss § 67 Anm. 2). Allerdings wird hier zu prüfen sein, ob nicht ein ausdrücklicher oder stillschweigender Haftungsausschluß zwischen Gesellschafter und Gesellschaft anzunehmen ist, an den auch der Ver gebunden wäre, auf den er aber evtl. nach § 67 I 3 reagieren könnte. Macht man also in diesem Bereich mit der Verschiedenheit von juristischer Person und Gesellschafter Ernst, so darf bei der Herbeiführung im Sinne des § 61 nichts anderes gelten: d. h. auch bei Herbeiführung durch den Einmann ist, sofern er nicht Repräsentant oder Vorstand ist, Deckung zu gewähren (anders Bruck S. 653 N. 25). Dem Ver wird damit nichts Unbilliges zugemutet, denn er gewinnt den Regreßanspruch der juristischen Person gegen den Gesellschafter, letztlich muß dieser also doch für seine Handlungsweise einstehen.

Man wird auch annehmen müssen, daß der Ver gegen ein Vorstandsmitglied, das den Schaden leichtfahrlässig herbeigeführt hat, Regreß nehmen kann (Möller DAR 1953 S. 109), obwohl das nicht zweifelsfrei ist. Man könnte nämlich die Ansicht vertreten, daß das Handeln des Vorstandsmitgliedes schlechthin wie Handeln des Vmers zu betrachten ist: Bei grobfahrlässiger Herbeiführung (bzw. Vorsatz in der Haftpflichv) durch den Vorstand ist der juristischen Person keine Deckung zu gewähren, bei leichter Fahrlässigkeit müßte folgerichtig der Ver eintreten ohne Regreßmöglichkeit. Da jedoch die Entlastung der Vorstandsmitglieder nicht Sinn einer Sicherung der juristischen Person ist, wird man trotz gewisser Bedenken den Regreß hier bejahen.

Probleme aus der Vernachlässigung von Obliegenheiten tauchen hier nicht auf. Das Mitglied hat keine Obliegenheiten zu erfüllen. Der Vorstand, dem schuldhaft ein Obliegenheitsverstoß unterläuft, verwirkt damit der juristischen Person den Vsanspruch, so daß es nicht zum Regreß kommen kann.

[44] d) Einfluß von Schuldverhältnissen zwischen Versicherungsnehmer und Schadensstifter.

aa) Nutzungsberechtigte.

Mieter, Entleiher oder sonstige Nutzungsberechtigte können in der Kaskov „Dritte" sein ohne Rücksicht darauf, ob sie selbst das Fahrzeug gelenkt oder es einem Fahrer überlassen haben (OLG Hamm 27. XI. 1967 VersR 1969 S. 224f.; LG Berlin 19. III. 1953 VersR 1953 S. 191). In der Haftpflichtv kommen diese Personen nur dann als Dritte in Frage, wenn sie nicht selbst am Steuer gesessen haben (vgl. BGH 3. VII. 1962 BGHZ Bd 37 S. 306–310 = VersR 1962 S. 725 = LM Nr. 32 zu § 7 StVG mit Anm. Hauss), als Fahrer sind sie Vte und scheiden daher als Regreßverpflichtete aus.

Ist die Haltereigenschaft bei diesen Nutzungsberechtigten zu bejahen, was die Ausnahme bildet (BGH 23. V. 1960 VersR 1960 S. 650 = LM Nr. 15 zu § 67 VVG mit Anm. Haidinger), so ändert sich an den eben dargestellten Ergebnissen nur insofern etwas, als sie auch als Nichtfahrer Haftpflichtvsschutz genießen und daher nicht Dritte sein können (OLG Bremen 11. II. 1964 VersR 1965 S. 249).

Für die Kaskov ergibt sich eine Besonderheit dann, wenn der Nutzungsberechtigte die anteilige Prämie übernommen hat oder ihm auf ausdrückliche Anfrage vom Eigentümer bestätigt worden ist, daß für das Fahrzeug Kaskovsschutz bestehe. Hieraus schließt die Rechtsprechung ständig, daß die Haftung für leichte Fahrlässigkeit im Verhältnis zwischen Vmer und Nutzungsberechtigtem ausgeschlossen wurde, so daß dem Ver insoweit der Regreß versperrt ist (BGH 29. X. 1956 BGHZ Bd 22 S. 109 = VersR 1956 S. 725 mit Anm. Prölss VersR 1957 S. 124 = LM Nr. 8 zu § 67 VVG mit Anm. Haidinger; BGH 30. III. 1965 BGHZ Bd 43 S. 295 = VersR 1965 S. 508 = LM Nr. 24 zu § 67 VVG mit Anm. Pfretzschner; Möller DAR 1953 S. 108; LG Berlin 19. III. 1953 VersR 1953 S. 191). Da der Nutzungsberechtigte wie ein Vmer angesehen wird, hat er den Regreß selbst dann nicht zu fürchten, wenn sein Fahrer grobfahrlässig oder vorsätzlich handelte (ähnlich OLG Nürnberg 20. IX. 1954 VersR 1955 S. 90), es sei denn, es war dem Nutzungsberechtigten nicht erlaubt, das Fahrzeug fremden Händen anzuvertrauen.

Für die Haftungsmilderung soll es jedoch nicht genügen, daß die Kaskovsprämie im km-Mietpreis einkalkuliert ist. Es liegt auf der Hand, daß diese Kasuistik unerfreulich ist. Der BGH sollte dazu vorstoßen, bei allen dem Ver bekannten Nutzungsverhältnissen jene Haftungsbeschränkung anzunehmen.

Soweit ein Regreß ausgeschlossen ist, wird dem Ver nichts Unbilliges zugemutet. Er weiß aus dem Antrag, in welcher Weise der Wagen benutzt werden soll, er kennt die üblichen Vermietungsusancen und bekommt bei Selbstfahrervermietwagen eine höhere Prämie. Der Nutzungsberechtigte, der die Kaskovsprämie übernimmt, deckt mit dem fremden Sach- zugleich sein eigenes Haftpflichtinteresse ab (Haftungsersetzung durch Vsschutz, vgl. Sieg VersRdsch 1968 S. 198).

Auf stillschweigende Haftungsausschlüsse zwischen Vmer und Nutzungsberechtigtem ist § 67 I 3 nicht, auch nicht analog, anwendbar.

[45] bb) Fahrer.

Der angestellte Fahrer ist durch die Kaskov nicht mitgedeckt, ein Regreß gegen ihn ist also möglich (Stiefel-Wussow S. 490; Mahlberg NJW 1966 S. 2154; Prölss § 67 Anm. 2; BAG 22. III. 1968 NJW 1968 S. 1846f.). Die Auffassung von Hippels NJW 1966 S. 1013, NJW 1967 S. 814f., daß auch den Fahrer die Kaskov bei leichter Fahrlässigkeit schützt, hat sich bisher nicht durchgesetzt. Hat er nur in dieser Schuldform gehandelt, so kommen ihm allerdings die arbeitsrechtlichen Grundsätze der milderen Haftung bei schadengeneigter Tätigkeit zugute, die selbstverständlich auch gegenüber dem Ver als Rechtsnachfolger des Arbeitgebers = Vmers wirken. Zu beachten ist hier ferner, daß der Regreßanspruch, weil aus dem Arbeitsverhältnis fließend, vor den Gerichten der Arbeitsgerichtsbarkeit zu verfolgen ist. — Der Regreß gegen den angestellten Fahrer ist auch dann möglich, wenn dieser das Fahrzeug unerlaubt einem anderen überlassen hat, der den Schaden herbeiführt: LAG Stuttgart 31. III. 1965 Betrieb 1965 S. 898. Einen Überblick über die in Betracht kommenden Fälle gibt Ruhkopf VersR 1968 S. 1110. § 67 II ist nicht analog auf den Fahrer anzuwenden, d. h. selbst wenn er in häuslicher Gemeinschaft mit dem Vmer lebt, ist der Regreß nicht ausgeschlossen, es sei denn, der Fahrer gehört zu den Familienangehörigen und hat nicht vorsätzlich gehandelt (BAG 22. III. 1968 NJW 1968 S. 1846f.; BGH 30. IV. 1959 BGHZ Bd 30 S. 40 = BB 1959 S. 575, 579).

Wie der Regreß gegen den angestellten Fahrer möglich ist, so auch gegen den nicht angestellten (vgl. letztzitierte BGH-Entscheidung). Hier wirken sich die Haftungserleichterungen bei schadengeneigter Tätigkeit nicht aus (anders OLG Nürnberg 17. II. 1961 BB 1961 S. 332 bei einmaliger Wagenüberführung auf Grund Dienstvertrags). Der Regreßanspruch wird vor den ordentlichen Gerichten verfolgt.

Der Fahrer eines Nutzungsberechtigten ist in der Kaskov grundsätzlich voll regreßpflichtig. Eine Einschränkung gilt lediglich, wenn er angestellter Fahrer ist und der Nutzungsberechtigte nach den Ausführungen oben Anm. 44 nicht für leichte Fahrlässigkeit haftet. In solchem Fall ist es für den Regreß so anzusehen, als wenn der Nutzungsberechtigte selbst Vmer wäre, d. h. der angestellte Fahrer haftet nach den Grundsätzen der schadengeneigten Tätigkeit (vgl. BGH 29. X. 1956 BGHZ Bd 22 S. 109–123).

[46] e) Einfluß anderweitiger Versicherungen.

Oben Anm. 37 wurde gezeigt, daß das Bestehen anderweitiger Ven auf den Regreß grundsätzlich ohne Einfluß bleibt. Jedoch gibt es hiervon Ausnahmen. Zu diesen gehört das Regreßverzichtsabkommen der Feuerver (veröffentlicht VerBAV 1961 S. 18–21, 234–238). Dessen Auswirkung soll an folgendem Beispiel verdeutlicht werden: Durch leichte Fahrlässigkeit des Grundstückseigentümers A entsteht ein Brand an seinen Gebäuden, der auf Baulichkeiten des Nachbarn B übergreift. Kraft des Regreßverzichtsabkommens bleibt A vom Rückgriff des Feuervers von B verschont (Einzelheiten bei Heyen, Der Regreßverzicht der Feuerversicherer, 2. Aufl., Karlsruhe 1967, S. 19f.), mag dieser mit dem Feuerver von A identisch sein oder nicht. Der Verzicht ist, sofern der Schuldner mehr als zehn Personen beschäftigt, auf 400000,– DM beschränkt und greift nur ein, soweit die Regreßforderung 100000,– DM übersteigt. In allen anderen Fällen betragen die Grenzwerte 200000,– DM bzw. (mehr als) 50000,– DM (Grundverzicht nach Nr. 6a und b des Abkommens). Der vom Regreß Bedrohte kann nach Nr. 7a des Abkommens gegen Prämienzuschlag die obere Grenze des Grundverzichts erhöhen. Partner des Erweiterungsvertrages ist der Feuerver des Nachbarn, der insoweit durch den Verband der Sachversicherer e. V. vertreten wird, an den der Antrag des potentiell Regreßpflichtigen geleitet wird.

Juristisch liegt Vertrag zugunsten Dritter vor, durch den sich die beteiligten Feuerver zur Nichtgeltendmachung des Regreßanspruchs verpflichten: pactum de non petendo (Bischoff VerBAV 1961 S. 32; R. Schmidt VersR 1953 S. 459).

Ist der rückgreifende Ver gleichzeitig der Haftpflichtver des in Anspruch genommenen Dritten und hat er für diesen Fall Deckung zu gewähren, so kann der Dritte = Haftpflichtvmer den Rückgriff mit der Einrede der Arglist bekämpfen: dolo facit, qui petit quod statim redditurus est (vgl. Sieg, Ausstrahlungen der Haftpflichtversicherung, Hamburg 1952, S. 239; OLG Düsseldorf 24. V. 1937 JRPV 1938 S. 26f.). Möller DAR 1953 S. 109 spricht hier von der Unerträglichkeit des Regresses, Harten S. 106 von der Verpflichtung des Vers, auf den Regreß zu verzichten. Den Grundsatz der Arglisteinrede hat LG Koblenz 24. IX. 1957 VersR 1959 S. 92 richtig erkannt, aber ihn in concreto unrichtig angewendet: Der beklagte Werkstätteninhaber hatte gegen seinen Fahrer zumindest keinen vollen Freistellungsanspruch, für den die Klägerin als Haftpflichtver des Fahrers hätte aufkommen müssen, denn der Schadenfall war bei schadengeneigter Tätigkeit ohne grobe Fahrlässigkeit entstanden. Die Haftpflichtv darf entgegen der Meinung von LG Koblenz nicht zur Verschärfung der Haftung des Fahrers führen. — Die im Sachverhalt ähnlichen Entscheidungen RG 11. VII. 1939 RG 2 Bd 161 S. 34 und RG 17. VI. 1937 HRR 1937 Nr. 1300 sind überholt, weil der Fahrer jetzt seine Rechte aus der Haftpflichtv selbständig geltend machen kann.

Der Ausgleich vollzieht sich in den Fällen, in denen die Arglisteinrede durchgreift, durch einen internen Buchungsvorgang beim Ver (zugunsten Sachschaden, zu Lasten Haftpflichtschaden). Der Fahrer, gegen den nach den Ausführungen oben Anm. 45 der Rückgriff möglich ist, genießt jedoch für diesen keinen Haftpflichtvsschutz durch die Police des Halters (§ 11 Ziff. 3 AKB). Der Arbeitgeber ist auch nicht verpflichtet, für den Fahrer eine diesen gegen Rückgriffe schützende Haftpflichtv abzuschließen (BAG 22. III. 1968 NJW 1968 S. 1846f.). Vereinzelt ist Kaskovern die besondere Bedingung genehmigt worden, daß sie auf den Regreß gegen den berechtigten Fahrer verzichten, wenn dieser leichtfahrlässig gehandelt hat: VerBAV 1967 S. 167.

[47] III. Versicherungsrechtliche Voraussetzungen des Übergangs.

1. Ersatzleistung des Versicherers.

a) Zeitpunkt und Empfänger der Leistung.

§ 67 läßt den Ersatzanspruch übergehen, soweit der Ver dem Vmer den „Schaden ersetzt". Das bedeutet in zeitlicher Hinsicht, daß der Ver nicht schon, wie in der Sozialv, mit dem Schadenfall Rechtsnachfolger wird, auch nicht schon mit der Feststellung, mit dem Anerkenntnis oder mit der Fälligkeit des Vsanspruchs (BGH 13. VI. 1966 VersR 1966 S. 875; OLG Stuttgart 23. III. 1954 VersR 1954 S. 185; Kisch S. 42), sondern erst mit der Leistung. Entschädigt der Ver in Raten, so geht auch der Anspruch in entsprechender Höhe über, die Subrogation vollzieht sich also nicht erst, nachdem die Vsleistung voll ausgekehrt worden ist (Prölss § 67 Anm. 4; Kisch S. 46;Harten S. 93; Ehrenzweig S. 286; Bruck S. 673). Wegen der Automatik des Übergangs hat der Ver auch kein Zurückbehaltungsrecht an der Vsentschädigung, bis ihm der Drittanspruch abgetreten wird: LG Köln 9. III. 1956 VersR 1956 S. 405; Bruck S. 673.

Wenn § 67 davon ausgeht, daß dem Vmer der Schaden ersetzt worden ist, denkt das Gesetz hier an den Normalfall. Es steht gleich, wenn bei V für fremde Rechnung der empfangsberechtigte Vte entschädigt worden ist oder wenn an den Rechtsnachfolger (Zessionar, Pfändungspfandgläubiger der Vsforderung) oder an eine Partei kraft Amtes geleistet wurde. Dasselbe ist der Fall, wenn nach Pfandreife der Vertragspfandgläubiger oder vorher dieser und der Vmer gemeinschaftlich befriedigt worden sind. Das Pfandrecht spielt insbesondere in der Gebäudev eine Rolle. Hier ist darauf aufmerksam zu machen, daß § 67 nur bei „gesundem" Vsverhältnis eingreift. Hat der Feuerver auf Grund der §§ 102, 103 VVG, also im „kranken" Vsverhältnis, die Entschädigung an den Hypothekar ausgekehrt, so geht die Subrogation auf Grund des § 104 VVG der auf Grund des § 67 vor (Prölss § 67 Anm. 4; Kisch S. 45). Ebenso hat in der Pflicht-Haftpflichtv der Übergang nach § 158f. oder nach § 3 Ziff. 9 S. 2 PflichtversG i. Vbdg mit § 426 II BGB den Vorrang (BGH 23. V. 1960 VersR 1960 S. 650). Das folgt daraus, daß der Vmer nicht im Sinne des § 67 entschädigt worden ist, solange er sich dem Regreß des Vers ausgesetzt sieht. Einzelheiten unten Anm. 147, 153.

[48] b) Art der Leistung.

In aller Regel kommt der Ver seiner Verpflichtung durch Geldzahlung nach. Bei Erfüllung im Wege der Überweisung tritt der Forderungsübergang dann ein, wenn der Geldwert dem Konto des Vmers gutgeschrieben worden ist (§ 270 I BGB). Wenn der Vsvertrag eine Naturalleistung des Vers vorsieht wie in der Haftpflichtv (maßgeblicher Zeitpunkt für den Übergang ist hier in der Regel die Befriedigung des Geschädigten) und zuweilen in der Glasv, sukzediert der Ver entsprechend, wenn er diese erbracht hat, bei echter Naturalherstellung (Beispiel Glasv) aber erst mit der vollständigen Leistung (Kisch S. 46).

Der vertragsmäßigen Leistung stehen die Erfüllungssurrogate gleich (Kisch S. 42f.), d. h. die Leistung an Erfüllungs Statt (§ 364 I), die Hinterlegung unter Rücknahmeverzicht (§ 372), die Aufrechnung (§ 389) und der Abzug nach § 35b VVG.

[49] c) Subsidiär- und Differenzversicherungen.

In aller Regel darf der Ver seinen Vmer nicht zunächst auf den Anspruch gegen den Dritten verweisen, denn er haftet primär, anderenfalls wäre § 67 seiner wesentlichen Bedeutung entkleidet. Anders liegt es nur bei Subsidiär- und Differenzven, die als solche ausdrücklich gekennzeichnet sein müssen.

Eine Subsidiarität finden wir z. B. in der Maschinenv. Hier heißt es in Ziff. 2. 2. 12 AMB (VerBAV 1969 S. 2ff.), daß der Ver keine Entschädigung leistet für Schäden, für die ein Dritter als Lieferant, Werkunternehmer oder aus Reparaturauftrag einzutreten hat. Der Ver leistet, bis die Ersatzpflicht des Dritten geklärt ist, eine vorläufige Entschädigung, die vom Vmer zurückgezahlt werden muß, wenn die Ersatzpflicht des Dritten rechtskräftig festgestellt oder unstreitig wird. Die angeführte Bestimmung der AMB schließt § 67 aus. Es bedurfte aber dieser ausdrücklichen Erwähnung nicht, weil ein Übergang ohnehin nicht stattfinden kann: Ist einer der genannten Dritten verantwortlich, entfällt die Leistungspflicht des Vers, ist er es nicht, ist kein Ersatzanspruch des Vmers vorhanden, der übergehen könnte. Weitere Beispiele für Subsidiärven vgl. oben Anm. 30 sowie § 2 III d ARB (Ver BAV 1969 S. 66ff., womit AG Essen 30. IX. 1965 VersR 1966 S. 255 überholt ist).

Hiervon zu unterscheiden sind die Ausfall- oder Differenzven (vgl. Bruck S. 666f.; Schultz S. 58). Bei ihnen muß der Vmer ebenfalls zunächst versuchen, seinen Anspruch gegen den Dritten durchzusetzen. Der Ver tritt aber für den Ausfall ein, wenn jener Anspruch nicht realisierbar ist. Kisch S. 35f. und Harten S. 65 verneinen hier die Anwendung von § 67. M. E. besteht aber kein Grund, die Subrogation auszuschließen, die gesetzlichen Voraussetzungen liegen vor. Selbstverständlich wird der wirtschaftliche Wert der übergegangenen Forderung gering sein, weil es sonst nicht zur Leistung des Vers gekommen wäre. Das ist aber kein Grund, dem Ver die Chance zu versagen, die Besserung der wirtschaftlichen Verhältnisse beim Dritten auszunutzen. Allerdings enthält die Differenzv einen gewissen Anklang an die Kreditv, so daß man meinen könnte, die cessio legis sei aus den oben Anm. 33 dargelegten Gründen zu verneinen. Das wäre aber ein Trugschluß. Sofern sich die Ausfallv auf eine Sache bezieht, bleibt sie Sachv.

[50] 2. Sonstige Leistungen des Versicherers.

a) Außerhalb der Haftpflichtversicherung.

Nach §§ 62, 63 VVG hat der Ver unter den dort genannten Voraussetzungen dem Vmer Aufwendungen zu ersetzen, die dieser für die Abwendung und Minderung des Schadens erbracht hat. Da diese Aufwendungen vor der Vollendung des Vsfalls entstehen, kommen sie nicht nur dem Ver, sondern auch dem Vmer zustatten. Deshalb rechtfertigt sich die Anwendung von § 67 VVG (KG 1. VI. 1932 JRPV 1932 S. 248f.; Ritter-Abraham § 32 Anm. 3; widersprüchlich Prölss § 67 Anm. 4, der die Anwendung des § 67 auf die Kosten nach § 62 ablehnt, aber gleichwohl den beiden folgenden Entscheidungen des BayrObLG und des BGH zustimmt. Anders Kisch S. 37, der allerdings Note 55 zugibt, daß seine Auffassung der herrschenden Lehre widerstreite). Mit Recht haben daher BayrObLG (25. III. 1966 VersR 1966 S. 556 mit Anm. Groth) und BGH (24. X. 1967 VersR 1967 S. 1168) angenommen, daß der Ver auch insoweit in die Schadenersatzforderung sukzediert, als es sich um die Belohnung für die Herbeischaffung gestohlener Ware handelt, wobei von einer Unterscheidung abgesehen wurde, ob der Vmer den Belohnungsaufwand zunächst verauslagt hatte oder ob ihn der Ver unmittelbar für den Vmer getragen hat. Die Anwendung der §§ 62, 63 (und damit des § 67) gründet sich hier darauf, daß der Vmer trotz der Entschädigungsleistung des Vers noch Eigentümer der gestohlenen Ware geblieben ist, er also noch ein eigenes Interesse an der Wiederherbeischaffung hatte.

Wo es sich dagegen lediglich um die F e s t s t e l l u n g eines abgeschlossenen Schadenfalles handelt, greift § 67 nicht ein, denn insoweit erbringt der Ver keine Aufwendungen für den Vmer (selbst wenn er sie diesem nach § 66 I zu erstatten hat), sondern in eigener Sache, um Grund und Höhe seiner Verbindlichkeit zu prüfen. Mit Recht ist daher die Anwendung von § 67 fast durchgängig abgelehnt worden, wenn der Kaskover etwa Ersatz für Sachverständigengutachten, Strafaktenauszüge, Spesen seiner Regulierungsbeamten und dergleichen Kosten geltend machte (BGH 3. VII. 1962 VersR 1962 S. 725ff.; BGH 17. IX. 1962 VersR 1962 S. 1103, der Leitsatz 1 ist mißverständlich formuliert; OLG Frankfurt/M. 1. IV. 1958 VersR 1958 S. 709; OLG München 15. VI. 1959 VersR 1959 S. 944f.; OLG Köln 9. IV. 1959 VersR 1960 S. 894, 896. Anders implicite KG 23. XI. 1961 VersR 1962 S. 530). In aller Regel scheidet hier die Anwendung von § 67 schon deshalb aus, weil der Vmer insoweit keinen adäquaten Ersatzanspruch gegen den Schädiger hat. Sollte das ausnahmsweise der Fall sein, so kann sich der Ver, soweit er für die Feststellungskosten aufkommt, den Ersatzanspruch abtreten lassen.

Die unten Anm. 51 zu erörternde Frage, ob Prozeßkosten Rettungsaufwand sein können, wird außerhalb der Haftpflichtv nicht praktisch, weil der Ver den Vmer — wie erwähnt — nicht auf den Anspruch gegen den Schädiger verweisen darf (Einzelheiten bei Siebeck, Die Schadenabwendungs- und -minderungspflicht des Versicherungsnehmers, Karlsruhe 1963, S. 34f.).

[51] b) In der Haftpflichtversicherung.

Was die Regulierungskosten angeht, liegt es in der Haftpflichtv anders. Der Vsfall ist hier nicht mit dem schädigenden Ereignis abgeschlossen, sondern erst mit der Befreiung des Vmers von den gegen ihn erhobenen Ansprüchen, was die vorherige Feststellung der Haftpflichtforderung voraussetzt (bedenklich daher BGH 25. IV. 1955 VersR 1955 S. 340, 342). Hier bilden daher die Regulierungskosten Rettungsaufwand und begründen den Forderungsübergang nach § 67 (OLG Hamm 24. X. 1961 VersR 1962 S. 502—504; Woesner ZVersWiss 1960 S. 429 N. 158; Prölss § 67 Anm. 4).

Auch wegen der Kosten des Haftpflichtprozesses findet die Subrogation statt. Im einzelnen gilt hier folgendes: Ist der Haftpflichtprozeß für den Vmer ungünstig ausgegangen, so bilden die dem Geschädigten zu erstattenden Kosten einen Teil seines Schadenersatzanspruchs, gehören also zur Hauptleistung des Vers. Die für den Vmer aufgewendeten Kosten sind Rettungsaufwand (Sieg, Ausstrahlungen der Haftpflichtversicherung, Hamburg 1952, S. 134f.; Woesner ZVersWiss 1960 S. 429 N. 154). Hat der Haftpflichtprozeß für den Vmer Erfolg gehabt, so besteht zwar ein Erstattungsanspruch gegen den Geschädigten. Ist dieser aber nicht beitreibbar, sind die Kosten auch in diesem Falle als Teil des Rettungsaufwandes anzusehen, was die Anwendung von § 67 zur Folge hat. Möller in Oberbach, Grundlagen der allgemeinen Haftpflichtversicherung, Stuttgart-Köln 1950, B 2 S. 12f., und OLG Hamm 13. II. 1957 VersR 1957 S. 293 nehmen an, daß die Prozeßkosten schlechthin zur Hauptleistung des Vers gehören. Im Rahmen der hier abgehandelten Fragestellung ändert das am gefundenen Ergebnis nichts.

Eine andere Frage ist es natürlich, ob und inwieweit der Vmer einen bürgerlichrechtlichen Ersatzanspruch hat, der auf den Ver übergeht. Meist wird es sich hier um einen Ausgleichsanspruch gegen einen Mitschädiger handeln. Die Rechtsprechung geht dahin, daß allein das Gemeinschaftsverhältnis unter den Gesamtschuldnern keine genügende Grundlage dafür bildet, daß sich der Mitschädiger gemäß seiner internen Haftungsquote auch an den Kosten beteiligen müßte. Vielmehr wird hierfür eine zusätzliche Rechtfertigung gefordert. Sie kann, sofern Vmer und Mitschädiger in einem Vertragsband stehen, in der positiven Forderungsverletzung des letzteren liegen (RG 19. III. 1940 JRPV 1940 S. 108; BGH 3. VII. 1962 VersR 1962 S. 725ff.). Fehlt es an einem Vertragsverhältnis zwischen diesen Personen, so kann die Kostenbeteiligung auf Verzug des Mitschädigers, auf unerlaubte Handlung gegenüber dem Vmer (BGH 3. VII. 1962 VersR 1962 S. 725ff.; OLG Schleswig 6. VII. 1956 SchlHolstAnz 1956 S. 348f.) oder auf ein sonstiges, das Gemeinschaftsverhältnis belastendes Moment (RG 24. I. 1918 RGZ Bd 92 S. 143ff.; BGH 17. XII. 1955 VersR 1956 S. 160f.) gestützt werden.

[52] Zu a) und b).

Sofern nach den obigen Ausführungen wegen der vom Ver erbrachten Aufwendungen ein Forderungsübergang stattfindet, bezieht er sich niemals auf dessen anteilige Generalunkosten (Gehälter seiner Sachbearbeiter etwa): OLG Hamm 24. X. 1961 VersR 1962 S. 502—504; LG Berlin 17. XII. 1953 VersR 1954 S. 39f.

[53] 3. Leistungspflicht aus Versicherungsverhältnis.

a) Grundlegung.

Obwohl § 67 es nicht ausdrücklich ausspricht, wird man davon ausgehen müssen, daß der Gesetzgeber an eine auf Rechtspflicht beruhende Entschädigungsleistung des Vers gedacht hat. Wie der Vertragspartner des Vers ad hoc zum „Dritten“ werden kann (wenn ihm keine Deckung zu gewähren ist, vgl. oben Anm. 40, 42), so leistet der Ver, wenn er im Einzelfall nicht verpflichtet ist, nicht an den (in concreto berechtigten) „Versicherungsnehmer“ im Sinne des § 67. Wie der Schuldner gegenüber dem Zessionar die Unwirksamkeit der Abtretung geltend machen kann, indem er dessen Aktivlegitimation bestreitet (Blomeyer, Allgemeines Schuldrecht, 4. Aufl., Berlin-Frankfurt 1969, S. 271), so müßte er sich auch entsprechend gegen die Aktivlegitimation des Vers wenden können, sofern die Voraussetzungen des gesetzlichen Übergangs nicht vorliegen.

Indes würde in das Massengeschäft der V eine unerträgliche Unsicherheit hineingetragen werden, wenn man es bei diesen Grundsätzen bewenden ließe. Aus Praktikabilitätsgründen ist daher der einhelligen Meinung zuzustimmen, wonach der Regreß auch dann zu bejahen ist, wenn der Ver bei zweifelhafter Deckung entschädigt hat (BGH 15. X. 1963 VersR 1963 S. 1192 = LM Nr. 22 zu § 67 VVG = VerBAV 1964 S. 57; BAG 9. XI. 1967 VersR 1968 S. 266; OLG Nürnberg 1. VII. 1958 VersR 1958 S. 857f.; OLG Nürnberg 8. X. 1965 VersR 1966 S. 621; OLG Köln 9. IV. 1959 VersR 1960 S. 894; LG Köln 21. I. 1962 VersR 1962 S. 1077; Kisch S. 39). Allein das entspricht auch dem Sinn des § 67: Der Vmer behält die Vsleistung endgültig, er muß daher die entsprechende Drittforderung verlieren, damit dem Bereicherungsverbot genügt wird.

Für die Haftpflichtv ist darauf aufmerksam zu machen, daß sich unsere Ausführungen nur auf die Zweifelhaftigkeit der Deckungsfrage, nicht auf die Dubiosität der Haftungsfrage beziehen. Der auf Grund § 67 vom HaftpflichtVer in Anspruch Genommene kann also einwenden, daß dem Geschädigten in Wahrheit keine Forderung oder nur eine Forderung in geringerer Höhe als vom Ver beglichen zugestanden habe (BGH 3. VII. 1962 VersR 1962 S. 725—728; BGH 6. VI. 1966 VersR 1966 S. 747; LG Osnabrück 12. XI. 1958 VersR 1959 S. 102. Unter diesem Gesichtspunkt hat LG Köln 21. IV. 1961 VersR 1966 S. 72 zutreffend entschieden, die Begründung ist allerdings irreführend. Unrichtig LG Ellwangen 25. VII. 1963 VersR 1964 S. 523—525). Hier handelt es sich nicht nur um die Verlagerung der Aktivlegitimation für eine bestehende Forderung, sondern um den Inhalt eben dieser Forderung. Bei solcher Gestaltung kann sich der Ver allenfalls beim Geschädigten erholen, der zu viel erhalten hat (vgl. oben Anm. 27).

[54] b) Bewußte Liberalitätsleistung.

Die Ansicht, daß auch bei bewußter Liberalität ein Übergang nach § 67 stattfindet, gewinnt in neuerer Zeit an Boden (Ritter-Abraham § 45 Anm. 11; Schlegelberger § 45 Rdz. 6; Prölss § 67 Anm. 4; Ehrenzweig S. 285 N. 1; R. Raiser VersR 1967 S. 312—317 mit Einschränkung beim VVaG; Sieg VersRdsch 1968 S. 198), wenngleich auch die Gegenauffassung namentlich in der Judikatur noch viele Anhänger hat: OLG Köln 9. IV. 1959 VersR 1960 S. 894; KG 5. XI. 1965 VersR 1967 S. 446; OLG Oldenburg 11. II. 1955 VersR 1955 S. 181; LG Köln 21. I. 1962 VersR 1962 S. 1077; LG Mannheim 14. II. 1962 VersR 1962 S. 317; Kisch S. 39f.; Stiefel-Wussow S. 495.

Den Befürwortern des Übergangs ist zuzustimmen, vor allem deshalb, weil sich die Fälle zweifelhafter Eintrittspflicht (wo einhellig der Übergang bejaht wird) und die Fälle bewußter Liberalität in praxi kaum von einander abgrenzen lassen, denn nur selten wird es so liegen, daß der Ver zahlt, obwohl die Deckungsfrage eindeutig zu verneinen ist. Läßt man aber bei zweifelhafter Eintrittspflicht nicht zu, daß der Deckungsfrage auf Bestreiten der Aktivlegitimation bis ins einzelne nachgegangen wird, so ist es nur folgerichtig, dem Dritten diesen Einwand auch hier zu versagen, die Fallgruppen unterscheiden sich nicht qualitativ, sondern nur quantitativ von einander. Im übrigen spricht auch hier der oben Anm. 53 hervorgehobene Sinn des § 67 für den Übergang.

Mit dieser weitgehenden Zulassung des Rückgriffs nähert sich die Privatv der Sozialv, wo nach § 1543 RVO im Regreßprozeß ebenfalls nicht nachgeprüft werden darf, ob und inwieweit der Sozialvsträger zu Recht gezahlt hat. Die Vorschrift hat sich dort derart bewährt, daß ihre Anwendung auch in den Zweigen der Sozialv bejaht wird, in denen eine Entsprechung zu § 1543 fehlt (Sieg VersR 1969 S. 3).

Angesichts der Zweifelhaftigkeit der Rechtslage ist dem Ver zu empfehlen, sich bei Auskehrung der Liberalitätszahlung den Drittanspruch abtreten zu lassen. Niemals kann er seine Leistung vom Vmer oder Vten kondizieren, wenn ihn seine Großmut reut: § 814 BGB. Auch wird der Vte nicht zum Dritten nach § 67, wenn er und der Vmer keine Deckung hatten, der Ver aber in Kenntnis dieses Umstandes gleichwohl entschädigt hat: LG Mannheim 14. II. 1962 VersR 1962 S. 317. Dieser Fall ist nicht zu verwechseln mit dem oben Anm. 45 behandelten.

[55] c) Irrtümliche Ersatzleistung.

aa) Eingreifen des § 67 im allgemeinen.

Hat der Ver irrtümlich geleistet, so entsteht die Frage, ob auch hier der Übergang nach § 67 anzunehmen oder ob der Ver auf einen Bereicherungsanspruch gegen seinen

Vmer angewiesen ist. Daß letzterer Anspruch an sich besteht, kann nicht zweifelhaft sein. Man könnte geneigt sein, es dabei bewenden zu lassen, d. h. für § 67 eine solche Vsleistung zu verlangen, die als vertragsmäßige Bestand hat: so Ritter-Abraham § 45 Anm. 11; Harten S. 90 (allerdings mit Rücksicht auf den von § 67 abweichenden Wortlaut von § 804 HGB); Kisch S. 40; Bury S. 41f. Indes hat die Rechtsprechung auch bei irrtümlicher Leistung den Übergang bejaht (BGH 15. X. 1963 VersR 1963 S. 1192 = LM Nr. 22 zu § 67 VVG = VerBAV 1964 S. 57; OLG Düsseldorf 28. XI. 1961 VersR 1962 S. 416f.). Das ist insofern folgerichtig, als der Ver hier nicht anders dastehen kann, als wenn er von vornherein wußte, daß er nicht leistungspflichtig ist (vgl. oben Anm. 54). Wenn die Leistungsfreiheit auf einer Obliegenheitsverletzung beruht, kann schon deshalb an dem Eingreifen von § 67 kein Zweifel sein, weil es dem Ver freisteht, ob er sich auf Leistungsfreiheit berufen will, diese schafft lediglich eine Einrede, keine Einwendung (vgl. unten Anm. 80).

Natürlich kann der Ver nicht den Regreßanspruch gegen den Dritten und den Kondiktionsanspruch gegen den Vmer verfolgen. Außerhalb der Haftpflichtv löst sich der Konflikt relativ einfach: Der Ver kann den Kondiktionsanspruch gegen seinen Vmer verfolgen. Realisiert er ihn, so entfällt damit die Voraussetzung für § 67, daß der Ver seinem Vmer den Schaden ersetzt hat (BGH 28. IX. 1961 VersR 1961 S. 992 = VerBAV 1962 S. 19; BGH 16. XI. 1961 VersR 1962 S. 22—24 = VerBAV 1962 S. 65f.). Der Forderungsübergang ist also hier auflösend bedingt durch die Durchsetzung des Bereicherungsanspruchs.

Daß ein Forderungsübergang in Höhe der Vsentschädigung eintritt, mag der Ver in Kauf genommen haben, zuviel zu leisten, mag er bewußt, mag er irrtümlich zu hoch entschädigt haben, hat OLG Hamm 24. XI. 1955 VersR 1956 S. 209f. übersehen. Im betreffenden Fall hätte Beweis über die Behauptung des geschädigten Klägers erhoben werden müssen, der Schaden betrage rund 20 000,— DM. Nur wenn er mit dieser Behauptung durchdrang, konnte der Beklagte zur Zahlung an den Kläger in Höhe von rund 10 000,— DM verurteilt werden, nachdem der Ver bereits 10 000,— DM geleistet hatte, hinsichtlich deren der Kläger keine Aktivlegitimation mehr besaß. Mit dem Differenzprinzip hat der Fall entgegen dem Leitsatz nichts zu tun, denn hier schuldete der Beklagte vollen Ersatz, die Schadenersatzforderung blieb nicht hinter den Forderungen des ursprünglichen Gläubigers und seines Rechtsnachfolgers zurück.

[56] bb) Besonderheiten in der Haftpflichtversicherung.

Der oben Anm. 55 aufgezeigte Weg versagt in der Haftpflichtv, denn mag auch der Vmer keinen Anspruch auf Deckung gehabt haben, daß er durch die Leistung des Vers an den Geschädigten von seiner Haftpflichtverbindlichkeit endgültig befreit worden ist, (Voraussetzung für das Eingreifen von § 67), läßt sich nicht aus der Welt schaffen. Andererseits bleibt dem Ver der Kondiktionsanspruch. Zur Lösung dieser Konkurrenz sind verschiedene Wege beschritten worden.

Stiefel-Wussow Anhang zu §§ 10—13 Anm. 37 (wohl auch BGH 15. X. 1963 VersR 1963 S. 1192 = LM Nr. 22 zu § 67 VVG = VerBAV 1964 S. 57) meinen, auf § 67 könne sich der Ver bei dieser Sachlage nur berufen, wenn er auf den Kondiktionsanspruch verzichte. Das verkümmert indes die Rechte des Vers zu stark, denn abgesehen davon, daß der nach § 67 übergegangene Anspruch in der Haftpflichtv in der Regel nur auf die interne Haftungsquote des Mitschädigers geht, ist zunächst noch völlig offen, ob dieser Anspruch überhaupt erfüllt werden wird.

Clemm, Der Rückgriff des subsidiär haftenden Kraftfahrzeug-Haftpflichtversicherers, Diss. Berlin 1968, S. 83f., 93—97, vertritt die Auffassung, bei der gegebenen Sachlage habe der Ver die Drittforderung erfüllungshalber erworben; werde sie vom Mitschädiger getilgt, entfalle insoweit ein Bereicherungsanspruch. Wie bei Abtretungen im Rahmen des § 364 II BGB sei der Ver aus dem Treueverhältnis zu seinem Vmer gehalten, zunächst die Drittforderung einzuziehen, ehe er sich an seinen Vmer wende. In letzterem Falle könne der Vmer seine Leistung zurückhalten, bis ihm der (praktisch kaum wertvolle) Anspruch gegen den Mitschädiger rückzediert worden sei.

Indes läßt sich für diese Ansicht schwer eine Rechtfertigung finden. Der Ver, der irrtümlich seine Deckungspflicht angenommen hat, kann nicht schlechter dastehen, als wenn ihm als Pflichtver beim Eintritt gegenüber dem Geschädigten bewußt gewesen ist, daß das Deckungsverhältnis „krank" war. In diesem Falle ordnet das Gesetz den Übergang der Forderung des Geschädigten gegen den Vmer an (§ 158f; § 3 Ziff. 9 S. 2 PflichtversG), wobei es ganz in die Hand des Vers gegeben ist, ob er in dessen Anspruch gegen den Mitschädiger (vgl. unten Anm. 148) oder in dessen sonstiges Vermögen vollstrecken will. Entsprechendes muß im Falle der irrtümlichen Leistung gelten. Wenn der Ver den Mitschädiger vor dem Vmer in Anspruch nimmt (wozu er — wie gesagt — nicht verpflichtet ist), mindert das auf diese Weise Hereingekommene den Bereicherungsanspruch. Wenn er zunächst gegen den Vmer vorgeht, kann dieser die Leistung verweigern, bis ihm der Drittanspruch rückzediert worden ist (Clemm a. a. O. S. 80; vgl. zum vorangegangenen Baumann 2 VersWiss 1970.

[57] cc) Ausschluß von § 67.

War die Leistung des Vers zunächst mit Rechtsgrund erbracht, stellt sie sich aber nachträglich infolge Anfechtung des Vsvertrages als ungerechtfertigt heraus, so ist für § 67 kein Raum. Die rückwirkende Vernichtung des Vertrages läßt die erbrachte Entschädigung als außerhalb irgendwelcher Vsbeziehung geleistet erscheinen. Die cessio legis fällt — jedenfalls außerhalb der Haftpflichtv — automatisch fort. Hat der Ver in der Zwischenzeit bereits den Regreß durchgeführt, so muß er das Empfangene (ebenso wie die Prämien) herausgeben (Kisch S. 38, 40). Der Vmer muß seinerseits die Entschädigung zurückgewähren. Nach der herrschenden namentlich von der Rechtsprechung befolgten Saldotheorie schuldet nur der Teil dem anderen etwas, für den sich nach der Verrechnung ein Zuvielerhalt herausstellt. Die Bereicherungsansprüche können hier allerdings durch Schadenersatzansprüche des Anfechtenden (§ 823 II) oder des Anfechtungsgegners (§ 122) überlagert werden.

[58] d) Leistung aus versicherungsähnlichem Schadenersatzverhältnis.

Der Ver kann, obwohl kein Vsvertrag abgeschlossen worden ist, gleichwohl gehalten sein, einen Schaden zu vergüten, wie wenn ein solcher Vertrag bestünde. Das ist der Fall, wenn der Ver aus culpa in contrahendo haftet (hierzu neuerdings Köbler VersR 1969 S. 776/778), z. B. weil er einen Antrag verzögerlich beantwortet hat (vgl. Möller Anm. 51 zu § 44; Schumann HansRGZ A 1938 Sp. 85, 88) oder weil er für unrichtige oder unvollständige Auskünfte seines Agenten einstehen muß (vgl. BGH 20. VI. 1963 BGHZ Bd 40 S. 23—28). Zur Rechtsfigur der culpa in contrahendo wegen Lässigkeit des Vers kann es allerdings dort nicht kommen, wo nach Ablauf fester Fristen der Antrag als abgelehnt (§ 81 VVG) oder angenommen (§ 5 III PflichtversG) gilt. Bindungsfristen in AVB oder geschäftsplanmäßigen Erklärungen geben im übrigen einen Anhalt dafür, wie lange sich der Ver Zeit lassen kann.

Die Haftung aus Verschulden bei Vertragsschluß geht gewöhnlich nur auf das negative Interesse, dieses kann aber dem Erfüllungsinteresse gleichkommen. Das ist gerade im Vsrecht mehrfach anerkannt (RG 31. I. 1922 RGZ Bd 104 S. 20—23; RG 26. II. 1935 RGZ Bd 147 S. 103, 110; KG 15. XI. 1930 JRPV 1931 S. 40). Wenn der Ver auf dieser Rechtsgrundlage entschädigt, findet m. E. § 67 Anwendung. Zwar ist auch hier — wie in den Fällen der Anfechtung — kein Vsvertrag vorhanden, er wird aber als in der Hülle des Schadenersatzes steckend fingiert. Der Vmer, der auf dieser Basis die Vorteile des fiktiven Vertrages beansprucht, muß auch den Nachteil des § 67 hinnehmen. Dafür sprechen auch die eben angeführten RG-Entscheidungen, die den Schadenersatzanspruch des Vmers an den Normen des VVG und der AVB messen.

[59] 4. Kongruenzprinzip.

a) Gleicher Gegenstand.

Nach § 67 geht der Schadenersatzanspruch des Vmers über, soweit der Ver den Schaden ersetzt. Daraus folgt, daß zwischen dem vten Gegenstand und dem vten Interesse (unten Anm. 60) einerseits, dem Schadenersatzanspruch andererseits ein Zusammenhang bestehen muß, den man als Kongruenz (so die jetzt übliche Terminologie) oder Konvergenz (so die Diktion von Kisch S. 32) bezeichnet.

Sind bei einem Unfall mehrere Fahrzeuge des Vmers beschädigt worden, so geht auf den Kaskover eines dieser Fahrzeuge nur der darauf bezügliche Schadenersatzanspruch über. Dasselbe gilt, wenn nur der Anhänger oder nur der Triebwagen vt ist (nicht beachtet von OLG Braunschweig 26. III. 1964 VersR 1964 S. 816ff. Dagegen Mahlberg VersR 1964 S. 1222; Stiefel-Wussow S. 495) oder wenn neben den vten Gebäudeteilen auch andere durch den Schadenfall in Mitleidenschaft gezogen worden sind (Kisch S. 34). Ist der Vmer nur wegen seines Fahrzeugs entschädigt worden, verbleibt ihm der Schadenersatzanspruch wegen seiner Ladung (Prölss § 67 Anm. 1). Niemals gehen auf den Vermögensver Ansprüche aus einem Personenschaden über und umgekehrt.

[60] b) Gleiches Interesse.

aa) Gundlage.

Das Schadenereignis an demselben Gegenstand kann die Vermögenssphäre des Betroffenen in den verschiedensten Richtungen tangieren und daher auch verschiedene Arten von Schadenersatzansprüchen auslösen. Besonders häufig ist der Fall, daß eine Sachbeschädigung Nutzungsausfall und die Erbringung von Auslagen nach sich zieht. Der Ersatzanspruch gegen den Schädiger umfaßt auch diese Teile des Schadens, aber der Forderungsübergang ergreift nur denjenigenAusschnitt des Schadenersatzanspruchs, der dem Interesse entspricht, für das der Vmer vom Ver entschädigt worden ist (BGH 30. IX. 1957 BGHZ Bd 25 S. 340; BGH 11. VII. 1963 VersR 1963 S. 1185; Prölss § 67 Anm. 1; Harten S. 63). So geht auf den Sachver nicht der Anspruch aus Verletzung eines Forderungsinteresses (Harten S. 146) oder aus Nutzungsausfall (Kisch S. 34; Harten S. 62, 148) oder wegen Aufwendungen über; auf den Gewinnver nicht der Anspruch wegen des Substanzschadens (Kisch S. 34).

Von der cessio legis wird auch grundsätzlich der Verzugsschadenersatzanspruch des Vmers nicht erfaßt (Harten S. 64; Kisch S. 33 N. 50), weil er hierfür vom Ver in aller Regel nicht entschädigt wird. Etwas anderes gilt nur dann, wenn der Dritte unter dem Gesichtspunkt des Verzuges auch für mittelbare Schäden des Vmers aufkommen muß und diese dem letzteren vom Ver abgenommen werden (vgl. oben Anm. 51).

Das Kongruenzprinzip kann sich auch nachteilig für den Vmer auswirken. Ist er z. B. für den Sachschaden vom Ver entschädigt worden und erhält er später hierfür vom Schädiger Ersatz, so kann er dem Kondiktionsanspruch des Vers nicht entgegenhalten, er sei für den Nutzungsausfall bisher nicht entschädigt worden, er verrechne daher die Drittleistung auf diesen Schadensteil: BGH 21. XI. 1957 LM Nr. 9 zu § 67 VVG. — Auch insofern ist der Kongruenzgrundsatz dem Vmer ungünstig, als er das ihm vorteilhafte Differenzprinzip einschränkt, darüber unten Anm. 67.

[61] bb) Abgrenzung in der Kraftfahrzeug-Kaskoversicherung.

Die Bestimmung, was im Einzelfall bei der Sachv zum kongruenten Substanzschaden rechnet, ist nicht immer leicht zu treffen. Voranzuschicken ist, daß der Begriff „Sachschaden" hier erheblich enger ist als etwa im Falle des § 12 StVG (vgl. oben Anm. 30), insbesondere ist hier der Sachfolgeschaden nicht einbegriffen. Bei der Kaskov gehören in diesem Sinne zum Sachschaden die Reparatur- und Abschleppkosten, nicht jedoch der Verdienstausfall, die Kosten für einen Mietwagen, gewisse Auslagen, der Verlust des Schadenfreiheitsrabatts oder sonstiger Vergünstigungen für schadenfreies Fahren (Prölss § 67 Anm. 1; Stiefel-Wussow S. 495; BGH 18. I. 1966 BGHZ Bd 44 S. 382 = VersR 1966 S. 256). Was den Minderwert angeht, so sind die Ansichten geteilt. BGH 20. III. 1967 BGHZ Bd 47 S. 196 = VersR 1967 S. 505 hat den merkantilen Minderwert zum Sachfolgeschaden gerechnet, während BGH 28. I. 1958 VersR 1958 S.161 den Minderwert schlechthin (also merkantilen und technischen) zum Sachschaden zählt. Zutreffend erscheint, den technischen Minderwert als Sachschaden, den merkantilen als Sachfolgeschaden zu behandeln (Prölss § 67 Anm. 1; anders Stiefel-Wussow S. 495).

Wenn auch diese Aufteilung vor allem dann eine Rolle spielt, wenn der Schadenersatzanspruch nicht hinlänglich hoch ist, um Ver und Vmer zu befriedigen und auf die hieraus entstehende Problematik erst unten Anm. 64—69 einzugehen ist, so mußte die Abgrenzung gleichwohl schon an dieser Stelle behandelt werden, weil auch in jenen

Fällen zunächst über die Kongruenz Klarheit herrschen muß. — Selbstverständlich kann auch innerhalb des Sachschadens niemals der Ersatzanspruch im größeren Umfang auf den Ver übergehen, als er entschädigt hat.

[62] cc) Versicherungsentschädigung über Zeitwert.

Es gibt Fälle, in denen vrechtlich der Schaden höher vergütet wird, als bürgerlichrechtlich eine Ersatzforderung überhaupt entstehen kann. Das tritt z. B. in der Kaskov auf Grund § 13 II AKB ein. Der Schädiger hat stets nur den Zeitwert zu ersetzen, wobei es eine rein bürgerlich-rechtliche Frage ist, ob hierfür der Verkaufs- oder der Wiederanschaffungspreis zugrunde zu legen ist (vgl. hierzu OLG Stuttgart 20. VII. 1966 NJW 1967 S. 252 mit Anm. Hohenester). Der Ver entschädigt nach § 13 II AKB höher. Im Umfang dieser Überschreitung des Zeitwerts liegt keine Substanz- (= Aktivenv) sondern eine Neuwertv (= Passivenv) vor: Möller Anm. 30 zu § 1; Anm. 20 vor §§ 49—80; Anm. 78 zu § 49. Aus dem Kongruenzprinzip ergibt sich, daß der Schadenersatzanspruch nur insoweit übergehen kann, als der Ver für Zeitwert entschädigt hat. Diese Feststellung hat vor allem Bedeutung, wenn eine Selbstbeteiligung vereinbart worden ist. Da diese den Substanzschaden betrifft, ergreift die cessio legis nur eine um die Selbstbeteiligung verringerte Schadenersatzforderung des Vmers. Diesem verbleibt also der Ersatzanspruch in Höhe der Selbstbeteiligung (BGH 4. IV. 1967 BGHZ Bd 47 S. 308—312. Mit dem Differenzprinzip hat das allerdings entgegen BGH a. a. O. S. 310 nicht zwangsläufig zu tun).

Beispiel: Die Kaskov ist mit einer Selbstbeteiligung von 300,— DM abgeschlossen. Der Wert des Wagens bei Eintritt des Totalschadens betrug 3000,— DM, der Listenpreis im Sinne des § 13 II AKB 4000,— DM. Der Ver hat mit 3700,— DM zu entschädigen (4000,— DM abzüglich 300,— DM Selbstbeteiligung). Auf ihn geht ein Anspruch von 2700,— DM über (Zeitwert abzüglich 300,— DM Selbstbeteiligung). Der Ersatzanspruch von 300,— DM verbleibt dem Vmer. Entsprechendes gilt bei jeder Neuwertv.

Die Kongruenz spielt auch dann eine Rolle, wenn der Ver etwa zu hoch entschädigt. Hatte z. B. der Feuerver nur 25 000,— DM zu leisten (Wiederbeschaffungswert gemindert um Abzug neu für alt, vgl. § 86 VVG), kehrt er aber 26 000,— DM aus, so geht auf ihn nur eine Forderung von 25 000,— DM über. Der Ver kann sich nicht auf den Standpunkt stellen, der Vmer habe noch weiteren Schaden infolge Nutzungsausfalls erlitten, so daß er — der Ver — auf alle Fälle für die von ihm ausgeworfenen 26 000,— DM gedeckt sei. In Höhe der überschießenden 1000,— DM fehlt es an der Kongruenz.

Andererseits ergibt sich aus diesen Grundsätzen zwangsläufig, daß der Schädiger im obigen Beispiel aus der Kaskov dem Vmer nicht entgegenhalten kann, er schulde ihm nicht jene 300,— DM, weil der Vmer von seinem Ver schon mehr als den Zeitwert erhalten habe. Ebenso wenig kann sich der Schädiger im Beispiel aus der Feuerv auf den Standpunkt stellen, er habe den Nutzungsausfall mit 1000,— DM weniger zu vergüten, weil der Vmer von seinem Ver 1000,— zu viel für Sachschäden erhalten habe, die auf den Nutzungsausfall zu verrechnen seien (vgl. BGH 11. VII. 1963 VersR 1963 S. 1185).

Leider hat das RG auf dem verwandten Gebiet des Verhältnisses zwischen Vsleistung und Amtshaftung den Kongruenzgrundsatz nicht beachtet. Wenn man sich schon auf den (abzulehnenden) Standpunkt stellt, daß Vsleistungen anderweitiger Ersatz im Sinne des § 839 I 2 BGB sind (dazu oben Anm. 29), so müßten wenigstens solche Zuwendungen des Vers außer Betracht bleiben, die nicht dem Schadenersatzanspruch kongruent sind, der gegen die öffentliche Hand erhoben wird. RG 26. VIII. 1938 RGZ Bd 158 S. 176ff. hat aber auch jene Vsleistungen dem Amtshaftungsanspruch vorgehen lassen.

[63] c) Ausblick auf das Schadenersatzrecht.

Die Kongruenz zwingt also dazu, den globalen Schaden aufzuspalten in eine Reihe von einzelnen Schadensarten. Möller (Summen- und Einzelschaden, Hamburg 1937 S. 9ff.) hat bereits vor mehr als dreißig Jahren die These vertreten, daß der aus dem Vsrecht kommende Begriff des Einzelschadens auch für das bürgerliche Recht, das nach dem Prinzip des Summenschadens arbeite, nutzbar gemacht werden müsse. Sofern in eine Schadenersatzbeziehung ein Ver eingeschaltet ist, ist zur Bestimmung dessen, was auf diesen übergeht, die Einzelschadenmethode unabweisbar. Daß ihr heute ein weiteres Feld auch außerhalb des Kongruenzgrundsatzes im Rahmen des § 67 einzuräumen ist, wird mehr und mehr anerkannt (vgl. Winter VersR 1967 S. 334ff.; Thiele AcP Bd 167 S. 202).

[64] IV. Umfang und Sicherung des Übergangs.

1. Umfang des Übergangs.

a) Problem.

Der Übergang des Ersatzanspruchs findet seine Begrenzung einerseits in der Höhe des Schadenersatzanspruchs, andererseits in dem Umfang der Ver-Leistung. Doch auch in diesem Rahmen geht nicht stets der volle kongruente Ersatzanspruch auf den Ver über, nämlich dann nicht, wenn er seinen Vmer nicht voll entschädigt hat (Ver und Vmer konkurrieren dann gegenüber dem Dritten) und außerdem die Schadenersatzforderung nicht ausreichend hoch ist, um beide Gläubiger voll zu befriedigen.

Beispiel: Der Vmer hat die Kaskov mit 500,— DM Selbstbeteiligung abgeschlossen. Das vte Fahrzeug mit einem Zeitwert von 4000,— DM wird von einem Totalschaden betroffen, an dessen Eintritt der Vmer und ein Dritter je zur Hälfte mitschuldig sind. Der Ver leistet 3500,— DM Ersatz, den Schaden in Höhe von 500,— DM hat der Vmer selbst zu tragen. Die Ersatzforderung gegen den Dritten beträgt 2000,— DM. Wie sind diese aufzuteilen zwischen Vmer und Ver?

Daß der Ver seinen Vmer nicht voll zu entschädigen braucht, kann verschiedene Gründe haben. Außer an die Unterv in weiterem Sinne (die Selbstbeteiligung einschließend) ist etwa an Obliegenheitsverletzungen zu denken, deren Folgen sich nach dem Kausalitätsprinzip des § 6 II oder des § 6 III 3 richten. Daß andererseits die Schadenersatzforderung nicht ausreicht, um beiden Gläubigern voll zu genügen, kann auf Mitverschulden des Vmers bzw. seines Fahrers (§§ 254 BGB, 9 StVG) oder darauf beruhen, daß er sich die Betriebsgefahr seines Fahrzeugs entgegenhalten lassen muß (§ 17 StVG) oder schließlich darauf, daß ihm lediglich nach dem StVG gehaftet wird und daher die Höchstgrenzen des § 12 zu beachten sind.

[65] b) Differenzprinzip (= Quotenvorrecht des Versicherungsnehmers).

Theoretisch ließe sich unsere Frage auf dreierlei Art lösen:

aa) Der Ver hat den Vorrang, der Vmer gelangt nur insoweit zum Zuge, als nach dem Übergang in Höhe der Vsleistung noch eine restliche Ersatzforderung verbleibt. Im obigen Beispiel würde also die letztere in Höhe von 2000,— DM auf den Ver übergehen, der Vmer ginge leer aus. Das ist der Standpunkt der absoluten Theorie (man spricht auch von einem Quotenvorrecht des Vers), die heute in der Privatv keine Anhänger mehr hat (über frühere Ansichten unterrichten Kisch LZ 1916 Sp. 14, ferner Bruck S. 674). Die höchstrichterliche Rechtsprechung hängt ihr jedoch für die Sozialv noch an (neuerdings wieder BGH 29. X. 1968 VersR 1968 S. 1182—1185), wenngleich diese Judikatur zunehmend auf Kritik stößt (vgl. zur Streitfrage Sieg JuS 1968 S. 357—362 mit weiteren Angaben aus Judikatur und Literatur). Selb, Das Quotenvorrecht der Sozialversicherungsträger, Wien-New York 1969, S. 17—40 verteidigt die Rechtsprechung.

bb) Ver und Vmer müssen sich prozentual in den Unterschied teilen, der zwischen Schaden und Schadenersatzforderung besteht. Hiernach würde in obigem Beispiel die Forderung in Höhe von 1750,— DM auf den Ver übergehen, in Höhe von 250,— DM würde sie dem Vmer verbleiben. Diese sogenannte relative Theorie wird heute noch für die Transportv vertreten (Harten S. 126—128; Karrer S. 64; OLG Hamburg 22. X. 1930 HansRGZ A 1931 Sp. 145—147; Ritter LZ 1907 Sp. 250—258. Anders Ritter-Abraham § 45 Anm. 22). Für die sonstige Privatv war Kisch (S. 50—52) ihr eifriger Verfechter (ders. LZ 1916 Sp. 15—20, ZVW 1916 S. 349—354).

cc) Auf den Ver kann nur derjenige Teil der Schadenersatzforderung übergehen, der nicht verbraucht wird für die Schadlosstellung des Vmers. Auf das obige Beispiel angewendet, würde der Vmer in Höhe von 500,— DM ersatzberechtigt bleiben, auf den Ver ginge die Forderung in Höhe von 1500,— DM über; der Vmer wäre voll entschädigt, der Ver hätte nach Durchführung des Regresses 2000,— DM endgültig ausgeworfen.

Dieses sogenannte Differenzprinzip, man spricht auch von einem Quotenvorrecht des Vmers, hat sich in Rechtsprechung und Literatur mit Recht durchgesetzt, jedenfalls außerhalb der Transportv (so schon Schneider ZVW 1916 S. 223—226. Später: Harten S. 111—125; Prölss § 67 Anm. 6; v. Gierke S. 209; BGH 17. III. 1954 BGHZ Bd 13 S. 28 = LM Nr. 3 zu § 67 VVG mit Anm. Benkard; BGH 30. IX. 1957 BGHZ Bd 25 S. 343—345; BGH 24. XI. 1964 VersR 1965 S. 165; BGH 20. III. 1967 BGHZ Bd 47 S. 196 = VersR 1967 S. 505).

[66] c) Dessen Rechtfertigung.

Die Begründung kann nicht dem § 67 I 2 entnommen werden (anders Prölss § 67 Anm. 6; Schneider ZVW 1916 S. 223f.), denn dieser befaßt sich nicht mit dem Umfang des Übergangs, sondern setzt zwei Gläubiger voraus, die deshalb nicht beide voll zum Zuge kommen können, weil das Vermögen des Schädigers hierfür nicht ausreicht. § 67 I 2 behandelt daher die Wirkung des Übergangs. Was diese Vorschrift aussagt, entspricht ohnehin einem allgemeinen Rechtsgedanken, der in §§ 268 III, 426 II 2, 774 I 2 BGB seine Ausprägung gefunden hat (wie hier: Palandt-Danckelmann, BGB, 27. Aufl., München-Berlin 1968, § 412 Anm. 1; Reinhardt und Schulz JuS 1961 S. 5; Harten S. 119—121; Kisch ZVW 1916 S. 351; Ritter-Abraham § 45 Anm. 14; G. und D. Reinicke NJW 1954 S. 1103). R. Schmidt VersR 1953 S. 460 spricht von einer Vorverlegung des in § 67 I 2 ausgesprochenen Prinzips, ebenso BGH 17. III. 1954 BGHZ Bd 13 S. 28 = LM Nr. 3 zu § 67 VVG mit Anm. Benkard.

Die Rechtfertigung der Differenztheorie ist also anderweit zu suchen. Sie liegt in der modernen Auffassung vom Wesen der Assekuranz. Diese will dem Geschädigten eine vorrangige Sicherung für den Ersatz etwaigen Schadens verschaffen, die nur im Bereicherungsverbot ihre Grenze findet. Die Lücke zwischen Schaden und Schadenersatzanspruch soll daher nicht der Vmer fühlen, sondern der Ver, der für seine Leistung in Gestalt der Prämie bezahlt worden ist und daher seine Entschädigung zu erbringen hat ohne Rücksicht darauf, ob und in welcher Höhe er einen Regreßanspruch gewinnt (vgl. insbesondere Harten S. 122—124; Sieg JuS 1968 S. 359).

Hierbei ist es völlig gleich, ob der Vmer zuerst den Dritten belangt und dann seinen Ver oder umgekehrt. Geht er ersteren Weg, erhält er in dem obigen Beispiel zu Anm. 65 vom Schädiger 2000,— DM, vom Ver weitere 2000,— DM. Der Ver kann hiervon nicht die Selbstbeteiligung abziehen, denn diese darf er nur dem Gesamtschaden entgegenhalten (Harten S. 125). — Das Differenzprinzip hat inzwischen auch Eingang gefunden in das öffentliche Dienstrecht: Der Beamte, der von seinem Dienstherrn nicht voll entschädigt worden ist, hat für seinen kongruenten Schaden den Vorgriff auf die Ersatzforderung; auf den Dienstherrn als Rechtsnachfolger nach § 87a BBG oder § 52 BRRG geht nur der Restanspruch über: BGH 24. IV. 1952 VersR 1952 S. 239 = LM Nr. 2 zu § 139 DBG; BGH 9. XI. 1956 BGHZ Bd 22 S. 136 = VersR 1957 S. 26.

[67] d) Begrenzung durch Kongruenzprinzip.

Das Differenzprinzip gilt nicht uneingeschränkt bei Unterv einerseits, unzulänglichem Schadenersatzanspruch andererseits, sondern es wirkt sich nur innerhalb kongruenter Schäden aus (BGH 30. IX. 1957 BGHZ Bd 25 S. 340 = LM Nr. 10 zu § 67 VVG mit Anm. Pagendarm; BGH 21. XI. 1957 LM Nr. 9 zu § 67 VVG; BGH 28. I. 1958 VersR 1958 S. 161 = LM Nr. 11 zu § 67 VVG; BGH 18. I. 1966 BGHZ Bd 44 S. 382; BGH 20. III. 1967 BGHZ Bd 47 S. 196 = VersR 1967 S. 505; Prölss § 67 Anm. 6; Bach VersR 1958 S. 657). Hat dasselbe Ereignis kongruente und inkongruente Schäden im Gefolge, so müssen zunächst die aus beiden Gruppen herzuleitenden Ansprüche anteilig um soviel gekürzt werden, daß sie zusammen den Schadenersatzanspruch nicht übersteigen. Der so gekürzte Anspruch bleibt dem Vmer, soweit es sich um den inkongruenten Ersatz handelt. An dem gekürzten Anspruch für den kongruenten Ersatz steht ihm das Quotenvorrecht zu, der Rest geht auf den Ver über.

Beispiel: Der Vmer hat eine Kaskov mit 500,— DM Selbstbeteiligung abgeschlossen. Der Fahrzeugschaden beträgt 4000,— DM, der Nutzungsausfall 1000,— DM. Den Vmer trifft ein Fünftel Mitverschulden am Unfall. Der Schädiger hat also insgesamt 4000,— DM zu leisten. Sowohl der Fahrzeugschaden als auch der Nutzungsausfall sind um ein Fünftel zu reduzieren, also auf 3200,— DM und 800,— DM. An den 3200,— DM, die auf den Fahrzeugschaden entfallen, steht dem Vmer in Höhe von 500,— DM das Quotenvorrecht zu. Auf den Ver geht mithin der Anspruch in Höhe von 2700,— DM über, im Umfang von 1300,— DM verbleibt er dem Vmer (500,— DM Fahrzeugschaden + 800,— DM Nutzungssaufall).

Daß das Differenzprinzip sich nur am kongruenten Schaden auswirkt, begünstigt also den Ver; andererseits wird die Lage des Vmers günstiger, je mehr man in Zweifelsfällen zum kongruenten Schaden zählt (vgl. oben Anm. 61). Es ist zu beobachten, daß die Rechtsprechung oft unangebracht mit dem Differenzprinzip operiert. Beispiele: BGH 4. IV. 1957 BGHZ Bd 47 S. 310; BGH 21. XI. 1957 LM Nr. 9 zu § 67 VVG; OLG Hamm 24. XI. 1955 VersR 1956 S. 209f.; diese Fälle waren allein aus der Kongruenz zu entscheiden. Das Differenzprinzip spielt nur eine Rolle, wenn dem kongruenten Schaden kein voller Ersatzanspruch zur Seite steht.

[68] e) **Besondere Fälle.**

Das Prinzip der anteiligen Kürzung von kongruenten und inkongruenten Schäden ist uns bereits bei Untersuchung der Frage begegnet, inwieweit ein Anspruch auf den Ver bei der Halterhaftung der öffentlichen Hand übergeht (vgl. oben Anm. 30). — Ist über Zeitwert entschädigt, so verteilt sich die Regreßforderung in dem Kaskovsbeispiel oben Anm. 62, sofern man das Mitverschulden des Vmers mit einem Fünftel annimmt, wie folgt: Der Schädiger hat insgesamt 2400,— DM (4/5 von 3000,— DM) zu ersetzen. Dem Vmer gebührt das Quotenvorrecht in Höhe von 300,— DM, auf den Ver geht die Restforderung von 2100,— DM über (Prölss § 67 Anm. 6). — Ohne Einfluß auf die Aufteilung der Ersatzforderung zwischen Vmer und Ver bleibt ein etwaiges Teilungsabkommen zwischen diesem und dem Haftpflichtver des Schädigers (Mahlberg VersR 1964 S. 1223), Einzelheiten unten Anm. 177.

Der Ver braucht hinsichtlich des auf ihn übergegangenen Teils mit der Durchsetzung seiner Regreßforderung nicht zu warten, bis der Vmer vom Dritten befriedigt worden ist. Ver und Vmer können vielmehr unabhängig voneinander vorgehen (Prölss § 67 Anm. 5; BGH 30. VI. 1964 VersR 1964 S. 966). Nur wenn das Vermögen des Dritten nicht ausreicht, um beide Gläubiger zu befriedigen, rangiert der Vmer vor dem Ver nach dem allgemeinen Prinzip, das auch in § 67 I 2 seinen Niederschlag gefunden hat (Näheres siehe unten Anm. 88—89).

Die Feststellung, inwieweit die Forderung nach Differenz- und Kongruenzgrundsätzen übergegangen, inwieweit sie dem Vmer verblieben ist, kann längere Zeit erfordern. Das ist insbesondere dann der Fall, wenn die Haftung nicht quoten-, sondern summenmäßig begrenzt ist, denn die Kürzung jedes einzelnen Schadenspostens erfolgt im Verhältnis des Gesamtschadens zum Höchstbetrag (vgl. Pfretzschner in Anm. zu BGH 18. I. 1966 LM Nr. 25 zu § 67 VVG). Bis zu dieser Klärung kann jeder der beiden Gläubiger ein Leistungsurteil gegen den Dritten nur in der Höhe erzielen, zu der er im Zeitpunkt der letzten mündlichen Verhandlung mit Sicherheit als aktivlegitimiert erscheint. Ein Gund- oder ein Feststellungsurteil, daß ihm Ansprüche zustehen, kann der Ver in diesem Stadium erzielen, wenn zu übersehen ist, daß überhaupt ein Teil des Schadenersatzanspruchs auf ihn übergegangen ist (Prölss § 67 Anm. 5; Stiefel-Wussow S. 497; BGH 30. VI. 1964 VersR 1964 S. 966). Das braucht namentlich dann, wenn die Mithaftungsquote des Vmers hoch ist, nicht der Fall zu sein.

Beispiel: Fahrzeugschaden des Vmers 2000,— DM; Selbstbeteiligung an der Kaskov 500,— DM; Mitverschulden des Vmers 3/4. Der Geschädigte hat insgesamt nur 500,— DM Ersatz zu leisten. Sie werden aufgezehrt durch das Quotenvorrecht des Vmers im Umfang seiner Selbstbeteiligung; auf den Kaskover geht nichts über.

Selbst wenn noch nicht geklärt ist, ob der Ver eine Aktivlegitimation zur Geltendmachung von Ansprüchen besitzt, steht einer Feststellungsklage nichts im Wege, daß der Dritte aus Anlaß des Unfalls überhaupt Schadenersatz schulde; es kann offen bleiben, wem er schuldet (BGH 13. VII. 1956 VersR 1956 S. 681).

[69] f) Entsprechende Anwendung des Kongruenz- und Differenzprinzips.

Es kann leicht eintreten, daß der Dritte vor der Entschädigungsleistung durch den Ver dem geschädigten Vmer eine pauschale Abschlagzahlung zukommen läßt, so daß sich die Frage erhebt, wie solche Leistung auf gedeckten und auf vsfreien Schaden zu verteilen ist. M. E. kann ein gerechter Aufteilungsmaßstab nur unter Berücksichtigung des erörterten Kongruenz- und Differenzgrundsatzes gefunden werden. Nehmen wir in dem oben Anm. 67 angeführten Beispiel an, daß der Dritte zwar vollen Ersatz schuldet, aber zunächst nur 4000,— DM an den Vmer zahlt, so sind hiervon 800,— DM auf den Nutzungsausfallschaden, 500,— DM auf die Selbstbeteiligung des Vmers an seinem Fahrzeugschaden, 2700,— DM auf den an sich gedeckten Kaskoschaden zu verrechnen. Der Kaskover hat als Entschädigung noch 800,— DM zu leisten, insoweit geht der restliche Ersatzanspruch auf ihn über. Dem Vmer verbleibt der Ersatzanspruch in Höhe von 200,— DM (restlicher Nutzungsausfall).

Bruck S. 675 N. 49 und Harten S. 97f. wollen hier eine verhältnismäßige Aufteilung der Abschlagszahlung auf gedeckten und vsfreien Schaden vornehmen, was aber den Interessen des Vmers nicht genügend gerecht wird. Entgegen Harten S. 98 und Ritter-Abraham § 45 Anm. 21 wird man anzunehmen haben, daß der Dritte bestimmen kann, wie die Verrechnung vorzunehmen ist (vgl. BGH 8. XII. 1966 BB 1967 S. 10). Die oben angegebene Verteilung gilt also nur dann, wenn keine solche Bestimmung vorliegt.

[70] 2. Sicherung des Übergangs (§ 67 I 3).

a) Überblick.

Durch § 67 I 3 trägt der Gesetzgeber Sorge, daß der gesetzliche Übergang auf den Ver nicht durch eine Maßnahme des Vmers durchkreuzt wird. Dabei ist in dieser Bestimmung an eine Aufgabe des Anspruchs nach dessen Entstehung, aber vor Zahlung der Vsentschädigung gedacht. Damit werden wir uns unten Anm. 71—81 zu beschäftigen haben. Beeinträchtigungen des Regresses sind auch durch schädliches Verhalten des Vmers in einem früheren oder späteren Zeitraum möglich, so dadurch, daß schon vor dem Vsfall vereinbarte Haftungsausschlüsse die Entstehung eines Ersatzanspruchs hindern oder daß der Vmer noch nach Empfang der Vsentschädigung als Nichtberechtigter gleichwohl wirksam über den Drittanspruch verfügt. Von der ersteren Fallgruppe ist unten Anm. 82—85 zu handeln, von der letzteren später bei den Wirkungen des Übergangs.

In den sozialvsrechtlichen Normen über die Legalzession fehlt eine Parallele zu § 67 I 3. Sie ist entbehrlich, weil dort Vsfall und Übergang der Drittforderung auf den Sozialvsträger zeitlich zusammenfallen, jenes Zwischenstadium also nicht vorhanden ist, in dem der Vte als Berechtigter der Entschädigungsforderung die Stellung des Vers verschlechtern kann. Im übrigen sind aber Privatver und Sozialvsträger gleichermaßen gefährdet durch vor dem Vsfall vereinbarte Haftungsausschlüsse.

[71] b) „Aufgabe" nach Versicherungsfall vor Erhalt der Versicherungsentschädigung.

aa) Rechtsnatur des Aufgabeverbots.

Mehrere Zweifelsfragen zur Auslegung des § 67 I 3 können nicht gelöst werden, ehe die Rechtsnatur des Aufgabeverbots geklärt ist. Es scheint mir nicht zutreffend, es als Ausprägung der Rettungspflicht der §§ 62, 63 zu qualifizieren (anders Harten S. 153; Bruck S. 678; Ritter-Abraham § 45 Anm. 25. Wie hier Siebeck, Schadenabwendungs- und -minderungspflicht des Versicherungsnehmers, Karlsruhe 1963, S. 35; Schultz S. 60f.). Die Begründung hierfür ergibt sich aus den Ausführungen oben Anm. 50. Hier kommt noch folgende Erwägung hinzu: Wenn wirklich die §§ 62, 63 den Tatbestand des § 67 I 3 umfassen sollten, wäre nicht einzusehen, warum der Gesetzgeber die „Aufgabe" eigens regelt. Da er das getan hat, dürfen nicht durch die Hintertür der §§ 62, 63 Tatbestandsmerkmale eingeführt werden, die § 67 I 3 nicht kennt.

Damit ist zunächst nur etwas Negatives zur Rechtsnatur dieser Bestimmung gesagt. Positiv wird man das Aufgabeverbot als Obliegenheit aufzufassen haben (so im Ergebnis auch Bruck S. 678 und Harten S. 153, die allerdings von der Obliegenheit der Schadenabwendung und -minderung sprechen; ferner Matusche VersR 1964 S. 1224f.), nicht als Rechtspflicht (so aber Schultz S. 61). Hierfür sprechen in erster Linie die Gründe, die oben zur Rechtfertigung der Differenztheorie (oben Anm. 66) angeführt worden sind: Nach einem Vsfall ist es vorrangige Aufgabe der V, den Vmer zu entschädigen, demgegenüber die Frage, ob und inwieweit der Ver sich beim Dritten erholen kann, in den Hintergrund tritt. Diesem Rangverhältnis würde die Qualifizierung als Rechtspflicht nicht entsprechen, denn dann müßte der Vmer für jede schuldhafte „Aufgabe" einstehen, ihn würde auch die Handlungsweise eines jeden Gehilfen belasten. Das erscheint zu hart und mit der heutigen Auffassung vom Zweck der Assekuranz nicht vereinbar. Das wird besonders evident, wenn man sich vergegenwärtigt, daß ja auch bei der Herbeiführung des Vsfalls, also einem für den Ver einschneidenderen Vorgang als es die Sicherung des Regresses ist, der Vmer bei eigner leichter Fahrlässigkeit und bei noch so schwerem Verschulden seiner einfachen Hilfspersonen gedeckt ist.

Aus der Qualifikation als Obliegenheit folgt, daß der Vmer bei Verletzung des Aufgabeverbots nicht für die Handlungsweise jeglicher Erfüllungsgehilfen nach § 278 einzutreten hat, sondern nur für seine Repräsentanten (ebenso Harten S. 165, der diesen Satz allerdings ohne Grund nur auf die Sachv bezieht).

[72] bb) Aufgabeverbot als Sonderfall allgemeiner Unterstützungspflicht?

Kisch S. 67—79 meint, außerhalb des Aufgabeverbots des § 67 I 3 bestehe vom Vsfall an eine generelle Unterstützungspflicht des Vmers. Dazu gehöre etwa die Feststellung der Person des Dritten, die Sicherung der Beweise und unter Umständen auch die Einklagung des Drittanspruchs. Das durch die Unterstützungspflicht begründete Rechtsverhältnis zwischen Vmer und Ver sei nach Auftragsgrundsätzen abzuwickeln, d. h. der Vmer mache sich schadenersatzpflichtig, wenn er schuldhaft die Unterstützungspflicht verletze, er habe in diesem Stadium für das Verhalten seiner Gehilfen einzustehen wie für eigenes. Dem kann nicht gefolgt werden, weil damit eine zu starke Belastung des Vmers verbunden wäre (vgl. oben Anm. 71).

Kisch ist allerdings zuzugeben, daß ein gewisses normatives Vakuum in Ansehung der Drittforderung zwischen Vsfall und Auskehrung der Vsentschädigung besteht. Im Abtretungsrecht wird es überbrückt durch das Kausalverhältnis, das der für einen späteren Zeitpunkt verabredeten Zession zugrunde liegt. Diese Lücke kann aber nicht durch Implizierung eines Auftragsverhältnisses, sondern sie muß vskonform ausgefüllt werden. Der Gesetzgeber hat hierfür in § 67 I 3 den Ansatzpunkt gegeben. Es gilt, das Begriffsmerkmal des Aufgebens elastisch zu fassen, dann wird die Einführung eines besonderen Rechtsverhältnisses für die Schwebezeit entbehrlich. Das zeigen auch gerade die Ausführungen Kischs: Während er das Verjährenlassen einmal unter dem Gesichtspunkt des Auftragsverhältnisses behandelt (S. 78), subsumiert er es an anderer Stelle unter die Anspruchsaufgabe (S. 80f.).

[73] cc) Objektiver Tatbestand.

aaa) Von § 67 I 3 erfaßte Fälle.

Die Bestimmung knüpft die Leistungsfreiheit des Vers daran, daß der Vmer den Ersatzanspruch (dazu gehört auch der Ausgleichsanspruch, vgl. oben Anm. 26, nicht aber der Anspruch gegen einen weiteren Ver, vgl. oben Anm. 35 und KG 8. II. 1922 VA 1922 Nr. 1282) oder ein zu dessen Sicherung dienendes Recht aufgibt. Als anerkannte Beispiele sind hier zu nennen der Erlaß und der Vergleichsabschluß (Harten S. 159; Kisch S. 80; Prölss § 67 Anm. 7; Bruck S. 677; Ehrenzweig S. 288; Ritter-Abraham § 45 Anm. 27; Schultz S. 60. Zum Vergleich s. insbesondere LG Elberfeld 21. XI. 1927 JRPV 1928 S. 263f.). Auch die Abtretung ist hierher zu zählen. Das bestreiten von den eben angeführten Autoren nur Ritter-Abraham § 45 Anm. 26, jedoch zu Unrecht. Die Zession verschafft dem Zessionar die Aktivlegitimation, so daß sie für den Ver verloren ist. Das ist das Ausschlaggebende. Über die Sicherungsabtretung vgl. unten Anm. 76.

Auch die Stundung kann Aufgabe sein (Harten S. 159). Zwar vernichtet sie nicht die Forderung, aber sie könnte sich gleichwohl für den Ver schädlich auswirken, wenn er zu dem hinausgeschobenen Fälligkeitszeitpunkt die Forderung nicht mehr realisieren kann, während ihm dies ohne die Stundung möglich gewesen wäre (hier wurde zur Verdeutlichung bereits auf das Kausalitätserfordernis — unten Anm. 79 — vorgegriffen), ganz abgesehen von dem Nachteil der Hinausschiebung der Verfügbarkeit über die Entschädigung.

Ist es zweifelhaft, ob eine Erklärung des Vmers gegenüber dem Dritten als Aufgabe aufzufassen ist („die Bezahlung meines Schadens geht mich nichts mehr an"), so ist eine Auslegung zu wählen, die dem Vmer den Vsanspruch erhält: OLG München 22. IX. 1960 VersR 1961 S. 568. Das Aufgeben kann andererseits, wie OLG Köln 16. IV. 1958 VersR 1958 S. 620 zeigt, konkludent erfolgen.

Soweit sich das Aufgeben auf ein dingliches Sicherungsrecht für die Ersatzforderung bezieht, bildet der Verzicht das hier einschlägige Rechtsgeschäft.

[74] Haben wir bisher Handlungen des Vmers unter dem Gesichtspunkt des Aufgebens gewürdigt, so fragt sich nunmehr, ob auch die Unterlassung dieses Tatbestandsmerkmal erfüllen kann. Das ist zu bejahen aus dem oben Anm. 72 erörterten Gesichtspunkt, daß § 67 I 3 einer flexiblen Auslegung bedarf (ebenso Harten S. 161; Siebeck, Schadenabwendungs- und -minderungspflicht des Versicherungsnehmers, Karlsruhe 1963, S. 35 N. 62; Kisch S. 80f.; OLG Celle 11. II. 1965 VersR 1965 S. 349. Anderer Ansicht Prölss § 67 Anm. 7; Matusche VersR 1964 S. 1224f.; Bruck S. 677; Ehrenzweig S. 289; Ritter-Abraham § 45 Anm. 26, 27; Schultz S. 60; KG 8. II. 1922 VA 1922 Nr. 1282; KG 2. III. 1921 VA 1922 Nr. 1233; KG 7. III. 1925 JRPV 1925 S. 119). Rechtsprechung und Literatur zu § 776 BGB, auf die sich die Gegenmeinung beruft, sind für unseren Fall unergiebig, weil die Interessenlage verschieden ist. Auch der vom Gesetz verwendete Terminus „Aufgeben" ist keineswegs nach dem Sprachgebrauch nur als Handlung zu verstehen. Auch aus § 118³ ist kein Gegenschluß zu ziehen. Zwar ist hier das Verlorengehenlassen gesondert neben dem Aufgeben genannt. Das zwingt aber nicht, das letztere Tatbestandsmerkmal im Rahmen des § 67 eng auszulegen, wenn sachliche Gründe für die weitere Interpretation sprechen.

Diejenigen, die Unterlassungen hier ausklammern, wollen die Lücke mit Hilfe der §§ 62, 63 schließen. Es ist aber oben Anm. 71 bereits dargetan, daß § 67 I 3 mit der Rettungspflicht nichts zu tun hat.

Natürlich stellt nicht jede Säumnis ein Aufgeben dar, das Korrektiv liegt im subjektiven Tatbestand. Objektiv kann also § 67 I 3 auch dann erfüllt sein, wenn der Vmer die Verjährungs- oder Ausschlußfrist ungenutzt verstreichen läßt. Mit OLG Celle 11. II. 1965 VersR 1965 S. 349 wird man aber anzunehmen haben, daß der Vmer seiner Obliegenheit genügt, wenn er den Ver so rechtzeitig auf den drohenden Fristablauf hinweist, daß dieser z. B. durch eine Feststellungsklage dessen nachteilige Folgen abwenden kann.

[75] bbb) Auszuscheidende Fälle.

Keine Aufgabe des Anspruchs ist dessen Einziehung durch den Vmer (Kisch S. 82; Prölss § 67 Anm. 7). Hier ergibt sich die Leistungsfreiheit des Vers nicht aus § 67 I 3, sondern weil der Schaden anderweit ersetzt worden ist. Das kann jedoch nur gelten, wenn derjenige die Ersatzforderung realisiert, dem auch die Vsentschädigung zusteht. Fallen Vmer und Vter auseinander und zieht der Vmer die Ersatzforderung ein, ohne sie gemäß seinem Innenverhältnis zum Vten zu verwenden, so ist dessen Schaden damit nicht ausgeglichen. Mehrfach erörtertes Beispiel: Für ein fremdfinanziertes Kraftfahrzeug, das dem Darlehensgeber zur Sicherung übereignet worden ist, hat der Darlehensnehmer eine Kaskov abgeschlossen. Dem Finanzierer ist ein Sicherungsschein ausgestellt worden, so daß er damit zum Vten wurde. Der Vmer läßt sich vom Schädiger Ersatz zahlen, er verwendet das Erhaltene für sich. Der Vte nimmt nunmehr den Kaskover in Anspruch.

Hier ist § 67 I 3 anwendbar (ebenso Matusche VersR 1964 S. 1224f.; anders Spriestersbach VersR 1964 S. 910). Der Vmer hat gegen die Obliegenheit verstoßen, den Ersatzanspruch des Vten nicht aufzugeben. Nach § 79 I VVG sind bei der V für fremde

Rechnung sowohl Obliegenheitsverletzungen des Vmers als auch solche des Vten schädlich. Die hieraus resultierende Einrede kann der Ver auch dem Vten entgegenhalten, denn der Sicherungsschein verbietet ihm nur, die darin besonders aufgeführten Einreden zu erheben, zu denen die aus § 67 I 3 herrührende im allgemeinen nicht gehört. Der Vte muß sich also an seinen Darlehensnehmer, den Vmer, halten. — Übrigens wird der Fall nicht allzu oft praktisch werden. Wenn der Dritte an den Vmer zahlt, entschädigt er einen Nichtberechtigten, denn berechtigt ist der Vte als Kraftfahrzeugeigentümer. Der Dritte ist nach § 851 BGB dann nicht befreit, wenn ihm das Eigentum des Finanzierers bekannt oder infolge grober Fahrlässigkeit unbekannt ist. Grobe Fahrlässigkeit in diesem Sinne wird im Kraftfahrzeug-Rechtsverkehr fast immer vorliegen, denn jeder muß damit rechnen, daß ein beteiligtes Fahrzeug fremdfinanziert und demzufolge sicherungsübereignet ist. Liegen die Dinge so, dann ist die Ersatzforderung des Vten gegenüber dem Dritten erhalten geblieben, sie kann auf den entschädigenden Ver übergehen, es liegt also kein Fall von § 67 I 3 vor.

Ähnliches wie bei der Einziehung der Forderung gilt, wenn der Vmer gegenüber dem Dritten oder umgekehrt der Dritte gegenüber dem Vmer aufrechnet (Harten S. 167; Kisch S. 81f. N. 121). Die Aufrechnung ist Tilgungssurrogat der Schuld des Dritten. Der Vmer hat also auch hier seinen Schaden von anderer Seite ersetzt erhalten; wiederum wird der Ver entlastet, weil es an einem Vsschaden fehlt, nicht auf Grund § 67 I 3.

[76] ccc) Pfandrecht an der Schadenersatzforderung.

Zur Aufgabe gehören ferner solche Vorgänge nicht, die das Schicksal der Drittforderung zunächst in der Schwebe lassen, weil eine weitere Person, der Gläubiger des Vmers, in den Nexus eingeschaltet wird. Das wird für die Pfändung und Überweisung des Vsanspruchs zur Einziehung allgemein angenommen (Harten S. 167f.; Kisch S. 82 N. 121, S. 94; Bruck S. 677). Hingegen sollen Verpfändung und Sicherungsabtretung dem § 67 I 3 unterfallen (Harten S. 159; Kisch S. 83). Daß das nicht richtig sein kann, erhellt schon daraus, daß die Rechtsstellung des Vers bei Verpfändung und Pfändung die gleiche sein muß. Es wäre falsch, bei der ersteren deshalb ein „Aufgeben" anzunehmen, weil der Vmer hier aktiv tätig wird, bei der Pfändung nicht. Auf das Verhalten des Vmers kommt es nicht allein an, denn auch die Einziehung der Drittforderung und ihre Aufrechnung beruhen auf seiner Initiative, gleichwohl aber gehören diese Fälle nicht zu § 67 I 3, wie gezeigt wurde.

Ob der Ver überhaupt einen Nachteil durch das Gläubigerpfandrecht hat, ist zunächst ganz offen. Keineswegs kann der Ver seine Leistung zurückhalten, bis der Vmer ihm die Drittforderung pfandfrei verschafft hat. Letzteres nimmt Bruck S. 677 zu Unrecht an, dabei ist aber der Regreß gegenüber der Leistungspflicht des Vers überbewertet. Der Vmer hat auch nicht die Pflicht, für die Beseitigung des Pfandrechts zu sorgen, um sich den Anspruch auf die Vsentschädigung zu erhalten (so Ritter-Abraham § 45 Anm. 26).

Wenn auch dem Ver in unserer Fallgruppe § 67 I 3 nicht zu Hilfe kommt, so ist er doch nicht schutzlos. Auf ihn geht der Ersatzanspruch mit dem dinglichen Recht des Gläubigers belastet über (so zutreffend Bruck S. 677; vgl. auch RG 7. VI. 1932 HRR 1933 Nr. 10; Wieczorek, ZPO, Berlin 1958, § 829 Anm. E IV). Gibt der Gläubiger sein Sicherungsrecht auf (z. B. er pfändet andere Gegenstände des Vmers, er nimmt andere ihm vom Vmer angebotene Sicherungen an, der Vmer befriedigt den Gläubiger), so erstarkt die in der Hand des Vers befindliche Ersatzforderung zu einer lastenfreien. Befriedigt sich der Gläubiger aus der Ersatzforderung, so hat der Dritte zugleich seine Schuld gegenüber dem Vmer getilgt. Die Folge ist, daß der Ver insoweit konzidieren kann (ähnlich Ritter-Abraham § 45 Anm. 26).

[77] ddd) Gemeinsames.

Zusammenfassend ist zu sagen, daß ein Aufgeben im Sinne unserer Bestimmung nur dann vorliegt, wenn die Stellung des Vers in Ansehung der Drittforderung irreparabel verschlechtert, ihm also die Einziehung zumindest erschwert wird. Dabei ist gleichgültig, ob der Vmer für seine Aufgabe eine Gegenleistung erhalten hat (Harten S. 163; Kisch S. 83), ob ihm etwa die abgetretene Ersatzforderung vom Zessionar abgekauft worden ist, ob er für die Herabsetzung der Forderung im Wege des Vergleichs einen Kredit eingeräumt erhalten hat. Solche Gegenleistungen treten nicht an die Stelle der Ersatzforderung, sie gehen nicht auf den Ver über. Andererseits tilgen sie auch nicht die Ersatzforderung, so daß sie auf diesem Wege dem Ver zugute kämen. Weil der Ver trotz der Gegenleistung an den Vmer um seine Regreßmöglichkeit gebracht wird, findet § 67 I 3 Anwendung.

Eine Aufgabe im Sinne unserer Bestimmung liegt entsprechend der am Anfang zu Anm. 77 gegebenen Umschreibung dann nicht vor, wenn dem Ver die Einziehung nicht erschwert worden ist, sondern wenn sie überflüssig wird, weil ein anderer sie an seiner Stelle besorgt, wie in den Fällen oben Anm. 75 der Vmer, in den Fällen oben Anm. 76 dessen Gläubiger.

[78] **dd) Subjektiver Tatbestand.**

Hier herrscht viel Verwirrung. Manche nehmen an, nur Vorsatz schade dem Vmer (Ehrenzweig S. 288; Prölss § 67 Anm. 7; Siebeck, Schadenabwendungs- und -minderungspflicht des Versicherungsnehmers, Karlsruhe 1963, S. 35; Kisch S. 89f.; Matusche VersR 1964 S. 1224f.; Ritter-Abraham § 45 Anm. 27; KG 8. II. 1922 VA 1922 Nr. 1282; KG 30. XI. 1921 VA 1922 Nr. 1254), andere lasten ihm auch grobe Fahrlässigkeit an (Bruck S. 678; Harten S. 162f.) und wieder andere jedes Verschulden (Schultz S. 61). Der herrschenden Lehre, die nur Vorsatz als subjektive Verwirkungsvoraussetzung ansieht, ist zu folgen. Zwar ergibt sich dieses Tatbestandsmerkmal nicht aus dem Gesetz, es steckt aber implicite im „Aufgeben".

§ 67 I 3 läßt sich dem Gedanken des venire contra factum proprium einordnen. Wer Ersatzansprüche aufgibt und dennoch Vsschutz beansprucht, handelt treuwidrig gegenüber dem Ver. Diese Zielsetzung des § 67 I 3 ist im Einzelfall bei der Würdigung des Tatbestandsmerkmals „Vorsatz" zu berücksichtigen.

[79] **ee) Kausalitätserfordernis.**

§ 67 I 3 läßt den Ver nur frei werden, soweit er ohne die Aufgabe des Anspruchs oder des Sicherungsrechts seinen Regreß hätte realisieren können. Damit ist hier ähnlich wie in § 6 III 2 VVG ein Kausalitätserfordernis eingebaut, nur daß es dort lediglich bei grober Fahrlässigkeit gilt, während es hier bei vorsätzlichem Verhalten zum Zuge kommt. Die Verwirkungsfolge tritt also nicht ein, wenn der Ersatzanspruch etwa infolge der schlechten Vermögenslage des Dritten ohnehin uneinbringlich war, wenn der Vmer auf eine Sicherung des Ersatzanspruchs verzichtet hat, der Ver sich aber gleichwohl beim Dritten erholen kann, oder wenn der Vmer einen Gesamtschuldner freigibt, der Ver aber bei einem anderen Ersatz findet (Kisch S. 92).

[80] **ff) Rechtsnatur der Verwirkung.**

Aus der Fassung des Gesetzes läßt sich nicht mit Sicherheit sagen, ob der Ver nur ein Leistungsverweigerungsrecht im Sinne einer Einrede oder eine rechtsvernichtende Einwendung erwirbt. Vorauszuschicken ist, daß der Ver auf die Leistungsfreiheit verzichten kann (Kisch S. 96; Harten S. 160), sei es, daß er schon vor der Aufgabe sein Einverständnis hiermit erklärt hat (er war z. B. selbst beim Abschluß des Vergleichs zwischen Vmer und Drittem beteiligt), sei es, daß er sie nachträglich genehmigt. Damit sind die Weichen dafür, ob wir es mit einer Einrede oder einer Einwendung zu tun haben, gestellt, und zwar in ersterem Sinn. Die Einwendung würde die Vsforderung automatisch und endgültig zerstören, ein Verzicht auf die Leistungsverweigerung wäre in Wirklichkeit Neubegründung der Vsforderung, eine Deutung, die lebensfremd wäre. Mit der Charakterisierung des Aufgabeverbots als einer Obliegenheit harmoniert überdies die Annahme besser, das daraus resultierende Verweigerungsrecht als Einrede zu qualifizieren (vgl. hierzu ausführlich Sieg VersR 1963 S. 1092f.). Der herrschenden Lehre (Prölss § 67 Anm. 7; Harten S. 170; Kisch S. 90), die hier eine Einwendung annimmt, vermag ich daher nicht zu folgen. Die Frage sei hier nicht weiter vertieft, denn ihre praktische Bedeutung ist nicht allzu groß. Als Einrede ist das Leistungsverweigerungsrecht im Prozeß vom Ver vorzubringen, es wird nicht von Amts wegen beachtet. Angesichts des komplizierten Tatbestands von § 67 I 3 würde überdies kaum ein Gericht von sich aus imstande sein, die Leistungsfreiheit zu bejahen, wenn sich nicht der Ver darauf beruft. — Für die Beweislast ist es gleichgültig, ob man sich für Einrede oder Einwendung entscheidet.

Die Verwirkung des Vsanspruchs führt nicht stets zur Leistungsfreiheit des Vers schlechthin. So bleibt er bei der Pflichthaftpflichtv dem Geschädigten (§ 158c VVG, § 3 Ziff. 4 PflichtversG), bei der Feuerv dem Realgläubiger (§§ 102, 107b) gleichwohl verantwortlich.

Hat der Ver in Unkenntnis seiner Leistungsfreiheit den Vmer entschädigt, so kann er seine Leistung kondizieren (Prölss § 55 Anm. 3). Daß die Forderung des Vmers nicht schlechthin zerstört, sondern lediglich mit einer Dauereinrede behaftet war, steht der Kondiktion nicht entgegen (§ 813 BGB). Gegner des Bereicherungsanspruchs ist auch dann der Vmer, wenn etwa der Haftpflichtver an den Geschädigten, der Kaskover an die Reparaturwerkstatt oder der Ver an den Zessionar der Vsforderung gezahlt hat, denn stets ist in diesen Fällen der Vmer unmittelbar bereichert.

[81] **gg) Beweislast.**

Da das Aufgabeverbot zu den Obliegenheiten gehört, gelten die dafür angestellten Untersuchungen über die Beweislast grundsätzlich auch hier (vgl. ausführlich Möller Anm. 52, 53 zu § 6; Sieg VersR 1963 S. 1089—1092 mit weiteren Nachweisen). Den Tatbestand der Aufgabe hat der Ver zu beweisen (Ritter-Abraham § 45 Anm. 27; Harten S. 171) einschließlich des hierfür erforderlichen Vorsatzes im Sinne der Ausführungen oben Anm. 78 (Kisch S. 95). Er ist ferner, anders als im Bereich des § 6, beweispflichtig für das Kausalitätsmoment, d. h. er muß dartun, daß er ohne die Aufgabe durch den Vmer Ersatz vom Dritten hätte erlangen können (anders Harten S. 171, der hier die Fassung von § 67 I 3 vernachlässigt; wie hier: Kisch S. 95; Ehrenzweig S. 288). Hier kommen dem Ver die Erleichterungen des § 287 ZPO zustatten. Dieses Vorbringen wird sich meist als Einrede (exceptio) gegenüber der Leistungs- oder Feststellungsklage des Vmers darstellen.

Dem Vmer liegt es ob, im Wege der replicatio darzutun und zu beweisen, daß der Ver der Aufgabe zugestimmt oder nach Kenntniserlangung von ihr auf Rechte daraus verzichtet hat. Je nach Prozeßlage können auch Repliken des Vmers zugleich mit seiner Klage vorgetragen werden, an der Beweislast ändert sich dadurch nichts. Jede der Parteien, d. h. Ver oder Vmer, kann sich schließlich im Streit um die Vsleistung darauf berufen und muß es im Bestreitungsfalle beweisen, daß sie sich mit dem Gegner wegen der Zweifelhaftigkeit der Rechtslage verglichen habe, wobei sie ihren Antrag zumindest hilfsweise dem von ihr behaupteten Vergleichsinhalt anpassen muß.

[82] **c) „Aufgabe" vor Versicherungsfall.**

aa) Grundzüge.

Der Vmer kann den Regreß des Vers auch dadurch erschweren oder unmöglich machen, daß er bereits vor dem Vsfall die Haftung des Dritten beschränkende Vereinbarungen trifft. An dieser Stelle ist nur von ausdrücklichen Abmachungen dieser Art die Rede. Mit dem Fall, daß aus dem Gebahren der Vertragspartner ein stillschweigender Haftungsausschluß gefolgert wird, haben wir uns bereits oben Anm. 44 beschäftigt. Die hier zu untersuchenden Abreden können entweder darin bestehen, daß die Haftung ganz ausgeschlossen oder gegenüber dem Gesetz beschränkt wird. Hierher gehört auch die Vereinbarung von kürzeren Verjährungsfristen, als sie das Gesetz vorsieht, und von Ausschlußfristen. Soweit derartiges auf Tarifverträgen beruht, ist es auf jeden Fall für den Vmer unschädlich, denn dem normativen Inhalt der Tarifverträge ist er, sofern er überhaupt tarifgebunden ist, unabhängig von seinem Willen unterworfen. Vom Ver können ihm allenfalls rechtsgeschäftliche Fristenregelungen angelastet werden. Stets bleibt der Ver ersatzpflichtig, wenn ihn der Vmer auf den drohenden Fristablauf rechtzeitig aufmerksam macht: vgl. oben Anm. 74.

Man kann zumindest von festem Gerichtsgebrauch, wenn nicht sogar von Gewohnheitsrecht sprechen, daß derartige Abreden vom Ver sanktionslos hingenommen werden müssen, wenn sie sich im Bereich des Üblichen halten. Unübliche Klauseln indes ziehen die Rechtsfolge des § 67 I 3 nach sich, wobei es praktisch keine Rolle spielt, ob man diese Bestimmung für direkt oder analog anwendbar hält (Bruck S. 677; Ehrenzweig S. 288f.; Kisch S. 86f.; Prölss § 67 Anm. 7; Ritter-Abraham § 45 Anm. 26, 27; R. Schmidt VersR 1951 S. 459; BGH 29. X. 1956 VersR 1956 S. 301 = LM Nr. 8 zu § 67 VVG mit Anm. Haidinger; BGH 29. IX. 1960 BGHZ Bd 33 S. 216 = LM Nr. 16 zu § 67 VVG mit Anm. Haidinger = VersR 1960 S. 1133; BGH 11. I. 1962 VerBAV 1962 S. 209 = VersR 1962 S. 150; OLG Hamm 27. XI. 1967 VersR 1969 S. 224. Abweichend Harten S. 157–159, 172f.; Möller DAR 1953 S. 108). OLG Düsseldorf 28. VII. 1959 VersR 1959 S. 822/825 (Vorinstanz gegenüber der soeben zitierten BGH-Entscheidung vom 11. I. 1962) meint, der Ausschluß eines Ausgleichsanspruchs sei vom Haftpflichtver eher hinzunehmen als der Ausschluß eines Schadenersatzanspruchs vom Sachver (bedenklich).

Als Faustregel gilt, daß die Üblichkeit bei Freizeichnungen für Zufall und leichte Fahrlässigkeit zu bejahen ist (Schlegelberger § 45 Rdz. 12; Sieg VersRdsch 1968 S. 195; BGH 29. X. 1956 LM Nr. 8 zu § 67 VVG mit Anm. Haidinger = VersR 1956 S. 301; BGH 6. VII. 1967 VersR 1967 S. 1066f. mit Anm. Wodrich; KG 23. VI. 1964 VersR 1964 S. 1135f.). Kisch S. 88 meint, bei Zweifeln über die Üblichkeit des Haftungsausschlusses sei zugunsten des Vmers zu entscheiden. Das ist nicht überzeugend. Der Vmer, der nach dem Vsfall auf einen Anspruch verzichtet, mag er sich auch nur auf Zufallshaftung gründen, verliert den Vsschutz. Es bedeutet eine durch das Gesetz nicht ausdrücklich gedeckte Besserstellung des Vmers, wenn der Ver u. U. bei vor dem Vsfall liegenden Anspruchsverzichten bis zur leichten Fahrlässigkeit des Dritten eintreten muß. Dann ist es aber zu verantworten, daß bei Zweifeln über die Voraussetzungen dieses Privilegs gegen den Vmer entschieden wird. Die Üblichkeit ist gleichsam Rechtfertigungsgrund für die Anspruchsaufgabe, die im Vorausverzicht liegt.

In diesem Bereich steht der Sozialvsträger schlechter als der private Ver, denn er kann sich seiner Leistungspflicht gegenüber dem Vten selbst dann nicht entziehen, wenn dieser eine unübliche Haftungsbeschränkung mit dem Dritten vereinbart hatte (Sieg VersRdsch 1968 S. 195).

[83] bb) Verhältnis zur Anzeigepflicht.

Bei der hier vertretenen Ansicht (auch auf vorherige Haftungsbeschränkungen kann § 67 I 3 anwendbar sein) ist die Frage, ob derartige Abreden unter die vorvertragliche Anzeigepflicht des Vmers oder in seine Gefahrstandspflicht fallen (bejahend Harten S. 156; Prölss § 67 Anm. 7; R. Schmidt VersR 1951 S. 459), nur von untergeordneter Bedeutung, nämlich nur für Verletzungsfolgen außerhalb der Leistungsfreiheit (Prämienerhöhung, Kündigung, Rücktritt, Anfechtung, §§ 16–30, 41 VVG), die hier nicht interessieren. Unabhängig davon, ob eine Anzeigepflicht besteht oder nicht, gilt folgendes: Hat der Vmer vor Abschluß des Versicherungsvertrages oder innerhalb des bestehenden Vertragsverhältnisses Anzeige von der vereinbarten Haftungsbeschränkung erstattet und hat der Ver gleichwohl das Risiko in Deckung genommen bzw. sich nicht von ihm getrennt, so kann er sich später nicht auf § 67 I 3 VVG berufen.

Dasselbe ist natürlich dann der Fall, wenn der Haftungsverzicht des Vmers durch besondere Vereinbarung mit dem Ver sanktioniert worden ist, wie es in der Feuerv durch die Klausel 3.06a geschehen kann. Danach bleibt die Entschädigungspflicht des Vers unberührt, wenn der Vmer während einer bestimmten Zeit (z. B. während Montagearbeiten auf seinem Grundstück durchgeführt werden) auf Ersatzansprüche gegen den Werkunternehmer verzichtet, sofern sie aus leicht fahrlässiger Verursachung eines Brandes oder einer Explosion herrühren.

[84] cc) Auslegung von Haftungsausschlußklauseln.

Oft wird der Ver auf einen Haftungsausschluß oder auf vertraglich vereinbarte Fristläufe erst aufmerksam, nachdem er seinen Vmer entschädigt hat, d. h. erst im Regreßverfahren. Im Zweifel beziehen sich solche Abreden auf Vertrags- und Deliktsansprüche (Mittermaier VersR 1969 S. 394; BGH 7. X. 1961 VerBAV 1962 S. 219–221; BAG 30. XI. 1962 BB 1962 S. 1433; BAG 10. VIII. 1967 BB 1967 S. 1334 = AP Nr. 37

zu § 4 TVG Ausschlußfristen. Die abweichende Entscheidung BAG 28. VI. 1967 AP Nr. 36 zu § 4 TVG Ausschlußfristen mit ablehnender Anm. Sieg ist vereinzelt geblieben). Da der Ver als Rechtsnachfolger des Vmers fungiert, ist er an sie gebunden, auch dann, wenn sie über das Übliche hinausgehen (BGH 28. IX. 1961 VerBAV 1962 S. 19 = LM Nr. 17 zu § 67 VVG = VersR 1961 S. 992). Die Sanktion tritt hier lediglich im Vsverhältnis ein, d. h. der Ver kann seine Leistung kondizieren.

Umgekehrt kommt aber dem Ver als Rechtsnachfolger auch eine Beschränkung des Haftungsausschlusses zugute (vgl. LG Berlin 19. III. 1953 VersR 1953 S. 191), auch die sich aus den Grundsätzen von Treu und Glauben oder aus der Sittenwidrigkeit ergebende. So kann sich der Dritte auch gegenüber dem Ver nicht darauf berufen, daß sich der Haftungsausschluß seinem Wortlaut nach auf eigene grobe Fahrlässigkeit oder grobe Fahrlässigkeit bzw. Vorsatz seiner leitenden Angestellten bezieht (die Erwägung in BGH 16. XI. 1961 VerBAV 1962 S. 65, daß eine so weitgehende Freizeichnung nicht nur gegen Treu und Glauben verstoße, sondern auch den Vsschutz gefährde, ist nicht recht verständlich. Wenn sie wegen Treu- und Glaubenverstoßes unbeachtlich ist, kommt ja der Ver zu seinem Regreß, für die Verwirkung nach § 67 I 3 ist kein Anlaß).

Die Einschränkung, die die Rechtsprechung für den Fall macht, daß im Vertrage zwischen Vmer und Drittem die Haftungsbeschränkung mit der Vsentschädigung gekoppelt wurde (BGH 2. IV. 1962 VersR 1962 S. 552 = LM Nr. 4 zu § 276 BGB D b), halte ich nicht für zutreffend (richtig: Kisch S. 87 N. 131), denn hierdurch wird der Dritte auf Kosten des Sachvers seines Partners bevorzugt, obwohl ihm angesonnen werden könnte, das Risiko erhöhter Haftung seinerseits durch eine Haftpflichtv abzudecken. Dasselbe Bedenken spricht dagegen, die Grenze von Treu und Glauben beim Haftungsausschluß weiter zu ziehen als gewöhnlich, wenn der Kunde die Möglichkeit hat, Sachvsschutz zu nehmen und dies üblicherweise auch tut (so BGH 29. IX. 1960 BGHZ Bd 33 S. 216, 220 = LM Nr. 16 zu § 67 VVG mit Anm. Haidinger; BGH 5. VII. 1965 VersR 1965 S. 973—975). Hier kann übrigens ein bedenklicher Trugschluß vorliegen: Wenn wegen des Vsschutzes der Haftungsausschluß weiter als sonst ausgelegt wird, ist er nicht mehr üblich, der Vsschutz also gerade deshalb gefährdet. Das erkennt BGH 29. X. 1962 BGHZ Bd 38 S. 183—186 = VersR 1963 S. 45.

[85] Manchmal ist unklar, wie weit die Haftungsbeschränkung geht, insbesondere ob sie auch grobe Fahrlässigkeit des Dritten erfassen soll. Hier ist eine Auslegung am Platze, die dem Vmer den Vsschutz erhält, die also so erfolgt, daß die Klausel innerhalb des Üblichen bleibt (BGH 14. III. 1956 VersR 1956 S. 301f.; BGH 29. X. 1956 BGHZ Bd 22 S. 219 = LM Nr. 16 zu § 67 VVG mit Anm. Haidinger; BGH 29. IX. 1960 BGHZ Bd 33 S. 216, 221; BGH 2. IV. 1962 NJW 1962 S. 1195; KG 23. XI. 1961 VersR 1962 S. 530 mit Anm. Sprenger; KG 18. I. 1968 VersR 1968 S. 440—442; OLG Hamm 27. XI. 1967 VersR 1969 S. 224f.; OLG Saarbrücken 5. V. 1961 VersR 1961 S. 928; OLG Bremen 29. X. 1963 VersR 1964 S. 782—784). Der BGH geht zuweilen andere Wege. Beispiel: Eine Klausel sieht vor, daß der Mieter eines Kraftfahrzeuges von der Haftung frei ist, soweit die V Schäden deckt. Der Kaskover hatte seinen Vmer für einen vom Mieter verursachten Unfall entschädigt und nahm Regreß gegen den Mieter. Obwohl dieser grobfahrlässig den Schaden herbeigeführt hatte, hat der BGH die Regreßklage abgewiesen (BGH 28. IX. 1961 VerBAV 1962. 19 = VersR 1961 S. 992 = LM Nr. 17 zu § 67 VVG). Richtiger wäre es m. E. gewesen, die Klausel nicht auf grobe Fahrlässigkeit auszudehnen, den Ver also mit dem Regreß zum Zuge kommen zu lassen (ebenso Lange Anm. zu LG Ulm 9. II. 1962 VersR 1962 S. 535, das dem BGH gefolgt war). Die abweichende Auffassung des BGH führt zur unerwünschtenn Häufung von Prozessen: Der Ver hat, da die Klausel bei jener Auslegung einen unüblichen Ausschluß involviert, einen Kondiktionsanspruch gegen seinen Vmer; damit hat sich herausgestellt, daß der Schaden entgegen dem ersten Anschein nicht durch eine V gedeckt ist und der Vmer nunmehr den Mieter in Anspruch nehmen kann. Letztlich bleibt der Schaden also doch an diesem hängen.

Mit Recht macht OLG Hamburg 21. VI. 1962 VersR 1963 S. 183 darauf aufmerksam, daß sorgfältig geprüft werden müsse, wem ein vereinbarter Haftungsausschluß zugute kommen soll.

[86] d) Sonderfall des § 118³.

§ 118³ weicht vom Wortlaut des § 67 I 3 insofern ab, als er außer auf Aufgabe auf das vom Vmer verschuldete Verlorengehen des Anspruchs abstellt. Man hat gemeint, hieraus einen Gegenschluß des Inhalts ziehen zu können, daß in § 67 I 3 das Unterlassen nicht genügen dürfe (Ehrenzweig S. 289; KG 2. III. 1921 VA 1922 Nr. 1233). Diese Auffassung wurde oben Anm. 74 abgelehnt. Die hier vertretene Ansicht ist auch durchaus mit dem Wortlaut des Gesetzes vereinbar: Das Aufgeben als positive Handlung oder Unterlassung erfordert stets Vorsatz. Dabei hat es in § 67 I 3 sein Bewenden. In der Tierv kann darüber hinaus auch eine fahrlässige Unterlassung zur Verwirkung führen. Das ist eine singuläre, den Vmer belastende Vorschrift, die nur im Hinblick auf Gewährleistungsansprüche gilt, also keiner Verallgemeinerung fähig ist. Unzutreffend ist es daher auch, wenn v. Gierke S. 210 meint, § 118 sei neben § 67 überflüssig.

[87] V. Wirkungen des Übergangs.

1. Versicherungsrechtliche Wirkungen.

a) Automatik des Übergangs.

Die cessio legis tritt ein, wenn der Ver dem Vmer den Schaden ersetzt hat, und zwar ohne Rücksicht darauf, ob beide Parteien oder auch nur eine sich des Übergangs bewußt sind. Ebensowenig kommt es darauf an, ob die Parteien in diesem Zeitpunkt bereits die Drittforderung kennen: Es ist leicht möglich, daß erst die späteren Ermittlungen des Vers zu dem Ergebnis führen, daß ein dritter Schadenstifter verantwortlich ist (Kisch S. 55).

Die Subrogation des Vers ist eine Folge seiner Schadenersatzleistung. Das bedeutet, daß er diese nicht davon abhängig machen darf, daß der Vmer die Nebenpflichten, die sich aus dem Forderungsübergang ergeben, erfüllt. Der Ver hat also z. B. kein Zurückbehaltungsrecht, bis der Vmer ihm etwaige Urkunden ausgehändigt oder Auskünfte über die Forderung erteilt hat oder dem Verlangen nachgekommen ist, die cessio legis durch eine öffentlich beglaubigte Urkunde zu bestätigen, vgl. §§ 402, 403, 412 BGB (Kisch S. 49f.).

[88] b) Befriedigungsvorrecht des Versicherungsnehmers (§ 67 I 2).

aa) Inhalt.

Es wurde oben Anm. 66 gezeigt, daß § 67 I 2 keine Bedeutung für die Frage hat, in welchem Umfange die Drittforderung auf den Ver übergeht. Erst wenn deren Aufteilung zwischen Vmer und Ver feststeht, kommt diese Vorschrift zum Zuge. Sie gewährt dem Vmer den besseren Rang bei der Befriedigung. Reicht z. B. das Vermögen des Dritten nicht aus, um die Ansprüche von Ver und Vmer zu erfüllen, so ist zunächst der Vmer schadlos zu stellen. Erst danach kommt der Ver an die Reihe. Das verneinen Stiefel-Wussow S. 498 zu Unrecht mit der Begründung, das Vorrecht des Vmers aus § 67 I 2 könne sich nicht zweimal auswirken, d. h. bei der Feststellung, was übergeht (Quotenvorrecht des Vmers) und bei der Vollstreckung. Hier ist indes verkannt, daß das erstere Vorrecht – wie erwähnt – nur scheinbar mit § 67 I 2 zu tun hat. Daß die mit diesem harmonierenden Bestimmungen der §§ 268 III, 426 II 2, 774 I 2 BGB die ihnen hier gegebene vollstreckungsrechtliche Bedeutung haben, wird sonst nicht angezweifelt (BGH 11. VII. 1960 BGHZ Bd 33 S. 97 = VersR 1960 S. 724 = VerBAV 1960 S. 224; Kisch S. 110f.). Auch ein Sozialvsträger muß sich deshalb, weil es sich um einen allgemeinen Rechtsgedanken handelt, das Befriedigungsvorrecht seines Vten entgegenhalten lassen: BGH 16. XI. 1967 VersR 1968 S. 170f. Abweichend Selb, Das Quotenvorrecht der Sozialversicherungsträger, Wien-New York 1969, S. 24–30.

Im Vollstreckungsverfahren ergeben sich allerdings für den Vmer gewöhnlich keine Rechtsbehelfe, dieses sein Vorbefriedigungsrecht geltend zu machen (anders Kisch S. 111 N. 174, der aber keine einschlägigen Rechtsbehelfe nennt). Stellt sich heraus, daß er seine Forderung nicht mehr realisieren kann, weil ihm der Ver zuvorgekommen ist, so ist dieser zu einem schuldrechtlichen Ausgleich verpflichtet (Kisch S. 111 N. 174; Prölss § 67 Anm. 5), wie im sogleich zu behandelnden Fall des Konkurses Entsprechendes gilt, wenn Ver und Vmer denselben Gegenstand beim Dritten gepfändet haben, der Ver jedoch vor dem Vmer.

[89] Im Konkurs des Dritten gilt folgendes: Ist das Verfahren eröffnet worden, nachdem der Ver entschädigt hat, so können Ver und Vmer ihre Forderung anmelden, jeder den auf ihn entfallenden Teil. Das Vorrecht des Vmers wirkt sich im Konkursverfahren nicht aus. Jedoch kann er außerhalb desselben den Teil der Dividende herausverlangen, welcher ihm zugekommen wäre, wenn der Ver nicht am Konkurs teilgenommen hätte. Letzteres ist zwar nicht unbestritten, entspricht aber der herrschenden Lehre und führt zu einem vernünftigen Ergebnis (vgl. zu den entsprechenden Fragen bei der Bürgschaft: Hofmann BB 1964 S. 1398f. und die dort N. 6 Genannten).

Hat der Ver erst nach Konkurseröffnung beim Dritten an den Vmer gezahlt, so wird der Vmer die ganze Forderung angemeldet haben. Er bleibt auch trotz der späteren cessio legis in dieser Höhe am Verfahren beteiligt, was aus § 68 KO gefolgert wird. Ergibt sich für den Vmer nach Auskehrung der Dividende ein Überschuß, so gebührt dieser dem Ver. Beispiel: Vom Vmer angemeldeter Anspruch im Konkursverfahren: 1000,— DM; später zahlt der Ver auf diese Forderung 800,— DM; Konkursquote 40%. Auf die Forderung des Vmers entfallen im Konkurs 400,— DM; davon gebühren ihm 200,— DM; weitere 200,— DM dem Ver (vgl. auch hierzu Hofmann BB 1964 S. 1398f.). Hier wirkt sich also der Satz nemo subrogat contra se unmittelbar aus, ein Grund mehr dafür, ihn bei Konkurseröffnung nach Eintritt der cessio legis wenigstens mittelbar zum Zuge kommen zu lassen (vgl. vorigen Absatz).

Anders ist es, wenn für die Drittforderung schon beim Übergang ein Pfandrecht zugunsten des Vmers bestand: Hier erhält der Ver als Rechtsnachfolger für den auf ihn übergegangenen Teil der Ersatzforderung ein Pfandrecht im Range nach dem Pfandrecht des Vmers, der also dinglich geschützt ist.

[90] Das Vorrecht des Vmers wirkt sich aber nur beim kongruenten Schaden aus. Das ergibt sich daraus, daß überhaupt nur insoweit ein Konkurrenzverhältnis zwischen Vmer und Ver besteht, an das § 67 I 2 anknüpft. Das ist auch dadurch anerkannt, daß das Differenzprinzip, das — wie gezeigt wurde — nur innerhalb des kongruenten Schadens gilt, mit einer Vorverlegung des in § 67 I 2 ausgesprochenen Gedankens begründet wird (R. Schmidt VersR 1953 S. 460; BGH 17. III. 1954 BGHZ Bd 13 S. 28 = LM Nr. 3 zu § 67 VVG mit Anm. Benkard). Überdies zeigt das im Kommissionsbericht zu § 145a (jetzt § 148 VVG) gegebene Beispiel, daß der Gesetzgeber bei § 67 I 2 nur an den kongruenten Schaden gedacht hat.

Für die Konkurrenz zwischen Ver und Vmer bei inkongruenten Schäden (z. B. der Ver macht den übergegangenen Ersatzanspruch wegen des Fahrzeugschadens, der Vmer die bei ihm verbliebene Forderung wegen des Nutzungsausfalls geltend) gilt keine Sonderregelung, d. h. hier haben beide Forderungsteile zunächst gleichen Rang (vgl. BGH 8. XII. 1966 BB 1967 S. 10), bis sich in der Vollstreckung auf Grund des dort geltenden Prioritätsprinzips ein anderes Rangverhältnis ergibt.

Wie schwierig das Zusammenspiel der Kongruenz, des Zeitpunktes des Übergangs und der Tragweite des § 67 I 2 zu handhaben ist, zeigen die Ausführungen von Möring VersR 1959 S. 12f. Er bildet den Fall, daß der Kaskoschaden 30 000,— DM, der merkantile Minderwert 1000,— DM, die Haftungsquote des Dritten 2/3 beträgt. Hier muß zunächst geprüft werden, ob der merkantile Minderwert innerhalb der Kongruenz liegt, was Möring stillschweigend voraussetzt. Das ist nach meiner Auffassung nicht der Fall (s. oben Anm. 61). Deshalb gehen auf den Ver 20 000,— DM des Ersatzanspruchs über, dieser verbleibt in Höhe von 666,67 DM dem Vmer. Der Übergang findet in dem Zeitpunkt statt, in dem der Ver den Vmer entschädigt. Es kommt nicht darauf an, wann der Vmer für die 666,67,— DM vom Dritten befriedigt wird (vgl. oben Anm. 68). Da es sich um inkongruenten Schaden handelt, findet § 67 I 2 auch im Vollstreckungsstadium keine Anwendung (vgl. voriger Absatz).

Selbst wenn man den merkantilen Minderwert zum kongruenten Sachschaden zählt, kann Möring nicht gefolgt werden. Im letzteren Fall hätte der Vmer ein Quotenvorrecht in Höhe von 1000,— DM, auf den Ver ginge die Drittforderung in Höhe von 19 667,—

DM über, aber auch hier — entgegen Möring und Bach VersR 1958 S. 657 — im Zeitpunkt der Erbringung der Vsleistung. Vollstreckt der Ver vor dem Vmer und kann letzterer wegen schlechter Vermögenslage des Dritten seinen Anspruch nicht mehr realisieren, ist der Ver dem Vmer zu einem schuldrechtlichen Ausgleich verpflichtet (vgl. oben Anm. 88 a. E.).

Eine Gefährdung des Vers aus der angeblich zeitlichen Nachverlegung des Anspruchsübergangs, die Möring aufzeigt, besteht also in Wirklichkeit nicht. Deshalb ist dem Kaskover auch nicht anzuraten, seinem Vmer den merkantilen Minderwert zu ersetzen, um alsdann gegen den Dritten vorzugehen, sei es auf Grund Abtretung der Drittansprüche, sei es auf Grund eigenen Rechts (Bereicherung oder Geschäftsführung ohne Auftrag). Übrigens hätten diese Rechtswege entgegen Möring nichts mit § 67 zu tun.

Selbstverständlich genießt das Privileg des § 67 I 2 nur der Vmer, der von seinem Ver entschädigt wurde. Ist der Dritte, auf den der Ver rückgreift, zufällig bei diesem sachvt, so kann sich der Dritte nicht auf die hier in Rede stehende Vorschrift berufen (LG Köln 31. I. 1952 VersR 1952 S. 126f.).

[91] bb) Verhältnis zu § 156 III.

In der Haftpflichtv ist die Vsforderung als besonderes Vollstreckungsobjekt anzusehen, das dem Geschädigten zur Verfügung steht (Sieg, Ausstrahlungen der Haftpflichtversicherung, Hamburg 1952, S. 124, 125, 173—177). Zur Verdeutlichung des Problems, das sich aus § 156 III in Verbindung mit § 67 I 2 ergibt, möge folgendes Beispiel dienen: Der bei der privaten Krankenkasse K vte Vmer erleidet einen schweren Unfall, den X verschuldet hat. X ist haftpflichtvt. Die Deckungssumme reicht nicht aus, um Vmer und K voll zu befriedigen. Nach § 156 III hätte der Haftpflichtver die Entschädigung zwischen Vmer und K verhältnismäßig aufzuteilen (daß sich die Geschädigtenmehrheit im Sinne dieser Vorschrift auch durch eine Rechtsnachfolge ergeben kann, ist anerkannt: Prölss § 156 Anm. 3, 6; Sieg VW 1948 S. 54; ders., Ausstrahlungen der Haftpflichtversicherung, Hamburg 1952, S. 174; zu einem ähnlichen Problem ebenso BGH 16. XII. 1968 BGHZ Bd 51 S. 226—236 = VersR 1969 S. 281, 283. Abweichend OLG Hamburg 1. X. 1947 VW 1948 S. 54). Das widerspricht jedoch § 67 I 2, wonach K seinem Vmer den Vortritt lassen müßte. In diesem Zwiespalt wird man annehmen müssen, daß die letztere Norm vorgeht (vgl. G. und D. Reinicke NJW 1954 S. 1103ff.). § 156 III hat an gleichrangige Dritte gedacht, die Vorschrift will nicht anderweitig begründete Vorrechte aufheben.

Aus diesem Grunde wird § 156 III im Verhältnis zwischen ursprünglichem Rechtsinhaber und gesetzlichem Rechtsnachfolger kaum praktisch werden, weil dem ersteren der allgemeine Grundsatz nemo subrogat contra se zur Seite steht (ihn hat das OLG Hamburg 1. X. 1947 VW 1948 S. 54 übersehen. Abweichend Selb, Das Quotenvorrecht der Sozialversicherungsträger, Wien-New York 1969, S. 43—46). Immerhin behält diese Vorschrift auch hier ihre Bedeutung für inkongruente Schäden, für die anstelle des sonst geltenden Prioritätsprinzips das Verteilungsprinzip tritt.

Der Haftpflichver, der bei der Verteilung § 156 III VVG nicht beachtet hat, haftet dem zu kurz Gekommenen. Dieser Anspruch des letzteren tritt neben den eventuell bestehenden Ausgleichsanspruch gegenüber seinem Ver (vgl. oben Anm. 88 a. E.).

[92] c) Einfluß auf Schadenfreiheitsrabatt und ähnliche Vorteile.

Durch den Regreß des Vers, mag er auch voll durchgeführt werden können, wird seine vorangegangene Inanspruchnahme nicht ungeschehen gemacht. Deshalb ist der Regreß ohne Einfluß auf die Verwirkung des Schadenfreiheitsrabatts oder einer Beitragsermäßigung aus technischem Überschuß (Klingmüller, Krankenversicherungsvertragsrecht, Sonderdruck aus Balzer-Jäger, Leitfaden der privaten Krankenversicherung, Karlsruhe o. J., S. 21; § 21 III, V, § 25 III 3 VO über die Tarife in der Kraftfahrtv vom 20. XI. 1967 in der Fassung der VO vom 6. XII. 1968). Wäre es anders, würde dem Vmer kein Schaden in Gestalt des Verlustes dieser Vorteile entstehen. Tatsächlich wird aber von einem solchen ausgegangen, indem man sich bei der Abgrenzung der kongruenten von den inkongruenten Schäden des Vmers Gedanken über diesen Posten macht (vgl.

oben Anm. 61). Entsprechendes gilt für die Beteiligungen am Unternehmensgewinn nach der Satzung oder nach § 38 VAG, sofern das Statut der Unternehmung bei diesen Ausschüttungen die Schadenfreiheit des Vertrages honoriert (vgl. Sieg BB 1969 S. 898f.).

[93] d) Sonderfall des § 148.

Nach § 148 findet § 67 I 2 auf die Binnentransportv keine Anwendung. Konkurrieren hier Vmer und Ver, so bleibt beim Zugriff auf das Vermögen des Dritten das auch sonst geltende Prioritätsprinzip maßgebend (vgl. Harten S. 129. Abweichend Ritter-Abraham § 45 Anm. 14 für die Seev). Prölss § 148 Anm. 2 schließt aus dieser Vorschrift, daß deshalb auch das Differenzprinzip für die Binnentransportv nicht gelte. Das ist nicht zutreffend, denn wie oben Anm. 66 dargelegt, folgt das Differenzprinzip nicht aus § 67 I 2. Die Gründe, die für die Anwendung dieses Prinzips a. a. O. angeführt worden sind, gelten auch für die Transportv. Diesem Ergebnis scheinen die Gesetzesmaterialien entgegenzustehen, denn im Kommissionsbericht zu § 145a, der als § 148 Gesetz wurde, heißt es, daß in der Transportv die Unter- wie Selbstv behandelt wird. Das scheint auf die Anwendung der relativen Theorie hinauszulaufen (vgl. oben Anm. 65). Indes ist festzustellen, daß die Bedingungswerke der Binnentransportv nicht durchgängig die Gleichstellung der Unter- mit der Selbstv enthalten. Abgesehen davon ist sehr fraglich, ob diese Gleichstellung überhaupt einen Schluß auf den Umfang des Regresses zuläßt (vgl. Hinz, Die Über- und Unterversicherung im deutschen Privatversicherungsrecht, Diss. Hamburg 1964, S. 97f.; Ritter-Abraham § 8 Anm. 4). Die angeführte Stelle des Kommissionsberichtes ist deshalb auch von Gerhard-Hagen (Kommentar zum VVG, Berlin 1908, § 148 Anm. 3) und Hagen (Ehrenbergs Handbuch des gesamten Handelsrechts, 8. Bd 2. Abt., Leipzig 1922, S. 265 N. 4) getadelt worden. Nimmt man noch hinzu, daß generell die Gesetzesmaterialien keinen Hinderungsgrund bilden dürfen, eine Norm im fortschrittlichen Sinn auszulegen, so ergibt sich, daß § 148 die Geltung des Differenzprinzips in der Binnentransportv nicht ausschließt.

[94] 2. Bürgerlich-rechtliche Wirkungen.

a) Pflichten des Altgläubigers.

Der Forderungsübergang schafft ein besonderes Treueverhältnis zwischen Vmer und Ver, das vom Vmer die Rücksichtnahme auf die Interessen des Vers, soweit sie sich aus der cessio legis ergeben, erfordert (Esser, Schuldrecht, 2. Aufl., Karlsruhe 1960, S. 413, die 3. Auflage schweigt hierüber; Enneccerus-Lehmann, Recht der Schuldverhältnisse, 15. Bearbeitung, Tübingen 1958, S. 328). Dieses besondere Rechtsverhältnis wird zwar für die Abtretung zum Teil nicht anerkannt (Larenz, Lehrbuch des Schuldrechts, 1. Bd 9. Aufl., München 1968, S. 345), weil sich dort die entsprechenden Verpflichtungen bereits aus dem Grundverhältnis herleiten lassen, für die cessio legis ist es aber mangels einer entsprechenden Kausalbeziehung zu akzeptieren. Aus dem Treueverhältnis folgt für den Vmer die Pflicht, die Einziehung der Drittforderung durch den Ver zu fördern und alles zu unterlassen, was die Realisierung dieser Forderung erschweren könnte.

Einige Pflichten normiert das Gesetz ausdrücklich in §§ 402, 403, 412, um Zweifel auszuschließen: Der Vmer ist verpflichtet, Auskünfte zu erteilen (Einzelheiten bei Kisch S. 69), etwa in seinem Besitz befindliche Urkunden über die Forderung dem Ver zu überlassen und eine öffentlich beglaubigte Urkunde über die cessio legis auszustellen, sofern der Ver es verlangt und bereit ist, die Kosten vorzuschießen (bis dahin Zurückbehaltungsrecht des Vmers). Diese Urkunde kann für den Ver wegen § 410 I von Bedeutung sein, aber nur, wenn der Vmer dem Dritten nicht ohnehin den Übergang angezeigt hat (§ 410 II).

Eine Verletzung dieser Pflichten macht den Vmer schadenersatzpflichtig nach den Grundsätzen der positiven Forderungsverletzung. Hier ist seine Haftung strenger als im Bereich des § 67 I 3 (vgl. oben Anm. 71). Das ist gerechtfertigt, weil der Erhalt der Vsentschädigung den Vmer zu größeren Anstrengungen verpflichtet als im vorangegangenen Stadium und weil sein Fehlverhalten, nachdem der Schadenfall durch die Auskehrung der Vsentschädigung endgültig abgewickelt worden ist, nicht mehr an den Maßstäben der mit dem Vsfall zusammenhängenden Obliegenheitsverletzung gemessen werden kann.

[95] b) Mit der Drittforderung verbundene Rechte.

Nach § 401 i. V. m. § 412 geht die Drittforderung mit etwa für sie bestehenden Pfandrechten (mögen diese auf Vertrag oder Vollstreckungsakt beruhen: Kisch S. 54) und Bürgschaften über. Der Ver erwirbt diese Forderung in der Lage, in der sie sich bei seinem Vormann befand, also kommt ihm auch eine etwaige Mahnung des Vmers zustatten: Kisch S. 58. Der Ver sukzediert in die Forderung gegen den Dritten, nicht in die evtl. bestehende Forderung des Dritten gegen einen anderen auf Freihaltung, also nicht in die Forderung des Dritten gegen seinen Haftpflichtver (Kisch S. 54). Anders wäre es nur, wenn der Dritte ausnahmsweise seine Haftpflichtvsforderung an den Geschädigten (Vmer) abgetreten hat. Dann steht sie dem Vmer zu und geht als Sicherung des Schadenersatzanspruchs mit über. Anders Kisch S. 54. Es ist aber ungereimt, die Einräumung eines Pfandrechts und die Abtretung hier unterschiedlich zu behandeln. Der Dritte könnte auch seine Haftpflichtsforderung direkt an den rückgreifenden Ver abtreten, wie es im Falle OLG Hamburg 20. X. 1952 VersR 1953 S. 25 geschehen war (das Urteil ist im Ergebnis nicht richtig, weil die höchstrichterliche Auslegung des § 158c IV übersehen worden ist).

Eine Besonderheit besteht in der Kraftfahrzeug-Haftpflichtv. Nach § 3 Ziff. 1 PflichtversG kann der Geschädigte seinen Haftpflichtanspruch auch direkt gegen den Haftpflichtver des Schädigers geltend machen. Stand dem von seinem Ver entschädigten Vmer dieser Direktanspruch gegen den Haftpflichtver des Dritten (Dritter ist hier im Sinne des § 67 gemeint) zu, so geht er auch auf den ersteren Ver über (vgl. Hanau BB 1968 S. 1045). — In eine Forderung des Dritten gegen eine weitere Person kann der entschädigende Ver auch im Rahmen des § 426 BGB eintreten, wie folgendes Beispiel zeigt: Für den Unfall eines Geschädigten haften der Vmer und X als Gesamtschuldner. Entschädigt der Haftpflichtver des Vmers den Verletzten, so geht auf ihn der Ausgleichsanspruch des Vmers gegen X aus § 426 I über. Im Rahmen dieses Ausgleichsanspruchs ist somit der Vmer nach § 426 II Legalzessionar des Haftpflichtanspruchs geworden, in den nunmehr sein Haftpflichtver sukzediert. Das kann von praktischer Bedeutung werden, denn Zinslauf, Verjährung und Rechtskraft können beim originären Ausgleichsanspruch anders zu beurteilen sein als beim übergegangenen Haftpflichtanspruch (vgl. Sieg ZVersWiss 1965 S. 383). Es ist daher keineswegs gleichgültig, ob der Anspruch auf § 426 I oder auf § 426 II gestützt wird, wie Stiefel-Wussow S. 500 meinen.

[96] c) Mit der Drittforderung verbundene Nachteile.

aa) Allgemeines.

Nach §§ 404, 412 bleiben dem Dritten die Einwendungen erhalten, die zur Zeit des Forderungsübergangs bereits begründet, d. h. angelegt waren, mögen weitere Voraussetzungen für die Einrede auch erst nach jenem Zeitpunkt eingetreten sein. So kann sich der Dritte etwa berufen auf den Einwand des Mitverschuldens, auf die mitwirkende Betriebsgefahr des gegnerischen Fahrzeugs, auf die Grundsätze der Haftungsmilderung bei schadengeneigter Arbeit (die für die Vertrags- wie für die Deliktshaftung gelten: BAG 12. V. 1960 AP Nr. 16 zu § 611 BGB Haftung des Arbeitnehmers mit Anmerkung Larenz) oder auf die Ausgleichspflicht (wenn er als Mitschädiger herangezogen wird). Selbstverständlich darf er geltend machen, daß er nur in geringerer Höhe hafte, als der Ver entschädigt hat. Ferner kann er sich auf alle Rechtsgeschäfte mit dem Vmer vor dem Rechtsübergang beziehen, z. B. auf Erfüllung, Erlaß, Teilerlaß im Rahmen eines Vergleichs, Stundung oder Haftungsausschlüsse.

Der vom Haftpflichtver in Anspruch genommene Dritte kann sich auch darauf berufen, daß der Entschädigte überhaupt keinen oder nur geringeren Schaden davongetragen hat, als vom Haftpflichtver bei der Regulierung angenommen wurde (vgl. oben Anm. 53). Insbesondere kann er geltend machen, daß, wäre er früher eingeschaltet worden, die Ansprüche des Geschädigten wirksamer hätten bekämpft werden können (OLG Köln 6. X. 1965 VersR 1965 S. 1109).

Nach § 404 muß der Ver eine vor dem Übergang erfolgte Aufrechnung des Dritten gegenüber dem Vmer gegen sich gelten lassen. Da es nicht nur auf vollendete Einreden ankommt, sondern auch Einredelagen zu Lasten des Vers wirken, muß er auch eine nach der Subrogation erfolgende Aufrechnung unter den Voraussetzungen des § 406 hinnehmen (Prölss § 67 Anm. 7). Zu § 404 ist auch an den Fall zu denken, daß sich der als Dritter in Anspruch genommene Arbeitnehmer auf einen Freistellungsanspruch gegen seinen Arbeitgeber (= Vmer) beruft (Stiefel-Wussow S. 499), was ihm allerdings nur in dem sich aus unten Anm. 154 ergebenden Rahmen nützt.

Vom Gesetz brauchte nicht ausdrücklich ausgesprochen zu werden, daß auch Belastungen der Ersatzforderung, etwa das Pfandrecht eines Gläubigers des Vmers, vom Ver hinzunehmen sind, was aus deren dinglicher Natur folgt.

[97] bb) Insbesondere Einrede der Verjährung.

Zu den Einreden, die dem Schuldner erhalten bleiben, gehört auch die der Verjährung. Hatte die Verjährungsfrist bereits vor der Subrogation begonnen, so zählt die bis dahin abgelaufene Frist auch zu Lasten des Vers (BGH 11. VII. 1961 VersR 1961 S. 910; OLG Düsseldorf 3. I. 1956 VersR 1956 S. 325). Ebenso muß sich der Ver eine zur Zeit der Begründung seiner Rechtsnachfolge bereits abgelaufene Verjährung entgegenhalten lassen (BGH 18. II. 1964 VersR 1964 S. 540). War bei der Subrogation die Verjährung noch nicht in Lauf gesetzt, so kommt es, was den übergegangenen Forderungsteil anbetrifft, nunmehr auf die Kenntnis des Vers im Sinne der §§ 852 BGB, 14 StVG an (das kann sich unter Umständen zu dessen Nachteil auswirken, nämlich wenn der Vmer erst nach dem Ver die betreffende Kenntnis erlangt). Die vor dem Übergang etwa vorhandene Kenntnis der maßgeblichen Umstände auf seiten des Vers ist folgerichtig unbeachtlich, d. h. setzt die Frist nicht in Gang: BGH 27. III. 1962 VersR 1962 S. 734.

Gegenüber der Einrede der Verjährung kann sich der Ver auf die Replik der Hemmung berufen, solange der Dritte oder dessen Haftpflichtver über den Anspruch verhandelt hat. Der BGH wendet den in § 14 II StVG, § 6 II Ges über die Haftpflicht der Eisenbahnen und Straßenbahnen für Sachschäden ausgesprochenen Gedanken generell an: BGH 11. XI. 1958 VersR 1959 S. 34 = BB 1959 S. 42. Hatte der Vmer vor dem Übergang bereits Klage erhoben, so kommt die Unterbrechung auch dem Ver als Rechtsnachfolger zustatten. Nach dem Übergang spaltet sich das Schicksal der Ersatzforderung: Die Klage des Vmers unterbricht die Verjährung nur für den ihm verbliebenen Teil der Forderung, die Klage des Vers unterbricht hinsichtlich des übergegangenen Teils.

Entsprechendes gilt für sonstige Fristen, die die Forderung beeinflussen, etwa Ausschlußfristen oder Anmeldungsfristen für Stationierungsschäden (vgl. Krekeler VersR 1961 S. 872—874; BGH 20. XII. 1962 BGHZ Bd 38 S. 385; BGH 24. I. 1963 VersR 1963 S. 436; BAG 19. XI. 1968 VersR 1969 S. 337; LG Stuttgart 17./18. VII. 1961 VersR 1961 S. 1055; Stiefel-Wussow S. 499f. Abweichend für die Anmeldefrist nach dem Finanzvertrag, soweit ersichtlich, nur OLG Stuttgart 7. III. 1962 VersR 1962 S. 1196).

[98] zu aa) und bb)

Wie sich alle diese Beeinträchtigungen der Drittforderung auf den Vsschutz auswirken, ist oben Anm. 70—86 dargestellt. Gerade weil sie der Ver gegen sich gelten lassen muß, wird die Frage nach dem Einfluß auf die Vsforderung akut.

[99] d) Schuldnerschutz der §§ 407, 412 BGB.

aa) Tilgung an Altgläubiger.

Nach § 407 wird der Schuldner frei, wenn er nach der Abtretung, aber ohne Kenntnis von ihr, die Leistung an den Altgläubiger bewirkt. Bei der Legalzession kommt es auf die Kenntnis vom Rechtsübergang, genauer gesagt von den Tatsachen an, die den Rechtsübergang begründen. Dazu gehört, daß der Dritte von der Leistung des Vers wußte, fahrlässige Unkenntnis hiervon schadet ihm nicht (Prölss § 67 Anm. 4; Stiefel-Wussow S. 493; BGH 7. II. 1966 VersR 1966 S. 330). In dieser Beziehung steht sich der Dritte günstiger als beim gesetzlichen Forderungsübergang auf den Sozialvsträger. Dort ist er bereits dann nicht geschützt, wenn ihm die Vteneigenschaft des Verletzten bekannt war.

Hat der Dritte gutgläubig an den Vmer gezahlt, so kann der Ver diese Leistung von seinem Vmer nach § 816 II BGB kondizieren. Er hat nicht die Wahl, ob er seine eigene

Vsentschädigung in diesem Fall nach § 812 zurückfordern will (abweichend Ritter-Abraham § 45 Anm. 17; Schultz S. 60), denn der Vsfall ist durch die Drittleistung nicht rückwirkend beseitigt, sondern er ist durch die Zahlung des Vers in Verein mit dem Anspruchsübergang endgültig erledigt worden. Die Drittleistung nach dem Forderungsübergang wirkt daher nicht mehr auf den Vsfall ein, sondern sie führt zu einer Bereicherung des Vmers (wie hier: Kisch S. 64 N. 92; Harten S. 104, der aber S. 105, 170 zu Unrecht den dem § 67 I 3 entsprechenden § 45 II ADS ins Spiel bringt. Die Einziehung der Drittforderung, auch die unerlaubte nach Rechtsübergang, fällt nicht unter § 67 I 3, vgl. oben Anm. 75, 94). — Mit dem Anspruch aus § 816 II konkurriert ein Schadenersatzanspruch aus positiver Forderungsverletzung. Es ist bereits oben Anm. 94 ausgeführt worden, daß sich die Haftung des Vmers nach Erhalt der Vsentschädigung in diesem Sinne verschärft.

Der Dritte braucht aber die Schutzvorschrift des § 407 nicht für sich in Anspruch zu nehmen, er kann auch vom Vmer nach § 812 kondizieren (ständige Rechtsprechung und herrschende Meinung, vgl. die Zitate bei Palandt-Danckelmann, BGB, 26. Aufl., München-Berlin 1967, § 407 Anm. 1). In diesem Falle bleibt er dem Ver als dem Neugläubiger verpflichtet.

War der Dritte bei Leistung an den Vmer bösgläubig, so kann der Ver ihn nach wie vor in Anspruch nehmen. Er kann aber auch die an sich unwirksame Leistung genehmigen (§ 185 II BGB) und sie von seinem Vmer nach § 816 II kondizieren (auch das entspricht ständiger Rechtsprechung und herrschender Meinung; vgl. die Zitate bei Palandt-Gramm a. a. O. § 816 Anm. 1b). Hier konkurriert aber mit dem Bereicherungsanspruch kein Schadenersatzanspruch des Vers aus positiver Forderungsverletzung, weil er ja die Wirksamkeit der Drittleistung durch eigenen Entschluß (Genehmigung) herbeigeführt hat.

[100] bb) Sonstige Rechtsgeschäfte mit Altgläubigern.

Auch sonstige Rechtsgeschäfte zwischen Vmer und Drittem nach der cessio legis können bei gutem Glauben des letzteren gegenüber dem Ver wirksam sein (§§ 407, 412 BGB). Hier ist etwa zu denken an den Erlaß, den Vergleich, die Stundung. Zu Unrecht nimmt OLG München 22. IX. 1960 VersR 1961 S. 568 an, daß solcher Erlaß unwirksam sei; ähnlich für den Vergleich als obiter dictum LG Braunschweig 15. II. 1961 VersR 1961 S. 1131.

Von machen wird angenommen, im Verhältnis zwischen Vmer und Ver sei hier § 67 I 3 analog anzuwenden: Der Ver werde nachträglich frei und könne seine Entschädigungsleistung kondizieren (Harten S. 175; Ritter-Abraham § 45 Anm. 17; OLG München 22. IX. 1960 VersR 1961 S. 568). Dem ist nicht zuzustimmen. Nach den Ausführungen oben Anm. 94, 99 haftet der Vmer vielmehr auf Grund positiver Forderungsverletzung auf Schadenersatz (ähnlich Kisch S. 69, 72, 73).

[101] e) Schuldnerschutz der §§ 408, 409, 412 BGB.

aa) Zusammentreffen von Abtretung und gesetzlichem Übergang.

§ 408 I behandelt den Fall zweier Abtretungen durch denselben Altgläubiger an verschiedene Neugläubiger. Beruht der eine dieser Rechtsübergänge auf dem Gesetz, so ist zu unterscheiden: Liegt der gesetzliche Forderungsübergang vor der Abtretung oder vor der Überweisung kraft Beschlusses nach § 835 ZPO, so kann der zweite Neugläubiger auch bei gutem Glauben keine Rechte erwerben (im Falle der vollstreckungsrechtlichen Überweisung könnte der wahre Berechtigte, der Ver, nach § 771 ZPO intervenieren: Kisch S. 60). Leistet aber gleichwohl der Dritte gutgläubig an den zweiten Gläubiger, so ist er gegenüber dem Ver frei. Die Rechtsfolgen sind ähnlich denen nach § 407 (vgl. oben Anm. 99, 100): Der Ver hat gegen den zweiten Gläubiger einen Kondiktionsanspruch aus § 816 II, daneben gegebenenfalls einen Schadenersatzanspruch aus positiver Forderungsverletzung gegen seinen Vmer. — Auch hier braucht der Dritte den Schutz des § 408 nicht anzunehmen, er kann gegenüber dem zweiten Neugläubiger kondizieren. Dann behält der Ver seinen Regreßanspruch gegen den Dritten.

Ist umgekehrt die Abtretung oder Überweisung der cessio legis vorangegangen, so konnte der Ver den Drittanspruch nicht bzw. nicht ohne Belastung erwerben. Gleichwohl kann der Dritte mit befreiender Wirkung unter den Voraussetzungen des § 408 II an ihn leisten. Hier ist der Ver einem Kondiktionsanspruch des vorrangigen Gläubigers nach § 816 II oder einem Bereicherungsanspruch des Dritten, der sich auf den Schutz des § 408 II nicht berufen will, nach § 812 ausgesetzt. Auf jeden Fall kann der Ver seinen Regreß nicht endgültig realisieren. Da die Abtretung vor dem Übergang ein Aufgeben im Sinne des § 67 I 3 ist (vgl. oben Anm. 73), war der Ver seinem Vmer gegenüber frei und kann seine Leistung kondizieren. Bei Pfändung und Überweisung richten sich die vsrechtlichen Folgen nach dem oben Anm. 76 Ausgeführten.

[102] bb) Scheinbarer gesetzlicher Übergang.

Der Schuldner wird auch dann geschützt, wenn er an den Zessionar leistet, obwohl keine Abtretung stattgefunden hat, sofern der Altgläubiger ihm die Zession angezeigt oder eine Urkunde über die Abtretung ausgestellt hatte, die der Zessionar dem Schuldner vorlegt: § 409. Auch diese Vorschrift gilt bei der Legalzession (§ 412). Indes hat § 409 im Rahmen des § 67 VVG kaum ein Anwendungsgebiet. Da die cessio legis bei zweifelhafter Vsverpflichtung und sogar bei bewußter Liberalität eintritt (s. oben Anm. 53, 54), wird der Ver in diesen Fällen nicht nur Scheingläubiger, sondern wirklicher Gläubiger.

Bei irrtümlicher Vsleistung tritt gleichwohl die cessio legis ein (oben Anm. 55—57), so daß der Ver auch hier als wirklicher Gläubiger auftritt. Bedeutung kann § 409 indes erlangen, wenn der Dritte den Ver wegen dessen summenmäßiger Leistung befriedigt hat, obwohl insoweit keine gesetzliche Nachfolge eingetreten ist (vgl. OLG Hamm 14. VI. 1968 VersR 1969 S. 508f.).

[103] f) Konkurrenz zwischen Alt- und Neugläubiger.

Vmer und Ver können, nachdem der Ver geleistet hat, hinsichtlich des Schadens konkurrieren. Das tritt nicht nur bei Zusammentreffen von kongruenten mit inkongruenten Schäden, sondern auch innerhalb der ersteren ein, wenn der Ver nicht voll ersetzt hat. Da in diesem Falle außerdem das Differenzprinzip zu beachten ist, wird dem Dritten viel zugemutet, wenn man ihm die Last der richtigen Verteilung auferlegt. Ein anderes Ergebnis läßt sich aber nicht begründen; zwischen Ver und Vmer besteht Teilgläubigerschaft (§ 420 BGB), d. h. jeder von beiden kann unabhängig vom anderen seinen Ersatzanspruch verfolgen (Prölss § 67 Anm. 6; BGH 18. I. 1966 BGHZ Bd 44 S. 382, 388—391 = LM Nr. 25 zu § 67 VVG mit Anmerkung Pfretzschner; BGH 25. I. 1966 VersR 1966 S. 364—366). Zu Unrecht nimmt OLG Braunschweig 26. III. 1964 VersR 1964 S. 816 (Vorentscheidung zum eben zitierten BGH-Urteil vom 18. I. 1966) Gesamtgläubigerschaft an, dagegen Mahlberg VersR 1964 S. 1223f. In ernsten Zweifelsfällen ist dem Dritten zu empfehlen, unter Rücknahmeverzicht (§§ 372, 378 BGB) zu hinterlegen (Pfretzschner in der Anmerkung zu BGH 18. I. 1966 LM Nr. 25 zu 67 VVG), anderenfalls riskiert er, daß er dem wahren Berechtigten nochmals zahlen muß.

Günstiger wäre es für den Dritten, wenn seine beiden Gegner in Gesamtgläubigerschaft stünden. Ein solches Verhältnis ist zwischen mehreren Sozialvsträgern und zwischen einem Sozialvsträger und einem öffentlichen Dienstherrn angenommen worden (BGH 27. VI. 1958 VersR 1958 S. 533—535; BGH 17. XI. 1959 VersR 1960 S. 85f.; BGH 11. II. 1964 VersR 1964 S. 376—378; BGH 28. XI. 1967 VersR 1968 S. 197, 199). Der Vorteil der Gesamtgläubigerschaft besteht für den Dritten darin, daß er auch bei unrichtiger Aufteilung frei ist und lediglich ein interner Ausgleich unter den Gläubigern stattfindet (§ 430 BGB). Der BGH begründet die Gesamtgläubigerschaft hier damit, daß dem Schuldner die schwierige Abgrenzung der Berechtigungen mehrerer Sozialvsträger oder eines Sozialvsträgers und eines öffentlichen Dienstherrn nicht zuzumuten sei und auch keine Notwendigkeit bestehe, dem benachteiligten Gesamtgläubiger die Forderung gegen den Schuldner zu erhalten, weil sein Mitgläubiger hier die Gewähr für die Durchführung des inneren Ausgleichs biete.

Wie erwähnt, gilt diese Form der Gläubigermehrheit aber nicht zwischen privatem Ver und Vmer. Einen geringen Schutz genießt der Dritte hier durch § 407 (wenn er dem Vmer zuviel zahlt) oder durch § 409 (wenn er dem Ver zuviel zahlt).

[104] **VI. Ausschluß des Übergangs.**

1. Gesetzlicher Ausschluß des Übergangs (§ 67 II).

a) Tatbestand.

aa) Anspruch des Versicherungsnehmers oder des Versicherten.

Nach § 67 II geht der Ersatzanspruch des Vmers unter den dort genannten Voraussetzungen nicht über. Handelt es sich um eine V für fremde Rechnung, so erfaßt unsere Vorschrift die Ersatzansprüche des Vten gegen dessen Angehörige (BGH 9. III. 1964 VersR 1964 S. 479 = VerBAV 1964 S. 230; Ehrenzweig S. 291). Besteht ein Anspruch des Vten gegen einen Angehörigen des Vmers, der mit diesem oder mit dem Vten in häuslicher Gemeinschaft lebt, so ist die cessio legis nicht ausgeschlossen, denn es kommt immer auf ein Angehörigenverhältnis zwischen dem aus dem Vertrage Berechtigten und dem Schadenstifter an.

Bei der Geamthand und bei der Bruchteilsgemeinschaft sind alle Beteiligten als Mit-Vmer zu verstehen (vgl. oben Anm. 39—42). Deshalb ist der Regreß gegen Angehörige eines jeden der Gesellschafter bzw. Gemeinschafter ausgeschlossen (BGH 9. III. 1964 VersR 1964 S. 479 = VerBAV 1964 S. 230; Stiefel-Wussow S. 505, allerdings nicht vereinbar mit den Ausführungen S. 504. Abweichend Prölss § 67 Anm. 8).

[105] **bb) Familienangehörigkeit.**

Zwischen dem Vmer und dem Schadenstifter muß ein Angehörigenverhältnis bestehen. Die Rechtsordnung kennt keinen einheitlichen Begriff hierfür (vgl. Beitzke, Familienrecht, 14. Aufl., München 1968, S. 11). Willkürlich wäre es, die Auslegung an § 4 II Ziff. 2 AHB zu orientieren (so aber Stiefel-Wussow S. 504). Abgesehen davon, daß diese Bestimmung nur für die Haftpflichtv gilt, ist ihre Zielsetzung auch eine andere als die des § 67 II. Diese Vorschrift bezweckt in erster Linie nicht den Schutz des Angehörigen, sondern den Schutz des Vmers. Er soll nicht darunter leiden, daß durch die Ersatzleistung des Angehörigen wirtschaftlich die Hausgemeinschaft — und damit mittelbar der Vmer — belastet wird.

Im Verfolg dieser Zielsetzung wird man zu den Angehörigen den Ehegatten des Vmers und alle mit ihm verwandten und verschwägerten Personen ohne Rücksicht auf den Grad anzusehen haben (ebenso Ehrenzweig S. 299; Bruck S. 671 N. 32; Kisch S. 100; Prölss § 67 Anm. 8; Hüskes VersR 1966 S. 21; Karrer S. 60; LG Passau 28. VI. 1966 VersR 1968 S. 43f.; vgl. auch Beitzke a. a. O. S. 10), daher auch die Stief-, die Adoptiv- (vgl. § 1757 BGB) und die für ehelich erklärten Kinder (vgl. § 1736 BGB). Dabei ist aber nicht haltzumachen, sondern ein Angehörigenverhältnis ist auch zwischen Pflegekindern und -eltern (Prölss § 67 Anm. 8) anzunehmen. Ein Anhaltspunkt hierfür ergibt sich aus §§ 583 V, 1262 II RVO: Aus Gründen der Entlastung des Familienhaushalts hat der Vte auch für diese Personengruppen den Anspruch auf den Kinderzuschuß.

Nicht hierher gehören geschiedene Ehegatten (Stiefel-Wussow S. 504) und Verlobte (Stiefel-Wussow S. 504; OLG Braunschweig 1. XII. 1959 BB 1960 S. 1080 hat Angehörigeneigenschaft beim Verlobten der Tochter des Vmers verneint). Mag auch der juristisch farblose Begriff des Familienangehörigen nicht zwangsläufig dazu führen, die Verlobten davon auszunehmen, so spricht dafür doch die oben erörterte wirtschaftliche Zielsetzung des § 67 II. Dabei wird nicht verkannt, daß im Einzelfall der Vmer auch unter der Inanspruchnahme seines Verlobten mitleiden könnte, aber das Gesetz muß an generalisierende Merkmale anknüpfen, und dem hat die Auslegung zu folgen.

Dem entspricht es, daß umgekehrt nicht gefragt wird, ob in casu der Vmer durch den Regreß gegen einen Angehörigen mittelbar beeinträchtigt wird, weshalb auch das Gesetz davon absieht, an die Unterhaltspflicht oder auch nur an die tatsächliche Unterhaltsleistung anzuknüpfen: Rodde VersR 1966 S. 432; Hanau BB 1968 S. 1045; AG Bonn 23. XII. 1964 VersR 1965 S. 514 (für den Fall analoger Anwendung des § 67 II vgl. unten Anm. 112); Kisch S. 103; Stiefel-Wussow S. 505. Zu Unrecht liest Hüskes VersR 1966 S. 21 die Aufstellung dieses Erfordernisses aus BGH 2. XI. 1961 VersR 1961 S. 1077 heraus. Hüskes widerspricht sich selbst, wenn er zu den Angehörigen die Verwandten und Verschwägerten rechnet, aber gleichwohl vorhandene oder in Zukunft zu erwartende Unterhaltspflicht fordert. Eine solche besteht nicht einmal zwischen allen Verwandten, geschweige denn im Verhältnis zu Verschwägerten. Dafür, daß die häusliche Gemeinschaft anstelle der Unterhaltspflicht steht, läßt sich auf §§ 630 I, 1288 I und II RVO verweisen.

Daß § 67 II nicht auf den mit dem Vmer in häuslicher Gemeinschaft lebenden Fahrer anzuwenden ist, wurde bereits erörtert (oben Anm. 45). Dasselbe gilt für sonstige Hausgenossen im Dienstverhältnis (Kisch S. 100), sowie für den Internatsschüler im Verhältnis zum Schulträger als Vmer (OLG Düsseldorf 12. VII. 1961 VersR 1962 S. 607—609; Prölss § 67 Anm. 8).

[106] cc) Häusliche Gemeinschaft.

Der Familienangehörige muß mit dem Vmer in häuslicher Gemeinschaft leben. Dabei kommt es darauf an, daß sein Lebensmittelpunkt im Haushalt des Vmers liegt. Er muß mit Willen des Vmers aufgenommen worden sein und sich der Haushaltgemeinschaft einfügen (Prölss § 1 AED VB Anm. 6). Durch vorübergehende Lösungen etwa infolge Urlaubs oder Krankheit wird die häusliche Gemeinschaft nicht aufgehoben, wie sie umgekehrt durch gelegentlichen Aufenthalt (Besuch, auch längerfristigen) nicht hergestellt wird: Prölss § 1 AED VB Anm. 6; Stiefel-Wussow S. 505. Der BGH hat die Hausgemeinschaft bejaht, wenn der Vmer auswärts arbeitet und nur am Wochenende oder an den Feiertagen im Kreise seiner Familie lebt (BGH 2. XI. 1961 VersR 1961 S. 1077 = LM Nr. 18 zu § 67 VVG = VerBAV 1962 S. 36; zustimmend Prölss § 1 AED VB Anm. 6; Stiefel-Wussow S. 505. Ähnlich OLG München 15. VI. 1959 VersR 1959 S. 944). Das ist zutreffend, denn es ist nicht erforderlich, daß sich der Angehörige oder der Vmer überwiegend in der betreffenden Hausgemeinschaft aufhält (Kisch S. 100f.); gerade aus beruflichen Gründen kann oft eine längere Abwesenheit von der Wohnung erforderlich sein (man denke an Handelsvertreter), ohne daß dadurch der gemeinsame Haushalt entfällt. Dessen Begriff ist auch dann erfüllt, wenn Angehörige, von denen der eine der Vmer, der andere der Schadenstifter ist, bei einem Dritten wohnen, denn es kommt nicht darauf an, wer das Haupt des gemeinsamen Haushalts ist (Kisch S. 101, 103). Im Falle OLG Nürnberg 18. XII. 1958 VersR 1959 S. 283 ist indes mit Recht die häusliche Gemeinschaft verneint worden. In Zweifelsfällen Judikatur und Schrifttum zu §§ 48, 50 Ehegesetz heranzuziehen, wie OLG München 15. VI. 1959 VersR 1959 S. 944 für richtig hält, verbietet sich mit Rücksicht auf die ganz andere Zielsetzung des § 67 II: BGH 2. XI. 1961 VersR 1961 S. 1077 = LM Nr. 18 zu § 67 VVG = VerBAV 1962 S. 36.

[107] dd) Maßgeblicher Zeitpunkt für Familienangehörigkeit und häusliche Gemeinschaft.

Umstritten ist, auf welchen Zeitpunkt es für die Tatbestandsmerkmale Familienangehörigkeit und häusliche Gemeinschaft ankommt. Prölss § 67 Anm. 8 (ihm folgend Hüskes VersR 1966 S. 21; OLG München 15. VI. 1959 VersR 1959 S. 944) hält den Zeitpunkt der Entschädigungsleistung des Vers für maßgeblich. Wenn ihm auch zuzustimmen ist, daß sich diese Annahme mit der Zielsetzung des § 67 II gut vereinbaren läßt, so sprechen doch die besseren Gründe dafür, auf den Vsfall abzustellen (ebenso Kisch S. 104; Ehrenzweig S. 290; Stiefel-Wussow S. 506; Sieg VersRdsch 1968 S. 192). Anderenfalls wäre nämlich Manipulationen Tür und Tor geöffnet, d. h. Vmer und Schadenstifter könnten alsbald nach dem Schadenfall die Voraussetzungen für den Regreßausschluß künstlich herstellen, was weniger bei der Schaffung des Angehörigenverhältnisses als bei der Herstellung der häuslichen Gemeinschaft zu befürchten ist. Es sei in diesem Zusammenhang daran erinnert, daß man früher, als der Vsfall in der Haftpflichtv mit der Inanspruchnahme des Schädigers gleichgesetzt wurde, große Schwierigkeiten hatte, einem Verhalten des Vmers zu begegnen, durch das er erst zwischen Schadenereignis und Inanspruchnahme die Voraussetzungen für den Vsschutz schuf. Aus diesem Grunde wird heute in der Haftpflichtv an das Schadenereignis angeknüpft. Diese Erwägung schlägt auch für § 67 II durch. Die hier vertretene Ansicht ist auch systemgerecht, denn mit dem Schadenfall hat der Ver bereits eine Beziehung zu dem Drittanspruch erworben, die nicht mehr beeinträchtigt werden sollte (vgl. § 67 I 3). Diese Lösung ist auch keineswegs einseitig verfreundlich: Waren die genannten Voraussetzungen beim Eintritt des Schadenfalls vorhanden, liegen sie aber bei der Schadenregulierung nicht mehr vor, so ist gleichwohl der Übergang der Ersatzforderung ausgeschlossen (vgl. OLG Nürnberg 16. X. 1959 VersR 1960 S. 975f.).

[108] ee) Einschränkungen des Ausschlusses.

aaa) Vorsätzliche Handlung des Angehörigen.

Nach § 67 II geht der Anspruch, auch wenn die sonstigen Voraussetzungen für den Ausschluß des Regresses gegeben wären, gleichwohl über, wenn der Angehörige den Schaden vorsätzlich verursacht hat, wobei dolus eventualis genügt. Nicht ausreichend ist es jedoch, wenn der Angehörige lediglich die Gefahrlage, aus der später ein Schadenereignis entstehen könnte, vorsätzlich herbeigeführt hat (Kisch S. 102; Prölss § 67 Anm. 8). Deshalb ist dem Ver der Regreß versagt worden, wenn der Angehörige zwar vorsätzlich unbefugt das Fahrzeug des Vmers benutzt, beim Schadenereignis aber nur fahrlässig gehandelt hat (BGH 2. XI. 1961 VersR 1961 S. 1077 = LM Nr. 18 zu § 67 VVG = VerBAV 1962 S. 36; OLG München 15. VI. 1959 VersR 1959 S. 944; abweichend Stiefel-Wussow S. 505).

Ist hingegen der Angehörige Repräsentant des Vmers und führt er vorsätzlich oder auch nur grobfahrlässig (§ 61 VVG) den Schadenfall herbei, so ist der Ver frei, die Frage des Übergangs wird also nicht akut (Kisch S. 108). Da indes der Angehörige durchaus nicht stets oder auch nur in den meisten Fällen zugleich Repräsentant ist, ist Bruck S. 652 darin nicht zu folgen, daß sich aus § 67 II ein Argument gegen die Rechtsfigur des Repräsentanten ergebe.

[109] bbb) Haftpflichtversicherungsschutz des Angehörigen.

Zweifel sind aufgetaucht, ob der Ausschluß des Übergangs auch dann Platz greifen soll, wenn der Angehörige Haftpflichtvsschutz genießt. In diesem Falle träfe ihn der Regreß wirtschaftlich nicht, und damit hätte auch der Vmer eine mittelbare Beeinträchtigung nicht zu fürchten. Indes geht der BGH diesen Weg nicht (BGH 11. II. 1964 BGHZ Bd 41 S. 84 = VersR 1964 S. 391; BGH 8. I. 1965 BGHZ Bd 43 S. 72 = VersR 1965 S. 386; BGH 9. I. 1968 VersR 1968 S. 248f. Ebenso Prölss § 67 Anm. 8). Dem ist zuzustimmen, weil an dem Grundsatz festzuhalten ist, daß die Haftpflichtv die außerhalb ihrer bestehende Haftungslage nicht beeinträchtigen soll (Sieg, Ausstrahlungen der Haftpflichtversicherung, Hamburg 1952, S. 85f., 104—106). Überdies wäre bei gegenteiliger Auffassung dem Motiv des § 67 II gegenüber seinem Wortlaut eine zu bedeutsame Rolle zugewiesen (hierzu in anderem Zusammenhang Kisch S. 101).

Hanau BB 1968 S. 1046 und VersR 1969 S. 297 meint, daß in der Kraftfahrzeug-Pflichtv, sofern das Vsverhältnis „gesund" sei, etwas anderes zu gelten habe. Er argumentiert, daß in diesen Fällen der geschädigte Vmer zwei Ansprüche zur Wahl habe, den gegen den Angehörigen als Schadenstifter und den gegen dessen Haftpflichtver. Auf den Ver des Vmers könne zwar der erstere wegen § 67 II nicht übergehen, wohl aber der letztere. Hierin ist Hanau nicht zu folgen. Der Direktanspruch gegen den Haftpflichtver ist in Entstehung und weiterem Schicksal derart abhängig vom Haftpflichtanspruch, daß er kein getrenntes Schicksal haben kann. Diese rechtliche Verbundenheit ist einbegriffen, wenn ich ZVersWiss 1965 S. 379f. die Stellung des Kraftfahrzeug-Haftpflichtvers als die eines akzessorischen Gesamtschuldners bezeichnet habe. Zwar kann der Direktanspruch auf den entschädigenden Ver übergehen, aber nur in Verbindung mit dem zugrunde liegenden Haftpflichtanspruch seines Vmers (vgl. oben Anm. 95). Ebenso Müller-Vorwerk VersR 1969 S. 688—690.

[110] ff) Beweislast.

Der Streit um die Voraussetzungen des § 67 II wird in aller Regel im Prozeß zwischen dem rückgreifenden Ver und dem Schadenstifter ausgetragen. Da § 67 I und 67 II im Verhältnis von Regel und Ausnahme stehen, trifft den Schadenstifter die Beweislast dafür, daß er im Zeitpunkt des Schadenfalles Angehöriger des Vmers war und mit diesem in häuslicher Gemeinschaft lebte (Kisch S. 107). Es handelt sich um eine spezifisch vsrechtliche Einwendung, die nicht unter §§ 404, 412 BGB fällt, weil sie nicht dem Altgläubiger entgegengesetzt werden könnte (Sieg VersR 1969 S. 4).

Der Ver kann sich demgegenüber darauf berufen, daß der Angehörige vorsätzlich gehandelt habe. Hierin liegt eine Replik, die vom Ver zu beweisen ist. Da es sich um ein subjektives Tatbestandsmerkmal handelt, wird meist der Indizienbeweis in Betracht kommen.

Denkbar ist, daß der Streit um den Übergang der Drittforderung im Rahmen eines Feststellungsprozesses zwischen Vmer und Ver ausgetragen wird. Dann trifft den Vmer die Beweislast für Familienangehörigkeit und Haushaltszugehörigkeit des Schadenstifters (Kisch S. 107).

[111] b) Weiterer Anwendungsbereich.

aa) In der Privatversicherung.

In § 118 VVG fehlt eine dem § 67 II entsprechende Vorschrift. Die letztere Bestimmung ist aber auch auf die Tierv anwendbar. § 118 ersetzt lediglich § 67 I, will aber im übrigen den Regreß nicht abschließend regeln (ebenso Prölss § 118 Anm. 1, v. Gierke S. 210).

Die analoge Anwendung von § 67 II in der Seev ist zu bejahen, denn seine Motivation trifft auch hier zu. Daran kann angesichts der Analogien zu dieser Vorschrift selbst außerhalb der Privatv (s. unten Anm. 112) kaum ein Zweifel bestehen.

Es ist fraglich, ob § 67 I in dem Sinne lex specialis ist, daß er andere Rechtsgrundlagen, die dem Ver etwa gegenüber dem Schadenstifter zur Seite stehen könnten (z. B. einen Bereicherungsanspruch), verdrängt. Auf dieses Problem ist unten Anm. 157, 158 zurückzukommen. Wenn man annimmt, daß ein Bereicherungsanspruch mit dem übergegangenen Haftpflichtanspruch konkurrieren kann, wird man dem Sinn des § 67 II am besten gerecht, wenn man den Kondiktionsanspruch derselben Beschränkung unterwirft (so auch OLG Düsseldorf 22. V. 1962 VersR 1963 S. 350).

[112] bb) Außerhalb der Privatversicherung.

Nach nunmehr gefestigter Rechtsprechung wird § 67 II entsprechend angewendet in der Sozialv (BGH 11. II. 1964 BGHZ Bd 41 S. 79ff. = VersR 1964 S. 391 = LM Nr. 46 zu § 1542 RVO m. Anm. Hauß; BGH 9. I. 1968 VersR 1968 S. 248; OLG Stuttgart 15. VI. 1968 NJW 1968 S. 2147; LG Passau 28. VI. 1966 VersR 1968 S. 43f.; AG Bonn 23. XII. 1964 VersR 1965 S. 514. Vgl. auch Sieg VersR 1969 S. 3). Dasselbe gilt für das öffentliche Dienstrecht (BGH 8. I. 1965 BGHZ Bd 43 S. 72—80 = VersR 1965 S. 386; AG St. Ingbert 26. 10. 1966 VersR 1967 S. 1211). Nicht überzeugend meint Geyer VersR 1967 S. 213, daß es für die Familienangehörigkeit hier nicht auf den Zeitpunkt des Unfalls ankomme.

Neuerdings wird die entsprechende Anwendung von § 67 II auch im Bereich der Lohnfortzahlung befürwortet, d. h. der verletzte Arbeitnehmer soll dann nicht verpflichtet sein, den Ersatzanspruch gegen den Schädiger an den lohnfortzahlenden Arbeitgeber abzutreten, wenn im Verhältnis zwischen Verletztem und Schädiger die Voraussetzungen des § 67 II vorliegen: Hanau BB 1968 S. 1045; BGH 9. I. 1968 VersR 1968 S. 249. Anders aber LAG Baden-Württemberg, Kammer Mannheim 10. II. 1968 DB 1969 S. 397 = VersR 1969 S. 480 (Leitsatz).

[113] c) Fernwirkungen.

Die Anwendung des § 67 II bereitet Schwierigkeiten, wenn außer dem Angehörigen ein weiterer Schadenstifter vorhanden ist, auf den die Voraussetzungen dieser Vorschrift nicht zutreffen. Das soll am folgenden Beispiel verdeutlicht werden: S stößt als Fahrer des kaskovten Fahrzeugs seines Vaters (Vmers) mit dem Wagen des X zusammen; am Fahrzeug des Vmers entsteht ein Schaden von 4000,— DM; die Haftungsquote von S und X ist gleich hoch. X und S haften dem Vmer als Gesamtschuldner auf den Ersatz von 4000,— DM. Würde hier die Forderung gegen X in voller Höhe auf den Ver übergehen und würde X diesen Schaden ersetzen, so hätte er nach § 426 BGB einen Ausgleichsanspruch gegen S in Höhe von 2000,— DM. Damit wäre die Zielsetzung des § 67 II gefährdet (das nehmen Kisch S. 106f. und Bruck S. 671 N. 32 in Kauf). Um das zu vermeiden, wird ein Übergang der Schadenersatzforderung gegen X nur in der Höhe angenommen, die im Innenverhältnis zwischen S und X dem Tatbeitrag des letzteren entspricht, im gegebenen Beispiel also in Höhe von 2000,— DM. Hier wird also die interne Ausgleichsbeziehung der Gesamtschuldner aus Anlaß des Forderungsübergangs bereits im Außenverhältnis berücksichtigt (Stiefel-Wussow S. 506; Ehrenzweig S. 290f.; Sieg Anm. zu BGH 29. X. 1968 JZ 1969 S. 264).

Das Gesagte gilt nicht nur für den eigentlichen Bereich des § 67 II, sondern auch für die Fälle analoger Anwendung (oben Anm. 112): OLG Stuttgart 1. VII. 1965 VersR 1969 S. 240f.; OLG Stuttgart 15. VI. 1968 NJW 1968 S. 2147. LG Flensburg 26. I. 1966 VersR 1968 S. 47 ist insofern über das Ziel hinausgeschossen, als es den nichtangehörigen Mitschädiger überhaupt von der Regreßpflicht freigestellt hat.

[114] d) Schicksal der dem Versicherungsnehmer verbliebenen Drittforderung.

Nach § 67 II ist lediglich der Übergang der Drittforderung ausgeschlossen, d. h. diese bleibt dem Vmer. Es ist nicht etwa anzunehmen, daß der Ver mit seiner Entschädigungsleistung die Drittforderung mittilgt. Für einen solchen Eingriff in die Rechte seines Vmers fehlt ihm jede Legitimation. Andererseits läßt es das dem § 67 zugrunde liegende Bereicherungsverbot nicht zu, daß der Vmer vom Ver und vom Angehörigen Ersatz erlangt. Dem Ziel des § 67 II entspricht es, wenn man dem Vmer die freie Disposition über die Drittforderung gibt (anders Karrer S. 61 insbesondere daselbst N. 21). Realisiert er sie, so ist der Schaden anderwärts ausgeglichen, er hat keinen Anspruch auf Vsentschädigung und muß diese, wenn er sie gleichwohl empfangen hat, nach Bereicherungsgrundsätzen herausgeben (ähnlich Kisch S. 104; Bruck S. 671; Sieg VersRdsch 1968 S. 94; etwas abweichend Ehrenzweig S. 290; Stiefel-Wussow S. 507).

Auf den ihm durch § 67 II gebotenen Schutz kann der Vmer verzichten, indem er die Drittforderung nach Entschädigungsleistung durch den Ver an diesen abtritt oder sich damit einverstanden erklärt, daß der Ver die Drittforderung einzieht (§ 185 BGB): OLG Köln 9. IV. 1959 VersR 1960 S. 894—896.

Da der Ver niemals einen Anspruch auf die Drittforderung gegen den Angehörigen hat, schadet es dem Vmer nicht, wenn er diese Forderung aufgibt. § 67 I 3 findet hier keine Anwendung: Kisch S. 104 N. 161.

[115] 2. Exkurs.

a) Sonstiger Ausschluß des Übergangs und verwandte Fälle.

Wir haben bereits Fälle kennengelernt, in denen der Übergang nicht kraft Gesetzes, sondern durch Parteiwillen ausgeschlossen ist, sei es durch Vereinbarung zwischen Vmer und Ver, sei es durch solche zwischen Vmer und Schadenstifter (vgl. hierzu und zum folgenden oben Anm. 36). In beiden Fällen bleibt die Drittforderung unbeeinflußt von der Entschädigungsleistung durch den Ver. Ein Unterschied gegenüber § 67 II besteht nur insofern, als der Vmer in ersterem Falle verpflichtet sein kann, im letzteren Falle stets verpflichtet ist, die Drittforderung für Rechnung des Vers einzuziehen. Gelingt das, kann der Ver nicht nach § 812 I 2 BGB kondizieren mit der Begründung, für seine eigene Entschädigung sei durch die Drittleistung der Grund weggefallen. Vereinbarungen der hier behandelten Art haben gerade den Zweck, daß die Vsleistung als endgültig erbracht gelten soll und lediglich die Aktivlegitimation für den Regreß abweicht von der gesetzlichen Norm. Die Pflicht zur Weitergabe des Erlangten folgt aus § 667 BGB.

Nur scheinbar auf derselben Linie liegen die Fälle, in denen der Ver nicht zum Regreß gelangt, weil der MitVmer oder der Vmer, dessen Vermögen unter Sonderverwaltung steht, den Schadenfall leicht fahrlässig herbeigeführt hat (oben Anm. 38, 41, 42). Bei genauerer Prüfung zeigt sich, daß hier überhaupt kein Anspruch des Sondervermögensverwalters (etwa des Konkursverwalters) oder der übrigen Gesamthänder bzw. Gemeinschafter gegen den schuldigen Vmer = Schadenstifter besteht. Man darf nämlich nicht übersehen, daß dieser den Vsschutz durch seine eigene Beitragszahlung beschafft bzw. mitbeschafft hat. Aus diesem Umstand muß wie im Verhältnis zwischen Kraftfahrzeugvermieter und dem die Prämie übernehmenden Mieter (oben Anm. 44) ein stillschweigender Haftungsausschluß bei leichter Fahrlässigkeit als vereinbart gelten. Ich vermag daher Kisch S. 29 nicht zu folgen, der dem Konkursverwalter die Wahl einräumt, ob er den Anspruch gegen den Vmer oder den Vsanspruch zur Masse zieht. Das läuft auf die Lösung hinaus, die für § 67 II angemessen ist, hier aber nicht paßt: Dort hat der Angehörige mit dem Vsvertrage nichts zu tun, hier gehört der Schadenstifter zu den Parteien desselben.

Wiederum anders liegt es, wenn der Ver auf den Regreßanspruch verzichtet hat (Beispiele: Regreßverzichtsabkommen der Feuerver, Regreßverzicht des Kaskovers gegenüber dem Fahrer bei leichter Fahrlässigkeit). Hier findet ein Übergang der Drittforderung auf den Ver statt (eine Bereicherung des Vmers kann also nicht stattfinden), nur kann der Ver daraus keine Rechte herleiten. Zur Konstruktion s. oben Anm. 46.

[116] b) Überblick über Kondiktionsfälle im Zusammenhang mit § 67.

aa) § 812 I BGB.

Oben Anm. 114 wurde gezeigt, daß der Ver seine Leistung kondizieren kann, wenn der Vmer den Drittanspruch gegen den Familienangehörigen realisiert. Maßgebliche Norm hierfür ist § 812 I 2 BGB. Der Schaden als eine der Voraussetzungen für die Ver-Leistung ist von anderer Seite gutgemacht worden. Dasselbe ist der Fall, wenn der Vmer einen Bereicherungsanspruch, der nicht übergegangen war (vgl. oben Anm. 27), hereinbringt oder wenn zwischen Ver und Vmer die cessio legis ausgeschlossen wurde ohne Verpflichtung des Vmers, die Drittforderung für den Ver einzuziehen. Wegen Fehlens der cessio legis ist die Ver-Leistung nicht endgültig, die Drittleistung kann ihr die Rechtfertigung wieder nehmen. — Entsprechendes gilt hinsichtlich des nicht übergangsfähigen Eigentumsanspruchs (doch geht hier die meist vorhandene Vertragsregelung vor, vgl. oben Anm. 28) und des Erfüllungsanspruchs in der Kreditv. Weipert, Teilzahlungsgeschäft und Versicherung, Karlsruhe 1966, S. 50, verneint bei solcher Gestaltung einen Bereicherungsanspruch. Er übersieht aber, daß § 812 I 2 BGB zwei Alternativen enthält. Die erste ist hier gegeben, Weipert setzt sich nur mit der zweiten auseinander.

Auch wenn der Vsvertrag nach der Entschädigungsleistung des Vers angefochten wird, ergibt sich ein Kondiktionsanspruch wegen Wegfalls des Grundes. Es stellt sich dann heraus, daß der Forderungsübergang nach § 67 nicht stattgefunden hat (vgl. oben Anm. 57).

Kondiktionsansprüche wegen von vornherein fehlendem rechtlichen Grunde (§ 812 I 1) können bei irrtümlicher Leistung des Vers auftreten. Beispiele: Der Ver hat die Deckungsfrage falsch beurteilt (Fall OLG Düsseldorf 13. X. 1965 NJW 1966 S. 738f.); der Ver ist über einen Vsfall getäuscht worden (Fall OLG Köln 7. VI. 1966 BB 1966 S. 1206f. mit der Besonderheit, daß der Ver an den Vten geleistet, dieser einen Teil der Entschädigung an den Vmer weitergegeben hat); der Ver hat nicht gewußt, daß der Schaden durch den Schadenstifter bereits ausgeglichen war. Soweit in diesen Fällen eine cessio legis stattgefunden hat, konkurriert mit dem Anspruch aus § 812 I 1 der übergegangene Anspruch aus § 67. Die Lösung ergibt sich aus den Ausführungen oben Anm. 55, 56.

[117] bb) § 816 II BGB.

Der Bereicherungsanspruch nach § 816 II unterscheidet sich von dem nach § 812 im Ziel dadurch, daß der Gegenstand der Herausgabe ein anderer ist. Bei § 812 ist es die Leistung des Vers, bei § 816 II ist es das vom Dritten Erlangte. Die letztere Norm spielt in unserem Bereich eine Rolle, wenn zwar ein endgültiger Forderungsübergang auf den Ver stattgefunden hat (endgültig ist die cessio legis bei irrtümlicher Leistung des Vers nicht), der Vmer aber gleichwohl wirksam über den Anspruch verfügt, sei es, weil dem Dritten der gute Glaube nach § 407 BGB zustatten kommt, sei es, weil der Ver die Verfügung des Vmers genehmigt (vgl. oben Anm. 99): Bruck S. 679; LG Nürnberg-Fürth 5. I. 1955 VersR 1955 S. 273.

Dasselbe muß gelten, wenn die Parteien des Vsvertrages die gesetzlich nicht eingreifende cessio legis durch eine Abtretung (des Bereicherungs-, des Erfüllungs-, des Eigentumsanspruchs, des Ersatzanspruchs gegen den Familienangehörigen) ersetzt haben, der Vmer aber gleichwohl die Drittforderung mit Wirksamkeit gegenüber dem Ver einzieht. Hier ist durch die Abtretung die Endgültigkeit der Ver-Leistung deklariert worden. Auch hier mindert das spätere Provenue nicht den Vsschaden, sondern ist seinerseits nach § 816 II auszukehren. — Schließlich gehört der oben Anm. 76 am Ende behandelte Fall hierher.

[118] VII. Mehrheit der Beteiligten.

1. Mehrheit der Versicherer.

a) Nebenversicherung.

aa) Einfache Nebenversicherung.

Hat der Vmer für dasselbe Risiko bei mehreren Vern Deckung genommen, ohne daß Überv vorliegt, so geht auf jeden der Ver, unabhängig von dem Zeitpunkt der Entschädigung durch den Nebenver, der Teil des Ersatzanspruchs über, der seiner Entschädigungsleistung entspricht (Harten S. 130; Schlegelberger § 45 Rdz. 9; Bruck S. 674). Reicht der Ersatzanspruch nicht aus, um alle beteiligten Ver voll zu entschädigen, so findet der Übergang in demselben Verhältnis statt, in dem die Vsentschädigung zum Gesamtschaden steht (Kisch S. 52, 113—115; Ritter LZ 1907 Sp. 250—258). Das ergibt sich daraus, daß „soweit" in § 67 nicht auf die Summe, sondern auf den Quotienten zu beziehen ist: Der Ver, der z. B. $^3/_4$ des Schadens ersetzt, erhält $^3/_4$ des Ersatzanspruchs (mit § 59 II hat das Ergebnis also nichts zu tun, abweichend Prölss § 67 Anm. 4). Lediglich wenn der Vmer vsseitig nicht voll entschädigt wird, wird zu seinen Gunsten das quotale durch das Differenzprinzip verdeckt (vgl. zu alledem Sieg JuS 1968 S. 358).

Beispiel: Der Vmer hat sein Warenlager im Werte von 100000,— DM bei VU 1 mit 50000,— DM, bei VU 2 mit 30000,— DM, bei VU 3 mit 20000,— DM vt. Ein Totalschaden vernichtet das Warenlager. Wegen Mitverschuldens des Vmers ist der Schadenstifter zu $^4/_5$ ersatzpflichtig. Der Ersatzanspruch des Vmers geht auf VU 1 in Höhe von 40000,— DM, auf VU 2 in Höhe von 24000,— DM, auf VU 3 in Höhe von 16000,— DM über. Abweichend in der Einzeldurchführung Harten S. 133f. in Mitanwendung des Differenzprinzips. Indes kommt dieses hier nicht in Betracht, weil keine Unterv vorliegt. Deren Vorhandensein ist nämlich nicht am Einzelvertrage, sondern an den Vssummen insgesamt zu messen, wie Harten S. 135 N. 227 selbst ausführt. Nach Bruck S. 674 und Ehrenzweig S. 287 soll bei nicht ausreichendem Ersatzanspruch der erstzahlende Ver voll in diesen eintreten und sich mit dem weiteren Ver, nachdem dieser geleistet hat, ausgleichen. Das wird der sich bei richtiger Auslegung des § 67 ergebenden Proportionalregel nicht gerecht. Kisch LZ 1916 S. 20 übersieht hier den Kongruenzgrundsatz: Auf die beiden Ver können in seinem Beispiel nur je 2500,— DM übergehen; gegen Kisch: Hallbauer ZVersWiss 1916 S. 228.

Bei der Unterv ist auch hier zunächst das Differenzprinzip anzuwenden. Wäre also im vorigen Beispiel bei den gleichen Vssummen das Warenlager 120000,— DM wert und wären die Ven auf erstes Risiko abgeschlossen, so sieht die Abrechnung wie folgt aus: Die Summe der Vsentschädigungen von VU 1, VU 2 und VU 3 beträgt 100000,— DM. Von dem Ersatzanspruch gegen X, der hier insgesamt 96000,— DM ausmacht ($^4/_5$ von 120000,— DM), gebühren dem Vmer 20000,— DM. Die verbleibenden 76000,— DM werden auf VU 1, VU 2 und VU 3 im Verhältnis 5:3:2 aufgeteilt, d. h. die Ersatzforderung geht auf VU 1 in Höhe von 38000,— DM, auf VU 2 in Höhe von 22800,— DM und auf VU 3 in Höhe von 15200,— DM über.

[119] bb) Mitversicherung.

Die Mitv ist eine qualifizierte Form der Nebenv dergestalt, daß das Risiko im gemeinschaftlichen Zusammenwirken der Ver gedeckt wird. Am Umfang der cessio legis ändert sich hier nichts gegenüber der einfachen Nebenv. Oft ist die Mitv mit einer Führungsklausel verbunden. Hier taucht die Frage auf, ob der führende Ver auch die auf die übrigen Mitver übergegangenen Ersatzansprüche im eigenen Namen einklagen kann. Allein daraus, daß der Mitvsvertrag mit Führungsklausel versehen ist, ergibt sich die Zulässigkeit der Prozeßstandschaft nicht: BGH 24. III. 1954 VersR 1954 S. 249f. Der Führende muß sich ermächtigen lassen, die Ansprüche der anderen Mitver mit einzuklagen: BGH 7. V. 1957 VersR 1957 S. 441; Geigel-Geigel, Der Haftpflichtprozeß, München-Berlin 1967, S. 904. Ein schutzwürdiges Interesse hierfür wird in der Regel zu bejahen sein (vgl. Prölss § 67 Anm. 4). Die Ermächtigung kann von vornherein mit der Vereinbarung der Führungsklausel verbunden werden: Hübener, Die Führungsklausel in der Mitversicherung, Karlsruhe 1954, S. 56.

[120] **b) Doppelversicherung.**

Hat der Vmer das Risiko bei mehreren Vern derart in Deckung gegeben, daß Überv entsteht, so haftet dem Vmer jeder der Ver bis zum Höchstbetrage der auf ihn entfallenden Entschädigung als Gesamtschuldner (§ 59 I). Die Ver sind untereinander nach Maßgabe des § 59 II ausgleichspflichtig. Keiner der beteiligten Ver ist „Dritter" im Sinne des § 67 (s. oben Anm. 35). Wir haben es vielmehr mit der Frage zu tun, in welcher Höhe der gegen einen außenstehenden Dritten gerichtete Ersatzanspruch auf die beteiligten Doppelver übergeht.

Dabei wird zunächst der praktisch nicht häufige Fall behandelt, daß der Vmer die einzelnen Ver nur in der Höhe in Anspruch nimmt, die sich bei Durchführung des Ausgleichs gemäß § 59 II ergeben würde. Hier wickelt sich die cessio legis ab wie bei der Nebenv (Schlegelberger § 45 Rdz. 9).

Schwieriger ist die Rechtslage zu beurteilen, wenn sich der Vmer zunächst an einen Ver hält und von diesem mehr erlangt, als dessen interner Beteiligung entsprechen würde. Hier geht der Ersatzanspruch in Höhe der Leistung des entschädigenden Vers auf diesen über (Kisch S. 116; Prölss § 67 Anm. 4; Schlegelberger § 45 Rdz. 9). Er hat nun die Wahl, ob er zunächst den Ausgleich nach § 59 II durchführen oder den Ersatzanspruch realisieren will. Beschreitet er den ersteren Weg, so steht der Ersatzanspruch, soweit er Ausgleich vom anderen Ver erhält, diesem zu, im übrigen bleibt er dem ausgleichsberechtigten Ver (deshalb hätte im Falle OLG Stuttgart 19. II. 1964 VersR 1964 S. 584 der klagende Ver noch rund 450,— DM mehr vom Beklagten verlangen können. Der Fall weist die Besonderheit auf, daß die Doppelv durch Eigen- und Fremdv entstanden war. Die Begründung des OLG Stuttgart verkennt, daß der Klägerin die Hälfte des Haftpflichtanspruchs zustand außer der Hälfte vom Kaskoschaden, die sie auf Grund Ausgleichs vom anderen Kaskover erhalten hatte). Prölss § 67 Anm. 4, Schlegelberger § 45 Rdz. 9 und Harten S. 144f. nehmen automatischen Weiterübergang auf den ausgleichspflichtigen Ver in Analogie zu § 67 an. M. E. besteht lediglich ein Abtretungsanspruch.

Verfolgt der entschädigende Ver hingegen zunächst die Drittforderung, so mindert das, was er von dieser Seite erhält, den Ausgangsbetrag für den Ausgleich (Prölss § 67 Anm. 4; Harten S. 145; Schlegelberger § 45 Rdz. 9). Auch hier ist, wenn der Schadenersatzanspruch nicht ausreicht, um die beteiligten Ver voll zu befriedigen, die Differenz anteilig auf diese umzulegen.

[121] Beispiel: Der Vmer hat sein Warenlager im Werte von 100000,— DM bei VU 1 mit 90000,— DM, bei VU 2 mit 30000,— DM gedeckt. Der Schadenstifter hat wegen Mitverschuldens des Vmers $^4/_5$ des Totalschadens zu ersetzen. Der Vmer wird zunächst von VU 1 mit 90000,— DM, daraufhin von VU 2 mit 10000,— DM entschädigt. Der Drittanspruch geht auf VU 1 in Höhe von 72000,— DM ($^4/_5$ von 90000,— DM), auf VU 2 in Höhe von 8000,— DM ($^4/_5$ von 10000,— DM) über. Nach § 59 II haftet VU 1 im Innenverhältnis auf 75000,— DM, VU 2 auf 25000,— DM. Erlangt VU 1 jedoch auf Grund des Regresses 72000,— DM vom Dritten, so entfallen hiervon 60000,— DM auf seinen Eigenbehalt ($^4/_5$ von 75000,— DM). Um die überschießenden 12000,— DM mindert sich der Ausgleichsanspruch VU 1 gegen VU 2 (ursprünglich 15000,— DM), so daß er noch 3000,— DM von VU 2 zu beanspruchen hat.

VU 1 kann sich aber auch zunächst an VU 2 halten und von diesem 15000,— DM als Ausgleich nach § 59 II verlangen. Dann gebührt der in der Hand von VU 1 befindliche Drittanspruch dem VU 2 in Höhe von 12000,— DM, denn VU 1 darf ihn nur in Höhe von 60000,— DM ($^4/_5$ von 75000,— DM) behalten. — In jedem Fall hat nach Durchführung des Ausgleichs und des Regresses VU 1 15000,— DM, VU 2 5000,— DM endgültig für den Schadenfall aufgewendet.

Auf Grund anderer Berechnungsweise gelangt Harten S. 143 zu demselben Endergebnis; er verwendet auch hier unzutreffend das Differenzprinzip.

Ich kann Klingmüller, Das Krankenversicherungsvertragsrecht, Sonderdruck aus Balzer-Jäger, Leitfaden der privaten Krankenversicherung, Karlsruhe o. J., S. 21, nicht darin folgen, daß dem Vmer die Vorteile des Schadenfreiheitsrabatts und der Prämienrückvergütung gegenüber demjenigen VU verbleiben, das lediglich nach § 59 II ausgleichspflichtig ist, denn auch dieser Ausgleich folgt aus dem Vsvertrag. Die hier vertretene Ansicht stimmt mit § 21 III, V, § 25 III 3 VO über die Tarife in der Kraftfahrtv vom 20. XI. 1967/6. XII. 1968 überein.

[122] c) Verwandte Fälle.

aa) Versicherer und Dienstherr.

Ähnliche Probleme wie bei Neben- und Doppelv tauchen auf, wenn nicht zwei Ver, sondern ein Ver und der öffentliche Dienstherr einem Verletzten Leistungen zu gewähren haben. Der Übergangsnorm des § 67 VVG tritt hier die des § 87a BBG bzw. die der Länderbeamtengesetze (vgl. § 52 BRRG) an die Seite.

Für die Problematik gibt der Fall LG Mainz 22. XII. 1966 VersR 1967 S. 961, OLG Koblenz 4. VII. 1967 VersR 1967 S. 962 ein anschauliches Beispiel. Unterstellt man, daß in jenem Fall ein Rechtsübergang in Höhe der gewährten Beihilfe auf den Dienstherrn stattgefunden hat (vgl. zur cessio legis bei Kann-Leistungen: Marschall von Bieberstein, Reflexschäden und Regreßrechte, Stuttgart-Berlin-Köln-Mainz 1967, S. 73; Geigel-Geigel, Der Haftpflichtprozeß, 13. Aufl., München-Berlin 1967, S. 808), so hätte die Klage des Dienstherrn Erfolg haben müssen, denn auf ihn war der Drittanspruch in Höhe von 5707,— DM schon mit dem Schadenfall übergegangen. Der private Ver fand daher, als er entschädigte, keinen Drittanspruch mehr vor, in den er hätte folgen können (hierin liegt der Unterschied zur internen Auseinandersetzung mehrerer Doppelver). Zu Unrecht gingen der Haftpflichtver des Beklagten und ihm folgend LG Mainz von einem Quotenvorrecht des Verletzten aus, nachdem ihm Beihilfe gewährt worden war. Das Quotenvorrecht spielt indes keine Rolle, weil der Schaden des Verletzten durch die Leistungen von Krankenv und Dienstherrn voll ausgeglichen war. Das ergibt sich daraus, daß nicht punktuell auf die einzelne Deckung, sondern auf das Zusammenwirken der Deckungen abzustellen ist (siehe oben Anm. 118).

[123] bb) Bestandsübertragung.

Hatte der abgebende Ver entschädigt und war er dadurch zum Gläubiger des Ersatzanspruchs geworden, so geht dieser mit der Bestandsübertragung weiter über auf den übernehmenden Ver (Scharping, Die Bestandsübertragung im Versicherungsrecht, Hamburg 1964, S. 89; OLG Koblenz 28. I. 1960 VersR 1960 S. 686f.). Wenn ein bei Bestandsübertragung schwebender Schaden erst von dem Übernehmer reguliert wird, kann kein Zweifel bestehen, daß der Anspruch unmittelbar auf diesen übergeht.

[124] 2. Mehrheit der Dritten.

Durch den Rechtsübergang ändert sich an dem Verhältnis mehrerer Dritter untereinander und der Dritten zum Ersatzberechtigten nichts. Handelt es sich um einen Schadenersatzanspruch, der sich gegen mehrere als Gesamtschuldner richtet, so haften sie in der gleichen Weise nunmehr gegenüber dem Ver. Betraf die cessio legis einen Ausgleichsanspruch, so kann der Ver von jedem der Mithaftenden den Betrag beanspruchen, der dessen Beteiligungsquote entspricht (Kisch S. 112), was nicht der Haftung nach Kopfteilen gleichzukommen braucht, wie Stiefel-Wussow S. 495 annehmen. Richtig: OLG Köln 8. XI. 1966 VersR 1967 S. 34.

Beispiel: An dem Unfall des X sind A, B und C zu gleichen Teilen schuldig; der Haftpflichtver von A befriedigt X. Auf ihn geht der Ausgleichsanspruch des A gegen B in Höhe von $^1/_3$ und gegen C in Höhe von $^1/_3$ über, nicht etwa haften B und C dem A bzw. dessen Rechtnachfolger gesamtschuldnerisch auf $^2/_3$ (Blomeyer, Allgemeines Schuldrecht, 4. Aufl., Berlin 1968, S. 301).

[125] 3. Mehrheit auf Versicherungsnehmerseite.

a) Mehrheit von Versicherungsnehmern.

Bei einer Mehrheit von Vmern, sei es, daß sie als Gesellschafter, sei es, daß sie als Gemeinschafter miteinander verbunden sind, kommt ein Regreß gegen einen einzelnen von ihnen in der Aktienv nicht in Betracht, weil hier das Schadenereignis einheitliche Folgen für alle Vmer auslöst: Entweder es besteht keine Deckung oder sie ist zu gewähren ohne Regreßmöglichkeit gegen einen Beteiligten auf Vmerseite. Hingegen ist in der Passiven-, insbesondere in der Haftpflichtv der Regreß gegen einen von mehreren MitVmern denkbar, vgl. oben Anm. 39—42.

[126] b) Versicherung für fremde Rechnung.

aa) Übergehender Anspruch.

Bei der V für fremde Rechnung geht, der Zielsetzung des § 67 entsprechend, der Drittanspruch des Vten auf den Ver über (Kisch S. 118; Prölss § 67 Anm. 3; Harten S. 85; Stiefel-Wussow S. 489; Bruck S. 667; Ritter-Abraham § 45 Anm. 13; Flechtheim LZ 1911 Sp. 681; Brockmann VersR 1960 S. 1; BAG 9. XI. 1967 VersR 1968 S. 266; OLG Köln 8. XI. 1966 VersR 1967 S. 34; OLG München 4. XI. 1960 VersR 1961 S. 337). Daran kann kein Zweifel bestehen, wenn der Vte in den Genuß der Vsentschädigung gelangt. Dasselbe ist aber anzunehmen, wenn der Ver mit befreiender Wirkung an den Vmer gezahlt hat (Kisch S. 119f.; Harten S. 92). Das ist nach dem Gesetz der Fall, wenn der Vte entweder seine Zustimmung zur Zahlung erteilt hat oder der Vmer im Besitz des Vsscheins ist (§ 76 II), nach manchen AVB auch ohne diese Voraussetzungen (z. B. § 12 [1] AFB). Allerdings könnte man hier erwägen, daß die cessio legis erst stattfindet, wenn der Vmer die Entschädigung an den Vten weiterleitet. Das würde jedoch die Stellung des Vers unbillig erschweren. Natürlich läuft der Vte bei der hier angenommenen Lösung die Gefahr, daß er den Drittanspruch früher verliert, als er in den Besitz der Vsentschädigung gelangt bzw. daß er letztere überhaupt nicht erhält. Indes wirkt sich auch im Regreßbereich § 76 III als Schutznorm für den Vten aus: Der Ver wird durch Leistung an den Vmer, sofern der Vte nicht hierzu seine Zustimmung gegeben hat, nur frei, wenn letzterer sein Einverständnis zum Vsvertrag erteilt hat (Ehrenzweig S. 291 läßt das für den Forderungsübergang nicht ausreichen). Damit hat das Gesetz zu dem Widerstreit zwischen Ver- und Vteninteresse Stellung bezogen. Der Ver tut also gut daran, sich die Zustimmung des Vten zur Auszahlung vorlegen zu lassen, wenn er die Zustimmung zum Vertrage nicht bereits hat. Anderenfalls kann der Übergang erst stattfinden, wenn der Vmer die Vsentschädigung dem Vten auskehrt (ebenso Hallbauer LZ 1910 S. 651).

Wenn im gleichen Vertrag Interessen des Vmers und Interessen des Vten gedeckt sind, können Ansprüche des einen oder anderen oder beider übergehen, je nachdem, wessen Interesse vom Ver entschädigt worden ist (RG 6. VI. 1935 RGZ Bd 148 S. 137—145; Ritter-Abraham § 45 Anm. 13). Ausnahmsweise kann bei der V für fremde Rechnung ein Anspruch des Vmers übergehen, der sich auf das Interesse des Vten bezieht, nämlich dann, wenn der Vmer nach dem Innenverhältnis berechtigt ist, im Wege der Schadenliquidation im Drittinteresse das damnum des Vten geltend zu machen (vgl. RG 18. XII. 1942 RGZ Bd 170 S. 242—246). Abgesehen von solchen Ausnahmefällen ist aber schwer denkbar, daß der Vmer einen Ersatzanspruch gegen einen Dritten haben sollte, wenn Interessen des Vten verletzt worden sind. Die Konstellation, an die Ehrenzweig S. 291 und Brockmann VersR 1960 S. 1 ihre These knüpfen, daß bei der V für fremde Rechnung auch der Anspruch des Vmers übergehe, wird also kaum praktisch werden. Bruck S. 667 und Flechtheim LZ 1911 Sp. 689 lehnen diesen Übergang mit Recht ab.

[127] bb) Regreß gegen den Versicherungsnehmer.

aaa) Versicherungsnehmer als Dritter, Haftungsausschlüsse.

Zweifelhaft ist, ob der Vmer Dritter im Sinne des § 67 sein, ob also auch ein Anspruch des Vten gegen den Vmer übergehen kann. Der Gesetzeswortlaut spricht nicht dagegen. Wenn § 67 von einem Anspruch des Vmers redet, so denkt das Gesetz hierbei an den Normalfall der V für eigene Rechnung. Tritt anstelle des Vmers der Vte, so kann der Vmer im Sinne dieser Bestimmung Dritter sein, denn er ist nunmehr nicht der Berechtigte an der Vsentschädigung (ebenso Kisch S. 123; Bischoff VersR 1961 S. 193; Prölss Karlsruher Forum 1959 S. 43; Brockmann VersR 1960 S. 3f.; Flechtheim LZ 1911 Sp.

682; BGH 11. VII. 1960 BGHZ Bd 33 S. 97 = VersR 1960 S. 724 = LM Nr. 14 zu § 67 VVG mit Anm. Haidinger. Anders Harten S. 86f.; Möller DAR 1953 S. 110; Prölss Anm. zu BGH 11. VII. 1960 NJW 1960 S. 1903).

Nicht wegen der Fassung des Gesetzes, sondern aus anderen Gründen ist allerdings der Regreß gegen den eigenen Vmer erheblich eingeschränkt. Er kommt dann nicht in Frage, wenn sich aus der Innenbeziehung zwischen Vmer und Vtem ergibt, daß ein Ersatzanspruch ausgeschlossen wurde, woran auch der Ver im Rahmen des oben Anm. 82 Ausgeführten gebunden ist. Die Ausschließung kommt gerade im Zusammenhang mit Verträgen, durch die der eine Teil (Vmer) gehalten ist, das Interesse des anderen zu versichern, häufig vor, namentlich bei Kundenven. Als Hauptbeispiele bieten sich hier die Fahrzeugbewachungs- und die Speditionsverträge an (§ 3 VO über das Bewachungsgewerbe vom 22. XI. 1963; § 41 [a] ADSp). Aber auch an Vertragsgestaltungen der Binnenschiffahrt (Sieg ZHR Bd 113 S. 101—103), der Lagerhaltung (Daube, Die rechtliche Konstruktion der Kundenversicherungen, Diss. Hamburg 1964, S. 63, 66), der Garderobenaufbewahrung (Daube S. 134—137) ist zu denken. Darüber hinaus wird die Haftungsersetzung durch Vsschutz für alle Verwahrungs-, Geschäftsbesorgungs- oder Werkverträge befürwortet, auf Grund deren ein Teil Sachen des anderen in Obhut hat (Daube S. 163), ebenso dann, wenn sich ein Partner veranlaßt sieht, eine Unfallfremdv zu schließen (Daube S. 182f.).

Wenn ein ausdrücklicher Haftungsausschluß fehlt, ist zu prüfen, ob sich dieser im Wege der Vertragsauslegung aus den Beziehungen zwischen Vmer und Vtem ergibt. Das wird in der Regel in demselben Umfang zu bejahen sein, wie dies bei dem die Kaskovsprämie übernehmenden Mieter der Fall ist (vgl. oben Anm. 44), d. h. für Zufall und leichte Fahrlässigkeit. Wurde dort die Haftungsbeschränkung dem zugebilligt, der die Prämie übernommen hat, ohne Vmer zu werden, so kann man sie dem nicht verweigern, der die volle Vmer-Stellung innehat (vgl. Sieg VersR 1955 S. 331; ders. BB 1967 S. 1401; ders. ZVersWiss 1963 S. 274). Auf diese Weise wird erreicht, daß sich der unerfahrene Vmer nicht schlechter steht als der geschäftsgewandte, der sich ausdrücklich eine Haftungsbegrenzung ausbedungen hat. Deshalb meint BGH 14. III. 1956 VersR 1956 S. 301 mit Recht, wer eine Fremdv eingehe, brauche die Haftung gegenüber dem Vten nicht ausdrücklich auszuschließen.

[128] bbb) Regreßausschlüsse.

Die oben Anm. 127 behandelte Konstruktion versagt vor allem, wenn der Vte, was durchaus denkbar ist, von dem Abschluß des Vsvertrages zu seinen Gunsten nichts wußte und auch bis zum Schadenfall nicht davon erfahren hat. Dann läßt sich ein stillschweigender Haftungsausschluß nicht rechtfertigen. Die Regreßbeschränkung folgt hier nicht aus dem Verhältnis zwischen Vmer und Vtem, sondern aus dem zwischen Vmer und Ver: Nach §§ 61, 79 kann sich der Ver bei der V für fremde Rechnung zu seinem Vorteil auf vorsätzliche oder grobfahrlässige Herbeiführung durch den Vmer berufen. Dann muß die Gleichstellung von Vmer- und Vtenverhalten auch zu Lasten des Vers gelten, d. h. bei zufälliger oder leicht fahrlässiger Herbeiführung, sei es durch den Vmer, sei es durch den Vten, muß er entschädigen, ohne Regreß nehmen zu können. Mit anderen Worten: Der Regreß ist dem Ver stets versagt, wenn der Vmer, wäre er selbst Risikoträger, Deckung beanspruchen könnte (ähnlich Flechtheim LZ 1911 Sp. 683; Moldenhauer LZ 1911 Sp. 688; Ehrenzweig S. 291; Prölss Anm. zu BGH 11. VII. 1960 NJW 1960 S. 1903; etwas einschränkend Kisch S. 123). Deshalb ist der Vmer auch dann nicht vom Rückgriff bedroht, wenn etwa seine Leute, in welcher Schuldform auch immer, den Schaden beim Vten angerichtet haben.

In den Zweigen, in denen der Ver die grobfahrlässige Herbeiführung decken muß (z. B. in der Unfallv nach § 181), ist der Rückgriff gegen den Vmer auch bei dieser Schuldform ausgeschlossen. Das letztere hat Bedeutung für die Insassen-Unfallv, bei der der Regreß hinsichtlich des Heilkostenersatzes an sich denkbar wäre (wie hier Möller DAR 1953 S. 110; Sieg JZ 1956 S. 371). Ist allerdings der Unfallver gleichzeitig der Haftpflichtver des Vmers, dann scheitert der Regreß schon an der exceptio doli des in Anspruch genommenen Vmers: s. oben Anm. 46 und Prölss Karlsruher Forum 1959 S. 43).

Soweit nicht die Haftung, sondern nur der Regreß gegen den Vmer ausgeschlossen ist, stellt sich die Frage nach der juristischen Konstruktion. Manche nehmen an, daß der Anspruch des Vten nicht auf den Ver übergehe (Kisch S. 123; Ehrenzweig S. 291; Flechtheim LZ 1911 Sp. 683; Prölss Anm. zu BGH 11. VII. 1960 NJW 1960 S. 1903. Ebenso LG Hamburg 22. VI. 1950 VersR 1950 S. 166f. bei ausdrücklichem Regreßverzicht des Vers). Das schafft jedoch Komplikationen, wie wir sie bei § 67 II kennengelernt haben: Trotz Entschädigung des Vers könnte nämlich der Vte seinen Anspruch gegen den Vmer verfolgen, müßte allerdings dann die Vsentschädigung auskehren an den Ver (vgl. oben Anm. 114). Abgesehen davon, daß der Vte letzteres kaum je tun würde (der Ver erführe von der späteren Ersatzleistung in der Regel nichts), ist diese Konstruktion auch deshalb mißlich, weil der Schutz des Vmers hierbei relativ schwach wäre. Nachhaltiger ist der Vmer gesichert, wenn die gegen ihn gerichtete Forderung des Vten zwar auf den Ver übergeht, dieser aber wegen der Vsbeziehung auf Dauer gehindert ist, sie geltend zu machen: pactum de non petendo (ebenso Bischoff VersR 1961 S. 194). Hieraus erwächst dem Vmer eine Einwendung, nicht nur eine Einrede.

[129] Zu aaa) und bbb).

In diesen Bereichen wirkt sich die Fremdv zugunsten des Vten wie eine Haftpflichtv zugunsten des Vmers aus (Überwindung der Haftpflichv, Haftungsersetzung durch Vsschutz, vgl. Möller JW 1934 S. 1079f.; Sieg ZHR Bd 113 S. 95—118).

Brockmann VersR 1960 S. 3ff. will den Regreß gegen den Vmer dann zulassen, wenn dieser die Prämie überwälzt. Diese Einschränkung bringt ein erhebliches Unsicherheitsmoment in die Abwicklung, weil Weiterbelastungen des Kunden häufig nicht offen, sondern verdeckt erfolgen. Die Ansicht Brockmanns entbehrt auch der inneren Rechtfertigung, denn dem Ver gegenüber muß der Vmer zunächst für die Prämie geradestehen, und ihn treffen manche Obliegenheiten. Die Befürchtung Brockmanns, der Vmer könnte mißbräuchlich fremdes Risiko versichern, nur um seiner eigenen Haftung ledig zu sein, dürfte praktisch nicht ins Gewicht fallen.

[130] ccc) Regreß nach § 67.

Nach dem Gesagten findet ein Regreß gegen den Vmer z. B. in folgenden Fällen statt, in denen der Ver nach der Vertragsgestaltung dem Vten in weiterem Umfang haftet als dem Vmer (hier erkennt auch Harten S. 87 N. 144 den Regreß gegen den Vmer an): Auf Verlangen des Vmers, des Halters eines fremdfinanzierten und sicherungsübereigneten Wagens, hat der Kaskover dem Sicherungseigentümer einen Sicherungsschein erteilt. Ein Schadenfall tritt nach Erlöschen des Vsschutzes ein, der Ver hat es unterlassen, den Sicherungseigentümer hierauf aufmerksam zu machen. Er kann diesem, obwohl kein Vsschutz besteht, zur Entschädigungsleistung verpflichtet sein (vgl. Sieg DB 1953 S. 483; ders. VersR 1953 S. 220). Der Regreß gegen den Vmer ist hier im Rahmen seiner Haftung gegenüber dem Vten möglich, obwohl der Ver nicht kraft Vs-, sondern kraft Auskunftsvertrages haftet (vgl. oben Anm. 58).

Dasselbe ist der Fall, wenn der Ver gegenüber dem Sicherungsscheininhaber, nicht aber gegenüber dem Vmer auf den Einwand der grobfahrlässigen Herbeiführung des Vsfalls verzichtet hat (die Sonderbedingung ist VerBAV 1956 S. 24 veröffentlicht) und der Vmer nunmehr in dieser Schuldform einen Schaden am Fahrzeug verursacht, den der Ver reguliert (OLG Stuttgart 14. V. 1965 VersR 1965 S. 873; Tron, Der Kraftfahrzeugsicherungsschein, Diss. Köln 1967 S. 160—162). Wirtschaftlich betrachtet ist hier der Vmer nicht einmal ein solcher, sondern einem beliebigen Dritten vergleichbar, denn die Prämie für den Einwandverzicht zahlt nicht er, sondern der Sicherungseigner. Daß bei dieser Klausel außerdem die Abtretung der Ansprüche des Sicherungseigners gegen den Halter vorgesehen wird, kann selbständige Bedeutung haben, vgl. unten Anm. 171.

Im übrigen haftet der Ver dem Sicherungsscheininhaber durchaus nicht stets auch dann, wenn er dem Vmer nichts schuldet. Das zeigen die Fälle BGH 14. III. 1963 BB 1963 S. 498 und BGH 25. XI. 1963 VerBAV 1964 S. 205—207. Zugunsten des Vten gehen Sicherungsscheine außerhalb der Kraftfahrzeugv, die sich Banken als

Sicherungseigner erteilen lassen, oft weiter; entsprechend eröffnet sich hier ein größeres Feld für den Regreß gegen den Vmer.

[131] Ein solcher kommt auch in der Personenkautionsv vor, durch die ein potentieller Schuldner die gegen ihn gerichtete Forderung des potentiellen Gläubigers (des Vten), herrührend aus bestimmter Handlungsweise des Schuldners, deckt. Die AVB (VerBAV 1959 S. 133ff.) lassen keinen Zweifel darüber, daß die Entschädigungsleistung des Vers den Schadenstifter = Vmer nicht befreien soll, vielmehr geht die Ersatzforderung des Vten auf den Ver nach § 8 Ziff. 2 AVB über. Die Personenkautionsv soll also ausgesprochenermaßen Fremdv zugunsten des Gläubigers bleiben, nicht zur eigenen Haftpflichtv des Schuldners werden: BGH 11. VII. 1960 BGHZ Bd 33 S. 97 = VersR 1960 S. 724 = NJW 1960 S. 1903 mit ablehnender Anm. Prölss = LM Nr. 14 zu § 67 VVG mit Anm. Haidinger. Zustimmend OLG Karlsruhe 23. XII. 1960 VersR 1961 S. 410; Sieg ZVersWiss 1963 S. 273 (in LG Hamburg 19. VII. 1951 VersR 1951 S. 275 ist der Regreß zu Unrecht verneint worden, zumal die dortige Gestaltung Anklänge einer Personengarantiev aufwies). Der Abtretung, die sich die Ver vorsorglich vom Vten geben lassen, bedarf es also hier nicht.

Das Eigentümliche der Personenkautionsv besteht darin, daß sich der Vsschutz gerade auf jene Forderung bezieht, um deren Übergang es sich handelt, und daß hier, soweit der Vsschutz reicht, kein anderer Schadenstifter als der Vmer denkbar ist. Trotz dieser Besonderheiten läßt sich die von den AVB geschaffene Rechtslage in etwa dem oben Anm. 128 erörterten Grundsatz subsumieren und ist deshalb als systemgerecht anzusehen: Bei der Personenkautionsv liegt es nicht so, daß dieser Ver auch leisten müßte, wenn man sich den Vmer als Herrn des Vermögens vorstellt, an dem er eine der als Vsfall umschriebenen Handlungen vornimmt. Deshalb fehlt hier ein Rechtfertigungsgrund für den Ausschluß des Regresses.

[132] Soweit nach dem Gesagten der Forderungsübergang beim einfachen Sicherungsschein in der Kraftfahrv (ohne Verzicht auf die Einrede aus § 61 bei grobfahrlässiger Herbeiführung), bei den Warensicherungsscheinen und bei der PKautv möglich ist, kann § 67 II nicht gelten. Der Vmer konnte in diesem Falle nicht damit rechnen, daß er durch die Ver-Leistung endgültig befreit wird, denn ihm gegenüber war keine Deckung zu gewähren. Der Grundgedanke des § 67 II trifft deshalb nicht zu.

Anders liegt es beim erweiterten Sicherungsschein in der Kraftfahrv (der Ver verzichtet auf die Einrede aus § 61 bei grobfahrlässiger Herbeiführung). Diese Erweiterung „erkauft" sich der Finanzierer, der zwar generell die Stellung eines Vten hat, im Hinblick auf diese Erweiterungsklausel aber wie ein Vmer zu behandeln ist. Hier hat es daher seinen guten Sinn, ihm das Privileg des § 67 II zu belassen.

[133] ddd) Regreß außerhalb § 67.

Es kommt namentlich bei den Kundenven vor, daß der Ver dem Vten in weiterem Umfang Deckung zu gewähren hat, als er den Vmer entlasten will, und daß er sich deshalb unter bestimmten Voraussetzungen den Rückgriff beim Vmer vorbehält. Hier kann der Regreß dann nicht auf § 67 gestützt werden, wenn die Haftung im Verhältnis zwischen Vmer und Vtem ausgeschlossen ist. Es ist kein Anspruch da, der übergehen könnte. Das übersieht Brockmann VersR 1960 S. 5f.

Der in solchen Fällen vorgesehene Regreß (vgl. etwa §§ 10 Ziff. 3, 12 Ziff. 2, 15 Ziff. 1—2 SVS; Ziff. 28, 31, 34 Sp-Police) beruht auf einem originären Anspruch, der letztlich im Aufwendungsersatz wurzelt (§§ 670, 675 BGB): vgl. Sieg DB 1960 S. 1328 und das Zitat daselbst N. 26 sowie oben Anm. 11. Dieser Rückgriff hat in Voraussetzung und Ziel Verwandtschaft mit dem nach § 158f., weshalb auch hier die analoge Anwendung von § 67 II zu verneinen ist (vgl. unten Anm. 149). Richtet sich der Regreß in solchen Fällen nicht gegen den Vmer, sondern einen Außenstehenden, so bleibt § 67 anwendbar: OLG Hamburg 21. VI. 1962 VersR 1963 S. 183; allerdings hätte das Gericht hier auf den übergegangenen Anspruch des Kunden abstellen müssen, nicht auf den des Vmers, denn bei der V für fremde Rechnung kann nur der Anspruch des Vten übergehen; richtig: LG Hamburg 22. VI. 1950 VersR 1950 S. 166.

Ferner kann der Regreß nicht auf § 67 gestützt werden in der reinen Kautionsv. Es sei hier dahingestellt, ob der Kautionsvsvertrag wirklich zu den Vsgeschäften gehört (hierzu neuerdings ablehnend Gärtner VersR 1967 S. 118—121 mit weiteren Nachweisen. BFH 11. V. 1967 VerBAV 1968 S. 17—19 läßt die Frage offen). Fest steht, daß hier im Unterschied zur Personenkautionsv nicht erst der Vsfall eine Forderung hervorruft, was § 67 voraussetzt, sondern daß diese Forderung auf einen Kreditvertrag zurückgeht (vgl. Weipert, Teilzahlungsgeschäft und Versicherung, Karlsruhe 1966, S. 49) und vom Ver als selbstschuldnerischer Bürge befriedigt wird. Hier richtet sich der Regreß nach § 774 BGB (Prölss § 67 Anm. 2; ders. Anm. zu BGH 11. VII. 1960 NJW 1960 S. 1903; Gärtner VersR 1967 S. 121; BFH 11. V. 1967 VerBAV 1968 S. 17—19). BGH 11. VII. 1960 BGHZ Bd 33 S. 97 = VersR 1960 S. 724 = NJW 1960 S. 1903 = LM Nr. 14 zu § 67 VVG spricht nur scheinbar hiergegen. Das Urteil betraf die Personenkautionsv, die entscheidend von der reinen Kautionsv abweicht. Da der Rückgriff des Bürgen eine abschließende Regelung im BGB gefunden hat (§ 774 I 2 entspricht § 67 I 2; § 776 entspricht § 67 I 3), scheidet eine analoge Anwendung des § 67 II aus.

[134] cc) Regreß gegen den Versicherten.

Normalerweise kann der Vte, da die Vsentschädigung ihm zugute kommen soll, nicht regreßpflichtig nach § 67 sein (R. Schmidt VersR 1953 S. 489; Brockmann VersR 1960 S. 2. Mißverständlcih Bischoff VerBAV 1961 S. 195). Eine Ausnahme besteht nur dann, wenn der Vsvertrag das Risiko des Vmers und des Vten deckt und in casu lediglich dem Vmer Vsschutz zu gewähren ist. Die Einzelheiten sind oben Anm. 40 dargestellt. Brockmann VersR 1960 S. 2 meint zu Unrecht, Möller DAR 1953 S. 109 vertrete die Auffassung, auch der Anspruch gegen den Vten könne generell übergehen. Möller führt indes aus, daß auf den Kaskover der Anspruch gegen den Fahrer übergehe, möge dieser auch in der Haftpflichtv Vter sein. Daß das zutreffend ist, ist oben Anm. 45 dargestellt.

[135] dd) Aufgabe des Drittanspruchs.

Nach dem Gesagten kann also der Anspruch des Vten gegen einen beliebigen Dritten (oben Anm. 126) und ausnahmsweise gegen den Vmer (oben Anm. 130, 131) übergehen. Die Frage, unter welchen Voraussetzungen das Aufgeben des Anspruchs im Sinne von § 67 I 3 vsschädlich ist, beantwortet sich nach § 79: Weder der Vte noch der Vmer darf aufgeben (Kisch S. 121; Harten S. 166). Der letztere wird allerdings kaum in der Lage sein, den Drittanspruch des Vten zu beeinträchtigen, da ihm in aller Regel die Verfügungsmacht hierüber fehlen wird. Gibt in der Personenkautionsv der Vte seinen Anspruch gegen den Vmer auf, so ist der Ver schon deshalb frei, weil damit die Forderung untergeht, deren Erfüllung durch die V gesichert werden sollte.

Ist der Forderungsübergang durch Entschädigungsleistung des Vers bereits bewirkt, so verdichtet sich die bis dahin bestehende Obliegenheit zu einer Rechtspflicht, die Einziehung der Drittforderung durch den Ver zu fördern und alles zu unterlassen, was deren Realisierung erschweren könnte (oben Anm. 94). Diese Pflicht trifft auch den Vten. Das verstößt nicht gegen den Grundsatz, daß Verträge zu Lasten Dritter unserer Rechtsordnung femd sind. Das dem Vten zugewendete Recht ist von vornherein mit der Einschränkung verknüpft, daß er die dem Ver zuerkannte Rechtsstellung nicht schmälern darf.

[136] c) Versicherungsnehmer und Gefahrsperson.

Die Familienkrankenv ist herkömmlich so gestaltet, daß die eingeschlossenen Angehörigen des Vmers nicht Vte, sondern lediglich Gefahrspersonen sind (Klingmüller, Das Krankenversicherungsvertragsrecht, Sonderdruck aus Balzer-Jäger, Leitfaden der privaten Krankenversicherung, Karlsruhe o. J., S. 9; Gruneke, Versicherte Gefahr und Anzeigepflicht in der privaten Krankenversicherung, Diss. Köln 1965, S. 112; Sieg VersR 1956 S. 743). Es hieße, dem § 67 Gewalt antun, wenn die Ansprüche der Gefahrsperson, die keinerlei Rechte aus dem Vsvertrag hat, auf den Ver übergehen würden (vgl. aber BGH 13. VI. 1966 VersR 1966 S. 875—877). Es besteht auch keine Notwendigkeit, § 67 analog anzuwenden. Nach der herrschenden Lehre hat der Unterhaltspflichtige (hier:

Vmer) einen Anspruch aus Geschäftsführung ohne Auftrag oder aus Bereicherung gegen den Schädiger der Gefahrsperson, soweit er den angerichteten Schaden wieder gutmacht z. B. durch Bezahlung der Heilkosten (vgl. Palandt-Gramm, BGB, 26. Aufl. München-Berlin 1967, § 843 Anm. 7 und die dort angegebene Rechtsprechung). Dieser geht zwar, weil er kein Schadenersatzanspruch ist, nicht unmittelbar nach § 67 über, der Ver kann ihn sich aber abtreten lassen. Könnte man § 843 IV BGB in dem Sinne verstehen, daß der Anspruch des Verletzten gegen den Schädiger auf den Unterhaltspflichtigen übergeht, soweit dieser die Heilkosten auslegt (so Sieg JZ 1964 S. 16), so wäre in der Hand des Vmers ein Schadenersatzanspruch vorhanden, in den der Ver nach § 67 sukzedieren könnte.

Wenn beide Ehegatten etwa ein gleich hohes Einkommen haben, scheidet ein Eintreten für die Behandlungskosten des anderen Teils auf Grund der Unterhaltspflicht aus, und damit fehlt es an einem Anspruch des Vmers gegen den Schädiger, der auf den Krankenver übergehen könnte. In solchem Falle empfiehlt es sich für den Ver, den angehörigen Ehegatten nicht als Gefahrsperson, sondern als Vmer zu decken. Dann bleibt ihm der Regreß gewahrt.

Die Gefahrsperson spielt, wenn auch in anderer Weise, ferner bei der Filmausfallv eine Rolle. Hier heißt es in § 11 Ziff. 3 der einschlägigen AVB (VerBAV 1951 S. 38ff.), daß ein Regreßanspruch gegen die Gefahrsperson vom Ver in der Regel nur dann geltend gemacht werden darf, wenn die vte Firma zustimmt. Der Anspruch geht also über auf den Ver, dieser kann ihn lediglich nicht ohne Einschränkung geltend machen. Juristisch liegt ein pactum de non petendo vor, auflösend bedingt durch die Zustimmung der vten Firma. Die Auffassung Rehbinders, Die Filmversicherung, Baden-Baden 1964, S. 68, daß bereits der Übergang auf den Ver der Zustimmung bedarf, findet in den AVB keine Stütze.

[137] d) Veräußerung der versicherten Sache.

War ein Schaden beim Veräußerer eingetreten, der zur Zeit des Eintritts des Erwerbers in das Vsverhältnis (§ 69) noch nicht abgewickelt war, so verbleibt die Entschädigungsforderung dem Veräußerer (Ehrenzweig S. 232). Die Auskehrung der Vsentschädigung an diesen läßt dessen Anspruch übergehen (Kisch S. 124). Das ist auch dann nicht anders, wenn etwa der Veräußerer die Vsforderung an den Erwerber zediert haben sollte (Kisch S. 124; abweichend Bruck S. 667; unklar Ritter-Abraham § 45 Anm. 13, die nicht erkennen lassen, auf welchen Zeitpunkt des Schadeneintritts sich ihre Äußerungen jeweils beziehen). Ist der Erwerber selbst der Schadenstifter, so war er zur Zeit des Schadenfalls Dritter im Sinne des § 67, und daran kann sich auch nichts dadurch ändern, daß er später infolge Übergangs des Vsverhältnisses Vmer wird. Auch hier bleiben also die Verhältnisse im Zeitpunkt des Vsfalls maßgebend (vgl. oben Anm. 107). Anderenfalls könnte dem Ver der Regreß dadurch abgeschnitten werden, daß der Schadenstifter die Sache erwirbt, die er beschädigt hat. — Im Hinblick auf § 67 II kommt es folgerichtig für Familienangehörigkeit und häusliche Gemeinschaft auf die Beziehung zum Veräußerer an.

Tritt der Schadenfall erst ein, nachdem der Veräußerungsvorgang vollzogen ist, so ist der Erwerber entschädigungsberechtigt und dessen Anspruch geht über. In diesem Fall kann der Veräußerer schadenstiftender Dritter im Sinne des § 67 sein. Mag er auch für die laufende Prämie nach § 69 II noch haften, so ist er doch nicht mehr Vmer: Kisch S. 126 N. 192.

[138] VIII. Verfahrensrecht.

1. Abgrenzung.

Beweislastfragen werden des besseren Verständnisses halber nicht zusammenhängend dargestellt, sondern sie sind jeweils bei Behandlung der einzelnen Sachmaterie erörtert worden.

Auf das Vollstreckungsrecht mit Einschluß des § 156 III und des Konkurses des Dritten wurde im Rahmen des § 67 I 2 bereits eingegangen (oben Anm. 88—91).

Im folgenden haben wir es daher mit den Auswirkungen der Rechtsnachfolge auf das Erkenntnisverfahren zu tun.

[139] 2. Vor Entschädigungsleistung des Versicherers.

Ehe der Vmer vom Ver entschädigt worden ist, ist er Herr des Drittanspruchs. Er kann ihn geltend machen im Wege der Leistungs- oder Feststellungsklage. Er verstößt damit nicht gegen Obliegenheiten (s. oben Anm. 75). Was er auf Grund des Prozesses hereinholt, mindert den vsrechtlich zu ersetzenden Schaden. Der Ver kann dem Verfahren als einfacher Nebenintervenient (§§ 66, 67 ZPO) beitreten: Bruck S. 676; Ritter-Abraham § 45 Anm. 21.

In diesem Stadium kann auch der Ver bereits gegen den Dritten klagen, zwar nicht auf Leistung oder Feststellung, daß ihm geschuldet werde, wohl aber auf Feststellung, daß der Dritte auf Grund des Schadenfalls (schlechthin) Ersatz zu leisten hat (Prölss § 67 Anm. 4 unterscheidet die beiden Feststellungsanträge nicht genügend). Gegenstand der Feststellung kann nämlich auch ein zwischen anderen bestehendes Rechtsverhältnis sein (Baumbach-Lauterbach, ZPO, 29. Aufl., München-Berlin 1966, § 256 Anm. 2 B und die dort aufgeführten Entscheidungen). Das nach § 256 ZPO erforderliche Feststellungsinteresse kann z. B. darin liegen, daß auch diese Klage den Lauf der Verjährungs- oder Ausschlußfrist unterbricht (vgl. Sieg, Ausstrahlungen der Haftpflichtversicherung, Hamburg 1952, S. 170f.).

Hier wie zum folgenden gilt gemeinsam: Nicht nur der Rechtsweg (dazu schon oben Anm. 45), sondern auch die örtliche Zuständigkeit für die Klage des Vers ist präjudiziert durch das Verhältnis Vmer/Dritter (vgl. ArbG Köln 4. VI. 1968 BB 1969 S. 99).

[140] 3. Nach Entschädigungsleistung des Versicherers.

a) Prozeß zwischen Versicherungsnehmer und Drittem bereits rechtskräftig entschieden.

Erfolgt der Rechtsübergang auf den Ver erst, nachdem der Prozeß zwischen dem Vmer und dem Dritten rechtskräftig entschieden worden ist, so kann der Ver die Vollstreckungsklausel nach § 727 ZPO auf seinen Namen erhalten. Gesteht der Dritte (als vormaliger Beklagter) die Klausel nicht zu, muß der Ver die Rechtsnachfolge durch eine öffentlich beglaubigte Urkunde nachweisen; zu deren Ausstellung ist der Vmer nach §§ 402, 412 BGB verpflichtet.

[141] b) Prozeß mit Drittem anhängig.

aa) Prozeß Versicherungsnehmer — Dritter.

Der Forderungsübergang während des Drittprozesses hat auf dessen Fortgang keinen Einfluß: § 265 II 1 ZPO. Diese Bestimmung gilt trotz ihres Wortlauts auch für den gesetzlichen Übergang: Blomeyer, Zivilprozeßrecht, Erkenntnisverfahren, Berlin-Göttingen-Heidelberg 1963, S. 233. Will der Vmer die Abweisung wegen fehlender Aktivlegitimation vermeiden, muß er den Klagantrag dahin ändern, daß nunmehr Leistung an den Ver begehrt wird (Blomeyer a. a. O. S. 238; Baumbach-Lauterbach, ZPO, 29. Aufl., München-Berlin 1966 § 265 Anm. 3 B). Dieser kann dem Vmer als einfacher Nebenintervenient beitreten (§§ 265 II 3, 66, 67 ZPO).

Wenn der Dritte einverstanden ist, kann die Parteistellung auf der Klägerseite ausgewechselt werden, d. h. der Ver an die Stelle des Vmers treten (§ 265 II 2 ZPO). Kommt es nicht hierzu, so wirkt das (günstige oder ungünstige) Urteil zwischen Vmer und Drittem gleichwohl gegenüber dem Ver Rechtskraft: § 325 ZPO. In diesem Fall gilt für die Klauselerteilung zugunsten des Vers das oben Anm. 140 Ausgeführte. Auch wenn der Vmer seinen Antrag umgestellt hatte, den Dritten auf Leistung an den Ver zu verurteilen, wird die Klausel diesem nicht unmittelbar gegeben, sondern als prozessualem Rechtsnachfolger (Sieg JR 1959 S. 167 und die dort N. 2 Genannten). Ob der Ver auch an einen Prozeßvergleich zwischen Vmer und Drittem gebunden ist, ist bestritten (vgl. Blomeyer a. a. O. S. 239), nach meiner Auffassung zu bejahen, weil die §§ 265, 325 den Beklagten in keiner Hinsicht durch die Rechtsnachfolge beeinträchtigen wollen.

Lag bereits eine Vorabentscheidung über den Grund (§ 304 ZPO) vor, so kann die Rechtsnachfolge im Betragsverfahren nicht mehr berücksichtigt werden, d. h. das Betragsurteil muß (bei Stattgabe der Klage) zugunsten des Vmers ergehen (Blomeyer a. a. O. S. 414; Kisch S. 60 N. 85; Prölss § 67 Anm. 4; BGH 9. XI. 1967 VersR 1968

S. 69; OLG Bremen 12. II. 1952 VersR 1952 S. 127). Dieser Fall wird also wie der oben Anm. 140 erörterte behandelt.

[142] bb) Prozeß Versicherer—Dritter.

Schwebt bei Entschädigungsleistung durch den Ver ein von ihm angestrengter Feststellungsprozeß gegen den Dritten (siehe oben Anm. 139), so kann der Ver nunmehr zur Klage auf Leistung an sich übergehen, was keine Klagänderung bedeutet: § 268 Ziff. 2 ZPO (Baumbach-Lauterbach a. a. O. § 268 Anm. 2 C). Mit dieser kann der Ver allerdings nur Erfolg haben, wenn sicher ist, daß ein Übergang auf ihn stattgefunden hat. Das kann trotz seiner Entschädigung wegen des Differenzprinzips manchmal zu verneinen sein (siehe oben Anm. 68). Bestehen zwar keine Zweifel an der Aktivlegitimation des Vers, wohl aber an dem Umfang der cessio legis, so kann im Regreßprozeß ein Zwischenurteil über den Grund nach allgemeinen Grundsätzen ergehen: § 304 ZPO (BGH 30. VI. 1964 VersR 1964 S. 966).

Die Klage auf Feststellung, daß der Dritte auf Grund des Schadenfalles schlechthin (unter Offenlassen, wem gegenüber) ersatzpflichtig ist, bleibt auch nach Regulierung durch den Ver von Bedeutung, wenn wegen des Differenzprinzips zweifelhaft ist, ob er überhaupt Rechtsnachfolger wurde, oder wenn der Vsfall den Ver auch in Zukunft noch zu Leistungen veranlassen wird, was namentlich für die Krankenv und die Haftpflichtv praktisch wird: BGH 13. VI. 1966 VersR 1966 S. 875; Prölss § 67 Anm. 4; vgl. hierzu auch OLG Celle 20. XII. 1940 HRR 1941 Sp. 487f. Statt der selbständigen kann auch die Zwischenfeststellungsklage nach § 280 ZPO die vom Ver gewünschte Klärung bringen, etwa wenn er zunächst einen Teil des Anspruchs mit der Leistungsklage verfolgt hatte: BGH 13. VII. 1956 VersR 1956 S. 661.

[143] c) Prozeß mit Drittem nicht anhängig.

aa) Versicherungsnehmer klagt.

aaa) Mit Befugnis.

Auch nach der Entschädigungsleistung durch den Ver kann der Vmer befugt sein, gegen den Dritten zu klagen. Das ist dann der Fall, wenn der Übergang auf den Ver vertraglich ausgeschlossen worden ist (oben Anm. 36 und OLG Stuttgart 28. XI. 1951 VersR 1952 S. 147f.) oder wenn der Ver den übergegangenen Anspruch fiduziarisch an den Vmer rückzediert (Inkassozession; Beispiele: OLG Karlsruhe 8. X. 1936 JRPV 1937 S. 141; OLG Bamberg 16. IX. 1955 VersR 1956 S. 68) oder wenn der Ver den Vmer ermächtigt, den übergegangenen Anspruch im eigenen Namen zu verfolgen (so § 12 Flußkasko-Police).

Eine derartige Ermächtigung ist zivilrechtlich wirksam, im Prozeß jedoch nicht stets beachtlich, weil die gewillkürte Prozeßstandschaft ein Interesse des Ermächtigten voraussetzt, den ihm nicht gehörenden Anspruch im eigenen Namen einzuklagen (vgl. BGH Großer Senat 10. XII. 1951 BGHZ Bd 4 S. 153, 164; Blomeyer, Allgemeines Schuldrecht, 4. Aufl., Berlin-Frankfurt/M. 1969, S. 264f.). Obwohl von den Gerichten mehrfach bejaht (BGH 8. II. 1952 BGHZ Bd 5 S. 105, 110; BGH 17. V. 1956 BGHZ Bd 20 S. 371 = VersR 1956 S. 364 = VerBAV 1956 S. 147. Auch RG 15. II. 1930 JRPV 1930 S. 111 scheint hierher zu gehören), ist ein solches Interesse schwer zu begründen. Da die Durchführung des Regresses dem Vmer nicht einmal zum Schadenfreiheitsrabatt oder zur Prämienrückgewähr verhilft (siehe oben Anm. 92), ist häufig das Interesse des Vers an der Einklagung durch den Vmer größer als das des Vmers, wird doch auch die verwandte fiduziarische Rückzession durch ein Interesse des Zedenten motiviert (Brox, Allgemeines Schuldrecht, München 1969 S. 213; Blomeyer, Allgemeines Schuldrecht, 4. Aufl., Berlin-Frankfurt/M. 1969 S. 264). Harten S. 174 N. 310 meint sogar, die Ermächtigung liege ausschließlich im Interesse des Vers. Damit wäre die prozessuale Wirksamkeit verneint (so Kisch S. 71; KG 11. I. 1954 VersR 1954 S. 192), die Harten aber gleichwohl S. 175 für die Seev bejaht. Um alle Zweifel zu vermeiden, sollte daher statt der Ermächtigung die fiduziarische Rückzession gewählt werden.

Kisch S. 70 macht darauf aufmerksam, daß zur Annahme einer Prozeßführungspflicht des Vmers im Interesse des Vers gewichtige Umstände vorliegen müßten. Das ist angesichts des § 68a beherzigenswert. Trotz dieser Vorschrift erklären einige seltsamerweise, § 67 sei nachgiebigen Rechts: BGH 8. II. 1952 BGHZ Bd 5 S. 105, 110; OLG Bamberg 16. IX. 1955 VersR 1956 S. 68; Schmidt Anm. zu KG 11. I. 1954 VersR 1954 S. 192. — In allen Fällen kann der Ver, auf dessen Rechnung geklagt wird, dem Vmer als einfacher Nebenintervenient beitreten.

[144] bbb) Ohne Befugnis.

Klagt der Vmer in diesem Stadium unbefugt (die Folgen für das Vsverhältnis sind oben Anm. 94 behandelt), weiß aber der Dritte bei Klageerhebung nichts von der Rechtsnachfolge, so kommt diesem § 407 II BGB zustatten, d. h. das ihm günstige Urteil wirkt auch zu Lasten des Vers. Erfährt der Dritte im Prozeß von der cessio legis, so hat er die Wahl, ob er sich darauf berufen (das muß aber nach BGH 9. XI. 1967 VersR 1968 S. 69 schon im Verfahren über den Grund geschehen) und eine Abweisung der Klage wegen fehlender Aktivlegitimation erreichen oder ob er mit dem Kläger weiter prozessieren will (Kisch S. 61 schränkt dieses Wahlrecht dem Sinne des § 407 II zuwider ein). In letzterem Falle ist zu unterscheiden: Obsiegt der Dritte, ist der Ver daran gebunden; wird er verurteilt und befriedigt er daraufhin den Kläger (Vmer), so kommt ihm ebenfalls § 407 II zugute (hierzu und zum vorhergehenden Bötticher ZZP Bd 77 S. 486f.). Abweichend Soergel-Siebert-Schmidt, BGB, 10. Aufl., Stuttgart-Berlin- Köln-Mainz 1967, § 407 Anm. 6 und wohl auch BGH 9. XI. 1967 VersR 1968 S. 69: Der zahlende Schuldner habe Schutz nur nach § 407 I, d. h. er müsse in diesem Zeitpunkt noch gutgläubig sein; lediglich wenn er es auf Grund des vom Vmer erstrittenen Urteils zur Vollstreckung kommen lasse, werde er ohne Rücksicht auf Kenntnis von der cessio legis frei. Auch Blomeyer, Zivilprozeßrecht, Erkenntnisverfahren, Berlin-Göttingen-Heidelberg 1963, S. 240 schränkt die Tragweite des § 407 II m. E. zu Unrecht ein. Er meint, falls der Dritte (bei Klageerhebung gutgläubig, im Laufe des Prozesses von der cessio legis erfahrend) sich nicht auf die fehlende Aktivlegitimation seines Gegners berufe, seien §§ 265, 325 ZPO entsprechend anwendbar.

Es wurde oben bereits mehrfach davon gesprochen, daß der Ver an das dem Dritten günstige Urteil im Vorprozeß gebunden ist (nicht ist der Dritte umgekehrt im zweiten Prozeß an ein ihm ungünstiges Urteil im Vorprozeß gebunden: BGH 28. V. 1969 BB 1969 S. 850 = NJW 1969 S. 1479). In dieser Rechtskrafterstreckung liegt der Kern von § 407 II BGB. Wie im Falle des § 407 I braucht aber der Dritte diese Wohltat nicht anzunehmen, sich auf die Rechtskrafterstreckung also nicht zu berufen. Dann werden die Grenzen der Rechtskraft durch § 325 ZPO bestimmt (BGH in dem eben zitierten Urteil).

[145] bb) Versicherer klagt.

Der Ver kann nach der Entschädigungsleistung selbstverständlich die auf ihn übergegangene Ersatzforderung einklagen, gewöhnlich im Wege der Leistungsklage. Aber auch eine Feststellungsklage kann in diesem Stadium aus den oben Anm. 142 erörterten Gründen zulässig und geboten sein. Über das Verhältnis von Leistungs-, Feststellungs- und Grundurteil, falls das Differenzprinzip zum Zuge gelangt, vgl. oben Anm. 68.

[146] d) Streitgenossenschaft, Prätendentenstreit.

Überall, wo der Ver (oder mehrere Ver) und der Vmer aktivlegitimiert sind (auf den oder die Ver war nur ein Teil des Ersatzanspruchs übergegangen), können sie als einfache (nicht notwendige) Streitgenossen klagen: §§ 59, 61 ZPO (Kisch S. 110 N. 170; Ritter-Abraham § 45 Anm. 20).

Wenn der Vmer ohne Rücksicht auf den Forderungsübergang mit dem Dritten prozessiert, weil er die cessio legis nicht gelten lassen will, hat der Ver die Möglichkeit der Hauptintervention nach § 64 ZPO, im Falle oben Anm. 141 allerdings nur mit Zustimmung des Dritten: § 265 II 2 ZPO. Zu einem Prätendentenstreit kann es ferner kommen, wenn die Nachfolgeverhältnisse wegen der Entschädigung durch mehrere Ver oder durch einen Ver und einen Sozialvsträger bzw. öffentlichen Dienstherrn zweifelhaft sind (vgl. oben Anm. 103, 118—123). Ob dieser noch im Klauselerteilungsverfahren nach §§ 727ff. ZPO ausgetragen werden kann, ist sehr umstritten (vgl. Sieg JR 1959 S. 167, 168; ders. SGb 1967 S. 385—389).

[147] **IX. Geltungsbereich.**

1. Normativer Geltungsbereich (konkurrierende Vorschriften).

a) Konkurrenz mit § 158f (§ 104).

aa) Drittanspruch gegen Außenstehenden.

Nach § 158f geht der Anspruch des Geschädigten gegen den Vmer über, soweit er vom Haftpflichtver auf Grund § 158c befriedigt wird. Fast unbestritten gilt § 158f auch zu Lasten des Vten bei der V für fremde Rechnung: Prölss § 158f Anm. 4; BGH 28. XI. 1957 BGHZ Bd 26 S. 133ff.; OLG Düsseldorf 21. II. 1961 VersR 1961 S. 685. Ist das Vsverhältnis sowohl gegenüber dem Vmer als auch gegenüber dem V „krank", so haften sie dem Ver nach § 158f als Gesamtschuldner (Prölss § 158f Anm. 4; OLG München 14. VIII. 1956 VersR 1957 S. 89). Nach herrschender Lehre schließt die cessio legis nach dieser Vorschrift den Übergang des Drittanspruchs nach § 67 aus (BGH 23. V. 1960 BGHZ Bd 32 S. 331ff. = VersR 1960 S. 650 = LM Nr. 15 zu § 67 VVG mit Anm. Haidinger; Prölss § 158f Anm. 5. And. Ans. Wahle VersRundschau 1960 S. 45—51). Dem ist zuzustimmen, weil die letztere Bestimmung voraussetzt, daß der Vmer (für den Vten gilt hier und im folgenden dasselbe) endgültig befriedigt worden ist, was hier wegen des Regresses gegen den Vmer nicht zutrifft.

Aus dem gleichen Grunde geht der Drittanspruch des Vmers in der Feuerv nicht auf den Ver über, wenn dieser den Hypothekar nach §§ 102, 103 befriedigt hat. Hierdurch wird der Vmer, wie § 104 zeigt, nicht endgültig entlastet (Prölss § 104 Anm. 6; § 158f Anm. 5).

[148] Zurück zu § 158f: Der Ver, der sich bei solcher Sachlage den Drittanspruch (der zumeist ein Ausgleichsanspruch sein wird) zunutze machen will, ist gehalten, ihn zu pfänden und sich überweisen zu lassen nach Ausklagung jener auf ihn übergegangenen Forderung des Geschädigten. Von Pfändung und Überweisung kann abgesehen werden, wenn der Vmer den Ausgleichsanspruch abtritt (Möller DAR 1953 S. 111).

Hat der Ver irrtümlich angenommen, seinem Vmer gegenüber zur Deckung verpflichtet zu sein, so kann auf das oben Anm. 56 Ausgeführte verwiesen werden: Es konkurriert ein nach § 67 auf den Ver übergegangener Anspruch gegen den Mitschädiger mit dem Bereicherungsanspruch gegen den Vmer. Der Forderungsübergang nach § 158f findet indes hier nicht statt (Stiefel-Wussow Anhang zu §§ 10—13 Anm. 36; Geyer VersR 1966 S. 513).

Festzuhalten ist, daß der Ver, der nach § 158c entschädigt, nicht unmittelbar auf Grund des § 158f einen Schadensersatzanspruch gegen den Mitschädiger erwirbt, denn nach dieser Vorschrift geht lediglich der Anspruch des Geschädigten gegen den Vmer, nicht der Anspruch gegen den Mitschädiger auf den Ver über (BGH 23. V. 1960 BGHZ Bd 32 S. 331ff. = VersR 1960 S. 650 = LM Nr. 15 zu § 67 VVG mit Anm. Haidinger; BGH 15. X. 1963 VersR 1963 S. 1192; Prölss § 158f Anm. 4).

[149] **bb) Drittanspruch gegen Versicherten.**

Bei der Ver für fremde Rechnung, die zugleich Vs für eigene Rechnung ist, kann es eintreten, daß der Ver nur dem Vten gegenüber deckungsfrei ist. Leistet hier der Ver für den Vmer auf Grund „gesunden"Versicherungsverhältnisses, für den Vten auf Grund § 158c, so kann sich eine Bündelung von übergegangenen Ansprüchen, die sich gegen den Vten richten, ergeben. Dann geht nämlich der Ausgleichsanspruch des Vmers nach § 67, gleichzeitig aber auch der Anspruch des Geschädigten nach § 158f über. Hier ist wegen der rechtlichen Konsequenzen denjenigen zu folgen, die dem Übergang nach § 67 den Vorrang geben, ohne Rücksicht darauf, für wen der Ver hat zahlen wollen, es kommt nur darauf an, für wen einzutreten er dem Geschädigten gegenüber verpflichtet war (OLG München 29. X. 1958 VersR 1959 S. 129; OLG Frankfurt/M. 20. III. 1962 VersR 1962 S. 706—708 mit weiteren Nachweisen; LG Stuttgart 8. XII. 1955 VersR 1956 S. 792. Anders wohl Prölss § 158f Anm. 4 und OLG München 14. VIII. 1956 VersR 1957 S. 89).

Das hat zur Folge: Der Vte kann vom Ver nur in dem Umfang in Anspruch genommen werden, der seiner internen Haftungsquote entspricht; er kann einwenden, daß dem

Geschädigten in Wahrheit keine Forderung oder nur solche in geringerer Höhe als vom Ver beglichen zugestanden habe (vgl. oben Anm. 53), er kann sich auf § 67 II berufen (dieser wird beim Übergang aus § 158f nicht für anwendbar gehalten: OLG Frankfurt/M. 20. III. 1962 VersR 1962 S. 706—708; OLG Düsseldorf 13. X. 1965 NJW 1966 S. 738f; Prölss § 158f Anm. 5). Nach alledem ist der Vorrang des Regresses nach § 67 gegenüber dem nach § 158f für den Vten günstig; er bringt außerdem den Vorteil der endgültigen Bereinigung der tangierten Rechtsverhältnisse mit sich (deshalb ist OLG Düsseldorf 21. II. 1961 VersR 1961 S. 685 nicht zuzugeben, daß unentschieden bleiben könne, ob sich der Regreß gegen den Vten nach § 158f oder nach § 67 richte). Eine weitere Folge ist, daß „Dritter" im Sinne des § 67 nicht nur der Vte sein kann, für den der Ver überhaupt nicht einzustehen hat, sondern auch der Vte, für den der Ver nach § 158c eintreten muß.

§ 67 hat aber nur insoweit verdrängende Wirkung gegenüber § 158f, als er tatsächlich eingreift. Bezieht sich z. B. der nach § 67 übergegangene Drittanspruch nicht auf das Schmerzensgeld, weil der Vmer dafür nicht haftete, so ist dieser Teil des Regresses nach § 158f abzuwickeln (OLG Frankfurt/M. 20. III. 1962 VersR 1962 S. 706—708). Dasselbe gilt bei Überschreitung der Höchsthaftungsgrenzen des Halters nach dem StVG. Über weitere Folgen vgl. unten Anm. 154.

[150] cc) Drittanspruch gegen Versicherungsnehmer.

Vor Inkrafttreten des § 158i wurde der Fall des einseitig „kranken" Vsverhältnisses bei der V für fremde Rechnung nur in der Version praktisch, daß dem Vmer Deckung zu gewähren war, dem Vten nicht (davon sind wir oben Anm. 149 ausgegangen). Jetzt kann aber auch das Umgekehrte vorkommen, nämlich wenn der Vmer Obliegenheiten verletzt hat, der Vte nicht (die analoge Anwendung des § 158i auf den Fall der Deckungsfreiheit wegen Prämienverzugs des Vmers verbietet dessen eindeutiger Wortlaut: Prölss § 158i Anm. 3b. Anders Lorenz NJW 1969 S. 471).

Nach den tiefgründigen Ausführungen von Sendtner-Voelderndorff VersR 1969 S. 114—117 ist entgegen der amtlichen Begründung und einigen darauf fußenden Literaturstimmen (Prölss § 158i Anm. 5 A; derselbe VersR 1958 S. 269; Feyock VW 1965 S. 321; Rhein VW 1965 S. 1048) anzunehmen, daß der Ver in diesem Fall dem Vten Deckung zu gewähren hat, also nicht auf Grund § 158c leistet. (Die Entgegnung von Bauer VersR 1969 S. 598—600 überzeugt mich nicht.) Die Folge ist, daß dessen Anspruch nach § 67 VVG auf den Ver übergeht. Handelt es sich um einen Ausgleichsanspruch gegen den Vmer, dem keine Deckung zu gewähren ist, so haben wir es wiederum mit einer Konkurrenz zwischen § 67 und § 158f zu tun, für die das oben Anm. 149 Gesagte entsprechend gilt.

[151] dd) Fingierter Drittanspruch gegen öffentlichen Dienstherrn (§ 158cV).

Der Ver muß im „kranken" Vsverhältnis dem Geschädigten gegenüber auch dann eintreten, wenn beim Schadenfall eine fahrlässige Amtspflichtverletzung eines Beamten mitgewirkt hat. Dem Geschädigten gegenüber ist die Subsidiarität der Amtshaftung (vgl. oben Anm. 29) stärker als die Subsidiarität der VerHaftung nach § 158c IV. Hierbei soll es jedoch nach § 158c V nicht endgültig bleiben. Unter den dortigen Voraussetzungen kann vielmehr der „kranke" Ver, der den Geschädigten befriedigt hat, Regreß beim Dienstherrn nehmen. Die juristische Konstruktion ist schwierig. Man wird mit Sendtner-Voelderndorff, Ausgleichsansprüche nach dem Pflichtversicherungs-Änderungsgesetz vom 5. IV. 1965, Diss. Berlin 1967, S. 58—112 annehmen müssen, daß zugunsten des Vers ein Ausgleichsanspruch des Vmers gegen den Dienstherrn (vgl. insbesondere § 426 I 2 BGB) in voller Höhe der Ver-Leistung fingiert wird, in den der Ver auf der Grundlage seines Anspruchs aus § 158f durch Abtretung oder Vollstreckungsakt sukzedieren kann (vgl. oben Anm. 148). Der Regreß gegen den Dienstherrn ist also kein Anwendungsfall von § 67 VVG (ebenso Prölss § 158c n. F. Anm. 6). Weder hat der Geschädigte von § 158c V einen Nutzen noch der Vmer, an den sich der Dienstherr im weiteren Rückgriff halten kann (etwas abweichend Stiefel-Wussow S. 494).

[152] b) Konkurrenz mit § 3 Ziff. 9 PflichtversG.

aa) Gesundes Versicherungsverhältnis.

Befriedigt der Ver den Geschädigten im „gesunden" Vsverhältnis, so kommt ein Regreß gegen den Vmer nicht in Betracht: § 3 Ziff. 9 S. 1 PflichtversG. Obwohl der Kraftfahrzeug-Haftpflichtver Gesamtschuldner neben Vmer und Vtem ist, steht er nicht im Gesamtschuldverhältnis zu anderen Mitschädigern oder deren Haftpflichtvern. Deshalb erwirbt er den Ausgleichsanspruch gegen diese nicht unmittelbar nach § 426 I BGB, sondern auch hier als Rechtsnachfolger nach § 67 (Prölss § 3 Ziff. 9 PflichtversG Anm. 1, 3; Geyer VersR 1966 S. 512). Dabei ist es, damit § 426 wenigstens im Wege der Rechtsnachfolge ins Spiel kommen kann, so anzusehen, daß der Ver mit der eigenen Schuld auch die des Vmers tilgt: Clemm, Der Rückgriff des subsidiär haftenden Kraftfahrzeug-Haftpflichtversicherers, Diss. Berlin 1968, S. 26—37.

Die umgekehrte Frage, ob der Ausgleichsberechtigte wie ein unmittelbar Geschädigter den Direktanspruch gegen den Haftpflichtver des Mitschädigers hat (vgl. OLG Hamm 14. VI. 1968 VersR 1969 S. 508; der Leitsatz 2 geht weiter als die abgedruckte Urteilsbegründung), ist zu verneinen: Der Mitschädiger ist nicht Verkehrsopfer, dem der Direktanspruch zugute kommen soll.

[153] bb) „Krankes" Versicherungsverhältnis.

Hat der Ver den den Direktanspruch verfolgenden Geschädigten befriedigt, ohne seinem Vmer oder Vten gegenüber dazu verpflichtet zu sein, so gewinnt er einen Regreßanspruch nach § 3 Ziff. 9 S. 2 PflichtversG (auch diese Norm erstreckt sich auf den Vten: Prölss § 3 Ziff. 9 PflichtversG Anm. 1; Jürgen Prölss VersR 1969 S. 533). Diese Bestimmung ersetzt § 426 I BGB. Wie dort zur Unterstützung der Ausgleichsforderung der Anspruch des Gläubigers gegen einen anderen Mitschuldner auf den Tilgenden übergeht, so hier der Anspruch des Geschädigten gegen den Vmer bzw. Vten. Diese Lösung stimmt also mit der des § 158f überein: Prölss § 3 Ziff. 9 PflichtversG Anm. 2. Daraus ergibt sich u. a., daß auch hier § 67 II nicht gilt (vgl. oben Anm. 149).

Deshalb sind auch die Folgerungen keine anderen als die oben Anm. 147 aufgezeigten: Ist das Vsverhältnis gegenüber Vmer und Vtem „krank", haften sie dem Ver als Gesamtschuldner (LG Detmold 21. XII. 1966 VersR 1968 S. 340). Das ist die Folge davon, daß nur dem Geschädigten gegenüber der Ver als Gesamtschuldner haftet, im Auseinandersetzungsverhältnis diese Mithaft aber unberücksichtigt bleiben muß. Da die Tilgung gegenüber dem Geschädigten dem „kranken" Beteiligten keine endgültige Befreiung bringt, geht dessen Ausgleichsanspruch nicht ohne weiteres nach § 67 über (Geyer VersR 1966 S. 513). Prölss' Behauptung (§ 158f Anm. 3), daß die frühere einschlägige Rechtsprechung durch das PflichtversG überholt sei, geht daher entschieden zu weit. — Auch in der Kraftfahrzeug-Pflichtv sind die §§ 158c V und 158i (§ 3 Einleitung, § 3 Ziff. 6 PflichtversG) anzuwenden, so daß die darauf fußenden Ausführungen oben Anm. 150, 151 hier entsprechend gelten (vgl. zu § 158c V im Rahmen der Kraftfahrzeug-Haftpflichtv Sendtner-Voelderndorff, Ausgleichsansprüche nach dem Pflichtversicherungs-Änderungsgesetz vom 5. IV. 1965, Diss. Berlin 1967, S. 132—133).

[154] cc) Insbesondere Regreß gegen Versicherten.

Der Vte, dem keine Deckung zu gewähren ist, ist dem Rückgriff des Vers aus § 3 Ziff. 9 S. 2 ausgesetzt, auf den Ver geht nach § 426 II der kongruente Anspruch des Geschädigten über. Eine Rechtsprechung, die sich bereits vor Inkrafttreten des PflichtversG angebahnt hatte und sich unter dessen Geltung fortsetzt, nimmt hier an, daß sich der Fahrer im Regreßprozeß darauf berufen könne, der Vmer müsse ihn von dieser Inanspruchnahme des Vers freistellen und daß für diesen Freistellungsanspruch der Ver Deckung zu gewähren habe. Danach würde der Regreßanspruch nach § 3 Ziff. 9 S. 2 an der Dauereinrede der Arglist scheitern (vgl. oben Anm. 46): OLG Düsseldorf 1. VIII. 1967 VersR 1967 S. 1037; LG Aurich 6. III. 1968 VerBAV 1968 S. 280 = VersR 1969 S. 129 (Leitsatz) mit Anm. Böttger NJW 1969 S. 55; OLG Hamm 3. I. 1969 VersR 1969 S. 340. Dagegen haben sich J. Prölss VersR 1969 S. 533 und Wussow VersR 1968 S. 82 gewandt.

Die richtige Lösung liegt m. E. in der Mitte. Sie ergibt sich aus den Ausführungen oben Anm. 149: Soweit der Ver dem Vmer Deckung zu gewähren hatte, ist auf ihn der Ausgleichsanspruch des Vmers nach § 67 übergegangen, der den Vorrang vor dem des § 3 Ziff. 9 S. 2 hat. Wie jeder Dritte kann der Fahrer dem Ver alle Einwendungen entgegenhalten, die er gegenüber dessen Vormann hatte, er kann sich also auf seinen Freistellungsanspruch berufen. (Dieser gehört hier wie in den oben Anm. 36 behandelten Fällen dem Haftungsrecht, nicht dem Vsrecht an.) Soweit jedoch der Ver den Geschädigten befriedigt hat für Ansprüche, die nur gegenüber dem Fahrer geltend zu machen waren (z. B. Schmerzensgeld, Entschädigungen über die summenmäßigen Haftungsbegrenzungen hinaus), bleibt es bei § 3 Ziff. 9 S. 2. Für diesen Bereich ist Wussow und J. Prölss darin recht zu geben, daß der Fahrer dem Rückgriff nicht seinen Freistellungsanspruch entgegenhalten kann, denn für diesen braucht der Ver nicht einzutreten. Hier handelt es sich um die vsrechtlichte Qualifikation des Freistellungsanspruchs. Er ist kein Schadenersatzanspruch auf Grund gesetzlicher Haftpflichtbestimmungen, der durch den Gebrauch des vten Fahrzeugs entstanden ist (vgl. § 10 Ziff. 1 AKB). Er wäre ebenso gegeben, wenn der Fahrer für seinen Arbeitgeber mit einem diesem nicht gehörenden Wagen unterwegs gewesen wäre, als der Unfall eintrat. Der Fahrer haftet also insoweit dem Ver; sein Freistellunganspruch gegen den Arbeitgeber bleibt unberührt.

[155] c) Konkurrenz mit Deliktsrecht.

Originäre Ansprüche des Vers gegen den schädigenden Dritten sind nur in seltenen Fällen zu bejahen. § 823 I scheidet als Rechtsgrundlage aus, weil der Dritte kein absolutes Recht des Vers verletzt, wenn er die Veranlassung zu Leistungen im Schadensfall gibt. § 823 II ist nicht anwendbar, weil sich der Ver nicht im subjektiven Schutzbereich der Norm befindet, an deren Verletzung die Schadenersatzpflicht geknüpft ist. Lediglich aus § 826 könnte sich ein Deliktsanspruch des Vers gegen den Dritten ergeben. Dieser müßte dann in einer gegen die guten Sitten verstoßenden Weise zumindest mit dem Eventualvorsatz gehandelt haben, mit der Verletzung der Güter des Vmers auch dem Ver Schaden zuzufügen (Bruck S. 680; v. Gierke S. 211). Dies vorausgesetzt, könnten sich sowohl der Schaden- als auch der Summenver beim Dritten erholen (Einzelheiten bei Kisch S. 130).

[156] d) Konkurrenz mit Geschäftsführungs- und Bereicherungsrecht.

aa) Geschäftsführung ohne Auftrag.

Daß der Ver einen originären Anspruch aus § 683 BGB gegen den Dritten haben könnte, wird allgemein abgelehnt, und zwar aus zwei Gründen, nämlich einmal, weil § 67 angeblich eine andere Normen verdrängende Spezialvorschrift sei (BGH 23. V. 1960 BGHZ Bd 32 S. 331 ff. = VersR 1960 S. 650 = LM Nr. 15 zu § 67 mit Anm. Haidinger; BGH 11. VII. 1960 BGHZ Bd 33 S. 99 = VersR 1960 S. 724 = LM Nr. 14 zu § 67 VVG mit Anm. Haidinger; BGH 15. X. 1963 BGHZ Bd 38 S. 385 = VersR 1963 S. 1192 = LM Nr. 22 zu § 67 VVG; BGH 26. IV. 1966 VersR 1966 S. 664; BGH 5. V. 1969 VersR 1969 S. 641 ff.; OLG Düsseldorf 28. XI. 1961 VersR 1962 S. 416; OLG Düsseldorf 22. V. 1962 VersR 1963 S. 350; Prölss § 67 Anm. 9; Stiefel-Wussow Anhang zu §§ 10—13 Anm. III, 39), zum anderen, weil es für die Rechtsfigur der Geschäftsführung ohne Auftrag an dem Willen des Vers, für einen Dritten zu handeln, und an dem erklärten oder vermuteten Einverständnis des Dritten mit der Geschäftsführung fehle (BGH 5. V. 1969 VersR 1969 S. 641 ff.; OLG Düsseldorf 28. XI. 1961 VersR 1962 S. 416; OLG Düsseldorf 22. V. 1962 VersR 1963 S. 350). Das letztere Argument trifft in aller Regel zu (das erstere nicht, wie unten Anm. 157, 158 zu zeigen sein wird). Der Ver erbringt Leistungen, weil er dazu auf Grund des Vsvertrages oder auf Grund Gesetzes (so im Falle des § 158c, § 3 Ziff. 4 und 5 PflichtversG) verpflichtet ist, nicht um etwas für den Drittschädiger zu tun (hingegen ist die Argumentation BGH 23. V. 1960 BGHZ Bd 32 S. 331 ff. = VersR 1960 S. 650, die auf die Vertretungsmacht abstellt, nicht stichhaltig; schon von jeher konnte entgegen der Ansicht des BGH der Haftpflichtver auch im eigenen Namen mit dem Geschädigten kontrahieren). Die These, daß jemand zugleich ein eigenes und ein fremdes Geschäft führen könne, ist bereits generell brüchig (vgl. Sieg JZ 1964 S. 16), hier ist sie nicht verwendbar, weil es in der Regel schon am Fremdgeschäftsführungswillen fehlt.

Das kann ausnahmsweise dann anders sein, wenn der Haftpflichtver des Kraftfahrzeughalters den Geschädigten auch wegen des Schmerzensgeldes abfindet, obwohl sein Vmer nur als Halter haftet. Hier hat RG 19. III. 1940 JRPV 1940 S. 108f. dem Haftpflichtver einen Anspruch aus Geschäftsführung ohne Auftrag zugebilligt, wobei es ausdrücklich feststellt, daß die in §§ 677, 678 statuierten subjektiven Voraussetzungen vorlagen. Gegenüber Geschäftsführung ohne Auftrag scheidet § 812 als Anspruchsgrundlage aus: Esser, Schuldrecht, 3. Aufl., Karlsruhe 1969, S. 315. — Auch OLG Düsseldorf 24. V. 1937 JRPV 1938 S. 26f. hat hinsichtlich der Kosten des Vorprozesses den Mitschädiger unter dem Geschäftsführungsgesichtspunkt für erstattungspflichtig gehalten. Indes bedurfte es hier der Heranziehung des § 683 nicht, vgl. unten Anm. 159.

[157] bb) Ungerechtfertigte Bereicherung.

aaa) Zurücktreten hinter § 67?

Nach der herrschenden Lehre soll weder ein Geschäftsführungs- noch ein Bereicherungsanspruch des Vers gegen den Dritten in Betracht kommen, weil § 67 Spezialvorschrift sei, die selbst dann die Entstehung originärer Regreßansprüche hindere, wenn sie im Einzelfall nicht eingreife (vgl. die Zitate oben Anm. 156). Nur wo der Ver keine Leistung auf Grund des VVG erbracht habe, etwa dann, wenn er lediglich wegen eines Teilungsabkommens zu Leistungen genötigt gewesen sei, soll ihm § 812 zu einem Regreß gegen den Dritten verhelfen (BGH 5. V. 1969 VersR 1969 S. 641—643; LG Bochum 26. VIII. 1966 VersR 1966 S. 1131. And. Ans. OLG Nürnberg 21. V. 1968 VersR 1969 S. 718f. Weitere Zitate hierzu unten Anm. 181 [3]). Der Auffassung, daß hier ein Spezialitätsverhältnis vorliegt, vermag ich nicht zu folgen. Die Rechtsprechung und die ihr folgenden Autoren haben dieses Ergebnis nicht selbständig begründet und sich auch nicht mit RG 19. III. 1940 JRPV 1940 S. 108f. auseinandergesetzt, sondern berufen sich auf R. Raiser VersR 1951 S. 1—3.

(Denkbar wäre, daß der BGH bei einem Sachverhalt, wie er der letztzitierten RG-Entscheidung entspricht, vorangegangene Leistung des rückgreifenden Vers außerhalb des VVG annähme. Nur dann wäre die Kontinuität mit der Rechtsprechung des RG gewahrt. Es bliebe aber dann das Bedenken, daß Leistung außerhalb oder innerhalb des VVG ein zweifelhaftes Kriterium für die Abgrenzung des Geltungsbereichs von § 67 VVG bildet, nachdem die Ansicht mehr und mehr an Boden gewinnt, daß diese Vorschrift auch bei bewußter Liberalität des Vers eingreift, siehe oben Anm. 54).

Indes überzeugt Raisers Argumentation nicht. Er geht davon aus, daß zwischen Ver und Drittem eine (unechte) Gesamtschuldnerschaft bestehe. Für das Verhältnis der Gesamtschuldner untereinander stelle der Gesetzgeber die Regel des § 426 I unter Vorbehalt anderer Ausgleichsbestimmungen zur Verfügung. Der Vorbehalt werde hier durch § 67 ausgefüllt. Damit sei eine abschließende Wertung getroffen, die das Bereicherungsrecht nicht durchkreuzen könne. Hieran ist zunächst zu monieren, daß zwischen Ausgleichs- und Bereicherungsanspruch kein Gegensatz besteht. Vielmehr ist der Ausgleichsanspruch verstärkte Kondiktion (vgl. Esser, Schuldrecht, 2. Aufl., Karlsruhe 1960, S. 448; LG Bochum 26. VIII. 1966 VersR 1966 S. 1131). Wie der Forderungsübergang nach § 426 II nicht die einzige Grundlage für den Regreß des Gesamtschuldners ist, so wenig gibt es irgendein Anzeichen dafür, daß § 67 andere Rechtsgrundlagen verdrängen wollte. Welche innere Berechtigung sollte auch dafür sprechen? § 67 ist keinesfalls eine Schutznorm für den Dritten. Raiser selbst nimmt an, daß der Ver einen originiären Regreßanspruch aus § 826 haben könnte. Wie soll es begründet werden, daß sich diese Norm neben § 67 behauptet, andere aber nicht?

[158] Zur Formulierung des BGH, es komme darauf an, ob der Ver auf Grund des VVG geleistet habe, ist zu sagen: Warum der Ver entschädigt hat, ist für den Dritten völlig gleichgültig. Wie dieser nicht darunter leiden kann, daß sein Opfer vt ist, so darf er auch andererseits keine Vorteile aus diesem Umstand ziehen. — Raiser und die ihm Folgenden berufen sich ferner für die Ausschließlichkeit des § 67 auf dessen Abs. 2.

Auch das ist nicht stichhaltig. Wäre es ein durchgreifendes Argument, dürfte im Verhältnis zwischen Ver und Drittem überhaupt nicht mit Bereicherungsrecht operiert werden. Wie oben gezeigt wurde, wendet man es aber bei Leistungen des Vers auf Grund Teilungsabkommen an. Der scheinbare Konflikt zwischen § 812 einerseits, § 67 II andererseits löst sich einfach: Auf dem Wege der Bereicherung darf dem Vmer (und mittelbar dem Schädiger) nicht der Vorteil des § 67 II entzogen werden. Der Bereicherungsanspruch versagt also insoweit gegenüber einem Familienangehörigen, auf den die weiteren Voraussetzungen des § 67 II zutreffen.

Das besagt also nichts gegen die generelle Zulässigkeit des Bereicherungsanspruchs neben § 67. Man kann die Anwendung eines Rechtsinstituts (hier Bereicherung) nicht schlechthin ausschließen, weil das Ergebnis in extremen Randfällen dem Sinn einer anderen Vorschrift (hier § 67 II) nicht entspricht.

Unterstützend sei noch darauf hingeweisen, daß auch § 158 f niemals als abschließende Regreßregelung aufgefaßt wurde, vielmehr hat die Rechtsprechung dem Ver gestattet, auch seine Aufwendungen zu liquidieren (Prölss § 158 f Anm. 7 und die dort Genannten), was jetzt durch § 3 Ziff. 10 PflichtversG legalisiert worden ist.

[159] bbb) Ergebnis.

§ 67 VVG verdrängt mithin den Bereicherungsanspruch nicht. Es läßt sich indes feststellen, daß meist die Kondiktion nicht notwendig ist, um dem Ver Genugtuung zu verschaffen, weil er anderweitig genügend geschützt ist. Wo der Bereicherungsanspruch des Haftpflichtvers gegen einen Mitschädiger abgewiesen wurde, hätte die Klage wenigstens zum Teil Erfolg gehabt, wenn der Ver den Ausgleichsanspruch des Vmers durch Vollstreckung oder Abtretung erworben hätte (oben Anm. 148). In Höhe der eigenen Haftungsquote des Vmers, die also nicht durch den Ausgleichsanspruch erfaßt ist, verbleibt dem irrtümlich geleistet habenden Ver der Kondiktionsanspruch (vgl. oben Anm. 56; Geyer VersR 1966 S. 514), dem „kranken" Haftpflichtver der Restanspruch aus § 158f, § 3 Ziff. 9 S. 2 PflichtversG, jeweils gegen den Vmer.

Auch wegen des Kostenersatzes ist der Ver meist nicht auf einen Bereicherungsanspruch gegen den Dritten angewiesen. Die Rettungskosten nach §§ 62, 63 VVG sind Vsentschädigung in weiterem Sinne, insoweit geht also der Anspruch des Vmers nach § 67 über (oben Anm. 50). Dasselbe gilt für die Schadenfeststellungskosten in der Haftpflichtv (vgl. oben Anm. 51). Außerhalb der Haftpflichtversicherung kann sich der Ver bei diesen Kosten dadurch helfen, daß er sich einen etwaigen kongruenten Ersatzanspruch des Vmers abtreten läßt (vgl. oben Anm. 50).

[160] 2. Räumlicher Geltungsbereich (Internationales Privatrecht).

a) Grundlegung.

aa) Fragestellung.

Es kann kein Zweifel bestehen, daß § 67 dann Anwendung findet, wenn sowohl auf den Vsvertrag als auch auf die Drittforderung deutsches Recht anwendbar ist (auch bei den Stationierungsschäden wird jetzt, anders als früher bei den Besatzungsschäden, vgl. Claims Tribunal 2. I. 1953 VersR 1953 S. 138, der Rechtsübergang anerkannt: Geigel-Geigel, Der Haftpflichtprozeß, 13. Aufl., München-Berlin 1967, S. 1024—1031). Uns interessieren im folgenden die Fälle der Diskrepanz zwischen dem Statut des Vsvertrages und dem der Drittforderung.

Beispiele: Das bei einem deutschen Kaskovervte in Deutschland zugelassene Fahrzeug kollidiert in Frankreich mit einem französischen Fahrzeug, dessen Fahrer schuldig ist. Der deutsche Kaskover entschädigt seinen Vmer. Geht die Schadenersatzforderung, obwohl für sie nach dem Grundsatz der lex loci commissi delicti das französische Recht maßgebend ist, nach § 67 VVG über?

Ein bei einem niederländischen Kaskover vtes niederländisches Fahrzeug kollidiert in der Bundesrepublik mit einem deutschen Fahrzeug, dessen Fahrer schuldig ist. Kann der niederländische Kaskover nach Abwicklung des Vsfalls den deutschen Fahrer verantwortlich machen? Richtet sich hier die cessio legis nach deutschem oder nach niederländischem Recht und ist sie in letzterem Fall von den deutschen Gerichten zu respektieren?

[161] bb) Vorgehen bei Lückenfüllung.

Das deutsche Recht enthält keine einschlägige international privat-rechtliche Norm. § 59 II 2 VVG, eine der ganz wenigen Kollisionsnormen des VVG, gibt uns keinen Fingerzeig, weil der Ausgleich unter Doppelvern von dem Ausgleich kraft cessio legis wesensverschieden ist.

Es liegt also eine Lücke vor, die der deutsche Richter nach dem ungeschriebenen deutschen Kollisionsrecht auszufüllen hat (Möller Einleitung vor Anm. 89 zu § 1; Roelli-Jaeger-Keller, Kommentar zum schweizerischen Bundesgesetz über den Versicherungsvertrag, 4. Bd 2. Aufl., Bern 1962, S. 3; Ryser, Der Versicherungsvertrag im internationalen Privatversicherungsrecht, Diss. Bern 1952 — gedruckt 1957 —, S. 11—13). Nach einer im Vordringen befindlichen Meinung, die sich auf Art. 25 GG stützen kann, hat er hierbei aber im Interesse der Rechtsharmonie auf die allgemeinen, im internationalen Rechtsverkehr herrschenden Anschauungen Rücksicht zu nehmen. Er hat also, wie Zweigert (Festschrift zum 70. Geburtstag von L. Raape S. 42) es in anderem Zusammenhang ausdrückt, auf solche allgemein anerkannten Kollisionsregeln zu schielen. Diese gehen also gleichsam in das innerstaatliche internationale Privatrecht ein (Lehmann-Hübner, Allgemeiner Teil des BGB, 15. Aufl., Berlin 1966, S. 45; v. Maydell, Sach- und Kollisionsnormen im internationalen Sozialversicherungsrecht, Berlin 1967, S. 17, 60f., 83; Ryser a. a. O. S. 13, 18, 44). Wir haben daher im folgenden bei der Lückenfüllung zwar vom deutschen Recht auszugehen, müssen jedoch auch einen Blick auf außerdeutsche Auffassungen werfen, sei es, daß diese die deutsche Lösung bestätigen, sei es, daß sie sie korrigieren.

[162] b) Statut des Forderungsübergangs.

aa) Vertretene Ansichten.

Bei der Sichtung des vorhandenen Materials lassen sich drei Hauptmeinungen herausschälen, je nachdem ob auf das Statut der Drittforderung oder auf das Statut des Vsvertrages oder auf eine Kombination beider abgestellt wird.

Vertreter der ersten Richtung sind vor allem Roelli-Jaeger-Keller a. a. O. S. 48—52 (woselbst S. 50 N. 13. Abs. weitere Literatur), Keller SchweizJZ 1960 S. 65—67, Wussow NJW 1964 S. 2325—2330 und wohl auch Gitter NJW 1965 S. 1108—1112.

Die Gegenansicht, nach der es auf das Zessionsgrundstatut (das ist hier das Statut des Vsvertrages) ankommt, wird verteidigt von Batiffol, Droit international privé, 4. Aufl., Paris 1967, S. 669, und Wolff, Das internationale Privatrecht Deutschlands, 3. Aufl., Berlin-Göttingen-Heidelberg 1954, S. 152.

Die Kombinationstheorien kommen in verschiedenen Schattierungen vor. Einige ihrer Vertreter gehen vom Zessionsgrundstatut aus, meinen aber, darüber hinaus müsse das Deliktsstatut (so soll das Drittschuldstatut hier der Einfachheit halber bezeichnet werden, weil die Drittforderung in aller Regel eine deliktische ist) die cessio legis respektieren (Lewald, Das deutsche internationale Privatrecht, Leipzig 1931, S. 275 bis 278) oder die Abtretbarkeit dieser Forderung bejahen (Rabel, The Conflict of Laws, Bd 3 2. Aufl., Ann Arbor 1964, S. 446—452; Beemelmans RabelsZ 1965 S. 523f., 535), oder das Deliktsstatut müsse eine im wesentlichen ähnliche cessio legis kennen wie das Zessionsgrundstatut (Kegel, Internationales Privatrecht, 2. Aufl., München-Berlin 1964, S. 247; Vischer, Internationales Vertragsrecht, Bern 1962, S. 243—245; Raape, Internationales Privatrecht, 5. Aufl., Berlin-Frankfurt/M. 1961, S. 507—510). Ähnlich verlangt Karrer S. 109—111, daß die gesetzliche Subrogation in beiden in Betracht kommenden Rechten anerkannt sei.

[163] bb) Stellungnahme: Versicherungsvertragsstatut.

Bei der Stellungnahme zu den vertretenen Ansichten wird man von dem Sinn der cessio legis ausgehen müssen, der Bereicherungsverhinderung beim Vmer. Ob und in welchem Umfang diese durchgeführt werden soll, kann nur das Vssatut entscheiden, die Realisierung der von ihm vorgenommenen Wertung kann durch die Zufälligkeit des Hineinspielens eines fremden Deliktsstatuts nicht beeinträchtigt werden. Andererseits darf die Rechtsstellung des Deliktsschuldners durch den Forderungsübergang nicht verschlechtert werden. Allein der Gläubigerwechsel bedeutet aber keine rechtliche Beeinträchtigung des Schuldners, auch dann nicht, wenn er sich dadurch einem Ausländer gegenübersieht, wie er ja auch nicht dagegen gefeit ist, daß sein Gläubiger die Forderung an einen Ausländer abtritt (die materiellrechtliche Verteidigung gegen die Forderung bleibt ihm natürlich erhalten). Aus diesen Erwägungen folgt, daß sich die Legalzession nach dem Zessionsgrundstatut, dem des Vsvertrags, richtet, daß sie aber dann nicht zum Zuge gelangen kann, wenn nach dem Deliktsstatut die betreffende Forderung unabtretbar ist (verwandte Grundsätze gelten übrigens im intertemporalen Privatrecht: Voraussetzung für eine Abtretung nach neuem Recht ist, daß die Forderung nach der alten Rechtsordnung schon abtretbar war; die Abtretung selbst und die cessio legis werden nach neuem Recht beurteilt: Palandt-Danckelmann, BGB, 26. Aufl., München-Berlin 1967, Art. 170 EG Anm. 3; Sieg JZ 1961 S. 83. Man erkennt also auch hier die Bedeutung der Zessionsfähigkeit an).

Eine weitere Einschränkung der Maßgeblichkeit des Vsvertragsstatuts ergibt sich dann, wenn nach dem Deliktsstatut die Vsentschädigung dem schadenstiftenden Dritten zugute kommt, also auch dessen Schuld tilgt. Wenn die Rechtsordnung derartiges vorsieht, hat sie das Problem der Vorteilsanrechnung, das dem Deliktsstatut angehört (OLG Celle 21. VII. 1966 VersR 1967 S. 164f.) in einer für ihn günstigen Weise gelöst, zu einer cessio legis kommt es nicht. Diese Konstellation kann sich nach Schweizer Recht bei Gefährdungshaftung und rein vertraglicher Haftung des Dritten ergeben (siehe oben Anm. 25).

[164] cc) Bestätigung durch die Rechtsprechung.

Daß das Zessionsgrundstatut im Prinzip maßgebend ist, wird nicht nur von den oben unter aa) hierzu angeführten Autoren angenommen (weitere Belege aus Rechtsprechung und Literatur bei Roelli-Jaeger-Keller a. a. O. S. 50 N. 1 1. Abs.), sondern entspricht auch im wesentlichen der deutschen Judikatur, die diesen Grundsatz nicht nur für das private Vsrecht, sondern auch für das öffentliche Recht akzeptiert hat (OLG Schleswig 21. XII. 1950 VersR 1951 S. 66 = IPRspr. 1950/51 Nr. 25; OLG Hamburg 5. III. 1957 IPRspr. 1956/57 Nr. 50a; OLG Hamburg 1. VII. 1957 MDR 1957 S. 679; OLG Stuttgart 12. XI. 1959 VersR 1960 S. 722; OLG Bremen 30. VI. 1966 VersR 1967 S. 576; OLG Celle 21. VII. 1966 VersR 1967 S. 164f.; OLG Hamburg 6. XII. 1966 VersR 1967 S. 1205; OLG Düsseldorf 3. X. 1967 VersR 1969 S. 29; BGH 26. IV. 1966 VersR 1966 S. 662—664 = NJW 1966 S. 1260f.). Der BGH weist in der letztzitierten Entscheidung mit Recht darauf hin, daß § 52 EWG-VO Nr. 3, wonach der sich nach dem Recht eines Mitgliedstaats vollziehende Rechtsübergang auf den Sozialversicherungsträger auch in den anderen Mitgliedstaaten anerkannt wird, Ausdruck allgemeiner moderner Rechtsanschauung sei.

Allerdings haben der Oberste Gerichtshof für die britische Zone (17. XI. 1949 OGH E Bd 2, S. 379) und OLG Koblenz 28. I. 1960 VersR 1960 S. 686 eine abweichende Anknüpfung vorgenommen, beide Gerichte haben sich allerdings mit dem international-privatrechtlichen Problem nicht auseinandergesetzt. — Das Schweizerische Bundesgericht hat sich indes mehrmals zum Vsvertragsstatut bekannt, Belege bei Karrer S. 97—99. — BGH 7. XII. 1961 VersR 1962 S. 129 läßt offen, ob der Rechtsübergang nach schwedischem oder nach deutschem Recht zu beurteilen sei, da beide Rechte ihn kennten; ebenso im Ergebnis OLG Düsseldorf 23. XI. 1961 VersR 1962 S. 536.

[165] c) Auffindung des Versicherungsvertragsstatuts.

Wir haben erkannt, daß es prinzipiell auf das Vsvertragsstatut ankommt. Es bleibt noch zu erörtern, wonach sich dieses bestimmt. Auch hier befinden wir uns wieder auf dem Gebiet der Lückenfüllung, denn eine geschriebene Kollisionsregel besteht nicht. Nach deutschem internationalem Privatrecht, das sich in dieser Frage weitgehend mit ausländischen Kollisionsrechten deckt, kommt es in erster Linie auf den geäußerten

(BGH 11. II. 1953 BGHZ Bd 9 S. 34) oder konkludenten Parteiwillen (etwa in Gestalt einer Gerichtsstandvereinbarung) an. Soweit dieser nicht feststellbar ist, ist maßgeblich das Betriebsstatut, d. h. die Rechtsordnung, die am Sitz des inländischen, am Niederlassungsort des ausländischen Unternehmens gilt. Dabei spielt es praktisch keine Rolle, ob man das Betriebsstatut auf den hypothetischen Parteiwillen (subjektive Rechtfertigung) oder (jetzt zunehmend) auf die Interessenlage (Abstellung auf den Schwerpunkt des Schuldverhältnisses oder den engsten räumlichen Zusammenhang zwischen ihm und einer bestimmten Rechtsordnung) gründet (Einzelheiten bei Möller Anm. 89—92 zu Einleitung vor § 1; Prölss, VVG, Vorbemerkungen V 1—3). Der zusätzlichen Anknüpfung an den Wohnsitz des Vmers (so OLG Bremen 30. VI. 1966 VersR 1967 S. 576), an den Abschlußort (OLG Stuttgart 12. XI. 1959 VersR 1960 S. 722) oder an die Nationalität der Vertragsparteien (OLG Hamburg 6. XII. 1966 VersR 1967 S. 1205) bedarf es also nicht.

Rück- und Weiterverweisungen werden auch dann nicht anerkannt, wenn das Betriebsstatut maßgebend ist (Roelli-Jaeger-Keller a. a. O. S. 25). Wo sich das anzuwendende Recht aus dem ausdrücklichen oder konkludenten Parteiwillen ergibt, scheiden sie ohnehin aus.

[166] d) Ergebnis.

Zusammenfassend läßt sich sagen, daß § 67 Anwendung findet, wenn der Vsvertrag deutschem Recht untersteht (vgl. oben Anm. 165) und die Drittforderung nach deren Statut abtretbar ist.

Die gefundenen kollisionsrechtlichen Sätze weisen aber nicht nur dem deutschen materiellen Recht seine Grenzen, sind also nicht nur einseitige Kollisionsnormen, sondern treffen auch Aussagen darüber, wann eine nach ausländischem Recht eintretende Legalzession bei uns anzuerkennen ist. Das ist dann der Fall, wenn die Zessionsvoraussetzungen nach dem ausländischen Vsrecht vorliegen und das deutsche Recht die Abtretbarkeit der übergegangenen Forderung bejaht (unterstellt, Deliktsstatut ist das deutsche).

[167] 3. Verhältnis zur Parteiautonomie.

a) Abweichungen von § 67 zu Lasten des Versicherungsnehmers.

aa) Gesetzeslage.

aaa) § 68a.

Nach § 68a gehört § 67 zu den sogenannten halbzwingenden Bestimmungen — was seltsamerweise von den oben Anm. 143, letzter Absatz, Genannten geleugnet wird —, d. h. der Ver kann sich nicht auf Vereinbarungen berufen, die dem Vmer ungünstiger sind als das Gesetz. Eine AVB-Regelung, die den Vmer schlechter stellte, als es nach § 67 der Fall ist, wäre also nicht geradezu nichtig. Sie wird aber kaum vorkommen, da die Aufsichtsbehörde ihr nicht das Plazet geben würde. Die Satzung, die der Entscheidung OLG Hamm 19. IV. 1940 JRPV 1940 S. 91f. zugrunde lag, dürfte heute nicht mehr genehmigt werden (die Entscheidung betraf einen Vsfall, der sich vor Inkrafttreten des § 68a ereignet hatte). Überdies ist der Vmer dadurch gesichert, daß die Gerichte auch die halbzwingenden Bestimmungen zu beachten haben, selbst wenn sich der Vmer nicht auf die relative Unwirksamkeit ihm nachteiliger Vereinbarungen beruft (Möller Anm. 49 zu Einleitung vor § 1).

§ 67 ist an sich eine dem Vmer ungünstige Norm, weil dieser dadurch einen Anspruch verliert. Ziel des § 68a ist es, dem Vmer die Kautelen, unter denen der Rechtsverlust nach § 67 eintritt, zu erhalten. Das bedeutet im einzelnen (vgl. zum folgenden Ehrenzweig S. 290 insbesondere N. 17): Der Anspruchsübergang darf nicht für einen früheren Zeitpunkt als den der Entschädigungsleistung des Vers vereinbart werden, die Auseinandersetzung mit dem Dritten darf nicht zur Pflicht des Vmers gestaltet werden, sondern muß Angelegenheit des Vers bleiben, über § 67 I 2 und II dürfen sich die Vereinbarungen nicht hinwegsetzen. § 67 I 3 ist doppelt gesichert gegen die Parteiautonomie, nämlich außer durch § 68a durch § 15a: Da § 67 I 3 eine Obliegenheit des Vmers statuiert (vgl. oben Anm. 71), ist der Verstoß hiergegen an § 6 I—III zu messen, der ebenfalls halbzwingend ist (§ 15a).

Man wird aber nicht dabei haltmachen dürfen, als Abweichung in peius nur das anzusehen, was dem Wortlaut des § 67 widerspricht, vielmehr gehören auch die tragenden Grundsätze seiner Auslegung zu dem, was § 68a dem Vmer garantiert. Deshalb dürfte z. B. nicht zu Lasten des Vmers vom Differenz- oder Kongruenzprinzip abgewichen werden, im Rahmen von § 67 I 3 dürfte die Repräsentantenhaftung nicht durch die allgemeine Gehilfenhaftung ersetzt werden.

[168] bbb) § 187.

Im Bereich der im § 187 I genannten Zweige und der in § 187 II behandelten laufenden V gelten die Beschränkungen des § 68a nicht. Nur in diesem Rahmen sind Klauseln unbedenklich, wonach die Beitreibung des Drittanspruchs beim Vmer liegen soll, sei es, daß zu diesem Zwecke der Forderungsübergang ausgeschlossen wird, sei es, daß der Drittanspruch treuhänderisch auf den Vmer übertragen wird, sei es, daß er ermächtigt wird, den nunmehr in der Hand des Vers befindlichen Drittanspruch geltend zu machen (die prozessualen Fragen sind oben Anm. 143 dargestellt).

Klauseln dieser Art kommen aber auch in den Vszweigen vor, die nicht durch § 187 gedeckt sind, so z. B. in § 12 Flußkaskopolice, wonach der Vmer verpflichtet ist, auf Verlangen und Kosten des Vers den Drittanspruch im eigenen Namen geltend zu machen. An diese Verpflichtung ist der Vmer mithin nicht gebunden, denn § 187 I umfaßt nicht die gesamte Transport-, sondern nur die Gütertransportv. Der Gesetzgeber hat nicht versehentlich den Wortlaut von § 187 I so eng gefaßt, sondern die Beschränkungen der Vertragsfreiheit sind bewußt für die Schiffskaskov nicht aufgehoben worden, wie die Entstehungsgeschichte zeigt (Gerhard-Hagen, Kommentar zum VVG, Berlin 1908, § 187 Anmerkung). — Der vom § 187 umfaßte Bereich interessiert uns im folgenden nicht.

[169] ccc) § 118.

Prölss § 118 Anm. 3 meint, diese Vorschrift sei abänderlich. Das trifft weder nach dem Wortlaut noch nach dem Sinn des Gesetzes zu. Wie oben Anm. 111 erörtert, will § 118 den Regreß in der Tierv nicht abschließend regeln. Er ist als besondere Ausformung des § 67 I zu verstehen, weshalb § 68a auch den Regreß in der Tierv umfaßt. Es wäre auch befremdlich, daß gerade in diesem Versicherungszweig, in dem der Vmer besonders schutzbedürftig ist, Vertragsfreiheit herrschen sollte.

[170] bb) Zulässige generelle Vereinbarungen (zugleich Abtretungsvereinbarungen in der Summenversicherung).

aaa) Deklaratorische Abtretungen.

Manche AVB begründen die Verpflichtung des Vmers nach Entschädigung die Drittansprüche auf Verlangen des Vers abzutreten, obwohl der Forderungsübergang sich bereits aus § 67 ergibt. So liegt es z. B. bei § 9 (3) AB zur V von Tank- und Faßleckage (VerBAV 1968 S. 118—120).

Nicht so klar ist die Tragweite von § 11 AVB der privaten Krankenv, § 11 AVB für die Krankenhauskosten- und Krankenhaustagegeldv (Musterbedingungen). Soll der Ver die Abtretung nur insoweit verlangen können, als er schadenvsartige Leistungen erbracht hat (dann wäre das Abtretungsverlangen ohne Bedeutung, weil § 67 ohnehin eingreift), oder darüber hinaus für summenvsartige Entschädigungen? (Letzteres sehen zuweilen die kommunalen Haftpflichtschadenausgleiche vor: R. Schmidt, Internationales Versicherungsrecht, Festschrift für A. Ehrenzweig zum 80. Geburtstag S. 242f.) Hier gilt es zunächst festzuhalten, daß § 68a nicht im Wege steht, in der Summenv eine Abtretung zu vereinbaren. Wie oben Anm. 167 dargelegt, gilt § 68a nur innerhalb des Bereiches von § 67, also nicht für die Summenv. Ein Forderungsübergang in dieser würde auch nicht den Zielen des § 55 oder des § 67 zuwiderlaufen, im Gegenteil, er würde zur Verminderung der Bereicherung dienen, die bei der Summenv leicht eintreten kann. Prölss § 11 AVB für die Krankenhauskosten- und Krankenhaustagegeldv Anm. 2 meint, soweit § 67 nicht eingreife, werde er durch diese Bestimmung in Form einer Abtretungsverpflichtung eingeführt. Das kann doch nur bedeuten, daß Prölss eine Abtretung für vereinbart hält, soweit die Krankenv Summenv ist.

Das wird man indes nicht annehmen dürfen. Die genannten Bestimmungen verdanken ihr Dasein der Befürchtung, daß es angesichts der Fassung des § 1 II VVG zweifelhaft sein könnte, ob § 67 auf die schadensvsartigen Teile einer Personenv Anwendung findet (zu Unrecht verneint z. B. von OLG Braunschweig 5. V. 1955 VersR 1956 S. 592f. und Hofmann VersR 1958 S. 659). Das letztere sollte sichergestellt werden (R. Schmidt Anmerkung zu OLG Karlsruhe 2. V. 1956 MDR 1957 S. 169). Daß nicht an eine Erweiterung auf die Summenv gedacht ist, stimmt mit der Tendenz der Aufsichtsbehörde überein, Abtretungsklauseln in diesem Bereich nicht zu genehmigen, obwohl sie früher vorkamen (vgl. Bruck S. 666; Kisch WuR 1935 Heft 2 S. 7 N. 5; Lohmar, Rechtfertigung der Vorteilsausgleichung im Versicherungsrecht, Karlsruhe 1968, S. 30).

Inwieweit die Personenv Schaden-, inwieweit sie Summenv ist, steht natürlich auf einem anderen Blatt (hierzu oben Anm. 20, 21).

Hat die Statuierung von Abtretungsverlangen überhaupt eine Bedeutung, wenn § 67 ohnehin eingreift? Kisch S. 56 bemerkt zwar theoretisch zutreffend, daß der Ver dann einen doppelten Rechtsgrund für sein Vorgehen gegenüber dem Dritten habe. Praktische Folgerungen hat das aber nicht, denn die Rechtsstellung des Vers kann auf Grund der Abtretung keine bessere sein als auf Grund der cessio legis: Die oben Anm. 167 angeführten Kautelen des § 67 und der zu dieser Bestimmung entwickelten Rechtsprechung müßten auch insoweit zugunsten des Vmers eingreifen, als sich der Ver auf Abtretung stützt (R. Schmidt Anm. zu OLG Karlsruhe 2. V. 1956 MDR 1957 S. 169; Prölss § 11 AVB für die Krankenhauskosten- und Krankenhaustagegeldv, Anm. 2. Abweichend Hofmann VersR 1958 S. 659).

[171] bbb) Konstitutive Abtretungen.

Durch § 68a wird § 67 nicht etwa in dem Sinne halbzwingend, daß eine andere Rechtsnachfolge in den Drittanspruch als die gesetzliche nicht in Betracht käme. Das Bundesaufsichtsamt für das Versicherungs- und Bausparwesen hat daher zu Recht Kaskovern Sonderbedingungen genehmigt, die im Verhältnis zu Sicherungsscheininhabern (Vten) gelten (VerBAV 1956 S. 24). Danach verzichten die Ver auf die Einwendung aus § 61 VVG bei grobfahrlässiger Herbeiführung des Vsfalls (Ziff. 1), der Vte tritt dem Ver von vornherein die Ansprüche gegen den Fahrzeughalter aus dem Finanzierungsgeschäft oder der Bevorschussung der Reparaturkosten ab. Hier handelt es sich also nicht nur um Ansprüche auf Ersatz des Schadens im Sinne von § 67 (vgl. hierzu oben Anm. 130 und Geyer ZfV 1955 S. 332).

Rechtlich ist die Sonderbedingung wie folgt zu konstruieren: Es liegt eine aufschiebend (durch die Entschädigungsleistung des Vers) bedingte Abtretung zukünftiger Ansprüche vor (vgl. Kisch S. 56). Auf diese Abtretung hat OLG Düsseldorf 20. VII. 1961 VersR 1961 S. 889 den Regreß gestützt.

Die Kautelen, die § 67 und die dazu ergangene Rechtsprechung zugunsten des Vmers vorsehen (oben Anm. 167), müssen meines Erachtens auch dem vertraglichen Zedenten zustatten kommen. Das entspricht der Interessenlage sowie der Erwägung, daß er zwar formell freiwillig die Vorausabtretung vornimmt, de facto aber den gewünschten Vsschutz nicht anders erhalten kann als mittels jener Abtretung (vgl. auch die oben am Ende von Anm. 170 Zitierten).

[172] cc) Zulässige Einzelvereinbarungen.

Noch weniger bestehen Bedenken daran, daß sich der Ver nach Eintritt des Vsfalls Ansprüche abtreten läßt, die nicht kraft Gesetzes schon übergehen. Hierbei ist zu denken an Bereicherungs- oder Geschäftsführungsansprüche (oben Anm. 27, 136), an die vorsorgliche Abtretung von Schadenersatzansprüchen bei Liberalitätszahlungen des Vers (oben Anm. 54), an Ersatzansprüche, die mit Feststellungskosten korrespondieren (oben Anm. 50) oder an Erfüllungsansprüche in der Kredit-(Delkrede-)v. Es wurde gezeigt, daß der Vmer verpflichtet sein kann, einem solchen Abtretungsverlangen des Vers nachzukommen (oben Anm. 27). Dann aber darf er nicht darunter leiden, daß aus gesetzestechnischen Gründen die cessio legis durch die Abtretung ersetzt wird, d. h. ihm kommt auch in diesem Fall der Schutz des § 67 mitsamt seinen Ausgestaltungen durch die Judikatur zugute.

Einzelvereinbarungen, die der Vmer in Abweichung von § 67 freiwillig eingeht, sind wirksam, aber eng auszulegen. So kann er auf den Schutz des § 67 II verzichten, indem er den Drittanspruch gegen den Familienangehörigen abtritt (oben Anm. 114), er kann ferner den Drittanspruch zedieren, ehe er Entschädigung vom Ver erlangt hat (diese Möglichkeit erwähnt BGH 13. VI. 1966 VersR 1966 S. 875—877 am Ende, ohne genügend zum Ausdruck zu bringen, daß der Vmer unter keinem Gesichtspunkt verpflichtet ist, solchem Abtretungsverlangen des Vers nachzukommen). In beiden Fällen wird dem Vmer im Zweifel der Schutz des § 67 I 2 bleiben.

Weiter kann sich der Vmer z. B. wirksam damit einverstanden erklären, daß er den Drittanspruch für Rechnung des Vers verfolgt. An derartige Klauseln in AVB ist zwar der Vmer außerhalb des § 187 nicht gebunden, wohl aber kann er eine dahingehende Einzelverpflichtung übernehmen.

[173] b) Abweichungen von § 67 zu Lasten des Versicherers.

aa) Ausschluß des Übergangs.

Es handelt sich hier praktisch um die Frage, ob Vmer und Ver wirksam vereinbaren können, daß der Rechtsübergang nicht stattfinden soll (der Vmer auch nicht gezwungen sein soll, die Drittforderung für Rechnung des Vers einzuziehen). § 68a behandelt nur dem Vmer ungünstige Regelungen, würde also der eben besprochenen Klausel nicht im Wege stehen. Fraglich könnte aber sein, ob diese Vereinbarung wegen Durchbrechung des Bereicherungsverbots zu beanstanden ist. Wäre ein Konflikt mit dem Bereicherungsverbot zu bejahen und wäre dieses unabdingbar, dann könnten sich solche Abreden selbst innerhalb der von § 187 erfaßten Vsverträge nicht halten, denn es entspricht herrschender Lehre, daß die Vertragsfreiheit an absolut zwingenden Bestimmungen ihre Grenze findet (Möller Anm. 46 zu Einleitung vor § 1; v. Gierke, Versicherungsrecht unter Ausschluß der Sozialversicherung, erste Hälfte, Stuttgart 1937, S. 34; Prölss § 187 Anm. 1. Abweichend Ehrenzweig S. 22).

Oben Anm. 16—18 wurde dargelegt, daß das Bereicherungsverbot zwar de lege ferenda fragwürdig ist, daß ihm aber, da es dem geltenden Recht angehört, Respekt verschafft werden muß. Deshalb sind Klauseln der hier behandelten Art, wie sie z. B. in der Frachtv vorkommen (Argyriadis, Die Frachtversicherung, Hamburg 1961, S. 171 f.), unwirksam (Möller Anm. 54 am Ende vor §§ 49—80). Das gilt aber nur dann, wenn durch solche Abreden auch ein Bereicherungsanspruch des Vers gegen den Vmer, der nach Erhalt der Vsentschädigung die ihm verbliebene Drittforderung einzieht, ausgeschlossen werden soll. Bleibt dem Ver in solchem Fall der Bereicherungsanspruch nach § 812 I 2 1. Alternative (vgl. oben Anm. 116), dann ist dem Bereicherungsverbot auf diese Weise Rechnung getragen.

Allerdings kann der Ver nicht gezwungen werden, den Regreß im Einzelfall durchzuführen bzw. sich — was insbesondere für die Delkrederev gilt — die vte Forderung abtreten zu lassen. Das hindert aber nicht, von vornherein klauselmäßig gegebene Zusicherungen dieser Art für unwirksam zu erklären (entgegen der Annahme von Argyriadis a. a. O. S. 172 besteht hier keine strukturelle Verwandtschaft mit dem Regreßverzicht in der Feuerv. Dort ist eine Bereicherung des Vmers von vornherein ausgeschlossen, weil die Forderung übergeht, wenn sie auch vom Ver nicht geltend gemacht werden darf). Allenfalls könnte dann etwas anderes gelten, wenn erfahrungsgemäß in der betreffenden Branche die Verwaltungskosten zur Beitreibung des Drittanspruchs derart hoch sind, daß sie dessen Verfolgung nicht lohnen.

[174] bb) Verwandte Fälle.

Es wurde oben Anm. 33 erörtert, daß § 67 VVG in der reinen Kreditv keine Anwendung findet und daß es in der Unterart der Delkrederev keine gesetzliche Surrogatslösung gibt (anders in der reinen Kautionsv, oben Anm. 133). Hier ist der Ver nicht etwa wegen des Bereicherungsverbots gezwungen, sich die Forderung gegen den Schuldner abtreten zu lassen. Unterläßt er es, so ist auch hier einer Bereicherung des Vmers dadurch vorgebeugt, daß er die Vsentschädigung nicht behalten darf, wenn er später die vt gewesene Forderung einzieht; der Ausgleich zwischen Vmer und Ver vollzieht sich wieder nach § 812 I 2 1. Alternative.

Auch gegen Regreßverzichte (vgl. oben Anm. 115 am Ende) bestehen keine Bedenken. Hier scheidet eine Bereicherung des Vmers von vornherein aus, weil die Drittforderung übergeht auf den Ver. Dieser darf sie allerdings nicht geltend machen, wodurch der Regreßverzicht Anklänge an eine Haftpflichtv des Drittschädigers aufweist. Im Einzelfall kann bei Vereinbarungen zwischen Vmer und Ver, daß der Dritte nicht in Anspruch genommen werden soll, zweifelhaft sein, ob ein vom Ver anerkannter Haftungsausschluß im Verhältnis Dritter/Vmer vorliegt oder ein Regreßverzicht des Vers (vgl. OLG Köln 13. XII. 1962 VersR 1964 S. 140—142). Das Ergebnis der Freistellung des Dritten durch die vom Vmer besorgte V ist das gleiche.

[175] X. Surrogatslösungen.

1. Kraft Vertrages (Teilungs- und Regreßverzichtsabkommen).

a) Gegenstand der Untersuchung.

Teilungsabkommen kommen zwischen Privatvern, aber auch zwischen Sozialvsträgern bzw. Sozialhilfeträgern und Haftpflichtvern vor. Uns interessieren hier nur diejenigen Abkommen, die anstelle des § 67 treten, also die zwischen Privatvern. Als abkommensberechtigte Partner sind Kasko-, Haftpflicht- und private Krankenver anzutreffen, auf der abkommensverpflichteten Seite stehen gewöhnlich Haftpflichtver, ausnahmsweise auch Schiffskaskover, weil diese in Gestalt der mittelbaren Kollisionsschäden (vgl. § 129 II 2 VVG) auch ein angehängtes Haftpflichtinteresse decken. Wegen des Textes der wichtigsten Abkommen aus der Kraftfahrtv sei auf Stiefel-Wussow, Anhänge 8—11, verwiesen (Anhang 8 betrifft das Haftpflicht-/Haftpflicht-Rahmenteilungsabkommen, Anhänge 9 bis 11 enthalten Kasko-Haftpflichtabkommen).

Wenn auch die Abkommen einen Streit um Bestand und Höhe der Drittforderung erübrigen sollen, so haben sie sich gleichwohl nicht vollständig von § 67 gelöst. Dieser spielt vielmehr für die Voraussetzungen der abkommensmäßigen Bereinigung, für die Wirkung der Abkommensleistung auf beide Partner und deren Vmer sowie bei der Einschaltung eines außenstehenden Mitschädigers eine Rolle. Es liegt in der Natur der Sache, daß uns künftig die Teilungsabkommen mehr als die Regreßverzichtsabkommen beschäftigen werden.

[176] b) Voraussetzungen für die abkommensmäßige Berechtigung.

aa) Deckungspflicht.

Es gilt der Grundsatz, daß die Abkommen Anwendung finden, sofern beim Berechtigten der Tatbestand des § 67, das Vorhandensein einer Drittforderung unterstellt, vorliegen würde: Clasen, Teilungs- und Regreßverzichtsabkommen mit Haftpflichtversicherern, Karlsruhe 1958, S. 61; vgl. ferner OLG Frankfurt/M. 4. I. 1961 VersR 1961 S. 501; OLG Stuttgart 26. IV. 1956 VersR 1956 S. 455; LG Bonn 11. X. 1967 NJW 1968 S. 255. Das Prinzip wird allerdings durch manche Abkommenstexte beeinträchtigt.

Die meisten Abkommen sehen vor, daß der berechtigte Partner seine Leistung bedingungsgemäß gewährt haben muß. An die Aktivlegitimation werden also hier strengere Anforderungen gestellt als im Bereich des § 67. Liberalitätszahlungen, irrtümlich gewährte Entschädigungen genügen daher nicht für die Inanspruchnahme des verpflichteten Partners (Clasen a. a. O. S. 60; Stiefel-Wussow Anhang zu §§ 10—13 Anm. 40; Haidinger VersR 1951 S. 57), obwohl sie den Rechtsübergang nach § 67 begründen würden (vgl. oben Anm. 54—56). Eine Ausnahme findet sich in den Abkommen nur insoweit, als diese auch Anwendung finden sollen, wenn der Vmer des berechtigten Partners die Schadenmeldung nicht oder erst verspätet abgegeben, sein Ver aber gleichwohl entschädigt hat.

Beim Haftpflicht-/Haftpflicht-Rahmenteilungsabkommen genügt es, wenn der berechtigte Ver gegenüber dem Geschädigten in Verpflichtung war, mag auch sein Vmer keinen Anspruch auf Deckung gehabt haben. Dieses Abkommen greift also auch dann ein, wenn ein Haftpflichtver auf Grund § 3 Ziff. 4, 5 PflichtversG geleistet hat.

[177] bb) Kongruenz- und Differenzprinzip.

Die Auslegung des § 67 ist hier insofern von Bedeutung, als unter die Abkommen nur solche (unwiderleglich vermuteten) Ansprüche fallen, die der Vsleistung kongruent sind (vgl. oben Anm. 59—63; Clasen a. a. O. S. 65). Daraus würde u. a. folgen, daß im Falle der Entschädigung nach § 13 II AKB der abkommensmäßige Regreß vom Zeitwert auszugehen hat, denn darüber hinaus ist keine kongruente Ersatzforderung denkbar, die ohne das Abkommen hätte übergehen können (oben Anm. 62). Dem Sinn der Abkommen entspricht es aber, von der effektiven Entschädigung (nach dem Listenpreis) auszugehen. Nur dadurch werden — unter Umständen kostspielige und umständliche — Feststellungen zum Zeitwert überflüssig.

Hingegen spielt das Differenzprinzip für die Teilungsabkommen keine Rolle (Clasen a. a. O. S. 51). Es hat nur dann Bedeutung, wenn der Vmer vom Ver nicht voll entschädigt worden und der Schadenersatzanspruch gegen den Dritten nicht hinlänglich hoch ist, um ursprünglichen Rechtsinhaber und Zessionar voll zu befriedigen (vgl. oben Anm. 64). Ob und in welcher Höhe ein Ersatzanspruch vorhanden ist, ist aber für die Anwendung der Teilungsabkommen bedeutungslos. In dem oben Anm. 64 angeführten Beispiel (Schaden am Fahrzeug: 4000,— DM; Selbstbeteiligung des Vmers: 500,— DM; Ersatzleistung des Kaskovers: 3500,— DM; Haftungsquote des Dritten: ½) hat also die abkommensmäßige Quotierung von 3500,— DM auszugehen. Das bedeutet, daß der Haftpflichtver 1750,— DM an den Kaskover und 500,— DM an dessen Vmer zu leisten hat. Ohne das Abkommen brauchte er dem Kaskover nur 1500,— DM zu erstatten (im gleichen Sinne Mahlberg VersR 1964 S. 1223).

[178] cc) Weitere Voraussetzungen.

In dem Haftpflicht-/Haftpflicht-Rahmenteilungsabkommen findet sich die Bestimmung, daß innerbetriebliche Regulierungskosten und Kosten für freie Schadenregulierer sowie Kraftfahrzeugsachverständige nicht geteilt werden. Andere Kosten nehmen daher an der Quotierung teil (enger Clasen a. a. O. S. 63), wobei nach dem Sinn des Abkommens unterstellt wird, daß der Vmer des verpflichteten Partners ersatzpflichtig wäre (vgl. hierzu oben Anm. 51, 52).

Die Auslegung von § 67 spielt ferner eine Rolle, wenn zwischen den Vmern der abkommensbeteiligten Ver die Voraussetzungen seines Absatzes 2 gegeben sind (Familienangehörigkeit und häusliche Gemeinschaft). Da es hier mangels Rechtsübergangs nicht zu einem Regreß kommen kann, sollen auch die Abkommen nicht eingreifen (Stiefel-Wussow Anhang zu §§ 10—13 Anm. 24; Clasen a. a. O. S. 62; Haidinger VersR 1951 S. 58).

[179] c) Wirkung der abkommensmäßigen Abwicklung.

aa) § 156 III (§ 67 I 2).

Mehrere Abkommen sehen vor, daß sich die Leistung des verpflichteten Partners auf den gemäß § 156 III errechneten Betrag beschränkt. Wenn dieser Fall akut wird, ist das Ziel der Abkommen, eine Regulierung ohne Aufklärung der Haftpflichtlage durchzuführen, nicht erreicht, denn der Haftpflichtver muß nunmehr einen Verteilungsplan aufstellen ohne Berücksichtigung des Abkommens (Clasen a. a. O. S. 64; Stiefel-Wussow § 10 Anm. 26). Die sich daraufhin für den Vmer seines Partners ergebende Zuteilung stellt die Höchstleistung dessen dar, was der Verpflichtete auf Grund des Abkommens zu erstatten hat. Hierbei ist aber zu berücksichtigen, daß bei nur teilweiser Entschädigung des Vmers durch seinen Ver der erstere das Recht auf bevorzugte Befriedigung hat, weil sich § 67 I 2 auch im Falle des § 156 III durchsetzt (vgl. oben Anm. 91).

Beispiel: Bei einem Verkehrsunfall mit vielen Verletzten, an dem Vmer 1 schuld ist, hat Vmer 2 einen Fahrzeugschaden von 12000,— DM erlitten. Sein Kaskover entschädigt mit 11500,— DM, weil eine Selbstbeteiligung von 500,— DM vorgesehen ist. Nach dem Verteilungsplan des Haftpflichtvers von Vmer 1 sind alle Schäden mit $^5/_{12}$ zu ersetzen. Das bedeutet, daß Vmer 2 wegen seines Befriedigungsvorrechts 500,— DM verlangen kann, sein Kaskover 4500,— DM; das Abkommen zwischen den beiden Vern, nach dem der Kaskover 5750,— DM zu beanspruchen hätte, wirkt sich also nicht mehr aus.

[180] bb) Schadenfreiheitsrabatt und ähnliche Vorteile.

Wir haben gesehen, daß sich der Regreß des Vers nicht in dem Sinne günstig auf den Vmer auswirkt, daß dieser sich dadurch Schadenfreiheitsrabatte und ähnliche Vorteile erhalten kann (oben Anm. 92). Das wäre unbillig, wenn seine Police lediglich deshalb belastet wird, weil sein Ver mit einem anderen durch ein Teilungsabkommen verbunden ist. Deshalb sieht § 21 III VO über die Tarife in der Kraftfahrtv vom 20. 11. 1967 in der Fassung der VO vom 6. 12. 1968 vor, daß der Vertrag dann als schadenfrei zu behandeln ist, wenn der Ver Aufwendungen erbracht hat, die lediglich auf allgemeinen Vereinbarungen der beteiligten Ver beruhen. Auf § 21 III nimmt dessen Absatz 5 Bezug, auf den wiederum § 25 III 3 hinweist, so daß diese Regelung auch für die Beitragsermäßigung aus technischem Überschuß gilt. Auch hier wird also das wirtschaftliche Ziel der Abkommen nicht völlig erreicht, denn zur Feststellung, ob der Ver lediglich auf Grund eines Abkommens Aufwendungen gehabt hat, ist eine — zumindest überschlägliche — Prüfung der Haftpflichtfrage erforderlich.

Das hier Ausgeführte gilt für die Vmer beider Abkommenspartner, denn jeder von diesen kann in die Lage kommen, nur auf Grund des Abkommens dem anderen Teil etwas leisten zu müssen.

[181] d) Insbesondere: Vorhandensein eines Mitschädigers.

aa) Möglichkeiten der Abwicklung.

Zur Verdeutlichung der hiermit verbundenen Problematik diene folgendes Beispiel: Der Kraftfahrzeughalter K erleidet einen Totalschaden an seinem Fahrzeug, der voll gedeckt ist bei VU K. Schuldhaft verursacht ist der Schaden durch den Radfahrer R und den Kraftfahrzeughalter und -fahrer K 1. Die interne Haftungsquote wird für R mit ¼, für K 1 mit ¾ festgestellt. K 1 ist bei VU H vt, zwischen VU K und VU H besteht ein Teilungsabkommen. Folgende Gestaltungen sind denkbar:

1. K nimmt seinen Kaskover in Anspruch, dieser entschädigt mit 12000,— DM. Verpflichtet das Abkommen zum Vorregreß, so ist VU K gehalten, den auf ihn übergegangenen Anspruch K/R (§ 67) zu verfolgen, ehe er sich an seinen Abkommenspartner wendet. VU K wird das zweckmäßigerweise nur in dem Umfang tun, in dem R auf Grund seines Innenverhältnisses zu K 1 haftet, also zum Betrage von 3000,— DM. Hinsichtlich des Restes von 9000,— DM findet das Teilungsabkommen Anwendung, d. h. VU K hat einen Anspruch gegen VU H in Höhe von 4500,— DM. Diese Art des Vorgehens hält mit Recht Pfennig VersR 1952 S. 418 für die beste.

2. VU K ist aber nicht gehalten, sich auf eine Forderung gegen R in Höhe von 3000,— DM zu beschränken. Er kann ihn auch bis zu 12000,— DM in Anspruch nehmen (anders ohne ersichtlichen Grund Stiefel-Wussow Anhang zu §§ 10—13 Anm. 42). Kommt R dieser Forderung in Höhe von 12000,— DM nach, hat er einen Ausgleichsanspruch gegen K 1 in Höhe von 9000,— DM, für den VU H eintreten muß (vgl. Clasen a. a. O. S. 65 f.). VU H kann nunmehr auf Grund des Abkommens eine Beteiligung von VU K in Höhe von 4500,— DM verlangen. Das letztere ergibt zwar nicht der Wortlaut der Abkommen, wohl aber deren Sinn: Es soll eine hälftige Beteiligung des Kaskovers an den Aufwendungen des Haftpflichtvers erfolgen, wenn die Abwicklung nicht normal verläuft (beim normalen Verlauf ist der Kaskover der auf Grund des Abkommens Fordernde). Einer Abtretung, die Pfennig VersR 1952 S. 418 für nötig hält, bedarf es also nicht.

3. VU K verlangt, nachdem er K entschädigt hat, abkommensmäßige Beteiligung von VU H. Dazu ist er berechtigt, wenn keine Verpflichtung zum Vorregreß besteht (das Kasko-Haftpflicht-Standardteilungsabkommen behandelt nur den Vorregreß gegenüber Kraftfahrzeughaltern bzw. -fahrern). VU H muß VU K in Höhe von 6000,— DM befriedigen (G. Schmidt VersR 1965 S. 1117 meint zu Unrecht, aus der Rechtsprechung des BGH ergebe sich, daß der Abkommensberechtigte nur die Hälfte dessen vom Verpflichteten verlangen könne, was dessen Vmer unter Berücksichtigung seines Innenverhältnisses zum Mitschädiger schulde, in meinem Beispiel also 4500,— DM. Die von G. Schmidt angezogene BGH-Entscheidung — wie übrigens auch BGH 25. I. 1966 VersR 1966 S. 364, 366 — bezieht sich auf Gesamtgläubiger, sie läßt nicht die

von Schmidt gezogenen Schlüsse auf Gesamtschuldner zu). Dem R gegenüber wirkt sich diese Zahlung so aus, als seien die Kaskoaufwendungen des VU K erstattet, d. h. dessen Regreßforderung gegen R geht unter: Clasen a. a. O. S. 64f.; Stiefel-Wussow Anhang zu §§ 10—13 Anm. 42; OLG Stuttgart 20. VII. 1951 VersR 1951 S. 259; LG Bochum 9. III. 1962 VersR 1964 S. 1115 (Leitsatz); LG Heilbronn 20. X. 1953 VersR 1954 S. 502.

Da die abkommensmäßige Leistung andererseits nicht etwa dem VU H über § 67 einen Ausgleichsanspruch gegen R verschaffen konnte, ist dieser also in Höhe von 3000,— DM ungerechtfertigt bereichert (vgl. oben Anm. 157 sowie LG Frankenthal 19. III. 1959 MDR 1961 S. 945; LG München I 19. IV. 1967 VersR 1968 S. 405; LG Köln 28. I. 1964 VersR 1964 S. 766; LG Oldenburg 18. XII. 1963 VersR 1964 S. 1040. Abweichend LG Köln 21. IV. 1961 VersR 1966 S. 72 und Stiefel-Wussow Anhang zu §§ 10—13 Anm. 40, die den Rechtsübergang nach § 67 auf den abkommensmäßig zahlenden Haftpflichtver bejahen). Entreichert um je 1500,— DM sind VU H und VU K. Beide hätten, wenn zunächst R in Anspruch genommen worden wäre, endgültig 4500,— DM aufwenden müssen. Das ergibt sich für VU H ohne weiteres aus den obigen Erörterungen zu 1. und 2., bei VU K sieht die Rechnung wie folgt aus: Kaskoaufwendungen = 12000,— DM, davon hereingebracht von R 3000,— DM, von VU H 4500,— DM; endgültige Belastung 4500,— DM.

VU H und VU K haben also einen Bereicherungsanspruch gegen R in Höhe von je 1500,— DM. Es ist also nicht richtig, daß die abkommensmäßige Erledigung den außenstehenden Mitschädiger endgültig befreit, wie Voss VersR 1954 S. 109 annimmt. Richtig ist, daß der nachträgliche Außenregreß des Abkommensberechtigten nicht (etwa über den Ausgleichsanspruch dieses Mitschädigers gegen den Haftpflichtvmer) zu einer überabkommensmäßigen Belastung des Haftpflichtvers führen darf. Diese Gefahr ist aber bei dem hier aufgezeigten Weg gebannt. Auf diese Weise hätte der Fall LG Stuttgart 20. VII. 1951 VersR 1951 S. 259 gelöst werden müssen.

4. Will der geschädigte K seinen Ver schonen, so kann er R auf 12000,— DM in Anspruch nehmen, die weitere Abwicklung verläuft dann wie im Falle 2. Die Leistung, die in diesem sowie in dem gleich zu erörternden Fall 5. VU K an VU H erbringen muß, ist übrigens, sofern VU K dem Finanzierungsinstitut seines Vmers K einen Sicherungsschein ausgestellt hatte, dem Sicherungsscheininhaber nicht anzuzeigen (WussowVersR 1958 S. 207). Das ergibt sich daraus, daß VU K hier lediglich auf Grund des Abkommens leistet, nicht auf Grund vsvertraglicher Verpflichtung: K hat den Anspruch des Vten aufgegeben (§ 67 I 3), indem er R auf Ersatz belangt (vgl. oben Anm. 75).

5. K kann seinen Kaskover auch in der Weise schonen, daß er K 1 und/oder VU H in Anspruch nimmt. VU H kann sich nicht auf das Teilungsabkommen berufen, sondern muß K in Höhe von 12000,— DM befriedigen. Auf Grund § 67, der hier eingreift, weil VU H im Unterschied zum Fall 3. oben nicht auf Grund des Abkommens geleistet hat, geht nunmehr der Ausgleichsanspruch K 1 gegen R in Höhe von 3000,— DM auf VU H über. Sieht das Abkommen eine Vorregreßpflicht vor, so ist VU H gehalten, zunächst R in Anspruch zu nehmen, ehe er auf Grund des Abkommens von VU K hälftige Beteiligung am Rest von 9000,— DM verlangt. Ist keine Regreßpflicht vereinbart, kann VU H auf Grund des Teilungsabkommens 6000,— DM verlangen. Entsprechend dem oben 3. behandelten Fall haben nunmehr beide Ver einen Bereicherungsanspruch gegen R in Höhe von 1500,— DM.

[182] bb) Zusammenfassung.

Bei der Durchführung der Teilungsabkommen im Falle der Beteiligung eines nichtgebundenen Mitschädigers gehen die Meinungen auseinander. Die aufgezeigten Lösungen haben den Vorteil,

1. daß der unbeteiligte R durch das Teilungsabkommen weder begünstigt wird, noch daß sich seine Lage dadurch verschlechtert;
2. daß es auf die Reihenfolge der Inanspruchnahmen nicht ankommt, daß vielmehr im Endergebnis stets VU H und VU K je 4500,— DM, R 3000,— DM für den Schaden aufwenden müssen.

Wenn der Mitschädiger herangezogen wird, ist allerdings wiederum der Zweck der Abkommen, den Schaden ohne Prüfung der Haftpflichtfrage zu bereinigen, nicht zu erreichen. Deshalb werden die Partner, wenn der Vorregreß nicht vorgeschrieben ist, meist den Schaden von 12000,— DM unter sich aufteilen und auf die Durchführung der Bereicherungsansprüche gegen R verzichten.

[183] 2. Kraft Gesetzes (Regreß des Entschädigungsfonds).

a) Rechtsgrundlage.

Nach § 12 V PflichtversG kann der Fonds von den Personen, für deren Schadenersatzverbindlichkeiten er einzutreten hatte, Ersatz seiner Aufwendungen verlangen. Diese Vorschrift ist das Gegenstück zu § 3 Ziff. 10 S. 2 PflichtversG, der seinerseits als Legalisierung der Rechtsprechung zu § 158f VVG aufgefaßt werden kann (vgl. oben Anm. 158). Es handelt sich um einen originären Anspruch, eine Verwandtschaft mit § 67 besteht nicht.

§ 12 VI PflichtversG sieht einen dreifachen Anspruchsübergang vor. Betroffen von der cessio legis werden hiernach der Ersatzanspruch des Entschädigten gegen Halter, Fahrer und Eigentümer (im folgenden „Hauptforderung" genannt), der Ersatzanspruch gegen einen Mitschädiger (im folgenden „Parallelforderung" genannt) und der Anspruch von Halter, Fahrer und Eigentümer gegen einen Mitschädiger (Ausgleichsanspruch).

[184] b) Verhältnis zu § 67.

§ 12 VI PflichtversG stimmt mit § 67 nur im gesetzestechnischen Mittel überein, er stellt aber keine besondere Ausformung der letzteren Vorschrift dar. Das ergibt sich schon daraus, daß der Fonds kein Ver ist. Von den Merkmalen der V fehlt es bei ihm an der Entgeltlichkeit der Bedarfsdeckung: Die Zuweisungen der Kraftfahrzeughaftpflichtver und der Haftpflichtschadenausgleiche nach § 13 I PflichtversG sind nicht als Beiträge aufzufassen, sondern als Dotierungen für eine öffentliche Aufgabe, weshalb der Fonds eher ein Instrument der Versorgung als der V darstellt. Deshalb ist es systemgerecht, daß er nicht der Fachaufsicht des Bundesaufsichtsamts, sondern der Dienstaufsicht des Bundesministers der Justiz untersteht: VO des BJM über den Entschädigungsfonds vom 14. XII. 1965 § 3 (vgl. Baumann, Leistungspflicht und Regreß des Entschädigungsfonds für Schäden aus Kraftfahrzeugunfällen, ungedr. Berliner Diss. 1967, S. 122ff.; Sieg ZVersWiss 1969 S. 504. Im übrigen kann § 12 VI PflichtversG auch deshalb nicht als Anwendungsfall von § 67 angesehen werden, weil Halter, Fahrer und Eigentümer durch die Leistung des Fonds nicht endgültig befreit werden, wie sich aus dem gegen sie gerichteten Regreß ergibt.

Hier ist also im Unterschied zu dem oben Anm. 175—182 behandelten Fall der Teilungs- und Regreßverzichtsabkommen § 67 völlig verdrängt.

[185] c) Ausgestaltung.

Blicken wir zunächst auf die Hauptforderung, die übergeht, so fällt die Parallele zu § 158f ins Auge. Auch dort macht die cessio legis nicht beim Anspruch gegen den Vmer halt, sondern erstreckt sich auch auf die Ansprüche gegen die Vten (Fahrer und Eigentümer). Eigenartig ist aber, daß auch der Ausgleichsanspruch auf den Fonds unmittelbar übergeht. Diese Folgerung wird im Rahmen des § 158f abgelehnt; der „kranke" Haftpflichtver kann den Ausgleichsanspruch nur gewinnen, nachdem er die auf ihn übergegangene Ersatzforderung ausgeklagt und auf Grund dieses Titels in den Ausgleichsanspruch vollstreckt hat.

Vollends an einer Parallele zu § 158f fehlt es, soweit auf den Fonds der Parallelanspruch übergeht. Die Erwägung zu § 158f, daß der Ver nur für Vmer und Vte dem Geschädigten gegenüber einzutreten hat, nicht aber für den Mitschädiger, würde entsprechend auch für den Fonds gelten. Deshalb stellt die Sukzession in die Parallelforderung eine Besonderheit dar (im Rahmen des § 67 ist der Eintritt des Vers in die Ersatzforderungen des Vmers gegen Gesamtschuldner — vgl. oben Anm. 26 — indes systemgerecht: Die Vsentschädigung hat der Vmer zu beanspruchen, ohne Rücksicht darauf, ob ersatzpflichtige Schadenstifter vorhanden sind. Im „kranken" Vsverhältnis wird dagegen der Geschädigte befriedigt, weil er eine Ersatzforderung gegen eine bestimmte Person hat).

Wegen aller hier in bezug genommenen Einzelfragen zu § 158f wird auf die Ausführungen oben Anm. 147, 148 verwiesen.

Schwierig ist das Verhältnis der drei Legalzessionen (Hauptforderung, Parallelforderung, Ausgleichsforderung) zueinander (vgl. hierzu und zum folgenden Baumann a. a. O. S. 105—111, 155—158). Kern der Übergangsregelung bildet die Hauptforderung, denn für deren Schuldner ist der Fonds zunächst eingetreten. Insoweit ist § 12 VI PflichtversG mit § 774 BGB vergleichbar.

Im Zusammenhang damit geht die Parallelforderung über, wofür man eine Stütze in §§ 412, 401 BGB erblicken kann. Der Mitschädiger kann aber vom Fonds nur in der Höhe in Anspruch genommen werden, die seiner internen Haftungsquote entspricht, anderenfalls würde er die Zeche bezahlen müssen, ohne Ausgleich bei einem solventen Mitschuldner nehmen zu können.

Der ferner noch vorgesehene Übergang der Ausgleichsforderung ist dagegen ohne praktische Bedeutung, weil es infolge des Übergangs von Haupt- und Parallelforderung in der Regel an den Voraussetzungen einer Ausgleichspflicht des Mitschädigers fehlt.

Nachtrag

Zu Anm. 10

Entgegen dem allgemeinen Trend der Ausdehnung der cessio legis erwägt Gitter, Schadensausgleich im Arbeitsunfallrecht, Tübingen 1969, S. 259, 264 für § 1542 RVO deren Ersetzung durch einen originären Anspruch, wodurch der rückgreifende Sozialvsträger in die Lage versetzt würde, wirtschaftlichen und sozialen Erwägungen Raum zu geben, evtl. auf den Regreßanspruch zu verzichten (bedenklich).

Zu Anm. 11

Kritisch zum Regreß nach § 640 RVO Gitter a. a. O. S. 220f, 252—256.

Zu Anm. 29

Kritisch zum Urteil OLG Schleswig 28. II. 1963 VersR 1965 S. 122 neuerdings Klunzinger NJW 1969 S. 2115.

Zu Anm. 30

Der Standpunkt der Urteile BGH 20. III. 1967 BGHZ Bd 47 S. 196 = VersR 1967 S. 505 und BGH 27. VI. 1968 VersR 1968 S. 997 = NJW 1968 S. 1962ff. ist neuerdings bestätigt worden durch BGH 24. IX. 1969 VersR 1969 S. 1042.

Zu Anm. 60

Ein gutes Beispiel für die Anwendung des Kongruenzgrundsatzes in der privaten Krankenv bietet OLG Nürnberg 25. IX. 1968 VersR 1969 S. 933.

Zu Anm. 65

Gegen das Quotenvorrecht der Sozialvsträger neuerdings auch Gitter a. a. O. S. 260 bis 262.

Zu Anm. 92

Auch Klunzinger NJW 1969 S. 2114, 2116 geht davon aus, daß der Rückgriff des Kasko- und des Haftpflichtvers diesen nicht hindert, seinen VN zurückzustufen und ihm die Prämienrückvergütung zu versagen.

Zu Anm. 109

BGH 24. IX. 1969 VersR 1969 S. 1036 bestätigt, daß es auf den Haftpflichtvsschutz des Angehörigen nicht ankommt.

Zu Anm. 112

Gitter a. a. O. S. 257—259 setzt sich ausführlich (zustimmend) mit der Rechtsprechung des BGH zur analogen Anwendung des § 67 II VVG auseinander.

Zu Anm. 113

Vgl. zu einem Parallelfall, in dem die Inanspruchnahme eines an sich Verpflichteten zessiert, weil dessen Rückgriff einen weiteren Beteiligten belasten würde, der haftungsfrei bleiben soll: OLG Saarbrücken 27. III. 1969 NJW 1969 S. 2152f.

Zu Anm. 136

Ein Beispiel für die Selbständigkeit privater Krankenvverträge mit Familienangehörigen bietet AG Garmisch-Partenkirchen 9. 11. 1966 VersR 1969 S. 1015—1017.

Zu Anm. 162

Zur Legalzession in kollisionsrechtlicher Sicht neuerdings auch Birk, Schadenersatz und sonstige Restitutionsformen im internationalen Privatrecht, Karlsruhe 1969.

Zu Anm. 164, 166

Zur Frage der Anerkennung einer Legalzession nach ausländischem Recht vor deutschen Gerichten vgl. neuerdings LG Stuttgart 24. III. 1969 VersR 1969 S. 958. Ein Angehöriger der Streitkräfte der USA war in der Bundesrepublik Deutschland durch einen Verkehrsunfall schwer verletzt worden. Die USA gewährten ihm Krankenhauspflege und nahmen dieserhalb den schuldigen Verkehrsteilnehmer in Anspruch. Zu Unrecht meint LG Stuttgart, wenn eine Legalzession nach amerikanischem Recht stattgefunden hätte, wäre sie unbeachtlich, weil die Bemessung des Regreßanspruchs der Höhe nach erheblich von deutschen Rechtsvorschriften abweiche. Das ist kein Argument gegen die Aktivlegitimation der Klägerin: Zessionsgrundstatut ist das amerikanische, weil sich das besondere Gewaltverhältnis zwischen Soldaten und Dienstherrn hier nach amerikanischem Recht richtet. Die darauf fußende Legalzession ist von uns anzuerkennen, weil die Ersatzforderung nach deutschem Recht abtretbar ist (sie ginge überdies nach § 30 II SoldatenG ebenfalls auf den Dienstherrn über). Fraglich kann nur sein, in welcher Höhe die Subrogation stattgefunden hat. Da der Rechtsnachfolger keine weiteren Rechte erwerben kann als der Legalzedent, dessen Forderung sich aber nach deutschem Recht richtet, ergab sich unter diesem Gesichtspunkt die Begrenzung des eingeklagten Anspruchs.

Zu Anm. 170

BGH 24. IX. 1969 VersR 1969 S. 1036 bestätigt, daß die in den AVB der Krankenv vorgesehene Abtretung ihre Grenze an § 67 II findet.

Zu Anm. 184, 185

Die zitierte Dissertation von Baumann liegt unter dem gleichen Titel nunmehr gedruckt vor (Karlsruhe 1969).

FSC
www.fsc.org
MIX
Papier | Fördert
gute Waldnutzung
FSC® C083411

Kolibri 360 GmbH
Ferdinand-Jühlke-Straße 7
99095 Erfurt, Deutschland
produktsicherheit@kolibri360.de